两岸产业比较研究丛书

两岸产业创新比较研究

周呈奇 著

Comparative Research on
Cross-strait Industrial Innovation

 经济管理出版社
ECONOMY & MANAGEMENT PUBLISHING HOUSE

北京市版权局著作权合同登记：图字：01-2024-1413
图书在版编目（CIP）数据

两岸产业创新比较研究/周呈奇著.—北京：经济管理出版社，2023.12
ISBN 978-7-5096-8972-1

Ⅰ.①两…　Ⅱ.①周…　Ⅲ.①海峡两岸—产业合作—研究　Ⅳ.①F127

中国国家版本馆 CIP 数据核字（2023）第 254003 号

组稿编辑：郭丽娟
责任编辑：魏晨红
责任印制：黄章平
责任校对：董杉珊

出版发行：经济管理出版社
　　　　　（北京市海淀区北蜂窝 8 号中雅大厦 A 座 11 层　100038）
网　　　址：www.E-mp.com.cn
电　　　话：（010）51915602
印　　　刷：唐山昊达印刷有限公司
经　　　销：新华书店
开　　　本：720mm×1000mm/16
印　　　张：21.5
字　　　数：415 千字
版　　　次：2024 年 5 月第 1 版　2024 年 5 月第 1 次印刷
书　　　号：ISBN 978-7-5096-8972-1
定　　　价：98.00 元

编委会名单

编委会主任：龚　克　潘维大

执 行 主 编：刘秉镰　詹乾隆　邱永和　白雪洁　贾凯杰

编委会成员（按汉语拼音排名）：

白仁德	曹小衡	陈富良	陈世圯	冯正民
傅祖坛	过晓颖	胡均立	胡凯杰	黄台生
焦志伦	李　扬	李保明	李兰冰	李文智
李　月	庞瑞芝	王　玲	王　燕	吴天诚
肖兴志	徐顺宪	杨静蕾	杨永忠	赵一夫
周呈奇				

序 一

经历了 2008 年全球金融危机的冲击，当前世界经济进入新一轮的调整和转型期，以美国为代表的发达国家虽然经济探底趋稳，但财政悬崖、主权债务危机的阴影犹存；新兴经济体和部分发展中国家虽然经济保持较高的增速，但面临的挑战和风险也很大。从世界经济格局来看，世界经济中心向亚太地区转移的趋势有所增强，2012 年，全球经济复苏放缓，而亚太新兴经济体总体上保持了难得的增速，成为世界经济中的一抹亮色。在亚太地区，中国大陆与中国台湾作为"大中华经济圈"中实体经济发展各具千秋的两个重要经济体，彼此之间活跃的产业合作和日益紧密的经济联系会增强双方的实力，达到合作共赢、共同增强在亚太地区的主导力量的效果。

自 2008 年两岸关系出现历史性转折后，两岸双方在反对"台独"、坚持"九二共识"的共同政治基础上，本着"建立互信、搁置争议、求同存异、共创双赢"的精神，致力于两岸关系的和平发展。目前，已经签署了空运、海运、通邮等协议，实现了两岸全面直接双向"三通"，促成了大陆居民赴台旅游，取得了两岸人员往来的又一次重大突破，在众多领域建立了两岸交往与合作机制，解决了两岸同胞关心的经济、社会、民生等一系列问题，特别是签署了《海峡两岸经济合作框架协议》以及投资保护、海关合作两项后续协议后，更推进了两岸经济一体化的进程。"三通"开放至今，两岸贸易总额已突破5600 亿美元，大陆累计批准台商投资项目 8.7 万个，台商实际投资金额 565.3亿美元。同期，共有 133 家大陆企业在台设立分公司或代表处，投资金额达7.22 亿美元。2008 年两岸携手直面全球金融危机的冲击，风雨同舟，共渡难关，为两岸产业与企业界更深入、具体、全面的交流与合作奠定了坚实的情感基础。两岸发展的历史充分证明，分则两败，合则共赢。

我们惊喜地发现，在两岸经济、社会、文化、教育等领域日益频繁而密切的交流中，两岸的高校发挥了重要而独特的作用。不仅通过教师和学生的交流互访学习，取长补短，加深了理解和友谊；而且更有一些眼光深邃、做法务实的两岸高校，各取所长，为两岸的产业和企业合作发展发挥着智力支持作用。由南开大学和中国台湾的东吴大学发起，联合了两岸十几所高校的专家学者编写出版的"两岸产业比较研究丛书"，恰逢其时，将适应两岸经济交流与合作的新形势，为两岸产业和企业加深了解、建立互信、寻求商机、互利互惠开启一扇机会之窗。

未来"大中华经济圈"的不断崛起将可能成为影响国际经济格局变化的重要力量，两岸的经济和产业合作也将不断由初期的贸易往来和直接投资向立足于两岸需求、资源、技术的全方位深层次的产业对接与合作转移。两岸内部市场的新经济增长点在哪里？两岸产业各自的竞争优势是什么？两岸产业进一步深入合作的制度政策和机制需求是什么？相信"两岸产业比较研究丛书"的出版将有助于我们寻找相关问题的答案。也希望通过这套丛书的出版，能进一步推进两岸官、产、学、研更加深入持久的战略性合作。

目前，虽然两岸科技、文化、教育等领域交流与合作议题的正式商谈还未开始，但一些心系两岸和平发展之大计、脚踏实地的高校和学者已经开始扎实而富有成效的探索，虽然这些成果还不尽善尽美，但他们精诚合作，为两岸发展贡献绵薄之力的赤诚之心可见。愿他们的开拓性工作不断深入，结出更多更美的硕果。愿两岸产业界和企业界携手合作，共赢共荣的美好日子愈久绵长。

陈云林

2015 年 6 月

序　二

　　全球经济已经进入成长速度放缓、竞争加剧、深度转型的调整期，未来发展充满了复杂性、不稳定性和不确定性。已开发国家经济进入缓慢复苏的阶段，低速成长可能成为长期的趋势。开发中国家或地区尤其是新兴经济体具有较高的成长速度，已经成为世界经济成长的主要动力，但成长速度不如以往的压力也逐渐显现。世界经济格局正发生明显的变化，亚洲的地位与作用日益重要。为因应全球经济高度不确定性的挑战，掌握全球经济重心向亚洲转移的机会，海峡两岸应加强合作、优势互补，共同采取更为积极有效的措施以稳定、发展、繁荣两岸经济。

　　2008 年以来，两岸关系迈入和平发展的一个新的阶段。截至 2012 年，海峡交流基金会与海峡两岸关系协会共举行了 8 次高层会谈，签署了 18 项协议，涉及两岸直航、大陆观光客来台、投资保障等，为两岸经济共同繁荣与发展奠定了坚实的基础。其中，2010 年 6 月，海峡交流基金会与海峡两岸关系协会签署了《海峡两岸经济合作框架协议》（ECFA），进一步增进了双方的贸易与投资关系，建立了有利两岸经济繁荣与发展的合作机制，为中国大陆与中国台湾的经贸交流与合作揭开了新的里程碑。

　　世界经济进入全新的发展阶段，新的形势给两岸经济交流与合作创造了新的机会，也产生了新的需求。当前，两岸经济均进入调整期，新阶段的产业合作可以基于两岸内部市场新经济成长机会的创造与成长方式的改变；如何从两岸经济发展的特色出发，选择两岸产业合作的领域与重点备受关注。就现阶段而言，两岸产业合作特别要注重对两岸内部市场的培育。两岸关系进入后 ECFA 时期，机制与制度的建构已经成为两岸产业合作的重中之重。两岸关系的改善以及 ECFA 的签署，应该在已有的架构协议层面，积极地完成相关的配套政策、机制、制度的建设，才能更深化产业的合作。在两岸合作由初级贸易往来转向深层次产业合作的关键时刻，如何从两岸的共同利益出发，实现两岸经济与产业的合作共赢，在全球经济格局中共同实现经济再发展，已经成为两岸官方、产业界和学术界共同关心的重大课题。

欣闻东吴大学和南开大学共同发起建立专业化、开放化和国际化研究平台，吸引海峡两岸的优秀学者，在两岸产业合作与对接这一新兴重要领域进行兼具创建性、开拓性与系统性的研究，共同编撰"两岸产业比较研究丛书"，深感其正逢其时、意义深远。这是第一套两岸学者携手完成的两岸产业比较研究丛书，这一系列丛书全方位剖析了两岸产业发展现状与未来对接的机会和挑战，涉及物流产业政策、港口发展等多个不同经济发展领域，研究成果兼具深度与广度。我相信这套丛书的出版问世，将为两岸产业合作与对接提供可参考、可采纳、可使用的产业发展对策，切实有效地为两岸经济共同繁荣与发展作出贡献。

这套丛书的问世，倾注了两岸学者的卓越智慧，期盼两岸学者能够继续精诚合作，竭尽所能地进一步加强两岸教育与科研资源的交流，建立高效、稳定、可持续的合作机制，产出更多、更好的硕果，为共同提升两岸经济发展贡献力量。

江丙坤

2015 年 8 月

前　言

　　随着知识技术的进步发展及其对生产的作用越来越重要，以知识经济为主导的时代已然到来。知识经济创造的是不同于传统工业时代的新经济，其本质特征就是知识作为一种独立的资本形态在价值创造中发挥主要作用，当蕴含着独特知识的各种信息、技术、数字、智能和网络程序等无形资本与具体的生产对象相结合时，将产生和释放出巨大的生产力，创造出惊人的社会财富。如果说近代工业经济创造的生产力比过去一切时代创造的全部生产力还要多、还要大，那么现代知识经济产业创造的生产力比工业经济创造的全部生产力的总和要高出许多倍。除对生产力的巨大影响外，知识经济使许多新兴产业特别是使计算机软件、芯片、电子和航空等知识密集型的高知识、高技术产业成为所有产业中经济增长最快的产业，而这些产业的发展进一步促使生产工艺越来越智能化、市场越来越电子化，生产模式从规模化量产向大规模个性化定制转变成为可能，虚拟工厂、数字经济也日益成为主流。

　　不仅如此，知识经济作为一种新的经济形态，还根本改变了传统的生产要素和贸易条件，以及全球价值链和产业发展。对于发展中国家和地区来说，一方面，由于传统要素正面临成本上升、资源枯竭、环境破坏日益严重等严峻问题，传统工业化道路已经走到尽头，资源型或依附型发展模式不可持续；另一方面，由于创造型知识、信息技术和人才等新要素变得比土地、劳动力、资本等传统生产要素更为关键，这就使传统生产要素的价值迅速消退，以往追求较低生产成本的比较优势也受到了巨大的挑战。如果发展中国家和地区继续实施依靠劳动力、土地等比较优势的出口导向的产业政策，就会很容易陷入产能过剩和其他高附加值产业发展滞后的比较优势陷阱。正因如此，当创新驱动成为21世纪各个国家和地区追求经济发展和产业升级转型的必然战略时，发展中国家和地区更须及时全力地实施创新驱动，以超越"生产要素驱动"与"投资驱动"的发展阶段。同时，对于被锁定在价值链中低端的后发国家和地区来说，在知识经济时代，也必须通过快速的知识积累和技术专利来推动产业创新，才能打破原有的垄断支配力量，在全球价值链中占据更有利的地位。

可见，创新驱动对当今各个国家和地区经济发展方式的转变都有着重大的意义，而产业创新在其中更是关键核心。我国早在"十二五"规划中就明确将科技进步和创新作为加快转变经济发展方式的重要支撑，党的十八大报告更是明确提出要实施创新驱动发展战略，党的十九大报告进一步强调要坚定实施创新驱动发展战略，创新是引领发展的第一动力。同样，中国台湾虽然在"二战"后比大陆早一步融入世界市场并成为"亚洲四小龙"之一，但在跨过投资导向的经济发展阶段后，中国台湾亟待营造一个创新导向的环境，也必须通过强化创新系统运作效率，才能维持经济增长与提升生产力，并提升中国台湾在全球价值链中的地位。两岸过去、现在和未来的经济成长、贸易往来以及产业发展都势不可当地深度融合，因此，系统地考察分析两岸产业创新的历程，比较研究两岸产业的不同特点、成功之处与问题所在，探索两岸产业合作共赢、在全球价值链中共同攀升的愿景，具有非常重要的现实意义和深远的历史意义。

本书共五章。第一章梳理了国际学界对产业创新理论的前沿思考，基于对知识经济和创新驱动的认知，以及对创新的含义和本质、创新的源泉和维度的拓展诠释，重点阐述了国家创新体系理论。由于在知识经济时代，市场参与者频繁地共享知识导致集体发明不断出现，创新的主体也不再限于熊彼特创新理论所指向的企业，而是不断向外拓展，形成了一个囊括政府、大学及各种科研机构、公司企业、中介服务机构等多个主体共同协作的创新体系。20世纪80年代末90年代初，创新研究就开始走向"系统范式"，以国家创新体系为代表的概念和理论应运而生并不断完善，其主要观点在后续创新体系文献研究中至今仍然有很大的影响力并居于主导地位。因此，本书选取该理论来考察、分析两岸的产业创新。第二章和第三章选取了中国台湾"二战"以来和改革开放以来的代表性产业，中国台湾代表性产业包括半导体产业、电脑产业、工具机产业和文化创意产业，大陆代表性产业包括半导体产业、手机制造业、"互联网+"产业和文化创意产业，分别考察各个产业发展和创新过程中出现的创新模式、创新特点和存在的问题等。第四章基于国家创新体系理论的视角对两岸产业发展和创新过程中的特点和模式进行了比较分析研究，包括两岸产业创新升级对后发优势的充分利用、两岸创新体系中产业政策和产学研联盟的重要作用、两岸企业在产业创新升级中的不同特点、两岸产业创新升级过程中的财政与金融支持差异等。第五章基于全球价值链及其治理的理论，探讨了两岸产业在东亚生产网络和全球价值链中的地位和升级问题，以及两岸产业合作的前景与展望。

由于两岸产业创新涉及多个产业，而部分代表性的高科技产业的发展创新及其内在特点也并非笔者所熟知，因此在撰写本书的过程中，查阅了大量的资料和文献，一边学习了解一边思考，因而耗时甚多。特别感谢南开大学经济发展研究院及白雪洁副院长让笔者有机会研究这一课题，并全程给予了支持和指导。本书的撰写，汲取和引用了两岸及国外许多专家学者的研究文献，在此表示诚挚的感谢！书中存在的不足之处，恳请学界同仁和读者批评指正。

周呈奇

2023 年 6 月

目　录

第一章　产业创新的理论与前沿

第一节　知识经济与创新驱动

一、知识经济的到来及其本质特征

随着工业和科学技术的发展，技术进步对经济增长的作用和影响越来越重要。经济学家指出，技术通过提高生产力在经济增长中扮演着重要的角色，其影响贯穿于整个历史，特别是在工业时代的纪元里。20 世纪 50 年代美国制造业就业率达到顶峰之后，美国学者丹尼尔·贝尔首次提出了"后工业社会"的概念，指出后工业社会首先涉及经济结构与社会结构的变化，就是经济改造和职业体制改组的方式，特别是科学与技术之间的新型关系，后工业社会就是科学的日益科层化和脑力劳动的分门别类日益专门化，其特点是：主要经济活动由商品生产经济转向服务经济，主要生产力由蓝领阶级转向白领阶级，而在白领阶级中，专业性、技术性与科学性的集团，将越来越居于主导性的地位，而在生产工具方面，旧的机器技术将由新兴的"知识技术"所取代。这是人类社会自有文明史以来，继农业革命、工业革命之后的"第三波"革命。①

① 丹尼尔·贝尔指出："从工业社会到后工业社会的转变，其中最惊人的变化是专业和技术人员的增加——这通常是要求具备大学程度的职业。其增长率是平均增长率的两倍。1940 年，社会上这类人员有 390 万，1964 年上升到 860 万。据估计，1975 年有 1320 万个专业与技术人员，仅次于半熟练工人，而成为美国的第二大类职业。更进一步的一个统计分析将勾画出这样一幅图景——科学家和工程师的作用，他们是构成后工业社会的关键集团。整个专业和技术阶级的增长率是劳动力平均增长率的 2 倍，而科学家和工程师的增长率却是劳动人口增长率的 3 倍。1975 年，美国拥有大约 55 万名科学家（自然科学家和社会科学家），而 1960 年则只有 27.5 万名；1975 年拥有 150 万名工程师，而 1960 年则只有 80 万名，这说明专业与技术专业化是后工业社会的核心特征。"参见［美］丹尼尔·贝尔. 后工业化社会的来临——对社会预测的一项探索［M］. 北京：商务印书馆，1984：18，23-25.

1962 年，马克卢普在《美国的知识生产与分配》中研究了"二战"以来至 20 世纪 50 年代末美国劳动力职业组成的变化，发现从事知识生产的人数增加，从事生产劳动的人数减少，而且此段时期知识生产在国民生产总值中的份额确实不断增长，截至 1958 年美国知识产业的产值已占国民生产总值的 29%。马克卢普认为，所有的"信息"都是"知识"①，他的这一发现引发了许多经济学家对信息产业的研究，并形成了一个新的经济研究领域——信息经济学。马克卢普在 1980 年出版的《知识与生产》中，认为知识产业包含教育、研究与开发、技术创新与通信、通信媒介、信息服务和信息基础设施等产业。

　　托夫勒在 1980 年出版的《第三次浪潮》中，面对信息技术及其产业的飞速发展，将人类发展史划分为第一次浪潮的"农业文明"、第二次浪潮的"工业文明"以及第三次浪潮的"信息社会"，该书给历史研究与未来思想带来了全新的视角。当时托夫勒对未来的预言是：跨国企业将盛行、电脑发明使在家工作成为可能、人们将摆脱朝九晚五工作的桎梏、核心家庭的瓦解、生产者与消费者结合。② 时过境迁，托夫勒的预言大多已成真。事实上，从 20 世纪 80 年代开始，围绕着较广义的信息技术核心，在先进材料、能源、医学应用、制造技术与传输技术等方面，都产生了许多重大突破。同时，现有的技术转变过程呈指数扩展，因为它有能力通过共同数码语言，在不同技术领域之间创造出一个界面，而得以产生、储存、检索、处理与传输信息。与过去两次产业革命不同，知识经济时代所经历革命的变迁核心是信息处理与沟通的技术。到 20 世纪后期，以数字化和网络化为特征的信息技术的飞速发展，使全球特别是先进的工业化国家的经济增长方式发生了根本性的变化。这种变化一方面表现在知识对传统产业的高度渗透上，另一方面表现在以知识为基础的新兴产业的崛起上，这尤其体现在计算机、电子和航天等高技术产业和知识密集的服务业之中。③

　　知识经济创造的是不同于传统工业时代的新经济。旧经济的重心是实体的物质与看得见的资产和产品，汽车就是这种旧工业时代的表征。旧经济虽有很大的部分是服务业，但大多是为实体产品提供文书作业、取得订单、管理生产、销售及售后服务、修理服务等。但是在新经济中，产品的价值有许多来自内建的软件与智慧。在产品加工过程中，知识的内容一直都在增加。所有的产品，从电脑、复印机到汽车、谷物，内含的知识变得越来越多。知识与市场的

---

　　① ［美］马克卢普. 美国的知识生产与分配［M］. 北京：中国人民大学出版社，2007：6-7.
　　② ［美］托夫勒. 第三次浪潮［M］. 北京：中信出版社，2006：183-189，303-312.
　　③ ［美］卡斯特. 网络社会的崛起［M］. 北京：社会科学文献出版社，2006：34-35.

推拉效应，使技术成为现代经济中最重要的竞争优势。以比尔·盖茨创立的微软公司为代表的软件知识产业的勃兴，更是标志着知识经济作为一种新兴产业形态得以确立。微软公司把知识作为资本来发展经济，其主要产品都是知识型的软产品，即软盘及软盘中包含的知识，正是这些知识的广泛应用打开了计算机应用的大门。1995 年，全球软件产业的收入已超过 2000 亿美元，并且以每年 13% 的速度增长着。1996 年，经济合作与发展组织发表的《以知识为基础的经济》报告，宣告知识经济"是指建立在知识的生产、分配和使用（消费）之上的经济"，而软件是能够真正发挥所有这一技术之功能的关键部件，软件是核心。①

　　因此，知识经济（Knowledge Based Economy）作为以知识为基础的一种新兴的经济形态，成为与农业经济（劳力经济）、工业经济（资源经济）相对应的概念，其最本质的特征就是知识成为经济增长的主要资本和资源。② 传统农业经济和工业经济的增长，主要是靠增加厂房、土地、机器设备、原材料、流动资金和劳动力来实现的。虽然也有知识和技术的资本投入因素，但更多的是附着在有形资本之上的一种附加投入，不能构成独立的资本。知识经济则不同，知识作为一种独立的资本形态受到了广泛的重视，知识的存在和投入虽然也借助于某些有形的资本载体，但其最主要的价值不是有形的，而是无形的信息、技术、数字、智能和网络程序。这些无形的资本一旦与具体的生产对象相结合，就会产生和释放出一种巨大的生产力，创造出惊人的社会财富。把知识作为主要资本而生产的产品，具有高度知识化、智能化、数字化的特征，把知识作为主要资本的相关产业，其经济的增长和效益的提高不是依赖于机器设备、厂房、土地和劳动力的数量，而是依赖于知识的精密度和创新程度。

　　无疑，知识已成为现代生产要素中一个最重要的组成部分，而知识的形成和积累已呈爆发性增长。在中世纪前，人们要取得知识工具是件非常困难的事，除了亚历山大图书馆等少数几个令人赞叹的知识中心外，知识工具可以说是寥寥无几。11 世纪伟大的思想家奥瑞拉克·格伯特也只有间藏书不超过 20 本的图书馆（虽然在当时已经是相当丰硕）。③ 在 15 世纪以前，据最乐观的估计，欧洲每年出版新书约 1000 种，也就是说，每个世纪出版新书 10 万种左

　　① 施振荣. iQ 联网组织——知识经济的经营之道［M］. 台北：天下远见出版股份有限公司，2000：53.
　　② 张苍劲. 知识经济的兴起和应采取的对策［J］. 北京大学学报（哲学社会科学版），1998（4）：83-89.
　　③ ［法］多米尼克·佛芮. 知识经济学［M］. 台北：天下远见出版股份有限公司，2007：40.

右。1950 年，欧洲每年出版新书大约 12 万种，意味着过去 100 年出版的新书，到现在仅需 10 个月。1965 年，全世界每天的出书量已达 1000 种。20 世纪 40 年代问世的电子计算机更是以惊人的速度从事分析及整理工作，成为推动科技进步的巨大力量。当计算机与其他分析性工具配合运用，以观察我们周围不可见的宇宙时，更是大大地增加了我们的知识。[①] 因此，知识经济时代的到来是计算机不断普及、全球网络出现、电子通信与信息产业迅猛发展、全球市场化和经济一体化不断加快的必然结果。

培根曾说过："知识即是力量。"在后工业化与知识经济时代中，"知识即是变动"——对知识的追求是技术发展和社会、经济与文明变革的动力。由于计算机技术在经济领域的广泛应用，架起了经济加速度发展的"信息高速公路"，经济发展的历史由此翻开了比近代工业经济更加灿烂辉煌的一页。数字化信息网络的建立，通信卫星的发射，高科技知识在生产、流通、消费领域的广泛应用，使各个国家和各个民族的知识财富成为世界性的公共财富。[②] 因此，一切生产工具更加迅速地改进，一切生产资料和资本更加高度地集中，一切国家的生产和消费都成为世界性的。电子信息技术使商业组织在全球范围内对原料、设计、制造与资金进行流通调配成为可能，虚拟公司应运而生。虚拟公司是一个拥有研究、开发、设计、营销、金融、法律及其他功能的实体，但公司本身只有很少甚至没有生产设备，其各个部门分散在世界各地。20 世纪 90 年代中期，随着数以千计的制造公司采用共同的信息数据交换标准，许多公司都选择创建"虚拟公司"，让散布在全球的供应商把该公司需要的装配组件送到各装配厂，然后再由这些装配厂把成品直接交付用户。[③] 由此，电子信息技术的发展进一步提高了生产效率。如果说近代工业经济创造的生产力比过去一切时代创造的全部生产力还要多、还要大，那么现代知识经济产业创造的生产力比工业经济创造的全部生产力的总和要高出更多倍，而知识经济将成为 21 世纪的主导型经济形态。

二、知识经济对产业发展的影响

知识经济对生产过程和产业发展产生了非常显著的影响。1920 年以前，在美国问世的新日用品包括真空除尘器、电动靶、电冰箱等，自首次上市到盛行所经过的时间为 34 年。但是，1939~1959 年，类似的日用品如电饭煲、电

---

① [美] 托夫勒. 未来的冲击 [M]. 台北：志文出版社，1972：46-48.
② [美] 美国信息研究所. 知识经济 [M]. 南昌：江西教育出版社，1999：23-25.
③ [美] 尼夫等. 知识经济 [M]. 珠海：珠海出版社，1998：62-78.

视、洗衣机等，所间隔的时间仅需 8 年，较前者缩短了 76%的时间。"二战"后极速问世并推陈出新的产品足以显示：发明、开发及盛行的加速推进加快了整个循环的速度，新的机器或技术不再仅仅是一种产品，它本身已成一种资源，一种新的创造观念。① 1960 年初，马克卢普进一步发现，知识在资源分配中从外生的独立变量"提升"到取决于投入的一种内生变量的计算是一个重要的步骤。马克卢普甚至推论，随着经济的不断发展，社会将变得更复杂，生产贸易和管理的高效率组织会要求在知识生产和物质之间有更高程度的劳动分工。②

事实上，知识经济的到来已经促使经济增长的运行方式发生了根本的变化。对于产业发展来说，一方面，它创造出了许多新产业、新产品、新服务，使产品和服务越来越知识化、智能化、数字化，生产模式也从规模量产向个性化生产转变，生产工艺越来越智能化，市场越来越电子化。由此，许多新兴产业特别是计算机软件、芯片、电子和航空等知识密集型的高知识、高技术产业成为经济增长最快的产业。这不仅在很大程度上改变了产业结构，而且由于高新技术的应用，以往只按产品的用途进行产业结构划分的三次产业，都可以进一步细分为高新技术产业和传统产业两部分。即传统产业包括用传统的方法进行生产的产业和生产传统产品的产业两部分，高新技术产业也相应地包括用高科技的方法进行生产的产业和生产高新技术产品的产业两部分。而向社会提供高新技术产品研发、设计和高科技生产方式的经济活动产业化，又形成了一个新的高新技术产业，它包括独立的研发型企业和高新技术企业中的研发机构，这就是知识科技产业。

另一方面，知识经济使传统的比较优势不再适用，产业借助创新升级转型已势在必行。知识经济作为一种新的经济形态，是以创新为核心、以专利发明为基础的，这就从根本上改变了传统的生产要素和贸易条件。正如波特指出的，更低成本的生产环境会不断出现，今天以廉价劳动力看好的国家，明天就可能被新的廉价劳动力国家取代。而由于新科技的快速发展，以往被认为不可能的、不经济的资源异军突起，同样也让以传统资源见长的国家在一夕之间失去了竞争力。③ 第三次产业革命极大地改变了人类的生产和生活方式。2012 年4 月，英国《经济学人》杂志中的《制造：第三次工业革命》一文，对生产方式的变革进行了详细的阐述。该文强调随着云计算技术、通信技术的革命性

---

① ［美］托夫勒. 未来的冲击［M］. 台北：志文出版社，1972：46.
② ［美］马克卢普. 美国的知识生产和分配［M］. 北京：中国人民大学出版社，2007：6-7.
③ ［美］波特. 国家竞争优势［M］. 北京：华夏出版社，2002：5-17.

突破，原材料、劳动力、资金等生产成本因素不再是决定国际竞争力的关键。在知识经济时代，创造性的知识、信息技术和人才等新要素，比土地、劳动力、资本等传统生产要素更关键，这就使传统生产要素的价值迅速消退，以往追求较低生产成本的比较优势受到了巨大的挑战。

于是，在这种趋势下，加工制造作为产业价值链的中游，其地位和创收效益日益下降削弱，而作为产品价值链上游的研发、设计以及下游的品牌管理、市场销售等，由于蕴含着高度的知识与技能，其获取的经济收益却日益增加，由此，廉价劳动力所提供的产品价格日益下滑，而以知识和服务贸易为主的出口品价格却日益上涨。"微笑曲线"清晰地体现了这一趋势，如图 1-1 所示。价值链是指企业从提出产品概念到销售并实现价值的全过程，包括设计、生产、市场营销、分销和客户支持等活动。一个价值链上的活动可以由一个企业实现，也可以由一个地区或国家的不同企业实现。当这一价值链上的活动由不同国家的不同企业共同实现时，就形成了全球价值链（Global Value Chain）。从图 1-1 中可以看出，价值链的前端（包括 R&D 和设计）和后端（包括营销和服务）创造的价值较高，价值链的中端（生产环节）创造的价值较低。一个被广泛引用的经典例子是：每卖出一台 iPad，苹果公司通过设计和营销就独占了其中 58.5%的利润，日本、韩国、德国与中国台湾等国家和地区的关键零部件制造商占去了 12%的利润，而中国大陆通过代工组装仅占去了利润的

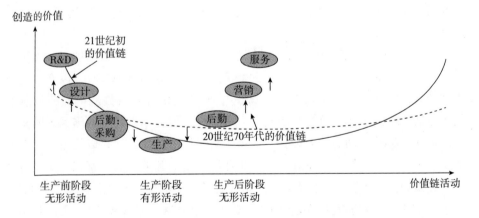

图 1-1 微笑曲线：全球价值链活动与价值创造

资料来源：OECD. Interconnected Economies：Benefiting from Global Value Chains ［R］. OECD Publishing，May，2013.

1.8%。这就形成了作为主要组装地的中国虽然通过出口每台 iPad 能获得229~275 美元贸易顺差,但是与美国、日本、韩国等国家相比,中国实得利益连 10 美元都不到的被动局面。①

增加值能更准确地衡量一个国家在各产业中的竞争地位,高附加值往往意味着更强的垄断优势或更高的要素价格。这是因为公司在研发、产品设计、营销和服务方面的创新,使它们具有独特的、难以模仿的竞争优势及由此产生的市场定价权,从而创造更高的价值,获得更高的利润。而对于只从事产品最终组装的公司而言,组装能力是一种容易被模仿的能力,关键的优势就是劳动力价格,这也是价值链中的组装活动大部分在发展中国家的原因。图 1-1 还显示出全球价值链有"深化"的趋势。21 世纪初的价值链曲率要大于 20 世纪70 年代的价值链曲率,这表明价值链两端的活动所创造的价值更高,而随着技术的进步,生产活动向劳动力水平更低的国家转移,生产环节创造的价值逐渐减少。②

可见,在知识经济时代,原先附加价值最低的中游加工制造降至曲线的更低点,而以创新为核心的上游研发设计和下游品牌营销将获得更高的附加价值,占据了价值链的高端,以创新为核心的竞争优势就已取代了传统的以成本为核心的比较优势,企业唯有依靠创新向"微笑曲线"的两端努力,才能建立起持续的竞争优势。而一个国家和地区要打造知识经济时代的竞争优势,也必然要促使其产业借由创新进行升级转型,以实现更高的附加价值,从而向全球价值链的高端攀升。

必须指出的是,用"微笑曲线"表示出来的全球价值链活动与价值创造不能简单地理解为研发与营销重要,生产制造就不重要。事实上,"微笑曲线"上价值链的每个环节都环环相扣,缺一不可,制造仍是价值链里的重要一环。价值链的前端和后端之所以相对于中端取得了更高的利润和价值分配,其基础更在于非自由竞争市场上的垄断力或支配力,即对其他生产阶段和利益分配的能力。现代产品往往分成很多段生产链来生产,制造过程包含许多原料、零组件等中间产品及厂商。各项中间产品和厂商能得到的价格和利益都来自最终产品,最终的价值如何分配到各中间产品和参与的厂商,并不是由市场自由竞争来决定的。整个生产链中较具有垄断力的部分在某种程度上决定着其他部分的参与者、生产数量和价格,从而把较多的利益留给自己。研发营销之

---

① 张甄薇. 王雪红的故事——智能型手机女王与她的 IT 王国 [M]. 台北:联经出版事业有限公司,2012:284.

② 施筱勇. 创新驱动经济体的三大特征及其政策启示 [J]. 中国软科学,2015 (2):44-55.

所以可获得较大利益，主要原因就在于这两个环节常常可以带来这种支配力。① 对于被锁定在价值链中端的发展中国家和地区来说，在知识经济时代，通过快速的知识积累和技术专利，十分有利于打破原有的垄断支配力量，在全球价值链中占据更有利的地位。当然，这也涉及全球价值链的治理问题，本书第五章将进一步详述。因此，制造阶段绝不可轻言放弃，只要持续不断地注入知识和技术创新，研发、制造、营销三者都可以带来高回报，三者共同精进，才是"微笑曲线"应有的真义。基于此，才能更深刻理解工业4.0等的深层内涵。

三、创新驱动成为经济发展与产业升级转型的必然战略

正是由于知识经济的到来及其上述特征和影响，创新驱动就成为21世纪各个国家和地区追求经济发展和产业升级转型的必然战略。熊彼特最早提出了创新的经典定义，即"把一种从来没有过的关于生产要素的'新组合'引入生产体系"，无论是引进新产品、采用新技术，还是开辟新市场、控制原材料的新来源、实现一种工业的新组织，都会打破原来的经济发展轨道，产业正是通过这种创造性破坏不断升级的。一桥大学创新研究中心主任米仓诚一郎指出，熊彼特使用了一个很好的概念，经济的本质并不是均衡的，而是打破均衡。创造性地打破均衡的状态后，实现新的经济发展。这就是熊彼特所说的创新。②

的确，从宏观层面来说，发展是经济循环轨道的改变，也是对均衡的扰乱和打破。在知识经济时代，这里所说的"变化""扰乱"和"打破"，就意味着创新。相对于传统的粗放型经济增长模式而言，创新可以通过不断地提高单一或者综合要素的生产率来抵消因为要素投入数量的增加而导致的单一要素或者全要素报酬递减的趋势。同时，创新还可以通过生产要素的新组合来突破经济发展中迟早要发生的、由要素或资源的短缺所造成的"瓶颈"。实际上，按照熊彼特的思想，人类历史上的任何经济发展阶段都离不开创新，将创新理解为经济发展的本质，才是其经济思想体系中的精髓。

波特曾把经济发展划分为四个阶段：一是廉价劳动力、自然资源等"生产要素驱动发展阶段"；二是大规模投资、改善技术装备成为支撑经济发展主要因素的"投资驱动发展阶段"；三是创新能力及其水平成为驱动经济发展主

---

① 陈博志. 微笑曲线更精细的思考［J］. 台湾经济研究月刊, 2013（1）.
② 创新之路主创团队. 创新之路［M］. 北京：东方出版社, 2016：6.

要动力的"创新驱动发展阶段";四是"财富驱动发展阶段"。① 按照波特的观点,很显然,美国、日本等发达国家已经进入了创新驱动阶段,广大发展中国家则普遍没有进入,2010年中国虽然已取得世界GDP第二大经济体的成就,但仍主要处于"生产要素驱动"与"投资驱动"并重的发展阶段,意味着中国要追求提升和进步,就必须迈入创新驱动的发展阶段。

在人类历史进程中,选择什么样的发展道路是永恒的主题。自20世纪50年代以来,世界上众多国家纷纷在各自不同的起点上,努力寻求实现工业化和现代化的路径。例如,第一类国家主要依靠自然资源的禀赋优势增加国民财富,如中东石油资源强国,其发展路径充满坎坷。第二类国家主要依附于发达国家的资本、市场和技术,做发达国家的加工基地,如一些拉美国家严重依赖外国直接投资和私人银行的贷款,来自外国的跨国公司在拉美地区形成了很强的政治、经济实力,当地资本在总体上无法与之竞争,世界经济的任何风吹草动都极易引起这些依附国家的剧烈震荡,从而陷入所谓的"中等收入陷阱"。② 第三类国家和地区把科技创新作为基本战略,大幅度提高科技创新能力,例如,中国大陆、中国台湾、韩国在"二战"后不同的经济发展阶段,审慎地通过技术升级达成产业结构转型,逐渐形成日益强大的竞争优势和国际话语权,国际上把这一类称为创新型国家(准创新型)和地区。综观世界发展格局,第一类国家虽然从为发达国家提供能源的过程中也赚取了可观的收入,但是因为石油、矿产等资源是不可再生的,总有耗尽的一天,因此如果不另辟发展路径,将没有前途可言。而第二类国家虽然在为创新型国家"打工"的过程中赚取了"劳务费",但赚的只是小头,大头则被发达国家牢牢地把持着,这种仰仗他人的发展模式同样没有前途可言。唯有第三类的创新型国家和地区才占得了很大的发展先机,它们以最小的代价获取了最大的实惠,甚至可以在世界相应产业中扮演重要角色。因此,走创新驱动发展的道路、建设创新型国家,已经成为世界经济社会发展的必然趋势,并已被当今世界发展的成功经验与失败教训所佐证与诠释。

对于我国来说,知识经济已经使全球价值链和产业发展发生了根本改变,而传统要素正面临成本上升、资源枯竭、对环境造成的破坏日益严重等严峻形势,这一切都说明传统工业化道路已经走到了尽头,特定的国情、特定的需求

---

① [美]波特. 国家竞争优势 [M]. 北京:华夏出版社,2002:532-561.
② [美]杰里菲,怀曼. 制造奇迹——拉美与东亚工业化的道路 [M]. 上海:远东出版社,1996:63-83,155-193.

也决定着中国不可能选择资源型或依附型的发展模式。同时，如果我国继续实施依靠劳动力、土地等比较优势的出口导向的产业政策，也会很容易陷入产能过剩和其他高附加值产业发展滞后的比较优势陷阱中。[1] 因此，我国必须走新型工业化道路，即以知识和科技为先导的创新型发展之路。经济发展转向创新驱动，就意味着把创新作为经济发展的新动力，使经济发展更多依靠科技进步、劳动者素质提高和管理创新驱动。驱动经济发展的创新是多方面的，包括科技创新、制度创新和商业模式创新等，其中科技创新是关系发展全局的核心。转向创新驱动是经济发展方式的重大转变，我国早在"十二五"规划中就明确将科技进步和创新作为加快转变经济发展方式的重要支撑，党的十八大报告更是明确提出了要实施创新驱动发展战略，党的十九大报告也进一步强调要坚定实施创新驱动发展战略，创新是引领发展的第一动力。

同样，对于中国台湾来说，在跨过"投资导向"的经济发展阶段后，也亟待营造一个"创新导向"的环境。中国台湾目前处于"效率驱动"向"创新驱动"转换的阶段，要维持经济增长与提升生产力，必须强化创新系统运作效率，并将创新导入经济发展活动，从而提升其在全球价值链的地位。

在微观层面上，创新也是每个企业尤其是数量众多的中小企业实施"蓝海战略"的必经之路。成本导向的竞争盛行"红海战略"，各企业通过寻找和利用廉价的生产要素进行大规模生产，在价格、质量、成本等方面互相厮杀。"蓝海战略"则旨在超越这种低价竞争、血流成河的"红海"，通过价值创新，洞察并创造出新需求和新市场，来打造一片广阔蓝海。在知识经济时代，各个国家和地区的各种产业、企业都需要新过程、新组织、新产品、新点子、新方法、新行动……这些都可视为一种"蓝海思维"与"蓝海战略"。"蓝海战略"现在已成为产业发展的大势所趋，这不仅是因为知识经济的到来，也是因为当代社会在消费需求和生产供给上已产生了巨大的变迁。[2]

在近代社会，最大的目标在于提高工业生产机器效率，随着长期市场经济发展而催生的个体意识的觉醒，很多国家和地区的消费者相继从"量的满足的时代""质的满足的时代"步入了"感性满足的时代"。他们对产品不再停留于对量和质的满足，而是追求与众不同的、独立自主的生活品位。在现代社会完成了高度的经济增长与发展后，人们发现活着的目标应该在于提升"生

---

① 邵宇，秦培景. 全球化 4.0 中国如何重回世界之巅 [M]. 南宁：广西师范大学出版社，2016：225-226.

② 朱博涌. 开创蓝海 [M]. 北京：人民出版社，2006：1-32.

活愉快"甚至是游戏化的快感。① 例如，对于一块手表，消费者除了考虑它能否准确报时外，还会考虑它的款式是否特殊，是否符合消费者的身份、年龄、品位乃至个性、形象；电脑本来是以提高生产和效率为目的而设计出来的工具，现在却已经转化为"游戏用的商品"；等等。如果说在追求量和质的时代，消费者是以大众化的形式消费整齐划一、均质的产品，那么在追求感性的时代，上述消费大众已经悄然解体，取而代之的是要求产品个性化、多样化、感性化的分散的消费群体，正如日本著名的博报堂研究所宣告的那样：大众解体后，分众诞生了。② 当代社会消费需求所产生的这种巨大变迁，不可避免地引发了生产供给的重大变革。拥有各种个性主张的消费者不再消极地等待厂商提供整齐划一的产品，低价格也不再是吸引他们的主要手段，产品的差异性则成为竞争的主题，厂商唯有提供个性化、多样化、感性化甚至游戏化的产品来满足不同的消费群体，才能开辟市场并获取丰厚的利润。由此，以成本竞争为导向的"红海战略"已不再适用，以价值创新为核心的"蓝海战略"则应运而生。而"蓝海战略"意味着简单的加工制造不再是生产的重心，企业若要洞察新需求、开拓新市场和增加产品附加值，就必须凭借创新往研发设计和品牌营销方面努力。

可见，对于广大企业来说，创新已经不是可有可无的奢侈品了，在创造性的知识已经取代传统生产要素成为高附加价值主要来源的时代，在消费需求日益转变为以分众形式要求产品个性化、多样化、感性化的时代，创新已经是产业转型升级、建立国际竞争优势、开创蓝海所必需的生存之道。

第二节　创新的源泉与维度

一、创新含义的演变及其本质

创新驱动的经济体，实质就是以"创新"作为经济发展驱动力的经济体。那么，创新究竟有什么含义呢？事实上，古典经济学诞生后，特别是亚当·斯

---

① ［日］高田公理．游戏化社会［M］．台北：远流出版事业股份有限公司，1990：27，91.
② ［日］博报堂研究所．分众的诞生：大众社会解体后的分裂现象［M］．上海：人民出版社，1989.

密、马克思都曾高度重视技术，但后继的多数经济学家却背离了这个传统。可以说，亚当·斯密的《国富论》是一部关于技术进步和经济增长关系的著作。亚当·斯密的中心思想为：国家的富裕在于分工，而分工之所以有助于经济增长，一个重要的原因是分工有助于某些机械的发明，这些发明将减少生产中劳动的投入，提高劳动生产率。任何社会的土地和劳动的年产物，都只能由两种方法来增加。其一，改进社会上实际雇用的有用劳动的生产力；其二，增加社会上实际雇用的有用劳动量。有用劳动的生产力改进则取决于：①劳动者能力改进；②劳动者工作所用的机械的改进。① 而马克思对发明、技术创新也有许多精辟的论述，马克思清楚地看到了科学技术在经济生活中的巨大作用，"自然力的征服，机器的采用，化学在工业和农业中的应用，轮船的行驶，铁路的通行，电报的使用，整个大陆的开垦，河流的通航，过去哪一个世纪能仿佛用法术从地下呼唤出来的大量人口，能够料想到有过这样的生产力潜伏在社会劳动里呢？"②

然而自亚当·斯密和马克思之后，经济学家一直把技术进步看成是不变的，并把它排除在经济学的分析框架之外。事实上，在熊彼特之前，多数的经济学家将经济的本质看作如何实现供给和需求的均衡，有人认为可以通过价格的自由竞争，也有人认为可以通过政府创造需求，拉动民间的供给。但是，熊彼特发现创新才是经济增长的原动力。没有新产品、新技术、新市场、新组织的出现，就不会有真正意义的发展。熊彼特作为20世纪的一位杰出的思想家和经济学家，其在经典著作《经济发展理论》中，开创性地把创新作为经济发展的内生因素，并系统阐述了创新对经济周期的影响，他把创新定义为"建立一种新的生产函数"，即"生产要素的重新组合"，也就是把一种从来没有的关于生产要素和生产条件的"新组合"引进生产体系中。这里的"新组合"包括：创造一种新产品、采用一种新的生产方法或新工艺、开辟一个新市场、取得新的原料或半成品的供给来源，以及实现一种新的产业组织方式或企业重组，从而创造利润，形成新的生产优势，进而形成一种新的生产能力。③ 熊彼特的另外一个重要思想是，创新是一种创造性的破坏。每次创新既是对新的生产要素的重新组合，又是对旧的资本的破坏，就是在这种一次次"毁灭—创造"的过程中，推动着经济持续向前发展。

此外，制度创新学派的诺斯和戴维斯等，通过研究制度因素与企业技术创

---

① ［英］亚当·斯密. 国民财富的性质和原因的研究（下卷）［M］. 北京：商务印书馆，1988：243.

② 马克思，恩格斯. 马克思恩格斯选集（第一卷）［M］. 北京：人民出版社，1972：408.

③ ［奥］熊彼特. 经济发展理论［M］. 北京：商务印书馆，1997：73-74.

新、经济效益间的关系，还发现技术创新可以促进制度创新，技术创新既可以改变制度安排的收益，又可以降低某些制度安排的交易成本，使建立复杂的经济组织和股份公司变得更有利可图。而反过来，制度创新又对技术创新起决定作用。① 实际上，熊彼特的"新组合"涵盖了技术和组织层面的进步。因此，后来的新熊彼特主义把熊彼特"创新理论"发展成为当代西方经济学的另外两个分支：以技术变革和技术推广为对象的技术创新经济学，以制度变革和制度形成为对象的制度创新经济学。两者从不同的视角分析研究创新对经济增长的决定作用，在两者形成的相互作用的关系网络中，制度创新为技术创新以及经济增长提供激励和秩序，技术创新为制度创新提供基础和工具。

20 世纪末期，随着社会的信息化、经济的知识化发展，创新尤其是技术创新，在全世界都受到了广泛重视。西方学者对技术创新的研究工作主要围绕三个方面展开：一是新古典经济学家为将技术进步纳入新古典经济学的理论框架中所做的努力，其结果就是以罗伯特·索洛（Robert Solow）为代表的新古典经济增长理论以及近年来发展声势颇大的新经济增长理论；二是以美国经济学家尼尔森（Richard R. Nelson）为代表的以演化观点对技术创新和经济增长进行的分析；三是以英国苏塞克斯大学科学政策研究所的弗里曼（C. Freeman）等为代表的学术团体，他们侧重研究科技进步与经济相结合的方式、途径、机制以及影响因素等，经验研究和案例分析为其突出特点。其中，弗里曼作为新熊彼特主义技术创新经济学派的代表人物指出，从经济学的意义上分析，技术创新是技术、工艺和商业化的全过程，它导致了新产品市场的实现和新技术工艺与装备的商业化应用。弗里曼的概念是首个融合了技术与贸易、竞争力与后来居上的理论，其结论主要涉及宏观经济问题，以及对以知识共享为特征的新全球治理体系的需求。②

近二三十年来，全世界对技术创新的重视导致形成了一套成熟的技术创新评价指标来反映某一国家、某一个体或群体的技术创新能力与技术创新水平。技术创新因素大体分为：创新资源投入能力（R&D 经费和 R&D 人员投入强度，非 R&D 投入强度）、研究开发能力（企业每千人拥有的专利数和获得省部级以上科技成果奖数）、创新频度和产品（企业每百人年度开发的新产品数量和新生产工艺数量，自主创新产品率、新产品开发周期和创新产品产值占企

---

① ［美］诺斯. 经济史中的结构与变迁［M］. 上海：上海三联书店，上海人民出版社，1994：183-191.

② ［瑞典］查米纳德，［丹麦］伦德瓦尔，［丹麦］哈尼夫. 国家创新体系概论［M］. 上海：上海交通大学出版社，2019：14-17.

业总产值的比重）、技术竞争能力（产品出口份额、产品市场占有率、技术贸易指数），等等。其中，研发设计（R&D）尤其受到各个国家和企业的重视。美国PRTM（Pittiglio Rabin Todd & McGrath）咨询公司创始人麦格拉思在1986年出版的《产品及周期优化法在产品开发中的应用》中指出：正如制造是20世纪70~80年代企业竞争的关键领域，产品研发设计是20世纪90年代乃至21世纪企业竞争的主战场。对于大多数公司而言，改进产品开发流程在战略上的影响力远大于其他任何方面的改进。如今这一预测已成为事实。

值得指出的是，近年来，技术创新的概念正在逐渐被更广义的科技创新所替代，这反映了科学发现对创新越来越多的直接贡献。过去常用的技术创新大多是源于生产中经验的积累、技术的改进、新技术的研发。即使是由科学发现所推动的技术进步，也会间隔很长的时间，需要几十年甚至上百年才会应用到生产上，例如，1897年，德国机械技师狄塞尔就发明了柴油引擎，然而，直到1935年美国人凯特林重新设计了狄塞尔引擎，才使它能应用在船只、火车、卡车、巴士以及客车上。而像计算机这类产品的诞生，更需要大量知识汇集在一起才能成为可能。计算机所基于的二进制原理早在17世纪就被提出，但历经各种相关知识技术的汇合和累积，人类史上第一台计算机直到1946年才开始运行。[①] 然而自20世纪后期产生新经济以来，现在技术进步的源泉更多来源于科学的发明，科学上的重大发现转化为现实生产力的时间也越来越缩短，缩短到了十几年甚至几年。现在，一项科学技术从发现、发明到应用（尤其是产业创新）几乎是同时进行的，这意味着利用当代最新的科学发现成果迅速转化为新技术可以实现大的技术跨越。例如，新材料的发现、信息技术和生物技术的突破都迅速转化为相应的新技术。这种建立在科技创新基础上以科学发现为源头的科技进步模式，体现了知识创新（科学发现）和技术创新的密切衔接和融合，它是技术进步路径的革命性变化。也正是在这一意义上，中国从"十二五"规划开始就明确将科技进步和创新作为加快转变经济发展方式的重要支撑。

而随着各国产业和企业的发展，知识经济时代"创造性的知识"取代了土地、劳动力、资本、技术等传统资源成为关键生产要素，创新的内涵和实践在不断地拓展。除了"基于R&D的技术产品创新"和科技创新被广为强调以外，1992年，经济合作与发展组织（OECD）发表的《技术创新统计手册》认为，创新是一个广泛的概念，对它的精确定义依赖于度量和分析的特定目

---

① ［美］德鲁克. 创新与企业家精神［M］. 海口：海南出版社，2000：134-135.

的。在任何经济部门都能发生创新，包括卫生和教育部门等政府服务机构。技术创新在本来意义上包括两种创新，即产品创新和工艺创新。技术创新包括新产品和新工艺，以及产品和工艺的显著的技术变化。如果在市场上实现了创新（产品创新），或者在生产工艺中应用了创新（工艺创新），那么创新就完成了。因此，创新包括了科学、技术、组织、金融和商业的一系列活动。^① 傅家骥认为，技术创新就是技术变为商品并在市场上销售得以实现其价值，从而获得经济效益的过程和行为。可以说，技术创新是解决资源浪费问题，实现高质量经济增长的唯一途径。^② 野中郁次郎、胜见明在《创新的本质》中，通过对本田、雅马哈、松下、佳能等企业创新案例的研究指出，创新并不仅仅指技术创新，创新的最终本质是知识创造。^③ 实际上，熊彼特所强调的创新是生产要素的重新组合，也是知识创造的具体体现。而从知识创造这一广义的角度来把握创新的本质，对传统产业和中小企业来说尤其重要，因为这意味着创新的领域被大大拓宽，广义的创新意味着能够创新的企业更加广泛，除了资本雄厚的大企业外，中小企业也能以较低的成本产生创新。因此，波特在分析比较竞争优势时，把新产品、新流程、新营销手法、新客户群、新策略等都纳入了创新的范围。^④ 事实上，很多创新并不需要复杂的科学技术，尤其是在文化创意等产业中，有时经由文化创意或新巧的设计，也同样能赋予产品新功能、新价值。

不仅如此，人们也越来越意识到文化创新、制度创新、社会创新、管理创新、市场创新、技术创新、科技创新等，都是对当前经济发展必不可少的创新。创新的内涵和外延不断扩大，反映了知识经济时代的根本特征。较早使用了"知识经济"这一提法的著名管理学大师彼得·德鲁克在 20 世纪 60 年代就开始使用"知识工作"和"知识工作者"等概念，在彼得·德鲁克看来，近代工业革命是由知识意义的根本变化推动的。他在《后资本主义社会》中指出：1750~1900 年，资本主义与科技征服了全球，创造出了一个世界文明。正因传播快、涵盖广，资本主义才转变为现（近）代资本主义与资本主义体制，技术改良则转变为现（近）代工业革命。这场大变动是由知识意义的剧烈改变所推动的。无论是在西方还是在东方，在这之前，知识一直被视为"道"（Being），但一夕之间，知识就变成"器"（Doing）。也就是说，知识变

---

① 经济合作与发展组织. 技术创新统计手册［M］. 北京：中国统计出版社，1993：26-28.
② 傅家骥. 技术创新学［M］. 北京：清华大学出版社，1998：21-22.
③ ［日］野中郁次郎，胜见明. 创新的本质［M］. 北京：知识产权出版社，2006.
④ ［美］波特. 竞争优势［M］. 北京：华夏出版社，2002：10-27.

成了一种资源、一种实用利器。原本被视为属于个人层面的东西，却变成属于社会层面的东西。在这场大变动的头 100 年中，即在第一阶段中，知识被用来改良生产工具、流程和产品，结果就产生了工业革命。在第二阶段中，也就是大约从 1800 年到第二次世界大战这一时期，知识有了新的意义，被用来解决工作的问题，这就引发了生产力革命。最后阶段则始于第二次世界大战结束之后，知识开始应用于"知识"本身，持续到现在，这就引发了管理革命。除了资本与劳动力之外，知识现在很快也成为一项生产要素，而且是最重要的一项。若说这种社会是"知识社会"，可能还言之过早（也一定太过轻率），直到现在，我们所有的不过是一种"知识经济"罢了。①

未来学大师托夫勒在其未来学三部曲之一——《权力的转移》中也分析了人类社会发生翻天覆地的变化以及知识的日益重要性，他反复强调，在权力的三种形式中，知识是最重要的也是最高级的形式，挑战人类从第一波到第三波的所有原则，以越来越精致的知识替代常规的生产因素——土地、劳动力、原料和资本，随着符号化知识日渐替代它们而降低了重要性。而且，知识从原则上来说是无穷无尽的，是最终的替代物。托夫勒认为，一种崭新的财富体系还在大幅扩张，知识是未来经济发展的决定性力量。可见，知识一旦得到自觉的利用，一旦与生产力结合起来，历史就会显著地发生变革。从 20 世纪中叶开始，知识及其应用愈加具有相对独立性，愈加"被有意识和广泛地加以发展应用并体现在生活中"，到了 20 世纪末期并向 21 世纪迈进的时候，世界再一次发生了历史性的转变，这就是从工业经济时代走向知识经济时代。关于知识，关于我们与时间、空间的关系转变，都还有很多问题未找到答案。现在，我们正经历自人类有思考以来全球知识系统最剧烈的变化，我们若无法确切掌握这个事实，未来的蓝图纵使规划得再完善，也很难达到预期的效果。②

事实上，自人类文明史以来，创新从来都是人类最重要的需求，人类把知识归纳为系统就成为科学，科学再分化为科学知识和科学技术，进一步指导知识创新和技术创新。客观地说，创新是人类文明进步的重要源泉，没有创新，人类不可能逐步从农业经济、工业经济进步到后工业化社会，知识经济正是建立在知识创新基础之上的新型经济。创新不同于发现和发明，其具有特定的经济学含义。发现是指经过研究、探讨等改造客观世界的实践活动，看到或找到前人没有看到的事物或规律；发明是指创造新的事物或方法。创新是指创造或

---

① [美] 彼得·德鲁克. 后资本主义社会 [M]. 北京：东方出版社，2009：3-4.
② [美] 托夫勒. 大未来 [M]. 台北：时报文化公司，2007：24-27, 121. （注：中国台湾将托夫勒的《权力的转移》译为《大未来》）。

执行一种新方案，以达到更高的经济或社会效果。创新与发现、发明的不同之处在于，创新是一种具有经济和社会目标导向的行为。从知识角度来看，发现和发明是一种知识生产活动，创新则表现为知识创新。创新与发现、发明的区别也就是知识创新与知识生产的区别。在工业经济时代，创新主要表现为技术创新（当然还有制度创新），在知识经济时代则表现为知识创新。知识经济时代的创新与工业经济时代的创新最大的区别就是创新的核心已经从技术、组织、制度等拓展到了知识等各个环节。知识不仅包括科学技术知识，还包括人文社会科学知识、商业知识和工作中的经验知识等，知识创新是知识经济时代所有创新活动的共同实质。知识创新强调创新是来自未来的竞争要求，创造新思想并转化为市场前景广阔、具有发展潜力的商品，为未来的可持续增长奠定基础。在知识经济时代，知识是创新的核心，促进和管理知识的流动是竞争的关键，创造良好的市场环境、繁荣企业的创新和竞争，从而有助于推动知识的应用和扩散。在国际竞争日益激烈的今天，创新是获得和保持竞争力的关键。[①]

因此，"知识创造"这一广泛的定义，正是知识经济时代理解创新本质的重要视角。当知识创造与科学技术结合、与生产结合、与社会组织结合、与文化结合，就催生了科技创新、市场创新、制度创新、管理创新、文化创新，等等。而这些创新互相激荡、互相作用，又推动社会生活、生产消费、政治经济等方面产生新的革新，而在这一视角下研究、对比产业创新，也有利于获得更全面、更深刻的理解。

二、创新的源泉和维度

随着创新驱动成为越来越多国家和地区经济发展的战略，近年来，国内外学术界对创新的源泉或者推动创新的因素进行了大量的研究。总体来说，已有研究大多从创新主体及创新环境视角来分析。在全球化时代，硬环境包括硬基础设施、工业基础、经济实力（资金提供能力或投资能力）等看得见、摸得着的条件。由于创新活动比研究活动需要更多的资源，硬环境无疑是创造竞争力的基本条件之一。而软环境则包括制度环境、文化环境、市场条件和顾客需求（取决于消费者的受教育水平、生活水平和文化背景等）、国际环境以及其他软基础设施。在这里，制度涵盖法律、法规、政策、标准等。有时人们习惯

---

① 中国社会科学院研究生院，中国科学院研究生院. 知识经济与国家创新体系 [M]. 北京：经济管理出版社，1998：423-427.

于用"基础设施"来描述创新环境。所谓软基础设施是相对于硬基础设施而言的，是软环境建设的重要内容，不仅包括法律、法规、规则和惯例、标准，以及其他商务实践中的行为规范，还包括文化环境、电子和人际的网络，以及自然的基础设施（甚至涵括了生物多样性等）。软环境是用来抑制、管制或者鼓励、引导更多的创新和高附加值的经济社会活动的。事实上，无论是在国家层面还是在企业层面，任何成功都离不开良好的制度环境和机制，但是软环境在工业化程度不高、经济实力相对薄弱的发展中国家和地区比较容易被忽视，特别是在中国现有的环境下，这些因素又集中体现在机制上。①

具体来说，学术界普遍认为创新的源泉或者推动创新的因素是一个多元化的体系。创新体系方法十分清晰地表达了"系统性"互动的重要性，这种互动是多元主体的互动。其中，涉及的创新主体包括企业、大学、科研机构、中介机构、社会团体、协会、政府、个人或者消费者等；涉及的资源包括人力资本、知识资源、基础设施、技术及信息、资金（风险资本等）、整合与创新资源；涉及的创新网络和载体包括孵化器及其园区、创新网络、创新平台建设、产学研载体、产业链、高新园区等；涉及的市场包括市场培育、资本市场、市场成熟度等；涉及的文化包括企业家精神、创新观念和理念、创新型文化、开放型文化、价值观等；涉及的制度包括制度变革、创新机制、创新体制、创新政策、法律制度等。值得注意的是，这些主体之间不是孤立的，而是互相依赖、互相促进、互相制约的。并且，有效的国家技术创新系统必须是开放的，要与国际上的创新环境接轨，要与全球化相协调。②

以上研究中有两个方面尤其值得注意：一是创新主体日趋多元化，二是创新活动趋于大型化和复杂化。熊彼特最初提出创新理论时把企业作为唯一的创新主体，因而特别强调企业家精神。但多年来的创新实践和发展，使人们对创新主体的理解和认识不断拓展和深化。德鲁克指出，创新主体已经由单一主体向多主体转变，随着创新型活动复杂性的提高和高科技的快速发展，创新活动也趋于大型化和复杂化，创新主体由单个组织走向具有整合特征的组织，成为整合创新主体。③ 因此，创新是指"集体的创新"，而不是"个别的创新"，是产业的变革与社会的重大改变，与其说"创新"是科技术语，不如说是社会性和经济性用语。事实上，研究工业进化的技术史学家和社会学家近年来也

---

① 金周英. 全球性技术转变——从硬技术到软技术 [M]. 北京：北京大学出版社，2010：164-165，232-234.

② 王春法. 论综合国力竞争与国家创新体系 [J]. 世界经济，1999（4）：59-64.

③ [美] 德鲁克. 创新与企业家精神 [M]. 海口：海南出版社，2000：9-21，186-187.

普遍发现，系统技术（包括电力、电话及其衍生行业）的进步既不是某个龙头企业的功劳，也不是大手笔商业投资的结果，而是众多参与者对系统进步的投入和兴趣的总和，是个人发明者、政府和大学研究人员、公司实验室，甚至是军事机构共同研究的成果，可称为集体"动量"或集体发明，因此，可以将20世纪的技术发展历史描述成不断寻找私人研究和公共研究的"最佳组合方式"的过程。①

创新主体不断从企业向外突破，是知识经济时代的必然。事实上，出现集体发明的原因之一，就在于劳动分工越来越细化，导致预测互补知识的来源越来越难，而为了紧跟前沿发展，参与者不得不更加频繁地共享知识。② 因此，随着科技创新日益取代技术创新，以科学发现为源头的科技创新的路线图包括三个环节：①上游环节，即科学发现和知识创新环节；②中游环节，即科学发现和知识创新孵化为新技术的环节；③下游环节，即采用新技术的环节。在这三个创新环节构成的科技创新路线图中，产学研各个环节中的主体相互间开展合作、共享和互动。由此，一国的自主创新包括了知识创新—孵化高新技术—采用高新技术的链条。在这个创新链中，大学和科研机构是知识创新的主体，它们提供原始创新的成果；各种类型的孵化器（科技园）是将知识创新的成果孵化为高新技术的基地；企业作为技术创新的主体将高新技术转化为现实的产品和生产力。明确科技创新对创新驱动的核心地位，使各国对创新机制的关注点由关注技术的采用转向关注技术进步的源泉（知识的创造领域），关注科技成果的转化，而高新技术孵化环节成为大学和企业的交汇处，并且成为大学和企业合作创新的平台，这个合作创新平台成为政府创新投入的重点和科技金融的着力点，由此，政府也在其中发挥出重要的作用，集体发明实质上是产官学研通过科技创新体系共同达成的。

在推动创新的众多因素中，软实力尤其是教育、科研技术水平、文化、制度等，受到了越来越多的重视。知识经济是以现代科学技术为核心，建立在知识的生产、处理、传播和应用基础上的经济。而人是知识经济的主体，人力资源是知识经济的第一资源，由此，教育在人才培养、知识创新、知识传播及推动知识应用等方面的基础作用日益凸显。世界上最早对知识产业做出详细阐述的经济学家马克卢普认为，当知识的生产目的是使其使用的资源——人力、自

---

① ［美］斯泰尔，维克托，内尔森. 技术创新与经济绩效［M］. 上海：上海人民出版社，2006：18-20，42-44.

② ［美］霍尔，罗森伯格. 创新经济学手册（第一卷）［M］. 上海：上海交通大学出版社，2017：62-626.

然的或人造的物资的生产率能在可以预见的将来获得增长，那么，这种知识生产可以被看作投资。这种知识主要来自科学与技术的研究和开发以及在学校上学、训练和教育的改进和扩展。实际上，教育也决定着一个国家和地区的科技水平，以知识为基础的经济，就是以科技和教育高度发达为前提的经济。以美国为例，"二战"后初期，其技术进步对经济增长的贡献率已达 60% ~ 80%，其中教育和培训的贡献率为 20% 左右，正是通过教育提升了科技水平，才促进知识对劳动价值的贡献率大大超过了其他生产要素对劳动价值的贡献率。①

同时，文化也是更为基础和关键的创新源泉。20 世纪末，随着知识经济的明显发展，德鲁克就将文化提升为具有决定性、根本性作用的要素，认为经济发展到一定水平后，占主导地位的资源以及具有决定意义的生产要素，既不是资本也不是土地和劳动，而是文化。佩鲁指出："各种文化价值在经济增长中起着根本性的作用，经济增长不过是手段而已。"② 美国政治学家福山强调，新古典经济学虽然可以解释 80% 的经济问题，但却留下了 20% 的遗憾，而这缺憾只能用文化来解释。③ 柏林科学技术研究院主持的一个跨文化的创新比较研究发现，虽然人类的经济环境在逐渐趋同，然而不同文化背景的人们面对同一个创新问题时，不同国家、不同企业的做法却有天壤之别。德国、美国、日本等国家的创新个性各有其文化特征，个人、企业、政府以及文化因素等都作用于创新的每一个环节。④ 而近年来对美日欧等创新国家进行的对比研究，也证实了所有的创新经济都根植于其特定的文化土壤中，文化因素影响着个体和机构的个性和行为，进而在很大程度上决定着一个组织的创新成败。文化因素是国家间组织能力和制度能力差异的重要根源，而这种差异往往也导致了国家间竞争力的差异。基于此，国务院发布的《国家中长期科学和技术发展规划纲要》（2006~2020 年）就说明了创新文化是驱动创新的动力之源，在建设创新型国家中被列为一项重要的任务。

而把教育、科研技术水平、文化等软实力有机地整合并发挥效力，就有赖于制度的不断创新。这里的制度创新既包括企业制度创新（或称组织创新），

①　［美］马克卢普. 美国的知识生产和分配［M］. 北京：中国人民大学出版社，2007：29，329-341.

②　［法］佩鲁. 新发展观［M］. 北京：华夏出版社，1987：15.

③　［美］福山. 信任［M］. 台北：立绪出版社，2005：17.

④　［德］柏林科学技术研究院. 文化 vs 技术创新——德美日创新经济的文化比较与策略建议［M］. 北京：知识产权出版社，2006：62-65.

也包括政府制度创新。企业的进一步组织创新、组织形式的升级换代是产业发展过程中的必然现象。适应发展需要、及时调整组织、激发企业员工的积极性和创造性、促进企业资源的合理配置利用，是企业不断保持技术创新的势头和活力的重要条件。企业之间的制度及相关知识基础的差异，使企业间很不容易被模仿。从这个意义来说，企业制度创新比技术创新更重要，对于中小民营企业来说尤其如此。中小民营企业为了能在竞争中生存和发展，往往有重技术而轻制度的倾向，导致出现了人员不稳、速度不快、规模不大、创新不足、寿命不长等现象。因此，民营企业要想持续发展，就必须加强制度创新，制度创新与技术创新协调发展是当前改革的重要方面。[①] 政府制度创新意味着政府作为重要的创新主体之一，在整合其他创新主体、激发各创新主体的原动力、通过各种软硬环境的建设为各创新主体服务、推动创新驱动发展等方面扮演着关键角色，这也要求传统的行政命令型政府必须通过各种制度创新，向有利于促进创新的服务型、引导型政府转变。

因此，上述对创新内涵和源泉的认知不断拓展，决定了我们对创新维度的认知也要拓展。除了广为人知的技术创新、科技创新外，制度创新、文化创新也应受到同等的重视，这也是我们更深入地研究和比较各个国家和地区产业创新的重要视角。

第三节　国家创新体系与产业创新

如前所述，从熊彼特强调创新和企业家精神开始，企业创新已经成为众所周知的经济可持续发展的最强驱动力。然而，在经济全球化的背景下，市场竞争日益激烈，创新活动已发生了根本的变化，创新不再是由单个企业来完成，政府、市场等众多的行为主体开始参与到企业的创新活动中。同时，一个国家和地区经济的发展，关键是产业经济的发展和产业竞争力的提升，而产业结构的转型升级和竞争力提升的关键是创新。波特指出，一个国家和地区的创新力通常寓于某些独特的产业部门。产业的创新与否和创新能力的强弱已成为国力差异和区域经济发展水平差异的决定性因素。[②] 因此，从系统性的视角来考察

① 吴敬琏. 制度重于技术 [M]. 北京：中国发展出版社，2003：74-75.
② ［美］波特. 国家竞争优势 [M]. 北京：华夏出版社，2002.

和研究一个国家和地区的产业创新能力及其活动，成为知识经济时代的一个普遍趋势。而以知识和技术作为联系的纽带，让企业主体与非企业组织（如大学、研究机构、政府部门和金融部门等）共同作用，构建创新体系，从而形成强大的创新源，已成为支持产业结构优化升级的必然战略。由此，国家创新体系作为一个理论概念在 20 世纪七八十年代逐渐引起了人们的重视，正是在这一背景下，20 世纪 80 年代末 90 年代初，创新研究开始走向"系统范式"，以国家创新体系为代表的概念和理论不断在学术界中应运而生，并得到不断完善。

一、国家创新体系概念的提出

20 世纪 80 年代，克里斯托夫·弗里曼、尼尔森、伦德瓦尔等不断地构建"国家创新体系"，其主要观点在创新体系文献研究中至今仍具有很大的影响力并居于主导地位。① 国家创新体系的理论渊源可以追溯到李斯特和熊彼特。从国家创新体系研究的角度来看，李斯特从国家的角度而不是从个体的角度来研究后进国家的政治经济发展问题，以及后进国家在激烈的国际经济竞争中应该采取的政治经济对策等问题，对于后来的技术创新研究工作者具有重要的启示意义。国家创新体系的首倡者、著名技术创新专家、英国萨塞克斯大学科学政策研究所教授克里斯托夫·弗里曼正是受到了李斯特的启发并且将他的那本著作作为其国家创新体系研究的起点的。克里斯托夫·弗里曼把国家创新系统定义为"开展或共同开展新技术的创造、引进或扩散活动的公共或私有部门构成的网络体系"。克里斯托夫·弗里曼及其后来的学者使创新研究模式从企业创新研究发展到"系统范式"，他们虽然基本遵循熊彼特的传统理论，特别关注技术创新过程、技术创新产生的技术经济基础、技术轨迹与技术范式、技术创新扩散等问题，但他们试图回答的主要问题是：为什么不同国家具有不同的发展能力。"二战"后，日本在研发以及其他科技活动方面对资源投入的增长速度远远超过其他 OECD 成员国。此外，科技系统的"产出"指标也显示，与世界大多数国家和地区相比，日本对这些追加资源的利用效率更高，引起学术界关注。1987 年克里斯托夫·弗里曼在研究日本经济时发现，国家在促进一国技术创新中起着十分重要的作用。克里斯托夫·弗里曼认为，这种追赶、跨越，不仅是技术创新的结果，而且还有许多制度、组织的创新，从而是一种

---

① ［美］霍尔，罗森伯格. 创新经济学手册（第二卷）［M］. 上海：上海交通大学出版社，2017：474.

国家创新体系演变的结果。克里斯托夫·弗里曼特别强调政府政策、企业及其研究开发、教育和培训、产业结构四个因素的重要作用，并且认为在技术剧烈变革的情况下，将技术创新与组织创新和社会创新结合起来具有特别重要的意义。① 从研究方法来看，克里斯托夫·弗里曼更重视生产系统和创新过程的相互作用，并且应用了各种制度和创新理论进行分析。

尼尔森（Richard Nelson）和温特（Sidney Winter）的研究则侧重于将技术变革的存在及其演变特点当作研究的起点，将重点放在知识和创新对国家创新体系的影响上，因为在总体上科学技术的性质是不断变化的，而且在不同的技术领域也是有变化的，因而有关知识和创新的制度安排也不断在调整变化。尼尔森在《国家（地区）创新体系：比较分析》中明确指出，现代国家创新体系相当复杂，既包括各种制度因素、技术因素，也包括致力于公共技术知识的大学，以及政府的基金和规划之类的机构。其中，以盈利为目的的厂商是所有创新体系的核心，它们既相互竞争又相互合作。另外，他还强调科学和技术发展中的不确定性，因此就会有多种战略选择。尼尔森认为，国家之间在"产业组合"上的差异"强烈影响着国家的形态"。②

查米纳德等的研究则侧重于微观层面，着重分析国家创新体系的微观基础，即国家边界是如何对技术创新实绩发挥作用的。在他们看来，现代工业社会的一个重要特征就是创新过程中用户和生产者分离，而这一现象具有重要的经济学内涵。查米纳德等认为，国家创新体系就是"由在知识的生产、扩散、应用过程中相互作用的各种构成要素及其相互关系组成的创新体系，而且这种创新体系植根于一国边界之内的各种构成要素及其相互关系"。国家创新体系包括国家含义上的要素和关系。从狭义上讲，这些要素和关系包括与研究和探索有关的机构和制度；从广义上讲，这些要素包括影响学习和研究的经济结构和制度。一方面，国家创新体系是一个社会系统；另一方面，国家创新体系又是一个动态的过程，以正反馈和再生产为特征。③

在上述开创性研究的基础上，20世纪90年代末21世纪初，波特将国家创新体系的微观机制与宏观机制运行实绩联系起来，在全球经济一体化的背景

---

① ［英］克里斯托夫·弗里曼. 技术政策与经济绩效：日本国家创新系统的经验［M］. 南京：东南大学出版社，2008：22-42.

② ［美］尼尔森. 国家（地区）创新体系：比较分析［M］. 北京：知识产权出版社，2012：17-45.

③ ［瑞典］查米纳德，［丹麦］伦德瓦尔，［丹麦］哈尼夫. 国家创新体系概论［M］. 上海：上海交通大学出版社，2019：13，17-19.

下对国家创新体系进行了综合考察。根据波特的观点，政府应该追求的主要目标是为国内的企业创造一个适宜的、鼓励创新的环境。据此，他提出了决定国家竞争优势的四个因素：①生产要素条件，影响资本市场和教育的政策等，这些都可能受到补贴的影响；②需求状况，这些可能因为产品和工艺标准变化而改变；③相关的支持性产业，这些可以因为无数手段而受到影响；④企业的战略和竞争结构，这也是一个可能受到不同政策影响的重要决定因素。波特认为，要通过产业创新来提升国家竞争力，每个国家都应该有自己的创新体系。①

经济合作与发展组织（OECD）提出，国家创新体系的概念是建立在创新过程中各主体之间的联系对改进技术实绩至关重要假说之上的。创新和技术进步是生产、分配和应用各种知识的主体之间一套复杂关系的结果。一个国家和地区的创新实绩在很大程度上取决于这些主体如何联系起来成为一个知识创新及其所用技术集合体的组成部分。这些主体主要是私营企业、大学、公共研究机构以及其中的从业人员，他们之间可以通过合作研究、人员交流、专利共享、设备购买等渠道进行联系。

按照 OECD 的观点，国家创新体系的核心问题是知识流动，表现为以下四种类型：①企业之间的相互作用，主要是指合作研究活动和其他技术合作。②公私相互作用，主要是指企业、大学与公共研究机构之间的相互作用。③知识和技术的扩散，主要是指新技术的工业采用率等。④不同部门之间的人员交流，主要是指技术人员在公共部门和私营企业内部的流动以及两者之间的流动。② Daniele Archibugi 和 Jonathan Michie 试图将国家创新体系放大到世界范围来认识和分析，他们认为国家创新体系应包括六个方面：①教育与培训。②科学技术能力。③产业结构。④科技强势和劣势。⑤创新体系内部的相互作用。⑥引进国外先进技术。③

综上所述，虽然国家创新体系的研究在各国还存在一些差异和分歧，但基本都把国家创新体系（National Innovation System，NIS）视为由一个国家的公共和私有部门组成的，以推动技术创新和知识创新为目的的机构和制度的网络体系。产业创新并不是单一的技术创新问题，而是涉及综合性的技术—经济系统的问题，实际上，国家创新体系就是旨在考察如何将科学技术植入经济增长

---

① ［美］波特.国家竞争优势［M］.北京：华夏出版社，2002：67.

② OECD, National Innovation Systems［R］, Paris, 1997：36-39.

③ Daniele Archibugi, Jonathan Michie. Technological Globalization of National Systems of Innovation?［J］. Futures, 1997, 29（2）：123-145.

过程中的一系列制度安排，从而激发有助于经济增长和竞争力提升的国家政策战略，而不是仅限于通常的产业政策的局部视野。与之相关的其他体系则没有这方面的含义，而是着眼于国家创新体系内（有时甚至是体系外）的某些子体系。例如，技术体系为负责促进特定新兴技术发展的科技创新（STI）政策制定者提供参考建议，区域体系为负责区域发展的政策制定者提供有益的启示，部门体系则为负责产业政策的制定者提供技术方面的建议。

二、国家创新体系的结构及其重要意义

所谓国家创新体系的结构，主要是指参与科学技术知识的生产和循环流转的各组成部分之间的相互关系架构。如前所述，国家创新体系理论的首创者之一克里斯托夫·弗里曼主张在技术剧烈变革的情况下将技术创新与组织创新、社会创新结合起来，因而特别强调政府政策、企业及其研究开发工作、教育和培训以及产业机构四大因素的重要作用。尼尔森也一再强调制度结构变化和适应的重要性，认为科学技术发展中的不确定性为技术创新活动提供了各种各样的可能战略，把国家创新体系定义为一种将制度安排与一国的技术经济实绩相联系的分析框架。随着理论研究的日益成熟，世界各国和各地区对国家创新体系的要素和结构认识日渐趋同，正如王春法总结的：无论我们如何细分，这一架构的主体基本上是大同小异的，即科学技术知识的生产者、使用者与扩散者之间的相互作用是国家创新体系的核心架构。其他许多因素事实上是作为国家创新体系的条件或者背景而发挥作用的。从某种意义上说，尽管200多年以来的世界经济史一再地证实着科学技术决定了经济增长，但是，从理论上将科学技术知识与经济发展如此紧密地结合起来，并在此基础上探索将技术创新与经济增长实绩相结合的制度安排问题还是第一次。应该说，这是科学技术发展与现代经济增长日益密切地结合在一起的必然产物。由此出发，我们可以将国家创新体系具体划分为两个层次，即内圈因素和外圈因素。①

（一）国家创新体系的内圈因素

1. 作为科学技术知识供应者的科研机构与研究型高校

一般说来，科研机构和大学拥有较丰富的知识储量和先进的技术设备以及较强的知识创新能力；其学术研究能力的开发，本身就孕育着未来经济和社会发展的某些形态，表现为拥有大量的人力资本、内隐知识和知识产权。把川流

① 国家创新体系内外圈因素的厘定和划分，参见王春法. 国家创新体系与东亚经济增长前景 [M]. 北京：中国社会科学出版社，2002：60-65. 本书在其基础上对内容做了补充和拓展。

不息的知识变成技术创新的新源泉是大学和科研机构的一项任务。事实上，知识既包括科学知识也包括技术知识。其中，科学知识是技术知识发展的基础，其特征是增加人类对客观世界的认识，虽不一定具有商业利益，但确是"公共商品"。在市场经济国家，科学知识主要是由大学和政府实验室等公益性研究机构提供的。以前，大学（极少例外）不执行公司或企业特有的功能：它不向市场推销能力，也不同大学或非大学代理机构进行出卖知识产品的竞争。由于科学知识与实际的生产应用往往有相当的距离，企业不能立即见到经济效益，因此，私营企业对科学知识的生产一般兴趣不大。与此同时，在市场经济制度下，为了使科学知识能够产生最大的经济效益，一般不对其授予私人产权，而是使其成为公共产品。从目前大多数国家（地区）与新兴经济体等的情况来看，政府仍承担着大部分的科学知识研究与开发的投入，主要投入在基础研究和应用研究中，由大学和国立科研机构来执行。也正因此，最近的研究显示，在以形成和维持产业竞争优势为目标的一些活动中，政府和大学正在变得越来越重要。① 企业虽然也在开展自己的基础研究，但其目的并不是要掌握多少科学知识，而是要把握该领域的发展动态，以抓住新出现的商业机会。知识经济时代的来临在某种意义上强化了高校、科研机构在国家创新体系中的作用，因为它们在知识生产上的优势可转化为经济发展上的优势。大学生产的知识在以前要经过中间人转给最终用户，通常是由工作在企业或政府部门的专业人员，或通过与大学有密切关系的高技术企业来进行。但现在，大学开始成为最终用户需要的产品和服务的直接生产者。②

2. 作为技术创新主体的企业

企业是技术创新的主体，这因为：首先，作为产业外在表象形式或构成单元的企业具有较强的创新需求和催生产业的物质能力，能敏锐地捕捉市场的动态和需求。③ 技术创新是一项与市场密切相关的活动，是一项商业活动，技术创新所蕴含的高额利润会自然而然地诱使企业不断地从事技术创新活动。其次，技术创新需要很多与产业有关的特定知识，如制造方面的知识、市场方面的知识等，而这些知识又具有局域性、产业或企业专有的特点，因而是其他机构无法提供的。最后，科学技术成果只有从科学研究机构进入企业，才能从潜

① ［美］亨利·埃兹科维茨，［荷］劳埃特·雷德斯多夫. 大学与全球知识经济［M］. 南昌：江西教育出版社，1999：210.

② ［美］亨利·埃兹科维茨，［荷］劳埃特·雷德斯多夫. 大学与全球知识经济［M］. 南昌：江西教育出版社，1999：17-18.

③ 王成军. 官产学三重螺旋研究——知识与选择［M］. 北京：社会科学文献出版社，2005：3.

在的生产力转化为现实的生产力，这种科学技术研究才具有现实意义。某些科学技术研究活动可能不是为了企业而进行的，但是，所有的科学技术研究成果最终都要进入到企业中，从而实现科学技术知识与经济增长过程的结合。因此，企业不仅是技术创新投入和技术创新活动的主体，而且是技术创新收益的主体，这就意味着要使企业真正成为现代意义上的行为主体，国家对企业的技术创新活动就不应该有直接的干涉，而应该是间接的调控。至于在技术创新过程中是大企业重要还是小企业重要，近年的研究成果似乎证明了两者同等重要。传统观点单纯从规模经济考虑，认为大企业由于规模大、资金多、技术能力强，有能力从事产品创新与大规模的工艺创新，在竞争中居于有利地位，但现在从技术创新的角度来看，知识密集的新型中小企业可以只搞产品生命周期中的第一阶段的产品生产，一到成熟期，就把产品转让出去，自己再去开发新产品。这种风险投资性质、知识密集型小企业的涌现，在客观上缩短了技术创新和推广之间的时间间隔。① 德国的许多"隐形冠军"和中国台湾的许多微电子方面的创新，都是由当时一些名不见经传的小企业发明的，如在网络业务方面，出现了刚成立几年的网景通信公司敢和微软抗衡的局面。

3. 作为科学技术知识转移和扩散机构的教育培训和中介组织

教育培训在技术创新中的作用表现在以下四个方面：①创新依赖于人的素质的提高、人的创新思维能力的提高。而人又是各种科学技术知识的直接载体和受体，没有高素质人才的参与，科学技术知识的转移和扩散事实上是不可能进行的。②教育培训可为技术创新企业提供技术型人才。没有这样一支队伍，许多技术是难以转化为现实生产力的。③在知识不断更新的时代，必须对员工进行新技术知识的再培训，才能提高员工进行新产品开发和生产的能力。总体而言，教育和培训是知识流动中重要的环节。④中介机构是沟通知识流动尤其是科研部门与中小企业间知识流动的另一个重要环节。各国都把这种中介机构的建设看作政府推动知识和技术扩散的重要渠道，如欧盟的创新接力中心、美国国家科学基金会、中国的生产力促进中心等。

（二）国家创新体系的外圈因素

1. 作为国家创新体系协调机构的政府

毋庸置疑，在国家创新体系中，政府具有重要的作用，对发展中国家而言尤其如此。政府可为企业创新体系构筑良好的符合本国国情的政策法律环境和基础设施，可以通过政策、法规、计划、项目、采购、服务等形式，影响、引

---

① 柳卸林．技术创新经济学［M］．北京：中国经济出版社，1993：7.

导与干预创新活动的作用与效率。不同的国家在确定其机构部门在创新中担任的角色时发挥的作用是不一样的，从而造成了创新体系的多样性和系统效率上的差异。从某种意义上讲，政府在国家创新体系中所发挥的作用绝不亚于部分内圈因素的作用，这在"二战"后高速经济增长的东亚国家表现得尤为突出。

2. 金融体系

金融被誉为国民经济的神经中枢，离开了金融，整个经济都会运转不畅。在国家创新体系中，金融主要在以下三个方面发挥作用：一是金融体制对国家创新体系的顺利运转有直接的影响，因为科学技术知识的生产和扩散以及应用活动都是一种经济活动，在这个过程中存在着各种各样的物资流动和资金流动。金融体制是促进还是阻碍这种流动在很大程度上直接影响到国家创新体系的实绩。二是金融服务主要是指服务措施的完善程度，如支付工具的先进性、营业网点的便利性等，完善的金融服务必将大大降低市场交易以及创新的交易成本。三是金融政策对国家创新体系有直接而显著的影响，例如，是否为中小型高新技术企业提供资金支持、是否允许高新技术企业公开上市、是否允许风险投资的发展、如何促进资金进入高新技术产业，等等，都对国家创新体系的顺利运转有重大的影响。

3. 历史文化因素

一个国家的历史经历和文化传统在很大程度上影响到人们的思维方式和行为模式，进而对这个国家的创新实绩产生影响。例如，美国作为移民社会，其偏爱冒险、喜欢迁徙的民族性格，也在一定程度上促成了风险投资的广为接受和盛行，而风险投资对高科技企业的创新又起到了重要的推动作用。在华人社会，社会关系与人际关系则常常影响着很多商业决策。[①] 历史文化因素往往通过行为模式和法律传统对国家创新体系的运行实绩产生影响。

内外两个层次的国家创新体系主要构成因素如图1-2所示。

国家创新体系理论的提出在知识经济时代具有重大的意义：

第一，国家创新体系理论强调了创新是一个复杂系统的概念和工程，既涉及企业、政府、科研部门等多元化主体，也涉及教育、科研、产业政策、金融支持等制度安排和历史文化背景，其中，还突出了国家作为协调方的中心决策。[②] 国家创新体系的研究虽然最初是从科学技术着眼的，但其系统性的考察视角、多元化主体的涵盖、多种制度安排的关联，完全符合知识经济时代知识

---

① ［美］巴顿 . 知识与创新［M］. 北京：新华出版社，2000：280-282.

② ［美］霍尔，罗森伯格 . 创新经济学手册（第二卷）［M］. 上海：上海交通大学出版社，2017：459.

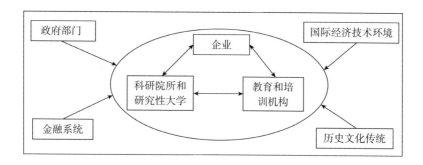

图1-2 国家创新体系圈形结构

资料来源：王春法．国家创新体系与东亚经济增长前景［M］．北京：中国科学出版社，2002：65.

生产、流通、扩散和应用的特征，也符合知识经济时代创新源泉和创新维度的多元化，是一个真正的有助于我们理解创新体系和推动知识、科技、经济一体化的思路。

第二，国家创新体系理论强调了制度创新和组织创新对技术创新的促进作用及其重要性。这就为我们考察和比较不同国家和地区产业创新竞争力及其支撑体系和结构性原因的差异，提供了更广泛的视角和更深刻的洞察，既有助于针对不同案例探查其制度创新、组织创新与技术创新的关联性，也有助于探讨如何把相关的经济科技体制改革作为重要工具来真正实现创新驱动。

第三，国家创新体系理论提供了一个非常有效的分析框架。我们可以用它来分析国家整体上的创新效率，分析制度、组织和政策间的协调性，为政府制定政策方针服务。

第四，国家创新体系理论把教育、文化纳入了创新环节，强调了教育、文化在创新中的基础性作用。这种从微观经济增长机制考虑经济科技创新的方式具有重大的突破性和现实意义。

三、国家创新体系、区域创新体系与产业创新体系

20世纪80年代末90年代初，随着国家创新体系研究的深入，创新研究开始走向"系统范式"，许多相关的概念和理论也逐渐衍生出来，其中，比较受人关注的是区域创新体系和产业创新体系。[①] 经济地理学家和区域科学家最

---

① 周青，刘志高，朱华友，尹贻梅．创新系统理论演进及其理论体系关系研究［J］．科学学与科学技术管理，2012（2）：50-55.

先提出了区域创新系统概念，这是因为国家创新体系概念没能明确区域化进程、区域特有资源和参与者邻近对创新导向合作的关键作用。区域创新体系的概念将有关区域产业集群和产业园区的研究成果与国家创新体系研究中提出的观点进行了融合。① 区域创新体系的边界可以是一国内部独立的行政单元，也可以是跨国的、跨区域的（如欧盟），区域创新体系研究试图回答的问题是：为什么不同区域有着不同的创新能力、不同类型的区域创新路径为什么存在差异，等等。对于区域创新体系结构的研究，不同学者提出了不同的观点，但普遍认为区域创新体系也包含知识的应用和利用、知识的产生和扩散等系统。饶有兴味的是，区域集群的建立和生产全球化相伴而生，因为企业通过自身将与其他地方的类似区域集群联系起来，增强了所在区域的活力。有学者甚至把区域创新体系视为空间区域内的政治系统、教育和研究系统、产业系统、创新系统四个部分相互联系、相互作用而成。在理解创新以及互动式学习的过程方面，国家创新体系和区域创新体系的文献在许多概念上都是相互重叠的。②

尽管区域创新体系理论和实证研究取得了长足的发展，但依然存在一些问题。例如，以经济发达地区为研究对象的较多，对经济欠发达地区的实证分析较少；对理论体系的研究不够规范、完善；对区域创新组成要素间相互作用的研究有待加强；在案例研究中，往往会遇到创新活动边界模糊、创新体系行为主体难以明确等问题。这些因素制约了区域创新体系的理论研究和实践发展。因此，有学者对国家创新体系和区域创新体系提出了质疑，提出应该从产业技术特性来研究创新体系。由此，产业创新体系、部门创新体系和技术创新体系等概念应运而生，并以惊人的速度扩散，相关学者从多个角度对产业技术创新体系展开了研究，其中，产业创新体系最引人注目。

1997 年，布雷斯基（Breschi）和马雷尔巴（Malerba）等在国家创新体系和技术系统研究的基础上，结合演化经济学理论和动态学习理论提出了产业创新体系的概念，是介于国家创新系统和企业创新系统的中观层次的创新系统理论。产业创新系统可被定义为开发、制造产业产品和产生、利用产业技术的公司活动的系统。该体系源于熊彼特对部门的分类，强调不同部门在技术机遇以及可占有性条件方面的差异。产业创新体系曾被用于分析从事某一产业的企业，如何与更多类型的组织和机构进行互动的演变过程。坎特纳和马雷尔巴认为，产业创新体系由知识与技术、行为者与网络以及制度三个模块组成，包括

---

① ［荷兰］博西玛，［英］马丁．演化经济地理学手册［M］．北京：商务印书馆，2016：253-269.
② ［瑞典］查米纳德，［丹麦］伦德瓦尔，［丹麦］哈尼夫．国家创新体系概论［M］．上海：上海交通大学出版社，2019：4-5.

"一组特定产品构成的系统，其中的一系列部门为这些产品的创造、生产和销售提供了大量的市场和非市场的互动"。产业创新体系的优点在于能够更好地理解产业部门的边界，参与者和他们的交互作用，学习、创新和生产过程，产业的变动以及企业、国家在不同产业中的表现。[1] 在创新与产业演进的关系中，还包括一些额外的但十分重要的维度。在演进过程中，一个产业经历了知识、技术、学习、行为主体的特点与能力、产品类别与过程，以及制度的转变过程。产业的结构也发生了改变，这里的"结构"不是指市场结构，而是指行为主体之间的关系网络（竞争与合作的、市场与非市场的、正式与非正式的），这些行为主体影响了产业内的创新和绩效。[2] 产业创新体系学者非常关注特定产业的实证研究，如布雷斯基和马雷尔巴研究了传统部门、机械行业、汽车行业、计算机主机行业和软件行业，分析了不同产业创新体系的技术体制以及熊彼特创新模式的动力、创新者的地理分布和创新过程的知识边界。[3] 由于不同产业的创新具有不同的特点，而且目前的研究只是针对各个产业的创新进行单一的研究，因此，统一、完善的产业创新研究体系并未形成。

事实上，无论是国家创新体系、区域创新体系还是产业创新体系都不能孤立运作，而是相互影响绩效。它们都将创新视为经济可持续发展的根本动力，并坚持系统思维，其体系包括促进知识的生产、扩散、储存、转移、传播和应用的机构，即包括了知识创新体系（大学、科研机构等）、技术创新体系（企业等）、知识传播和应用体系（学校、社会、企业等）、技术创新服务体系（创新服务机构）。

同时，他们不仅都强调了各行为主体创新活动的重要性，并且更重视各创新主体之间的互动作用，认为需要协调和处理好各主体、各部门之间的关系。因此，创新体系的学者特别重视各种体制和制度在促进知识生产、交流和应用中的作用。

应该说，区域创新体系理论和产业创新理论都是从国家创新体系理论中衍生出来的。区域创新体系强调的是国家以内某个地区或者跨越国界的某些联合地区的创新机制，除了在空间范围上更具针对性外，也更注意到来自国家的或

---

[1]　Breschi S, Malerba F. Sectoral Innovation Systems: Technological Regimes and Schumpeterian Dynamaics and Spatial Boundaries [M]. In: Edquist, C. (ed.), Systems of Innovation: Technologises, Institution and Organization, London: London Publishers, 1997: 130-156.

[2]　[德] 坎特纳，[意] 马雷尔巴. 创新、产业动态与结构变迁 [M]. 北京: 经济科学出版社，2013: 11.

[3]　胡明铭，徐姝. 产业创新系统研究综述 [J]. 科技管理研究，2009 (7): 31-33.

跨国的多层技术、政策系统的影响。

产业创新体系避免了国家和区域创新体系的行政边界与经济边界不一致的状况，着重考察技术特性基础上的产业部门在创新过程中的技术转移和供求联系。在欧盟，产业创新体系常常是超越区域边界，乃至超越国家边界的。在其他国家和地区，产业创新体系中的产业则往往是一国或区域的产业，产业创新体系可以被认为是国家甚至是区域创新体系的子系统，国家和区域创新体系包含若干个产业创新体系。由于国家和区域内部的制度环境、技术基础设施、创新主体之间的关系都在很大程度上制约着产业创新体系，因此产业创新体系也具有明显的区域特性或国家特性。

本书对比研究两岸产业创新主要采用国家创新体系的理论辅以区域创新体系的部分理论，一方面是因为国家创新体系理论相较于其他系统理论更为成熟和完善。传统的创新研究是从熊彼特开始的微观层面的企业创新研究，而国家创新体系理论则提供了一个宏观的系统性理论，区域创新体系和产业创新体系则是在国家创新体系这一宏观视角和理论的基础上，建立中观的区域和产业层面的创新体系，这样就构成一个涵盖微观、中观、宏观的多层次框架。微观层面的企业创新研究不利于把握多个创新主体之间的联系和互动，无法让我们从系统层面去探索如何推进一个国家和地区的创新驱动发展。国家创新体系理论则很好地超越了狭隘的视角，把企业、政府、科研部门、中介服务机构等多元化主体，以及教育、科研、产业政策、金融支持等制度安排和历史文化背景都纳入了考察范围，并探索了知识的生产、扩散和应用是如何在这些主体和制度安排的相互作用下进行的，虽然到目前为止其理论还尚未形成一个统一、成熟的规范体系，但它是我们目前把握创新驱动发展的最适合也是最有力的理论视角和工具。区域创新体系和产业创新体系理论都是从国家创新体系理论中衍生出来的，其完善程度不如国家创新体系理论，尤其是产业创新体系还因不同的产业有不同的技术特性和创新特点，使其理论更为繁复，研究结论的代表性也不够广泛。不少研究创新系统的学者也指出，从政治决策体系和一系列战略性科技创新促进工具集合的角度来考察，国家创新体系更具有优势。①

另一方面是历史的原因，自 20 世纪中叶以来，两岸就产生了不同的政治经济变迁，有着不同的政治经济体制和不同的外部发展机遇，因而也有着不同的产业发展路径。自 1987 年台商大规模投资大陆以来，两岸就逐渐开始了经

---

① ［瑞典］伦德瓦尔，［泰］茵塔拉库拉德，［丹麦］万格. 转型中的亚洲创新系统［M］. 北京：科学出版社，2012：53.

济融合的过程，两岸的经贸发展也日益交互联动，共同探索两岸产业结构升级的长期互利的前景。① 在一定程度上，国家创新体系比区域创新体系更有优势。事实上，国家创新体系与理论这一系统性视角既适用于国家或任何一个相对独立的经济体，也适用于对省、市等各级地区做相对独立的考察。因此，用国家创新体系理论视角和框架来研究对比两岸的产业创新，根据国家创新体系中的内外圈因素来考察两岸各相关产业升级创新过程，有利于深入对比、探讨两岸企业、大学、科研机构等多元化创新主体在不同的经济政治机制和发展战略目标下如何相互促进产业创新升级，其路径各有哪些特色，取得了哪些经验教训。另外，在国家创新体系的整体战略思维下，怎样理解两岸产业分工在全球价值链中的地位和作用以及怎样促进两岸的产业合作，等等。

---

① 于宗先. 1986 年以来台湾的两岸经贸政策［M］//高希均，李诚，林祖嘉. 两岸经验 20 年：1986 年以来两岸的经贸合作与发展. 台北：天下远见出版股份有限公司，2006：20-22.

第二章　中国台湾产业的创新与发展

一般认为，中国台湾产业的大规模创新和发展是以 20 世纪 80 年代信息电子产业的兴起为标志，尤其是半导体、电脑、精密机械等融合高科技发展的产业。然而，中国台湾之所以能够在厘定高科技策略性产业后获得迅速的发展和扩张，形成强大的竞争力并在世界产业布局中占据重要的位置，离不开"二战"以后中国台湾产业发展的特点和基础。

中国大陆自明清时期开始闭关自守，直到 20 世纪末期才经由改革开放重新全方位地加入世界贸易。与此相比，中国台湾自 1624 年被荷兰统治开始，就深刻地嵌入了国际贸易网络。1661 年，郑成功赶走荷兰殖民者收复台湾后，仍然维持着世界贸易。清朝虽中断了国际贸易一百多年，但鸦片战争促使中国台湾的门户安平港于 1858 年开放，清末的中国台湾再次通过向外输出砂糖、樟脑、茶等主要商品作物，重新参与世界贸易。到了日据时代，中国台湾更加强了以米、糖等农产品向世界供应的贸易格局。"二战"以后，中国台湾借由引进美国、日本等外资进行生产，实行外销经济。这些外商主导的生产促发了中国台湾电子产业的兴起。在日本技术的帮助下，中国台湾于 20 世纪 40 年代开始生产收音机，60 年代之后，欧美和日本电子业面对全球市场的高度竞争，纷纷往东亚投资以降低成本，当时中国台湾的劳动力和土地相对廉价，因而顺理成章地被纳入了跨国公司的生产体系。① 早期在中国台湾投资的电子业包括收音机、电视机等家电产品，这些来自美国、日本、荷兰的跨国公司的投资生产主要是为了外销。在此时期，中国台湾的中小企业也因为外资的技术合作或技术外溢，开始生产电阻、电路板、真空管等零组件。20 世纪 60 年代初，中国台湾开始生产黑白电视机，在获得美商直接投资和日商合资企业的技术援助后，又开始生产彩色电视机。就这样，在 1966 年后，中国台湾很快从农产品

---

① ［日］刘进庆. 台湾战后经济分析［M］. 台北：人间出版社，1995：13，260-272.

的生产加工走上了工业品"接单生产"（OEM）之路，工业产品跃升为出口重心，电视机成为当时中国台湾第一个成熟的、中级技术水平的出口工业产品。1971年，中国台湾电视机的产值已大于电话、交换机、录音机、电晶体收音机等其他主要电子产品的产值，也大于所有其他电子组件的产值。①

因此，中国台湾凭借着三百多年参与世界贸易和分工的历史经验，以及在海洋贸易中优越的地理位置，再加上"二战"后国民党当局一直实行外销经济、出口导向的政策，中国台湾的产业部门在20世纪60年代就开始从以农产品生产和加工为主，转变成为以工业生产为核心，这就为随后20世纪70年代的纺织业、石化业和庞大二次加工、三次加工下游产业，以及机械、电子、信息产业的依次发展打下了坚实的基础，也不断推动着中国台湾社会的整体变迁。② 与此同时，中国台湾众多中小企业通过接单生产（OEM）的代工模式，迅速扩张并形成了涵盖上游原材料和零部件供应商、中游生产制造商、下游营销商的完整的产业体系和组织网络，这一绝佳的外包生产体系和组织网络，不仅能以最低的生产成本竞逐于世界市场，而且达到了水准整齐、能够在短时间内迅速供应、富于弹性的国际竞争力，使中国台湾能够借由"二战"后40年工业化的经验在半导体、电脑、监视器等制造领域独步天下，并不断推动中国台湾高科技信息电子产业创新升级。③ 因此，本章依次选取最具代表性的半导体、电脑、精密机械以及文化创意等产业来分析说明产业的创新与发展。

第一节　中国台湾半导体产业的创新与发展

半导体（IC）产业和个人电脑（PC）信息产业是中国台湾自20世纪70年代力图发展高科技信息产业以来最成功的两大支柱产业，而且这两大产业相辅相成，半导体制造为个人电脑信息产业的发展提供了坚实的硬件基础，而个人电脑信息产业又为半导体产业的发展提供了强大的市场需求，两者共同促进

---

① 爱丽丝·H. 安世敦，瞿婉文. 超越后进发展——台湾的产业升级策略［M］. 朱道凯，译. 北京：北京大学出版社，2016：25-35.

② ［日］谷蒲孝雄，等. 台湾的工业化：国际加工基地的形成［M］. 台北：天下文化公司，1992：25-28.

③ 黄钦勇. 电脑王国 R.O.C.——Republic of Computer 的传奇［M］. 汕头：汕头大学出版社，2003：52-58.

了中国台湾高科技（ICT）制造业向知识密集型和技术密集型产业的转型升级，并在全世界的产业价值链中占据了中高端的重要位置。因此，本书以这两个产业作为中国台湾高科技制造业的代表，介绍分析其创新发展的过程和主要特点。

一、中国台湾半导体产业发展的萌芽和基础

半导体也称积体电路或集成电路（Integrated Circuit，IC），是一种微型电子器件或部件，是采用一定的工艺将数以百万、千万甚至以亿计的二极管、晶体管等电子组件以细密微小而复杂的线路网络聚集在硅芯片或介质基片上，然后封装在一个管壳内，成为具有所需电路功能的微型结构。半导体产业也称集成电路产业，是一种"运用导体技术生产产品"的统称，并没有任何产品可以统称半导体。在半导体产业中，作为厂商互动的核心，主要是制作 IC 的"半导体技术"，由于半导体技术不断创新，半导体产业中各类产品也不断变化和更替。半导体设计的应用十分广泛，家电、玩具、手机、计算机、汽车，甚至导弹控制等都需要半导体技术。[1] 从 1958 年美国德州仪器研制出集成电路制造技术以来，半导体的生产成本便不断降低，但不同半导体次产业所需的资本和技术能力相当不同。例如，生产存储器（DRAM）需要最先进的设计和制程技术来持续支持厂商在剧烈变动的市场和不断升级的技术环境中存活下来，该产业所要求的企业规模较大，产品以百万以上单位来贩卖；而特用芯片（ASIC）使拥有特定技术和特殊设计能力的中小型企业能够参与生产，在特殊应用市场转折点出现时，甚至可能超越领先的大型公司。半导体生产有三个基本的步骤：设计、晶圆制造和封装测试。其中，设计是技术最密集的部门，需要昂贵的设计软件或电子设计自动化（Electronic Design Automation，EDA）设备，借由 EDA 的辅助，可以缩短 IC 设计开发时间。晶圆制造则是将设计好的线路铺设在一片硅晶圆上，由于其细微精密的设计，因此需要极干净的生产环境。晶圆制造属于资本、技术密集的产业，现今晶圆制造的尺寸越来越大，由4 寸推进到 6 寸、8 寸、12 寸，晶圆厂所需资金也数倍增加。20 世纪 90 年代建一座 4 寸晶圆厂仅需 2 亿美元，建一座 8 寸晶圆厂至少要 12 亿美元，2000 年建一座 12 寸晶圆厂则高达 30 亿美元以上。[2] 2010 年，18 寸晶圆厂的建厂成

---

① 蔡盈珠，等. 台湾科技产业惊叹号 [M]. 台北：远流出版事业股份有限公司，2010：193-197.

② 徐作圣，邱奕嘉. 高科技创新与竞争 [M]. 台北：远流出版事业股份有限公司，2000：32.

本达 60 亿～100 亿美元。① 随着芯片制程的推进，2020 年台积电在南科高雄园区建立 3 纳米、5 纳米制程的新式晶圆厂的费用粗略估计达 180 亿美元。封装测试部门则是将晶圆片切割，并将切割好的 IC 封装。封装测试部门也依赖昂贵的设备，但这些设备的费用远低于晶圆生产设备。在这三个部门中，封装测试的技术层次最低，也是最容易外移到其他国家和地区生产的部分。不过随着科技的发展，可以外移的部分也逐步上移到晶圆生产和 IC 设计。总之，集成电路产业作为电子产业链的最上游，具有非常高的技术壁垒，同时也具有很强的规模效应，尤其在晶圆制造环节，因此 IC 产业基本属于技术密集和资本密集型产业。

20 世纪 60 年代，中国台湾实行出口导向的工业化发展，1964 年台湾交通大学成立了半导体实验室，将半导体课程列为教学重点，培养出了一批专业人才，为日后半导体工业得以顺利发展奠定了基础。1965 年公布了"加工出口区设置管理条例"，1966 年设立了世界首创的高雄加工出口区，此后，在产业国际分工的大潮驱动下，一批半导体企业到中国台湾投资设厂从事后段业务，由此，中国台湾成为国际分工的一环，许多企业陆续前来中国台湾设厂，其中就有不少半导体企业。1967 年，美国通用仪器公司投资设立高雄电子，建成晶体管与半导体的封装工厂。同年，日立制作所也设立高雄日立电子，从事晶体管封装。此后，荷兰飞利浦公司、美国德州仪器、美国无线电（Radio Cor-poration of America，RCA）公司、日本三菱电机纷纷在中国台湾投资设厂，大量从事半导体封装。其中，美资企业在台投资金额大于日资企业。到 20 世纪 70 年代，这些美国和日本投资的厂商开始制造发光二极管。② 总体而言，这一时期中国台湾的半导体工业都停留在后段工序的封装阶段。可见，中国台湾半导体产业发展初期，美国、日本、荷兰等国的企业已培养了一些半导体所需的基层企业和人才。这些企业当时在中国台湾投资的主要目的是利用台湾廉价的劳动力降低制造成本，因而以从事半导体、晶体管、二极管等生产链中劳动力密集度较高的后段工程封装作业为主。由于半导体制造进入障碍较高，当时的中国台湾并未萌生发展半导体制造产业的念头，只有一些最下游劳动力密集型的组装生产线工厂，并且以外商为主，直到 1974 年中国台湾才开始真正出现本土的半导体产业。③

① 王振寰. 追赶的极限：台湾的经济转型与创新［M］. 台北：巨流图书公司，2010：158-159.

② 朝元照雄. 台湾半导体产业的形成与发展［M］//林惠玲，陈添枝，等. 台湾产业的转型与创新［M］. 台北：台大出版中心，2016：20-22.

③ 瞿宛文. 全球化下的台湾经济［M］. 台北：台湾社会研究杂志社，2003：158.

二、台湾当局对半导体产业发展的重要推动

中国台湾的半导体产业发展虽然起源于外商投资，但随着行政当局的介入和带动发展，自 1974 年以后，中国台湾本地厂商在半导体发展和创新中开始迅速发展。众所周知，在中国台湾半导体产业的形成过程中，行政当局扮演了关键的角色，本书对台湾当局在半导体产业发展中几个重要方面的带动作用加以阐述。

（一）台湾当局导入半导体技术的积极作用

中国台湾虽然在 20 世纪 60 年代以廉价劳动力的比较优势加入了世界分工，但 70 年代初中国台湾在实施多年成功的出口导向战略后，就有了集中力量推动产业升级、实现追赶的意图。受当时韩国的刺激和影响，为积极推动电子等高科技产业的发展，在时任经济事务主管部门负责人孙运璇的力推下，台湾当局于 1973 年确定设立"工业技术研究院"。"工业技术研究院"（ITRI，以下简称"工研院"）采用财团法人制，并合并经济事务主管部门所属的联合工业研究所、联合矿业研究所、金属工业研究所而设立。

1974 年初，当时的台湾地区行政管理机构负责人表示必须发展科学技术产业。时任美国无线电公司（RCA）微波研究室主任潘文渊向台湾当局建议，若要加快中国台湾电子产业的成长，集成电路是最值得发展的一项工业，而发展最好的方法，就是从美国引进技术以节省时间。为了配合半导体技术的导入，中国台湾经济事务主管部门通过了"电子工业第一期发展计划"，"工研院"于 1974 年 9 月设立了电子工业研究发展中心（以下简称电子中心）以开展半导体的技术学习。1976 年，电子中心与 RCA 签订合作计划，向 RCA 学习 IC 设计制造、测试及设备相关的技术。当时集成电路技术复杂，在经费有限的情况下，只容许中国台湾发展一种技术。集成电路发展小组最后决定引进 CMOSASIC（金属氧化互补半导体）技术。通过十年的合作，中国台湾不仅学到了重要的集成电路制造技术，也学到了美国研发和经营的方式，从而打下了中国台湾半导体产业的基础。由于集成电路制造需要光罩的制程，1977 年，中国台湾又与美国 IMR 公司签订了光罩复制技术移转契约。①

利用 RCA 公司所移转的半导体技术与经管知识，1977 年 10 月，"工研院"电子中心设立中国台湾首座 3 寸晶圆的半导体示范工厂，1978 年 1 月成

---

① 洪懿妍. 创新引擎"工研院"：台湾产业成功的推手［M］. 台北：天下文化出版公司，2003：28，40-48.

功试造电子钟表用的 IC 与标准逻辑 IC。随后中国台湾"TA10039 型"电子钟表用 IC 的良率高达 88%，超越了技术合作对象 RCA 公司的良率，也超越了美国平均工厂的良率（83%），这意味着技术引进的成功。此后，示范工厂相继为钟表用、音乐用、玩具用、电话机用等消费性电子提供 IC，积极支持电子产业所需的零附件，极大地促进了中国台湾消费性电子产业的扩大出口，中国台湾的竞争力得到了提升，一跃成为世界三大电子钟表出口地之一。

整体来说，台湾当局力促导入 RCA 技术移转合作，并成立全台首座集成电路示范工厂，培育了中国台湾第一代集成电路人才和后续发展所需的领导人才。[①]

（二）台湾当局对半导体技术移转的积极推动

1978 年，台湾当局举行了第一次"台湾科技会议"，并于次年颁布了"科学技术发展方案"，开始编列与推动"科技研究发展项目计划"经费。1980 年新竹科学工业园区正式成立，建立了中国台湾第一个集成电路产业聚落。

在投资奖励与产业成长方面，1983 年"工业局"将半导体产业列入"策略性工业"产品之一，给予低利融资、五年免税、研究发展投资抵减奖励等优惠，并推出了多项政策鼓励计划。这些计划有效地推动了中国台湾半导体产业的发展。

不过更为特殊的是，中国台湾开始以"工研院"衍生公司的形式来推动该产业的发展。所谓衍生，即把示范工厂的相关技术与资源，由"工研院"移转成立另一家公司，而此两者均为独立法人。示范工厂取得初步成功后，"工研院"最重要的任务就是将电子中心的半导体技术推广至民间，借此促进中国台湾产业升级。为此，中国台湾经济事务主管部门、"工研院"与民间的电子产业界当时讨论提出了三种技术移转方式：①租赁的技术移转；②价格计算的技术移转；③组织企业的技术移转。经过多次会议讨论，最后决定采用组织企业的技术移转方式。[②]

20 世纪 70 年代后期，电子中心确实已掌握了 CMOS 型 IC 的技术，但是对于当时的中国台湾企业而言，半导体仍是未知的领域，且资本规模庞大，能否获得利润仍存在着不确定性，因此民间企业对半导体制造的投资仍然犹豫不决。台湾当局看到民间企业的投资意愿不高，认为有必要主导成立民间企业。

---

① 蔡盈珠，等. 台湾科技产业惊叹号［M］. 台北：远流出版事业股份有限公司，2010：198-216.

② 吴思华，什荣钦. 台湾积体电路产业的形成与发展［M］//蔡敦浩. 管理资本在台湾. 台北：远流出版事业股份有限公司，1999：86-87.

1979 年，电子中心发布了"电子工业研究发展第 2 期计划"（1979 年 7 月至 1983 年 6 月），其目标之一就是协助设立联华电子，为此，1979 年 9 月电子中心设立联华电子筹备办公室，经济事务主管部门负责人孙运璇努力促使公营银行与党营事业参与投资，并再三说服民间企业，终于募得创业资金 5 亿元。1979 年 12 月，"工研院"与联华电子签订了为期 3 年的技术合作计划，将既有的技术人才及进行中的研究计划成果移转至联华电子。此外，全面协助联华电子新建造 4 寸晶圆厂，进行工厂布置的企划与建设、选择采购机械设备的规格、设置生产机器与测试运转、人员研修等工作。1980 年 5 月，由台湾交通银行、中华开发、光华投资的民营企业联华电子（UMC）成立，联华电子在设立初期，电子中心虽然无法将得自 RCA 公司的技术、专利直接移转至联华电子，但可将自行研发的电子钟表用 IC、音乐用 IC 等技术移转至联华电子，这使得联华电子运用电子所建构的基础，成功完成了 IC 的产品化工作。1980 年，联华电子取得美国电话用 IC 的市场占有率达 75%，同年 12 月联华电子即开始获利。联华电子急速发展，1985 年营业额达到 12.89 亿新台币，全年获利额达到 2.17 亿新台币，创下了中国台湾民间公司获利率排行榜第一名的成绩。联华电子的成功案例证明，"工研院"技术移转的企业在国际市场也具有竞争力，中国台湾有发展半导体产业的可行性。自 20 世纪 70 年代发生石油危机以来，对于力推从劳力密集型产业转型为技术密集型产业的台湾当局而言，半导体技术移转的成功催生出能够带领中国台湾产业升级的先导产业，而半导体产业的发展也为中国台湾电脑、音响等相关电子产业的提升打下了基础。①

1979 年，电子中心的"电子工业研究发展第 2 期计划"包含 IC 设计与测试的开发、CAD 能力的构建、光罩制造能力的养成、高科技的开发、人才的培育等工作。在 IC 设计方面，电子中心将"电子工业研究发展第 2 期计划"所开发的设计技术移转至太欣半导体与合德集成电路两家企业。在光罩方面，1980 年电子中心与美国 Electromark 公司签约采购光罩制造设备并进行制造技术移转。经过一年的准备，电子中心自行掌握了光罩的制造技术，使中国台湾业者无须再用高价向外国光罩企业购买。

1987 年"超大规模集成电路（VLSI）计划"也衍生出台积电，首创专业集成电路制造服务模式（晶圆代工模式）。台积电的成立，带动了中国台湾 IC

① 张苙云. 网络台湾：企业的人情关系与经济理性［M］. 台北：远流出版事业股份有限公司，1999：95-106.

设计业的发展，而台积电也由于先行者的优势，持续在晶圆代工领域领先全球。1988 年，"工研院"再衍生出台湾光罩公司。1994 年，在"次微米制程技术发展计划"的基础上，再次衍生出世界先进积体电路公司（Vanguard），这些由台湾当局主导成立的衍生公司，进一步促成中国台湾集成电路产业的技术升级与发展。[①] 这些衍生公司虽然是由台湾当局催生的，但是在"出生"之后进行上市法人化，依循市场规律来竞争，在市场环境下致力于科技升级和强化组织体质，并体现出较高效率。由"工研院"衍生的公司（联华电子、台湾光罩、台湾集成电路与世界先进）都在新竹科技园区内，现已成为中国台湾集成电路产业最主要的企业，引导产业发展的方向，它们同时也将既有的技术合作模式传递出去，不仅带动了中国台湾在 IC 晶圆制造上数千亿元的投资，并促成了数十家 IC 设计及测试公司成立。[②]

（三）建立新竹科学园区推动创新

1980 年，台湾当局依托台湾清华大学、台湾交通大学建立了新竹科学园区，台湾当局在其中占有十分重要的地位，它不仅是园区建立的肇始主体，而且是园区创新重要推动力量，是科学工业园"新竹模式"的创立者。1980～1998 年，台湾当局共向园区投入软硬件建设近 8 亿美元。在新竹科学工业园发展进程中，行政当局提供了土地、基础设施等大量的公共资源，还提供了便利的"一站式"服务、在职培训、岛内外信息与科技网络的建构等。另外，台湾当局还设置了大量科技奖项和科技基金，激励园区企业加大 R&D 的投入和产品创新。台湾当局每年对创新技术研发计划的资助占计划总金额的 20%以上，其中 1995 年高达 27%。至 1999 年底，累计补助 478 件创新研发案件，补助金额占厂商计划开发总金额的 24%。自 1992 年起，台湾当局开始对研发关键组件及产品计划进行奖助，至 1999 年底，累计补助 90 件申请，奖励金额近 7679 万美元（以 1999 年汇率计算），占厂商计划开发总金额的 38%。同时开展创新产品评奖，1999 年 14 家企业获得"产品创新奖"，奖励金额和荣誉有力地推动了园区企业创新行为的开展。除了地方政府补助外，1999 年园区企业在研发上投入了 12 亿美元，大约是当年销售收入的 6%。而当时中国台湾的生产制造业用于研发的投资通常只占销售收入的 1%。其中，集成电路产业

---

① 朝元照雄. 台湾半导体产业的形成与发展 [M] //林惠玲，陈添枝，等. 台湾产业的转型与创新 [M]. 台北：台大出版中心，2016：28-32.

② 陈东升. 积体网络：台湾高科技产业的社会学分析 [M]. 台北：群学出版社，2002：208-211.

投入为 8.8 亿美元, 占新竹科学工业园区研发投资总额的 71%。①

新竹科学园区有超过 1 万名研究员, 台湾当局特别依托台湾清华大学、台湾交通大学及工业技术研究院等学术智库, 分别在科学、工程、应用技术的发展与推广, 以及人才的培育、技术的支持等领域, 为新竹产业区注入了顶尖学术智能的活力, 使新竹科学园区的创新引擎力源源不绝。正是由于诸多高素质人才的荟萃, 新竹产业区才能高起点、高速度、高效益地发展。人才的聚集还促使了产业区技术的持续创新, 极大地确保了中国台湾新竹在制造领域快速灵活并赢得了显著的竞争优势。②

新竹科学园区已成为世界上创新集中和收入增长最快的园区之一, 在塑造的创新产业聚落中, 半导体产业的集聚效益最显著。1980 年科学园区揭幕时, 台湾全友电脑、东讯等七家本土企业就入驻园区。其中联华电子作为中国台湾第一家半导体制造公司, 于 1983 年 8 月就开发出 8 位微电脑集成电路, 并夺下了中国台湾、中国香港、韩国等国家和地区一半的电话 IC 市场, 1984 年引进中国台湾旅美半导体专家技术后, 又成功开发出了超大型集成电路 (VLSI)。同年, 经由 "工研院" 的技术转移, 另一家半导体制造企业东讯开发出了 64KDRAM。1987 年诞生的中国台湾集成电路制造公司, 开创了全球第一家以先进制程技术提供晶圆专业制造服务公司。不断推出的创新产品及创新理念, 使科学工业园内半导体企业不断衍生出现、发展壮大, 迅速复合并引导国际创新的潮流, 集成电路产业成为科学工业园最大的产业, 并形成了从简单封装、测试到 IC 设计、IC 制造、IC 材料、制程设备等完整的产业链。半导体企业的合计产值由 1986 年的 0.87 亿美元增长到了 2000 年的 184.37 亿美元。③

(四) 台湾当局对海内外人才及其国际联结的积极促进

由于中国台湾半导体产业快速成长, 人才、资金与技术的需求大增。在引进人才方面, 台湾当局于 1982 年举行了第二次 "全国科技会议", 并于次年提出了 "加强培育及延揽高级科技人才方案", 从境外延揽人才与岛内人才培育两部分着手, 以满足高科技产业庞大的人才需求。同时, 还推动 "半导体工业人才培训计划" (1993~1998 年), 积极培育本土的技术人才, 为中国台湾半导体产业的发展提供了充沛的专业技术人力。中国台湾本土人才中也涌现

---

① [美] 萨伯斯坦, 罗斯, 等. 区域财富: 世界九大科技园区的经验 [M]. 北京: 清华大学出版社, 2003: 297-305.

② 杨志海, 林惠玲. 提升厂商研发能量——政府研发支持的政策分析 [M] //林慧玲, 陈添枝, 等. 台湾产业的转型与创新. 台北: 台大出版中心, 2016.

③ 王振, 朱荣林. 台湾新竹科学工业园创新网络剖析 [J]. 世界经济研究, 2003 (6).

出了许多成功典范，如广达电子董事长林百里、宏碁创始人施振荣，还有英业达、华宇等电子公司的创始人等。

由于美国是半导体技术发展最早且技术最完整的国家，再加上美国高科技产业的从业者中华裔人数众多，因而对于境外（特别是硅谷）的华人工程师，台湾当局从 20 世纪 80 年代开始就采取了许多措施鼓励他们回新竹创业。到 1998 年底，累计有 2859 位海外人员回流到新竹，至 21 世纪前期仍在增加，他们多半来自美国旧金山湾的硅谷，向新竹 ICT 产业传播了主要新技术和新的经营方式，奠定了中国台湾高科技产业发展的基础。那些仍然留在硅谷的海外华人也与新竹的技术部门保持着密切的联系，促进了新竹与硅谷之间技术、投资的互动与合作。① 越来越多具有高度流动性的工程师同时在硅谷和新竹两地工作，定期地往来于太平洋两岸。这些"空中飞人"通常是在中国台湾出生、在美国受教育的工程师，他们具有专业的语言技能和交际能力，可以在硅谷和新竹的企业文化中应付自如，成为连接新竹和硅谷的桥梁。"空中飞人"的频繁流动极大地促进了中国台湾和旧金山湾（两湾）之间技术、知识、资金、信息的交流与互动。② 同时，新竹和硅谷之间的联系证实了经济活动的本地化与全球化是相互补充的。

可见，归台学者创业是新竹科学园区内一个重要且特殊的现象，由于归台学者大多曾在境外的大型科技产业从事各种研究及生产工作，无形中缩短了科技发展的摸索成本，而且由于他们对于国际产业局势及科技发展的变化具有长年累积的经验，所以能够快速掌握资讯。因此，归台学人在技术引进和技术扩散方面发挥了重要作用。以台积电为例，在核心的经营团队中，绝大部分拥有国外学历或经历。这些归台学者带回来的管理观念，也为科学园区的科技公司带入了新的管理模式。

因此，归台学人不仅是技术扩散的重要管道，更是园区在人才与技术信息交流上的重要媒介。园区内的许多科技产业通过归台学者与世界科技中心（如硅谷）保持信息与知识技术上的链接，不仅成为经济全球化链条上的一环，也改善了园区内强连带所可能产生的技术锁死现象。③ 这就使园区内企业

---

① 陈东升. 积体电路产业组织网络的形式及其形成的制度基础 [M] //张维安，等. 台湾的企业组织结构与竞争力. 台北：联经出版事业有限公司，2001：26-28.

② 所谓两湾互动，指的是台湾与旧金山湾的互动。见吴思华. 台湾积体电路产业的动态网络 [M] //张苙云. 网络台湾：企业的人情关系与经济理性. 台北：远流出版事业股份有限公司：84-87.

③ Saxenian A., Hsu J. Y. The Silicon Valley-Hsinchu Connection: Technical Communities and Industrial Upgrading [J]. Industrial and Corporate Change, 2001, 10 (4)：893-920.

能够跟踪前沿应用科技不断创新，显示了中国台湾从美国的技术转移并不是依附型的输入，而是有学习技术生根目的的技术取得。

三、台积电纯晶圆代工模式的创新

有别于其他国家半导体产业都以整合组件制造商（IDM）为主，中国台湾则以专业分工创造产业优势。中国台湾半导体产业的迅速发展与台积电在全世界首创纯晶圆代工模式密切相关，以此为起点，中国台湾逐步发展成涵盖 IC 设计、制造、封装、测试的上下游垂直分工的产业结构，其中集成电路制造就是以晶圆代工与内存制造为主。半导体代工是中国台湾推出的产业创新经营模式，这个模式使全球半导体产业发生了翻天覆地的变化。正是由于垂直分工与产业集聚，中国台湾集成电路产业链才拥有了弹性、速度、低成本的竞争优势。①

半导体产业诞生之初，只有大厂商进行对产品设计、制造、封装等全部环节进行垂直整合的 IDM 模式，不存在纯晶圆代工厂，也不存在与纯晶圆代工厂有互补关系的无厂设计公司。自 20 世纪 80 年代起，为充分发挥产品规划及电路设计上的优势，越来越多的工程师及相关团队，脱离垂直整合的产业体系，成立了独立的设计公司。起初，设计公司将制造工程外包给既有的 IDM 厂商，但就 IDM 厂商而言，由于代工并非主要业务，因此其所提供的代工服务往往无法完全满足设计公司的需求。此外，由于代工的 IDM 厂商中也设有半导体设计部门，与独立设计公司具有竞争关系，设计公司也担心 IDM 厂商盗用其创意。因此，形成了对专业代工的需求，促成了代工市场的兴起。② 由于中国台湾的半导体产业自 20 世纪 80 年代才开始发展，台积电 1987 年成立后刚好有机会建立此种独特的营运模式，成为世界第一家专注于代工的半导体厂。当然，中国台湾在半导体代工方面占有重要一席，除抓住了代工、实体工厂的发展趋势以外，其本身优良的制造能力也不可忽略。这个制造能力也可以称为良率优势。③

然而，20 世纪 80 年代后期，代工市场的利基规模仍较小，所以纯晶圆代

---

① 徐作圣，邱奕嘉. 高科技创新与竞争［M］. 台北：远流出版事业股份有限公司，2000：30-34，72-73.

② 张俊彦，游伯龙. 活力：台湾如何创造半导体与个人电脑产业奇迹［M］. 台北：时报文化公司，2001：149-150.

③ 张维安，高承恕. 政府与企业：台湾半导体产业发展的分析［M］//张维安，等. 台湾的企业组织结构与竞争力. 台北：联经出版事业有限公司，2001：72-76.

工模式的发展条件尚未成熟。当年中国台湾准备成立台积电时，曾尝试寻找先进国家的半导体厂投资台积电，但仅荷兰飞利浦同意投资。这个事实显示，大部分先进国家的半导体厂仍不看好专业代工的这个运营模式。

台积电选择纯晶圆代工模式出于以下三个原因：一是中国台湾当时技术落后。联华电子成立后，台湾当局持续寻求半导体制程技术的升级并加快了追赶的速度。1985 年，世界最先进的制程技术的线幅是 1.6～1.2 微米，但中国台湾的技术只有线幅 5～2.5 微米，落后于世界最新技术 5 年以上。这种落后使中国台湾暂时无法涉足设计研发，而更适宜做纯晶圆代工。二是中国台湾设计公司的需要。中国台湾设立新晶圆厂的构想，除因台湾当局认为需要缩小中国台湾与世界最新技术的差距之外，归台学者在新竹科学园区设立的三家设计公司也要求台湾当局盖新晶圆厂，以便制造它们的产品。其中有一家设计公司就曾以中国台湾没有可委托生产的晶圆厂为由，把其与"工研院"合作开发的DRAM 技术卖给了韩国公司，对台湾当局产生了很大的压力。三是中国台湾所选择的半导体技术也适宜采用代工模式。中国台湾自 1983 年开始执行的超大规模集成电路（VLSI）计划，由于资源有限，必须寻求某种动态比较优势和半导体工业的外在性价值，因此，中国台湾当时选择了已有基础的专用集成电路（ASIC）作为发展重点，而未像日本和韩国那样去发展需要另外投入庞大资源的 DRAM 技术。但由于 ASIC 的产量少，假如将来一家 IDM 经营新晶圆厂，该厂商若仅生产自己开发的 ASIC，将难以支撑新晶圆厂的庞大产能。中国台湾半导体制造公司的建立在很大程度上是出于营利的动机，解决此问题的方式之一是将多家设计公司所开发的 ASIC 集中在新的晶圆厂制造，此即为"纯晶圆代工"模式。① 于是，在当时的背景下，纯晶圆代工模式成为中国台湾唯一可走的道路，虽然纯晶圆代工最初不被看好，但中国台湾由于当时缺乏进入 DRAM 或 CPU 市场的能力，而不得不选择这个运营模式，不过，在后续的发展过程中，这种被逼迫的选择意外地取得了杰出的成就，并深刻地影响了全世界的半导体产业分工。

21 世纪初，纯晶圆代工已被证明是卓越的运营模式。纯晶圆代工代表一个产业的反垂直整合，把整个集成电路产业变得更有效率，有晶圆代工后就使IC 设计公司的数量增加了几十倍，这个运营模式既给半导体产业带来了规模，

---

① 薛琦. 台湾地区和韩国工业化的下一阶段［M］//杰里菲. 制造奇迹：拉美与东亚工业化的道路. 上海：远东出版社，1996：314-323.

也带来了创新。① 台积电借由这一运营模式，发展成为仅次于英特尔及三星电子的世界第三大生产规模，并与这两家企业争先开发尖端的制程技术。此外，大部分的 IDM 在这十年中已停止开发先进制程技术而成为轻晶圆厂，甚至成为完全无生产工厂的设计公司，而将它们设计的产品委托给台积电及其他代工厂制造。由此，台积电不仅开创了纯晶圆代工模式，也始终主导着这一模式，终于颠覆了整个半导体产业。纯晶圆代工模式的成功使代工厂的技术追赶很快，就线幅的制程来看，1990 年，中国台湾的先进晶圆厂的制程技术仍落后于世界最先进技术大约 6 年。然而，1990 年后，中国台湾代工厂在 6 寸晶圆厂建成后制程技术快速提升至 0.35 微米，2000 年初开发了线幅 0.15 微米的技术，已追上世界最尖端的技术。而在晶圆的口径方面，21 世纪初世界由 8 寸晶圆提升至 12 寸晶圆时，中国台湾于 2001 年与美国、日本同时开始了 12 寸晶圆厂的量产，并成为主流，和全世界最高端的制造技术同步，产能逐渐超过了美国、日本、韩国，18 寸已在研发阶段。② 台积电成为世界最大的晶圆代工厂，全球市场份额占比从 2013 年的 46% 上升到 2020 年的超 50%。

然而，制程技术进步仅是纯晶圆代工模式发展的其中一个面向，更重要的是该模式转换了晶圆代工厂在产业中的角色，最终替代了 IDM 的制造功能从而成为制造平台，且以知识创造的枢纽作为自己的新定位来联结各专业厂商。技术进步与角色的转换之间也产生了良性循环，一方面晶圆代工在产业体系中角色的转换促使了技术进步，另一方面晶圆代工厂因技术进步也扩大了代工模式可扮演的角色范围，这主要表现为替代 IDM 和加值服务两个方面。

台积电刚成立时，无厂设计公司是其主要客户，直至 20 世纪 90 年代后期，无厂设计公司占台积电客户的比例仍超过 70%。虽然台积电创立之后一直争取为 IDM 代工服务，但由于 IDM 仅偶尔委托台积电制造少数非主力的产品。到了 20 世纪 90 年代后期，台积电推估，由于建造晶圆厂的经费逐渐超过了部分 IDM 可负担的金额，将会导致许多小规模 IDM 厂无法继续投资晶圆厂而转型为轻晶圆厂或无厂的设计公司，并把制造工程委托给台积电等代工厂。据此，台积电于 20 世纪 90 年代后期发动以 IDM 为目标的"群山计划"。为了代工 IDM 的产品，台积电也创造出不同于无厂设计公司的新合作模式。无厂设计公司的产品开发是依照台积电自身的标准制程，但 IDM 开发产品却基于

① 庄素玉，张玉文. 张忠谋与台积电知识管理 ［M］. 台北：天下远见出版股份有限公司，2000：57-58.

② 彭宗平，李知昂，IC 之音. 台湾的明天：能源、环境与科技产业的思考 ［M］. 台北：天下远见出版股份有限公司，2015：216.

其本身的制程，所以台积电为 IDM 代工就必须为不同客户分别调整制程，这导致生产耗时且成本较高，台积电通过长期探索，逐渐形成了与 IDM 客户共同开发制程的合作模式，最终解决了问题。

由于代工客户对先进制程技术的需求非常强烈，专业代工厂的营运成长空间将高于非专业代工厂，2000 年后，晶圆代工厂替代 IDM 生产的趋势明显上升。[①] 2000 年，全球前二十大的半导体企业都是 IDM，但到了 2011 年，生产逻辑半导体组件的大部分企业已转型成轻晶圆厂。2005~2007 年，当晶圆生产的尖端技术由线幅 90 纳米发展至 65 纳米时，意法、英飞凌（前身是飞利浦的半导体部门）、飞思卡尔（前身是摩托罗拉的半导体部门）等大厂都决定转型，停止建造自有的先进晶圆厂。美国德州仪器也在 2007 年宣布放弃单独开发线幅 32 纳米以下的尖端技术。超威（AMD）更是完全分割制造与设计部门，转型成为无厂的半导体设计公司。日本索尼也于 2007 年发布转型为轻晶圆厂的计划，是日本企业中第一家进行转型的企业。2009 年，当晶圆生产技术从线幅 40 纳米升级到 32 纳米时，富士通、松下、东芝等纷纷转型为轻晶圆厂。无厂半导体设计公司的数量及规模在纯晶圆代工厂的合作与帮助下不断增加，既扩大了代工市场的规模，快速发展的无厂半导体设计公司抢占了 IDM 的市场，也导致 IDM 难以保持原有的整合模式，不得不委外生产。总之，IDM 放弃整合模式，而由纯晶圆代工厂替代其制造，一方面是建厂经费剧增等外在因素所引致的结果；另一方面则是纯晶圆代工厂借由帮助无厂设计公司壮大所造成的产业结构改变。

纯晶圆代工厂也加强了对客户的服务并转型成知识创造的枢纽。台积电 1996 年推出了"虚拟工厂"的概念并建立了展现此概念的连线系统，台积电的客户可利用这个系统了解自己的产品处于生产线中的哪个步骤。此种虚拟工厂起初旨在更便于台积电配合客户制造产品。1997 年，台积电宣布将自己的核心功能由制造转移到服务，并开始改变公司组织，设立设计+服务部门及硅谷知识产权图书馆，汇整已验证可制造性的硅谷知识产权提供客户利用。20 世纪 90 年代后期，台积电发现代工厂也能扮演更主动的角色，即通过合作研发及提供设计等服务来帮助客户的成长。2000 年左右，台积电开始与美国电子设计自动化软件公司合作，开发设计参考流程供客户使用，以协助客户更快地推出新设计。2002 年，台积电宣布要进一步从"最佳晶圆代工厂商"转变成与客户建立"双赢的伙伴关系"，为此，台积电开始更积极地丰富其纯

① 徐作圣，邱奕嘉. 高科技创新与竞争［M］. 台北：远流出版事业股份有限公司，2000：82.

晶圆代工模式的服务内容。2003 年，台积电为加强其设计服务能力而并购了创意电子公司。2008 年，台积电通过整合升级原设计服务体系，建构开放创新平台，此平台旨在促进设计公司、IDM 厂商、系统产品公司的设计部门，以及 EDA 与硅谷知识产权供应商的共同创新，平台当中包含台积电所主导生产的各种接口及基本组件。台积电及其伙伴厂商用该体系开发出半导体设计流程、硅谷知识产权、硅谷知识产权验证、设计套件以及线上设计的入口网站。①

显然，台积电将其知识创造的范围由制造工程扩展到设计工程，并建立结合各种企业的平台，成为连接各种资源的知识创造枢纽，进一步提高了整个产业的生产力。

四、中国台湾 IC 设计业的创新及其与晶圆制造业的虚拟整合

由于半导体产业在制程上已进入纳米技术阶段，台积电在这方面的技术能力已不断提升至国际先进水平，因此 20 世纪 90 年代末期，中国台湾半导体业将研发重心移转至较高层次的 IC 设计能力上，以促进 IC 设计能力与制程技术并驾齐驱，这就导致许多具特殊领域技术能力的中小型 IC 设计公司陆续出现，具有上下游垂直整合能力的设计服务厂商（如智原科技、创意电子等）也快速兴起与成长。自 2000 年起，中国台湾专业 IC 设计厂商数目迅速增加。在产值与产业结构比重方面，中国台湾 IC 产业的总产值自 2001 年的 5269 亿新台币逐年显著提高至 2007 年的 1.4667 兆亿新台币，其中 IC 设计业的产值比例也不断提升。这一数据显示出中国台湾的半导体行业中，IC 制造与设计并没有随着信息电脑业外移中国大陆而外移，而且 IC 设计厂商的数目还在相对增加。这意味着 IC 设计业与晶圆制造厂仍然维系着中国台湾半导体产业特色，也就是垂直分工、虚拟整合的产业结构，而未形成垂直整合。

中国台湾的 IC 设计业自 1982 年第一家 IC 设计厂商——太欣半导体成立以来，经过数十年的发展，已经在全球占有重要地位。从早期简单的低阶消费性 IC，后来随着 20 世纪 90 年代中国台湾电脑信息产业的蓬勃发展，集成电路产业的产品应用领域也转移到了电脑芯片及内存芯片。2000 年以后，随着信息产品与多媒体的蓬勃发展，中国台湾 IC 设计产业进一步转移到与移动科技相关的信息、通信、消费性电子与多媒体芯片。因此，IC 设计产业的快速发

---

① 佐藤幸人 . 从后进到先进的路径——台湾半导体产业的启示［M］//林慧玲，陈添枝 . 台湾产业的转型与创新 . 台北：台大出版中心，2016：118-126.

展与中国台湾信息电脑产业的大幅成长以及随着 Wintel① 的升级而不断提升技术有关。

整体而言，在 IC 设计的全球分工过程中，美国硅谷的公司依旧是 IC 设计产业的领导者。中国台湾的 IC 设计公司在开创能力上不如国际大厂，而是观察主流发展的 IC 产品，再以反向工程的方式，快速模仿更改其设计、添加新的附属功能，以相对低廉的价格竞争销售，其主要目的是在短时间内快速回收成本并获取利润。由此，中国台湾 IC 设计公司众多且能力相近，专长雷同，因而其优胜劣败的差异在于厂商是否能领先竞争对手发掘主流 IC 产品并加以模仿，使中国台湾 IC 设计厂商的深度研发投入较低，而集中在快速跟随的过程，这成为中国台湾 IC 设计业的最大特色。②

中国台湾半导体产业中 IC 设计业的蓬勃发展和快速跟随，造就了其产业之间的虚拟整合，并体现出以下特色：

首先，在设计上形成了高效的异业研发网络。中国台湾电脑系统厂越来越多地将部分芯片固定外包给中国台湾 IC 设计公司，以享受成本低、服务快、功能多等本地优势，这一方面使 IC 设计厂商大量涌现，另一方面使中国台湾 IC 设计厂商必须在兼顾设计成本的压力下，跟随上最新的产品趋势。同时，由于终端电子消费市场的变化速度极快，生命周期越来越短，对 IC 产品也出现轻、薄、短、小，但却多功能整合的要求，这使得系统芯片设计的复杂度愈高，IC 产品技术创新的速度必须愈来愈快。这些快速度的要求，既培养出了中国台湾 IC 设计厂商快速跟随的设计能力，也促进形成了异业之间联盟合作研发的网络。IC 设计厂商在开发与营销芯片时，通常需要与客户（电脑系统商）、晶圆代工厂商及其研发工程师探讨未来市场需求、国外尖端技术发展、新产品规格等信息，并且在此过程中迅速调整技术发展策略，联结成异业研发网络。③

此外，为了在高度的时间压力下完成新的 IC 设计，IC 设计厂商一方面必须有能力快速设计，另一方面也需要在完成产品设计后，交由 IC 制造商（晶圆代工厂或 IDM）制作成晶圆半成品，经前段测试后再转给 IC 封装厂商进行切割及封装，最后再由 IC 测试厂商进行后段测试。由于中国台湾拥有多家设计服务厂商，以及全球最大的封测产业，而晶圆代工厂商及其所成立的设计服

① 电脑的产品架构是以 Intel 的微处理器和微软的 Windows 操作系统为硬件、软件的核心标准，因此 Windows 和 Intel 两家公司所提供的产品架构被合称为 Wintel。
② 王振寰. 追赶的极限：台湾的经济转型与创新［M］. 台北：巨流图书公司，2010：173-176.
③ 例如，联电（UMC）于 1993 年成立智原科技，台积电于 1998 年成立创意电子。

务厂商也开发自有的硅知识产权，这种新的商业模式使设计服务厂商可以虚拟整合上下游 IC 产业。[①] 由此，新竹—台北科技走廊所形成的地理邻近优势，相互支持的完整产业链与研发网络，大大降低了 IC 产品在不同业种之间的运输时间与成本，使 IC 产品从设计、制造、封测到销售的成本大幅降低，有助于中国台湾 IC 设计厂商提升技术学习能力，有效缩短技术开发与产品实现的时程，从而在设计速度和产品上市时程上较欧美厂商具有竞争优势。[②]

其次，在生产上 IC 设计业与园区内的晶圆代工厂商之间形成了紧密的整合状态。由于 IC 设计需要符合晶圆生产的设计规范，因此需要与晶圆制造厂的工程师有密切的沟通，以便能顺利地整合和生产，否则良率将会出现问题。同样，晶圆制造厂为了避免 IC 设计公司在芯片设计完毕之后，才发觉设计结果造成生产流程无可挽回的瑕疵，因而极力推展 DFM（半导体生产验证工具），让 IC 设计工程师在设计流程初期，就能很快找出和解决影响生产良率的潜在因素。例如，台积电就提供客户 IC 设计业者客户 DFM 有关的 IC 设计参考，建议客户在实体设计布局时，使用建议的 IC 设计规则。同时，晶圆制造公司也会与 EDA 合作，主动提供和支持设计流程给 IC 设计公司，可以使 IC 设计公司早期与制造商协同开发，以提升半导体的良率和降低成本；还提供光罩共乘服务，使设计公司无须负担光罩费用，以利于满足客户降低成本、提高效能、即时进入市场的需求。

最后，晶圆厂的技术能力和提供的服务也促成了 IC 设计与晶圆厂的网络关系。如前所述，中国台湾 IC 设计业创新技术能力相对不足，只能判断跟随模仿主流厂商的产品，以更低廉的价格和差异化功能夺取利基市场。由于 IC 产品市场竞争激烈，机会稍纵即逝。在此情形下，晶圆厂能否提供先进的制程技术、快速的生产交期和产品的差异化服务，便成为重要影响因素之一，也是促成中国台湾 IC 设计厂商与晶圆厂密切合作的关键。因此，虽然中国台湾某些晶圆厂领导厂商（如台积电）价格比较高一些，但依旧有许多厂商愿意额外支付差价，以获得比较快速的交期和稳定可靠的品质，从而有利于在最短的时间内把握商业机会。[③]

因此，中国台湾在晶圆制造的重要发展和地位，带动了 IC 设计业在新竹地区的出现，并与 IC 设计业形成了虚拟整合的结构。调查显示，95%的中国台湾 IC 设计厂商采用晶圆制造服务，其中 84.6%的公司选择中国台湾的晶圆

---

① 王振寰. 追赶的极限：台湾的经济转型与创新 [M]. 台北：巨流图书公司, 2010：177-180.
② 对于 IC 设计而言，开发软件工具与晶圆代工的紧密合作，是影响 IC 设计案成功与否的关键因素。
③ 赖逸芳. 结合软硬整合奇迹的 ICT 产业 [J]. （台湾）台湾经济研究月刊, 2007（12）.

厂服务。这显示了产业集聚和虚拟整合的效应有利于中国台湾 IC 设计业的发展，由于地利和虚拟整合的网络联结之便，很多中小型 IC 设计厂商得以大幅降低交易成本。①

五、新竹科学园区产业集群及人才流动对知识扩散和创新的推动

经过长期的发展，新竹科学园区逐渐发展出特殊的文化，有利于专业知识和技术的扩散。具体来说，包括园区的跳槽文化所形成的人力库、网络式组织的出现有利于厂商的技术联结以及专业主义信任的形成，等等。

无疑，新竹科学园区因产业集聚而形成了垂直分工系统，有利于生产的弹性专精和新企业的衍生，但同时也面临着企业的协调整合问题，这种问题既存在于上下游厂商之间，也存在于厂商、客户及上游的设备供应商之间。劳动力即工程师社群的流动在很大程度上解决了企业的协调整合问题，流动型的劳动力市场是新竹产业区一大特色。实际上，产业聚集的邻近性，本来就有利于人力的流动和信息的交流，而且由于园区中新工厂的不断出现，人力需求很高，直接和间接地促使了园区人力的高度流动。

据调查，在企业间不断跳槽或经常性地转换工作被园区视为可广泛接受的、有价值的文化之一，甚至许多半导体工程师把更换工作看作一种晋升方式。由此，工程师经常处于垂直生产系统不同阶段的企业之间流动，部分地满足了产业内劳动分工整合的要求。可以说，劳动力流动是增强合作的途径，也是技术学习的途径。员工的高流动率虽然不利于个别厂商知识的积累，甚至会造成商业机密的外泄，但是对于园区整体而言，这样的流动却有利于信息的流通以及科技和知识的开发。②

高度的人力流动以及中国台湾"工研院"、台湾大学、台湾清华大学、台湾交通大学和台湾中原大学同事或同学会的网络关系，使园区形成了具有沉淀效果的社会文化资本，有利于专业知识的扩散和传播，而这样的社会文化形态，由于奠基于非正式的社会关系上，大大降低了正式的契约关系或市场交换的交易成本，也强化了新知识甚至新技术的开发和创新。同事和同学的网络关系不仅有助于中国台湾区域内部组织合作关系的形成，同时对于中国台湾企业与海外企业网络关系的建立也是很重要的。这样的制度和网络构成了新竹科学

---

① 王振寰. 追赶的极限：台湾的经济转型与创新 [M]. 台北：巨流图书公司，2010：180.

② 王振寰，高士钦. 全球化与在地化：新竹与台中的学型域比较 [J]. （台湾）台湾社会学刊，2000（12）.

园区成为学习型区域的基础。①

因此，中国台湾的半导体产业于 20 世纪 90 年代末已在全球价值链中扮演重要角色，并以新竹科学园区为主要核心的发展区位。半导体产业是中国台湾少数成功转型的产业，不论是规模和技术水准均居世界领先地位。2000 年后，中国台湾的信息电脑产业大幅外移，半导体产业的封装与测试部门开始陆续转移到中国大陆，近年来，晶圆制造甚至 IC 设计也开始随着封装测试部门转移大陆。迄今，中国台湾已经陆续开放 8～12 寸晶圆厂赴大陆投资，以使中国台湾的半导体产业能够利用大幅增长的大陆市场，同时也继续利用晶圆设计和制造在新竹科技园区的优势，积极推动中国台湾半导体产业的升级，并在全球价值链中保持一定的优势和发展。

第二节　中国台湾电脑产业的发展与创新

半导体和电脑产业是中国台湾 ICT（信息通信）产业的两大支柱，半导体制造业的领先发展为电脑产业的发展提供了坚实的硬件基础，电脑制造业的大规模成长则为半导体制造提供了巨大的市场需求。两者相辅相成，共同崛起于 20 世纪 80 年代初期，并在 90 年代步入高速增长的黄金期，取代传统产业成为中国台湾经济发展的"龙头"和支柱。因此，本书继介绍中国台湾半导体产业的发展与创新之后，重点选取中国台湾电脑制造业的发展与创新来加以分析说明。

一、20 世纪 70 年代中国台湾电脑制造的开端

中国台湾电脑业的制造和发展是从个人电脑（PC）开始的，PC 产业的始祖是大型主机、迷你计算机产业以及积体电路产业，特别是美国英特尔公司 1969 年发明并于 1974 年改进和简化设计的微处理。1977 年，苹果个人电脑推出并获得了空前的成功，正式宣告了个人电脑时代的来临。1981 年，IBM 推出模块化架构的创新，开创了电脑产业的新纪元。

中国台湾电脑产业之所以能够勃兴，在很大程度上归功于中国台湾大专院校早期推动的计算机课程，以及后来的电子工程或电机等课程，这些课程培育

---

①　陈东升. 积体网络：台湾高科技产业的社会学分析 [M]. 台北：群学出版公司，2003：50-51.

出了许多优秀的学生，他们毕业后进入相关产业界，慢慢开花结果，在电脑周边产业大放光彩，让电脑产业成为中国台湾国际化程度最深的产业。中国台湾生产 PC 兼容机可以追溯到 20 世纪 70 年代，1972 年三爱电子公司成立，招聘了多位台湾大学的毕业生，制造生产电子计算机，从此中国台湾真正开始生产电脑相关产品。[①] 此时期，中国台湾电子业是以外资为主，特别是美资、日资，只有很少的本土厂商有能力生产电子产品外销。在 20 世纪 70 年代末期，一些国外的迷你电脑厂商开始在中国台湾设立分公司甚至开始建立生产线，以利用中国台湾当时较为廉价的劳动力，如王安电脑、德州仪器、IBM 等。通过这些公司的投资，一些相关的电脑知识也开始外溢到中国台湾的电子行业，为后来中国台湾电脑业的发展储备了人才和技术。[②]

除了外商投资导致的技术外溢，中国台湾本土厂商也积极地通过逆向工程、技术授权、合作等方式来学习和模仿相关知识并开始生产相关产品。1974年，中国台湾第一家信息业公司神通，开始代理生产迷你电脑、英特尔处理器（1975 年）以及 Perkin-Elmer 迷你电脑（1976 年），代理之后，由于需要装配和维修，工程师需要接受培训甚至需要到美国母公司受训，中国台湾厂商于是开始通过逆向学习来获取相关技术知识。之后，神通改良了既有的系统，于1977 年推出了供迷你电脑使用的中文作业系统（1977 年）。宏碁在创立之初也是代理外商产品（如德州仪器的微处理器）后开始逆向学习的。1976 年，施振荣和几位工程师创办了一家小公司，1981 年改名宏碁计算机公司，并入驻新竹科学工业园区，由施振荣担任总经理。1984 年，宏碁计算机与电子工业研究所合作开发出 16 位个人电脑，1986 年宏碁成功开发出 32 位 PC 系统，由此声名大噪。

中国台湾电脑业的生产是从仿制开始的，1981 年，由于台湾当局严厉取缔电动玩具，中国台湾电子业者开始转向电脑业发展。当时市场热门商品正是苹果电脑，中国台湾电子业者衡量其技术及零件，发现最容易上手的就是仿制苹果电脑，由此开启了中国台湾电脑业的时代。1980 年，宏碁推出了"小教授一号"，主要是模仿苹果电脑；1981 年又推出了"小教授二号"，也是模仿苹果二号电脑，获得高度成功而开始外销。随着外销量的快速成长，美国苹果原厂不堪打击，不久后宏碁就收到了苹果电脑的侵权控诉，外销终止，这迫使

---

① 蔡盈珠，等. 台湾科技产业惊叹号［M］. 台北：远流出版事业股份有限公司，2010：248-249.

② 王振寰，温肇东，等. 百年企业·产业百年——台湾企业发展史［M］. 台北：巨流图书公司，2011：199.

中国台湾的厂商转而开发与 IBM 的 PC 机兼容的个人电脑。中国台湾厂商于1983 年 9 月便开发出了与 IBM 的 PC 机兼容的个人电脑,中国台湾业者之所以能由苹果二号转至开发 IBM 兼容电脑,一个很重要的原因就是苹果二号的概念接近 IBM 个人电脑的架构,这使中国台湾厂商仿制苹果电脑的技术很容易转而开发与苹果电脑架构雷同的 IBM 相容电脑。[1] 中国台湾个人电脑产业阵容,由原先的 10 余家增加至 100 多家,成为当时热门的产业之一。当时草创的信息电子业规模都很小,基本都是通过模仿来取得技术,然后经由技术的积累,以逆向工程的形式,逐步往更进一步的技术深化前进。

二、20 世纪八九十年代中国台湾电脑产业代工制造的大发展

20 世纪 70 年代末,中国台湾以低工资、低成本来推动经济发展的模式基本上走到了追赶的瓶颈,中国台湾需要以新的发展策略来实现产业的升级转型。1978 年,中国台湾第一次科技会议召开,台湾当局决议投入高科技信息产业作为新一波的策略性工业,具体包括开发新竹科学园区来带动产业发展、通过"工研院"电子所协助厂商开发和移转技术等措施,台湾当局的介入为信息电脑业的发展开启了新的契机,开启了中国台湾积极进入信息科技的时代。

20 世纪 80 年代,中国台湾开始为电子信息产业的国际 PC 大厂代工,奠定了中国台湾组装工业的基础。在 20 世纪 80 年代初期,大同、声宝等中国台湾传统的家电大厂在家电生产线之外,也为 IBM 等世界级电脑大厂代工生产低阶的终端机、监视器。而以宏碁、神通为首的中国台湾第一代电脑公司,则推出了一系列第一代个人电脑。1986 年,宏碁计算机公司推出了自行研发的80386 个人计算机,IBM 也于当年决定将 PC 授权中国台湾生产,促使中国台湾的 PC 代工业大幅成长,于当年便跻身全球十大信息产品生产基地。宏碁、神通等公司的成长壮大,带动了传统企业资金的流入,使刚刚萌芽的以个人电脑生产为主力的中国台湾资讯工业,成为全球生产信息产品的核心基地,更开创了 90 年代信息产业大幅扩张的时期。20 世纪八九十年代,电脑工业成为企业界的新焦点与青年学子就业时的第一选择。[2]

20 世纪八九十年代,中国台湾的 PC 代工制造的大增长,也受益于当时一些重要的有利条件。首先,中国台湾半导体产业的发展为 PC 产业提供了技术和硬件基础。由于联电、台积电两家公司奠定了中国台湾半导体产业代工基

---

① 徐作圣 . 国家创新系统与竞争力 [M] . 台北:联经出版事业有限公司,1999:163-165.

② 黄钦勇 . 电脑王国 R. O. C.——Republic of Computer [M] . 台北:天下远见出版有限公司,1995:7-8.

础，以及世界先进厂商投入 8 寸晶圆代工，中国台湾半导体产业于 20 世纪 90 年代随着全球 IC 市场的兴起也大幅起飞，而半导体零部件自给率的提升更使中国台湾以 PC 产业为核心的信息产业迈向垂直整合阶段。可以说，如果没有半导体产业的快速发展，中国台湾的信息电脑业就无法像现今这样在世界市场上占据举足轻重的地位，因为信息产业所需要的各项零组件，如主机板、屏幕、鼠标、键盘、各式各样的插入式硬件等都需要半导体。正是因为中国台湾半导体产业，包括 IC 设计、晶圆代工、光罩、封装测试等，在新竹科学园区形成了重要的区域系统，在全球取得了举足轻重的地位，才为中国台湾信息产业各项零组件的发展奠定了坚实的基础，二者相辅相成，互相加强。其次，如前所述，20 世纪 80 年代在美国工作的华人科学家大量回台工作或创业，到 1991 年底，新竹科学园区的 135 家厂商中有 66 家是由归台学者参与创业的。这些人才作为技术中介连接了中国台湾与硅谷，缩短了技术学习的时间，使中国台湾的高科技产业技术更进一步跃升。1995 年，中国台湾已成为世界产量第一的笔记型电脑、监视器、扫描仪等的生产地。信息产业网络的发展与成形亦被视为中国台湾成为世界最重要电脑生产基地之一的主要因素。

1988 年，中国台湾电脑工业出口值已达 50 亿美元，提前达成了"经建会"规划 1989 年产业规模 46 亿美元的目标。20 世纪 90 年代，中国台湾也开始生产笔记本计算机，但其中的重要零部件 LCD 面板一直依赖境外供应。1997 年，中国台湾中华映管与日本三菱电机开展第三代技术合作，中国台湾的液晶显示器装置产业由此向前跨进了一大步，不但开启了中国台湾液晶显示器产业的发展远景，更深化了中国台湾零部件的自给能力。据统计，2002 年中国台湾 TFT-LCD 的全球市场占有率首度超越了韩国，成为全球最大的 TFT-LCD 供应商。[①]

中国台湾电脑产业和半导体产业相辅相成，共同创造出 20 世纪八九十年代的高速发展，使中国台湾在全球高科技产业中占据极其重要的地位。2005 年，美国《商业周刊》一篇名为"中国台湾为什么很重要？"的文章强调："没有中国台湾，全球经济无法运作，中国台湾之于世界 IT 产业，犹如中东原油。"中国台湾拥有全球最大的芯片铸造厂——台积电、世界上最大的合同制造服务商——鸿海、最成功的手机芯片 IC 设计巨头——联发科、全球第三大 PC 品牌商——宏碁电脑、最大的笔记本代工商——广达，以及第三大 LCD 面板制造商——友达光电等具有世界级竞争力的企业。短短 20 多年间，中国台

---

① 陈泳丞. 台湾的惊叹号——台日韩 TFT 世纪之争［M］. 台北：时报文化公司，2004：246.

湾已经在半导体、光电、PC、电子精密制造几大领域成为世界巨人。而且，中国台湾的电子产业是全球最完整的产业链，并在全球电子信息产业中扮演着重要角色。① 根据中国台湾市场情报中心（MIC）的数据，中国台湾企业提供了全世界约70%的芯片代工服务，约92%的笔记本电脑、70%的LCD面板、35%的服务器和34%的数码相机，21世纪以来，这些产能逐渐从中国台湾转移到了中国大陆，但中国台湾在2008年英国《经济学人》智库的全球IT产业竞争力排行榜上位仍居第二位，仅次于美国，"IT劳动生产力"指标更居全球之冠。②

三、中国台湾电脑产业发展与创新的特点

（一）以国际代工为主要经营模式

包括半导体和电脑在内的中国台湾高科技产业都是从信息电子产业的代工（OEM）开始起步的。从20世纪80年代中国台湾信息硬件产业以组装和代工电脑开始，随着信息硬件产业的壮大和半导体工业的崛起，这种代工的生产方式不仅没有减少，而且有日益强化的趋势，并逐渐由代工生产（OEM）升级到代工设计（ODM）。尤其是20世纪90年代半导体产业中台积电等专业晶圆代工厂的兴起，更是将国际代工这一生产方式发展到了极致。

20世纪90年代中后期，中国台湾电脑工业代工生产的比重高达70%以上，即使像宏碁这样拥有国际品牌的厂家，1995年代工生产的电脑产量也超过了其自有品牌电脑的产量。以代工生产为主要模式的中国台湾IT产业的迅速崛起，使中国台湾成为全球IT产品的国际采购重镇。20世纪90年代后半期，采购金额最大的前20家采购商在中国台湾的采购金额由1997年的113亿美元迅速增加到2000年的356亿美元，其占信息硬件工业产值的比重也由37.5%上升至75.7%。除了美国厂商持续扩大采购外，欧洲、日本厂商为提升竞争力，也加速在中国台湾的采购。所采购的商品也由过去的PC外围产品，扩大至半导体、通信、液晶显示器及软件产品等。全球跨国公司如康柏、IBM、戴尔、惠普、Gateway、Intel、NEC等均将中国台湾作为重要的生产基地。中国台湾成为这些企业国际采购总部（IPO）的聚集地。据中国台湾"工业局"统计，在中国台湾的全球跨国公司数量，由1995年的45家迅速增加到2001年的100家左右，其中康柏、戴尔、惠普、IBM号称是在中国台湾采购

---

① 李保明. 两岸电子信息产业比较研究［M］. 天津：南开大学出版社，2015：81.
② 冯禹丁. 台湾高科技起飞之鉴［J］. 商务周刊，2009（10）.

的"四大天王"，其采购金额占外商采购总金额的半数以上。

中国台湾发展代工为主的模式有其历史必然性。电脑的产品架构是以Intel的微处理器和微软的Windows操作系统为硬件、软件的核心标准，它们共同主导全球电脑产业的发展，形成了Wintelism的产业竞争模式。温特制（Wintelism）使电脑产业形成垂直分工的产业组织/生产模式，软件编写、硬件制造和品牌管理、服务等流通体系实现切割，产业价值链上各模块成员形成共生关系，共同推进产业升级。正是在这种国际产业内垂直分工体系中形成了美国引领技术整合与技术创新，建立了产业标准并主导营销渠道与服务，日本和韩国提供关键技术和零组件，中国台湾生产周边产品的全球电脑产业分工格局。① 20世纪80年代初期，信息电子业向前、向后关联度较低，尚未形成完整的上、中、下游产业体系，关键技术部件如CPU、高级材料和液晶显示器等均需进口。进入90年代后，电脑产业升级换代速度加快，市场竞争激烈，全球各大品牌厂商为了降低成本，提高市场竞争力，纷纷向外寻求资源，将生产制造环节外包。正是由于Wintel联盟定义了PC的底层架构，使计算机从纵向一体化的大型机时代进入水平分工的协作生产模式，组装和制造外包的机遇产生。当时中国台湾相对于发达欧美国家的比较优势还是廉价的劳动力和土地等，因而在产业起步阶段主要从事OEM，生产电脑中的劳动密集型、技术含量低的周边组件，如主板、键盘、外壳和鼠标等，而中国台湾以中小企业为主的局面也非常适宜从OEM起步。由于电脑产品升级换代快，一个产品往往不可能大批量定型生产，而当时中国台湾的电脑业正处于发展初期，企业规模都很小，中小企业的生产方式生产周期快，具有极大的灵活性，积累了柔性化生产的经验，能有效降低成本，于是中国台湾有了承接PC组装和零部件生产的机会，击败以大型企业为主的韩国，赢得了来自美国、日本和欧洲品牌厂商的大量订单，90年代中国台湾代工厂商成为温特制垂直分工体系中的硬件供应商。②

中国台湾的电脑厂商就是这样从OEM起步，依赖国际上品牌企业的技术、零组件的供应，借助其营销渠道逐渐成长起来的。③ 应该说，在中国台湾高科技产业起步较晚、厂商规模较小、研发实力较弱的情况下，选择代工生产的方式基本符合中国台湾的比较利益优势，使其要素禀赋得到了最大的发挥。同

① 曹琼. 产业发展与核心竞争力——以台湾地区笔记本电脑产业为例 [M]. 北京：经济管理出版社，2011：55-56.

② 斯梅尔瑟，斯维德伯格. 经济社会学手册 [M]. 北京：华夏出版社，2014：200.

③ 尤素福，等. 全球生产网络与东亚技术变革 [M]. 北京：中国财政经济出版社，2005：34-39.

时，这种代工生产方式还可以减轻市场竞争带来的风险，使代工厂商节约大量的营销费用。

（二）实现了从 OEM 到 ODM 的技术升级

由于半导体技术的进步、产品日趋成熟，电脑价格也不断下滑，国际大厂也越来越仰赖中国台湾的低成本外包制造，且将自身营运目标专注于品牌营销上。逐渐地，国际领导品牌厂商越来越成为规格和架构的制定者，主导产业的游戏规则，而中国台湾厂商只能尽快地跟随和供应品牌厂商的需求。这一时期中国台湾电脑厂商产生了两个变化：一是系统制造厂为了提高自身利润率，制造重心从桌上型电脑移转到笔记本电脑。中国台湾部分规模较大的主要零组件供应商（如华硕），由于模块化、标准化的发展提高了企业投资自有零组件研发的风险，加上获利受到两方压缩（供应端议价能力不如系统组装厂、欲切入组装市场则又过度竞争），因而也着手切入笔记本电脑生产领域。二是由于长期代工而学习到了系统设计能力，很多中国台湾厂商转变成为设计代工（ODM）厂商，除了制作模具结构、采买各项零组件进行组装等业务外，还增加了外形工业设计与内部机构设计的设计概念和能力。

从开发到制造，再到设计和运筹，是一种连续性的学习和升级过程，中国台湾厂商从 OEM 升级到 ODM、EMS，意味着技术能力的升级。① 在这一技术升级中，外资买方的技术移转扮演了重要角色，而 OEM 本身也大大提高了中国台湾厂商的技术学习和创新能力。

第一，代工制造强化了中国台湾厂商的技术能力。中国台湾厂商要为国外厂商代工，需投入必要的专属性资产，如专属生产线、特别设置的测试设备以及专属的厂房等。同时，国际品牌大厂为确保品质的稳定会派人来指导制造生产，而厂商也在接受指导的过程中逐渐学习到了技术。

第二，随着合作时间的增加，厂商借着承接外国厂商的技术移转，包括技术蓝图、技术人员指导，及品管与制程标准等知识，因而学习到了低阶信息电子产品的制造及相关的设计能力。中国台湾厂商也在做中学的过程中，学习到了如何符合大厂所要求的规格，间接地促使了技术能力提升并逐步有能力自行研发。

第三，除了投资于硬件设备与厂房外，厂商更需要投入大量的研发设计人员，并且以专案的方式组成专属团队来服务客户，且服务专属客户之间又会设置防火墙，不同品牌的生产线之间不互相流通，以取得客户的信任。这也奠定

---

① 曹琼. 台湾笔记本电脑产业的成长路径与升级策略［J］. 台湾研究，2009（2）.

了厂商从学习到代工的重要特质——专业信任。以英业达而言,由于分别为惠普、东芝等不同厂商代工,为取得客户的信任,该公司的生产分别以不同的团队来处理,在厂内设置不同的专属区域生产线,并在厂房设置不同类型的防火墙。这样的生产安排,使买主愿意相信厂商不会泄露技术。

第四,由于中国台湾的电脑厂商同时分别为不同的国际大厂代工,因此在技术上,它们同时有多重学习管道,扩大了学习的基础,终能往研发创新的领域发展。

因此,OEM 通过上述渠道推动了技术的移转和学习。换言之,代工生产本身成为技术学习的重要机制,中国台湾厂商的技术能力由此逐渐累积,具备了从 OEM 向 ODM 升级的基础。在 ODM 阶段,中国台湾厂商已经能够自行设计,有能力去提出整体系统解决方案乃至主导整个机型的系统规格,甚至中国台湾 ODM 厂商会了解其特定客户未来的需求,同时进行相关的开发,这意味着厂商技术和系统整合能力的提升。不过中国台湾工程人员所擅长的不是产品技术的创新,而是能够变通的协商式升级。[①] 通过早期电脑产业的技术模仿,培养出了改善现有的设计、制程、设备的能力,从而更快速推出相容的电脑产品。中国台湾的工程师之所以能具有这种快速学习和应变的能力,一方面与中国台湾在"二战"后注重培养数学与统计、计算机科学领域的人才有关,中国台湾这些学科领域的毕业生比例是 OECD 成员平均数的两倍多,此举为中国台湾培育了大量 ICT 工程师人才;[②] 另一方面与中国台湾中小企业的代工特质有关,由于中国台湾电脑产业初期多为中小企业,资金并不雄厚,在资金缺乏又要为国际大厂代工的情况下,技术的弹性和变通就成为中国台湾工程师必备的特质,以应付不同客户的要求,使中国台湾工程师擅长技术改良和变通,能把标准的东西设计出超额的价值或超低的成本。[③]

(三)台湾当局通过"工研院"协助研发、移转和扩散技术

中国台湾电脑产业发展伊始也是以中小企业为主,并基本属于放任状态,1981 年台湾当局甚至对电玩业进行了取缔。可以说,在 20 世纪 80 年代之前,众多中小企业如果不是靠外资的技术外溢,就是靠反向学习和模仿来累积技术,台湾当局在初始阶段对于信息电子业的扶植是缺席的。

---

① 杨友仁,苏一志. 不仅仅是模块化台湾信息电子业 ODM 制造商的研发地理学研究 [J].(台湾)台湾社会研究季刊,2010(2).

② [瑞典]埃德奎斯特,赫曼. 全球化、创新变迁与创新政策:以欧洲和亚洲 10 个国家(地区)为例 [M]. 北京:科学出版社,2012:28

③ 蔡盈珠,等. 台湾科技产业惊叹号 [M]. 台北:远流出版事业股份有限公司,2010:258-262.

自 20 世纪 80 年代台湾当局把电子信息产业定为重点扶持的策略性产业之后，台湾当局对电脑产业的重要作用主要表现为：通过"工研院"积极推动电脑技术的国际转移和研发，建立以新竹科学园为主的地方创新体系，造就了以中国台湾本土中小企业为主的产业集群。

在发展信息科技产业的目标下，1982 年"工研院"电子所也开始投入电脑相关技术的研发。由于民间公司已经开始生产计算机、游戏机以及小型个人电脑，因此"工研院"并不是由无到有的支持，而是将目标制定在购买新技术、建立新研发实验设备、改造电脑设计和生产相关技术并移转给厂商，包括电脑周边、软件技术、半导体等。1986 年，宏碁、"工研院"电子所相继研发成功 32 位的个人电脑——386 兼容性电脑，只比 IBM 晚两个月，1989 年更成功地开发出 486 电脑，其开发速度甚至已经超过了 IBM 公司。"工研院"电子所的电脑计划虽然不像积体电路计划那么有名，但是在中国台湾电脑产业中仍占有举足轻重的地位。

这种由"工研院"研发然后扩散给厂商的合作模式，同样出现在笔记本电脑的开发上。"工研院"在 20 世纪 90 年代初期与本土厂商合作开发出笔记本电脑之后，在 1993 年中国台湾已经成为全球第二大生产笔记本电脑的地区，仅次于日本。由于个人电脑产业的兴起和规模的扩大，过去从事消费性电子业厂商，也纷纷改为生产电脑周边与零组件，个人电脑的中下游产业开始紧密地结合。与此同时，"工研院"也开始以技术授权和收取权利金的方式，移转电脑服务器技术给中国台湾厂商。1993 年，中国台湾已经成为全球最主要的服务器生产地区。同时，"工研院"也积极开发关键零组件的技术，并移转给私人厂商经营，包括扫描器、液晶屏幕等，缩短了学习的时间。"工研院"与中国台湾厂商技术合作共同开发关键零组件的案例不胜枚举，包括威力芯片、DVD 技术等。此外，"工研院"在 90 年代开始开发通信和网络方面的技术，并与产业联盟开发以太技术和数据机等，这些对信息电脑产业后续的网络化发展有重大的影响。因此，和推动发展半导体产业一样，在中国台湾的信息电脑业发展中，"工研院"也以公私合作的方式协助电脑制造厂商开发关键零组件，在研发、移转和扩散技术过程中发挥了极其重要的作用。

（四）以新竹科学工业园为主的产业集群和创新网络

如前所述，成立于 1980 年的新竹科学工业园，占地 6 平方千米，有 289 家高科技含量的企业入驻。此外，新竹园区附近有多所大学及技术类专科院校，包括以理工科系著名的台湾清华大学及台湾交通大学，另外还有新竹教育大学、台湾中华大学、玄奘大学、明新科技大学、元培医事科技大学、台湾中国科技大学、大华技术学院、台湾中华技术学院，这些高等院校为园区厂商提供丰沛的高素质人力以及在职培训、咨询服务及合作研究等。在天时、地利、人和的情形下，经过短短一二十年的发展，新竹科学园 2000 年的产值就达到了 290 亿美元，占中国台湾 GDP 的 5.3%，创造了 7 万多个就业机会。① 新竹科学园不仅成为中国台湾经济发展的重要支柱、科技产业的心脏地带和科技产业水准的标志，也是世界高科技产业发展的重要基地之一，被誉为和美国硅谷一样是信息技术时代创造奇迹的地方，成为"中国台湾硅谷"。

除了上文提及的半导体产业是新竹科学工业园区第一大产业以外，电脑及其周边设备制造业也是新竹科学工业园区的较大产业。这些厂商大多集聚在新竹科学工业园区，形成了完整的上下游供应体系，进行专业化的分工和协作。新竹科学工业园区造就了以中国台湾本土中小企业为主的产业集群，众多的中小企业通过上下游产业链整合起来，形成了一股相当可观的力量，大大地促进了中国台湾电脑产业的发展。除了集群效应，新竹科学工业园区也创建出一个良性循环的创新网络。创新网络是一种良性产业组织形式，是指某一区域的行为主体，包括企业、大学、研究机构、政府、中介组织等，在长期正式或非正式的合作与交流关系的基础上形成的相对稳定的系统，并发挥出旺盛的创新能力和独特的竞争优势。新竹科学工业园的企业就是在一个良好的创新网络中的增长和发展，这一创新网络除了企业外，还包括大学和研究机构、台湾当局的规制和协调机构、中介组织等要素。②

毋庸置疑，20 世纪 80 年代新竹科学工业园本身就是在台湾当局主导下达成的官、产、学、研通力合作的模式，台湾当局不断投入创业投资基金，建构了以官方资本、私人资本与跨国资本及生产技术联合的空间与社会的运作关系。台湾当局不仅是新竹产业区的整体组织和管理者，而且也是开发与经营的直接参与者，是 ICT 产业区发展的驱动力，台湾当局在租税、基础设施建设、行政流程等方面，都有相当优惠的措施，这对"中国台湾硅谷"的发展起到了推波助澜的作用。在大学和研究机构方面，新竹科学工业园内有工业技术研究院、台湾交通大学、台湾清华大学以及六个"国家"实验室（精密仪器发展中心、行政事务主管部门同步辐射研究中心、"国家"毫微米组件实验室、"国家"高速计算机中心、"国家"太空计划室、"国家"芯片系统设计中心）等。这些研究主体与园区企业合作，不仅提供了大量的创新成果，还提供了设

① 钟宪瑞. 产业分析精论：多元观点与策略思维 [M]. 台北：前程文化公司，2008：354-358.
② 林慧玲，詹立宇，谢玉玫. 产业聚集与厂商研发活动之研究——台湾电子业厂商之验证 [J]. （台湾）人文及社会学刊，2009（12）.

备和人力资源从事研究与发展工作。

新竹园区内的中介组织也是园区创新网络重要的组成部分。中介组织中的中国台湾科学工业园区科学同业公会设有四个委员会，涉及规划管理、进出口作业、金融财务管理、人力资源培训与分享等多项事关园区企业良性发展的方方面面，并积极促成企业之间、企业与台湾当局间的沟通与协调。而中国台湾电力电子制造商协会及其类似组织中介组织，则为园区的 IC 和半导体产业提供专业性服务，如积极撮合成员企业建立新产品协会和企业研发战略联盟等，在加速企业学习进程和快速技术升级上发挥了重要的作用。

上述创新网络和园区内普遍的跳槽文化、人才流动以及海外人才回台创业所导致的新竹科学园区与美国硅谷之间的高频交流与互动，共同促成了知识、信息、技术的学习和扩散，大大加快了中国台湾电脑产业的技术创新和规模发展。

（五）通过虚拟工厂的组织创新与变革来推动产业升级创新

如前所述，在跨国公司主导的世界产业结构调整中，生产链被进一步细分，跨国公司将生产链中低附加值的环节转移到后发国家和地区，以充分利用其较低的劳动成本优势。随着 20 世纪 90 年代末期国际领导品牌大厂逐渐发展出模块化的生产模式，"模块化生产网络"得以形成，不仅剧烈地改变了全球信息产业生产的架构，并导致在 90 年代出现了一个新的组织创新，即跨国公司从专注于独家海外投资生产的计划，转而致力于形成全球网络的旗舰，来整合其分散的供应商、知识和消费者成为全球（或区域）的生产网络。处于全球生产网络的中心就是旗舰厂商，如美国的英特尔，其拥有策略和组织的领导权，并将研发和市场营销之外的所有生产流程，外包给关键契约供应商或统包商。① 中国台湾的电脑系统厂商当时就是这些国际知名品牌公司的第一统包商，它们必须发展出新的组织和技术能力，来满足旗舰大厂在量、质、速度和弹性等方面的要求。

在此过程中，中国台湾的电脑系统厂商大幅度地增加运作规模，最终形成了一个自发性的小型全球生产网络，由系统厂商带领，快速和弹性地应付来自旗舰厂商的需求。而在这个生产网络中的下游供应商，则专注于对特定产品、生产力以及网络联结的改良和改善，以符合来自系统厂商要求。这种新的全球生产网络形态，创造了新的全球分工，也形塑了信息产业在全球化时代新的和

---

① 张珺，刘德学. 全球生产网络下外资对我国电脑及外设产业发展的促进作用［J］. 世界经济研究，2005（10）：73-77.

显著的外貌。中国台湾的电脑生产网络虽没有可以支配全球的组织能力，但却拥有强有力的区域和国际协力网络。其严密的网络能力，能弥补组织能力上的不足。[①] 同时，中国台湾形成的这种信息产业网络，使各个企业能够专精某项零组件或制程的生产作业，既使产业风险性经由众多企业分摊大幅降低，也使各厂商借由专精建立所属领域的领先地位，并有利于促进系统厂全力提升核心技术的能力。[②]

这样的产业网络称得上是中国台湾电脑产业发展的加速器，使中国台湾电脑上中下游的生产网络得以发挥"蚂蚁雄兵"的惊人威力。事实上，中国台湾电脑厂商之所以能够成为全球主要品牌的代工厂商，正是与其组织能力的强化，能够快速、弹性和大量的生产，供应国际品牌大厂的需求密切相关。被称为"虚拟工厂"，它表明中国台湾电脑厂商有能力成为各国际品牌大厂的生产部门，能在全球范围内及时供货给不同厂商。20 世纪 90 年代，美国及世界市场上的激烈竞争使许多大型品牌企业，如康柏、惠普与戴尔等，为了达到规模经济、范畴经济与速度经济，纷纷大量外包给中国台湾的宏碁、广达、仁宝、英业达、大众等电脑厂商，也形成了进一步依赖中国台湾代工制造甚至代工设计来生产信息通信产品的局面。作为 IT 产业全球研发价值等级分工链条的第二梯队，中国台湾电脑厂商的竞争力不仅包括生产制造，还包括产品设计、维修服务、全球组装、全球运筹通路及产品配送服务等，这样的全球布点优势可以降低成本与加快速度，不仅能更快地生产，也能更快地将产品传送到客户或消费者手中。[③] 由此，中国台湾电脑厂商提供了从产品设计到配送维修的全方位配套方案，品牌厂商只需列出产品规格，中国台湾电脑厂商即可协助厂商将从产品设计到全球出货，并且连售后服务需要的零组件更换都涵盖进来。品牌大厂几乎只要专责电脑销售即可。因此，电脑业的全球生产网络就是由中国台湾大型电脑厂商构成的。

中国台湾电脑厂商与其零组件供应商之间形成的这种紧密合作关系，被称为"虚拟垂直整合"（或虚拟整合）的形态，也就是系统厂商与零组件供应商仍然各自拥有自主的技术能力，但它们之间的合作网络关系越来越紧密相连，以满足来自品牌买主快速和及时供货的要求。虚拟整合在外貌上仍是垂直分

---

① 陈介玄. 班底与老板：台湾企业组织能力之发展 [M]. 台北：联经出版事业有限公司，2001：25-69

② 刘仁杰. 重建台湾产业竞争力 [M]. 台北：远流出版社，1997：172-174.

③ 张战仁，占正云. 全球研发网络等级分工的形成——基于发达国家对全球生产的控制转移视角 [J]. 科学学研究，2016（4）：512-519.

工，但在功能上却接近垂直整合的形态，生产网络中的各个节点之间合作密切，也受到网络领导者（系统厂商）的指挥调度。中国台湾电脑业中的鸿海、广达、英业达和仁宝等系统厂商，都逐渐与其供应商形成了垂直分工但生产网络深度整合的趋势。虚拟整合的厂商与搭配的零组件厂商（卫星体系）关系密切，因此通常会顺向整合相关上游的零组件厂商（并购或是策略联盟），进一步将相关营运成本与采购成本压缩到最低。在中国台湾，相对较小的个人电脑厂商比日本大公司显得更有竞争力。

中国台湾信息系统厂商与其网络供应商之间的虚拟整合，表现在以下三个方面：

一是电脑系统厂商与其主要零组件供应商之间（如机壳、主机板、电源供应器、散热器、键盘、连接器等），已从既有的网络关系进一步延伸至生产镶嵌的深度整合，来应付品牌厂商所需要的速度、弹性和价格优势。

二是系统厂商与供应商共同投入研发合作，以便使硬件规格制定与整体系统之间能顺利整合和进入量产。出于成本、稳定、上市时程等考虑，有些关键零组件厂商，如 nVidia、ATi 等绘图芯片组，需要系统代工厂一起配合设计开发，而不是在开发完成后才交给其测试整合。虽然中国台湾厂商不是主流技术架构（如 CPU）的制定者，而只能作为技术的紧密跟随者来快速地改良、跟随、生产，但由于中国台湾厂商在世界范围内的系统整合能力和快速跟随能力，使得技术创新者的 Intel 或 AMD 等厂商在开发新的技术规格时，也需要与中国台湾系统厂商合作开发新的搭配产品，才能够顺利上市。

三是在供应链管理方面，大多数系统厂商采取策略联盟的方式与零组件供应商共存，这种深度结盟整合的关键是将系统厂商的管理延伸到零组件厂，重视的是整体的供应链管理，共同承担电脑产业的生产品质、成本和竞争压力。①

正是由于上述优异的虚拟整合能力，中国台湾电脑厂商几乎囊括了全球 PC 和笔记本电脑制造，同时产业集中度也越来越高。前六大出货厂商（广达、仁宝、纬创、英业达、华硕、富士康）占中国台湾整体产量的比例已逼近九成、占全球产量的比例也将近八成；成本竞争下的规模经济使二线厂商将更不容易生存，其他尚未完全交由中国台湾厂商代工的品牌，也面临更大的产业低价竞争压力。中国台湾电脑厂商与国际品牌大厂已经形成全球生产网络，品牌大厂成为旗舰，将所有生产和设计功能移转给跟随其后的中国台湾系统厂

---

① 王振寰. 追赶的极限：台湾的经济转型与创新 [M]. 台北：巨流图书公司, 2010：132-135.

商，自己只留下营销部分。中国台湾个人电脑产业则从一开始的局部模仿，陆续提升到从零组件到通路完整的个人电脑产业，使世界各大品牌厂商都必须大幅仰赖中国台湾厂商的配合。而在这个全新的生产网络中，中国台湾厂商不仅建立了全球运筹帷幄的能力，也不断推动着技术上的创新与升级。从 20 世纪 90 年代末期以来，为了跟上脚步并维持竞争力，作为国际品牌关键契约供应商的中国台湾系统厂商不得不持续推出降低生产成本的措施。除工业设计、制造流程的制程创新外，扩大规模、转移到大陆中西部生产及全球运筹成为中国台湾系统组装厂新的降低营运成本的手段。①

四、中国台湾电脑产业发展的局限与未来愿景

（一）Wintel 模块化系统使中国台湾电脑产业难以整体升级到 OBM

全球的 PC 产业是一个典型的模块化生产系统，虽然 PC 最早是由 IBM 建构出来的，而且 IBM 至今在主架构中尚保有很多知识财产权，但 Intel 及 Microsoft 却主导了整个模块化系统。如前所述，模块化系统是指将零组件归类为数个结构上相互独立但功能上相互依赖的模块而形成的系统。为了确保系统功能在将数个独立模块组合后仍可正常运作，每一个模块的设计都必须依循或符合主架构的设计思维。这样的架构有利于产业分工及外包，并且有利于新厂商进入。由于零组件都是依循相同的设计标准，因此即便是非常复杂的零组件都能被新产品取代。这样的系统在新产品开发时，提供了速度及弹性，可以发挥很好的网络效益，而不再需要一个传统的多部门巨型企业。

Intel 及 Microsoft 掌握了系统中最关键的零组件，即微处理器及作业软件，也分食了系统中大部分的利润，让它们有能力肩负起系统维护及升级的责任，因此，这个系统被称为 Wintel 系统。通过定期地推出新版的处理器及作业系统，Intel 及 Microsoft 可以不断满足消费者对电脑的需求，不仅可以促进整体产业的持续成长，也让它们可以一直保有充裕的利润。这样的系统，打造了一个细致垂直分割的产业，系统内的厂商都只在一个特定领域中进行专业化生产，品牌厂将所有的制造流程全部委托由代工厂生产制造，而代工厂只负责组装，所有的零组件都是从市场上买来的。这种模块化系统威力十分强大，使品牌厂商在与 Intel/Microsoft 的利润和权力争夺中处于不利的地位，以至于笔记本电脑发明者——日本笔记本电脑制造商，也因为无法竞争，而不得不由整合

---

① 胡新华，张旭梅. 集群迁移、驱动因素与产业影响：笔记本电脑产业例证［J］. 改革，2015（2）：51-59.

性生产模式改为采用 Wintel 系统，并且委由中国台湾厂商进行生产制造。联想 2004 年购并 IBM PC 部门后，运用 IBM PC 的基础持续发展，到了 2011 年，连日本笔记本电脑领导品牌且有自行开发作业系统能力的 NEC，也将其电脑部门卖给了中国大陆的品牌联想，PC 市场规格从此定于一尊。

Intel/Microsoft 与品牌厂商之间的斗争，给中国台湾 PC 制造厂商提供了代工的大好机会，使中国台湾厂商得以从桌上型电脑代工开始，并逐渐跨足笔记本电脑领域，让中国台湾代工厂在国际产业分工中占据越来越重要的地位。Intel/Microsoft 借由技术的分享来壮大代工厂，从而削弱品牌厂的议价能力。最后，代工厂从品牌厂手中接收了大部分产品开发的工作。尽管代工厂缺乏市场相关知识，但它们通过汇总整理不同品牌厂生产的相关信息，也可拼凑出七八分市场相关知识。虽然品牌厂与代工厂共同进行产品开发，但最后是由代工厂而非品牌厂负责整合所有的零组件，做出最终成品。

自 20 世纪 90 年代开始，当中国台湾的 PC 制造业厂商对电脑生产越来越熟悉，并成为全球电脑组装的龙头企业时，部分厂商开始尝试自创品牌，宏碁（Acer）及华硕（Asus）即为两个最知名的例子，这两家公司都是由代工厂分割出来的，它们成功地实现了从 OEM 到 ODM 再到 OBM 的升级路程。但从中国台湾电脑产业发展的整体经验而言，OEM 是条不归路，能从 OEM 转变成 OBM 的案例非常少。

一方面，代工和 OBM 是两种不同的经营模式，需要具备不同的资源，从代工转化为自创品牌，还必须改变以往以生产能力为竞争手段的模式，而要以创新能力为主要竞争手段，尤其需要基础性科学技术方面的研究能力和与市场需求有关的研究能力。但多数中国台湾代工厂商侧重于制程技术的改善，对基础性研究的投入较少，企业的创新能力较弱，并不能长期坚持自有品牌的经营。[①]

另一方面，中国台湾 PC 制造业在全球价值链中处于被国际大厂支配的地位，虽然中国台湾制造的 PC 产品在全球市场有极高的占有率，但中国台湾厂商却没有办法联手制定出任何一个产业标准，在全球产业分工中，关键的 CPU 及作业系统仍由美国公司垄断，至于附加价值最高的知识产权，中国台湾的斩获也比较少。同时，随着 PC 竞争的日趋激烈和产品价格下滑，中国台湾 OEM 厂商已进入微利时代，利润率十分微薄，即使有 OEM 厂商试图自创品

---

① 汤明哲. 台湾 IT 产业发展的两大教训 [J]. 中国企业家，2005（24）：46-48, 50.

牌，但是只要和国际大厂有利益冲突，国际大厂动辄以取消订单为威胁，使得自创品牌往往无疾而终。甚至有些 OEM 厂商试图和渠道商合作创造渠道商的品牌，也在国际大厂的反对下而停止。①

（二）模块化陷阱与创新的局限

尽管模块化系统具有弹性及速度上的优势，但在因应技术变迁时却有所不足。在一个模块系统里，模块内的创新较模块间的创新容易发生，这是因为模块间的创新需要进行模块间功能的整合，不仅需要具备跨领域的知识，也需要具备整合伙伴间创新活动的能力。在模块化系统里，基本只有掌握系统关键资源的旗舰型厂商才具备这样的知识及能力，他们同时还掌握其他厂商赖以为生的关键资源，因而赚走了生产过程中大部分的利润，是模块化系统的最大受益者。

产业系统是一个动态调整的过程，在产业发展初期，由于规模不大，无法进行垂直分工，只能整合生产。当产业规模足够大以后，模块化的垂直分工变为可能。当一个架构取得优势，得到较多厂商支持并成为主架构后，模块化系统就会慢慢开始趋于稳定。当一个模块化系统趋于稳定后，创新的空间便缩小了，价格成为产业最主要的竞争手段。一般而言，在成熟的模块化系统里，只有旗舰型厂商才拥有分配价值的专属权，因此，大部分的创新都是由旗舰厂商主导的。

一个模块化系统若无法不断将承载新技术的零组件纳入系统中，进行架构升级的话，则该系统可能无法长久持续下去。已习惯于模块化生产的厂商此时没有能力开发新产品，因为它们无法了解新技术的架构，它们在寻找供应商或代工厂时甚至说不清产品的规格。也就是说，主架构的失败有可能使原模块化企业的组织架构和知识基盘过时，无法适应新环境，这样的情况被称为"模块化陷阱"。主架构失败或模块化陷阱也会发生在 PC 产业上，生产处理器（CPU）的 Intel 以及提供 Windows 作业软件的 Microsoft 是 PC 产业的两大旗舰型企业，它们合作建构的 Wintel 架构是 PC 产业的主架构。近年来，中国台湾生产个人电脑（PC）和笔记本电脑（NB）的厂商未能及时适应移动手机时代的技术变迁，很多人就把这一困境归咎于 Wintel 主架构的失败，因为这两家旗舰企业没能适应消费者移动化需求日增的趋势而推出有竞争力的产品。事实上，Intel 及 Microsoft 两家旗舰企业及 PC 品牌厂都已意识到"移动化"已是市场趋势，其之所以提不出好的因对方案，是系统本身的特性限制了系统进行调

---

① 曹琼. 台湾笔记本电脑产业的成长路径与升级策略［J］. 台湾研究，2009（2）.

整的程度及范围。旗舰企业希望在不损及它们在系统中既有权力结构的条件下，将新的技术纳入，但这局限了可纳入整合的技术，即最后纳入系统的技术可能只是次佳的技术。①

模块化创新的局限也体现在模块化系统使模块创新比系统创新容易。前者是指在模块内进行的创新，不需要与其他模块资源进行整合；后者则是指需要整合不同模块资源的跨模块创新。PC 品牌厂间以模块创新为主要的竞争模式，宏碁与华硕也持续进行模块创新来因应市场需要，这些创新基本上都是为了支持新的处理器或系统软件而做的。不过，因为缺乏专属性资产可让这些创新不被模仿或超越，这些创新很快地会被吸纳变成系统中的一部分，竞争对手很快就可以提供类似的产品，因此，这些创新只能让创新者的市占率暂时性地增加。

以中国台湾华硕等厂商在 21 世纪初开发的小笔电（Netbook PC）为例，区别于 Wintel 模块下传统的笔记本电脑，华硕自行研发设计，运用 Intel 提供的关键零组件，越过微软，使用 Linux 作业系统搭配 Google 制造出一款触控型笔记本电脑易 PC（Eee PC），易 PC 于 2007 年上市后即热卖，2008 年易 PC 有 500 万台出货量，随后几年产品不断升级更新并在全球市场创下佳绩，华硕也因此成为逆势成长的少数能够与苹果抗衡的 PC 品牌，在全球 PC 市场占有率步步高升。简易电脑世代的来临，也意味着对其他 PC 业者来说，进入门槛并不太高，此后宏碁、微星、技嘉等中国台湾 PC 厂家也生产出了类似的产品，这些产品被统称为"小笔电"，以方便上网为最主要的诉求。② 小笔电是中国台湾品牌首度操作电子科技新产品的成功案例，证明中国台湾品牌业者有能力整合供应链，能够进一步开发出应用产品并进行国际品牌营销。③

小笔电的确与传统的创新有所不同，它提供较简单、较便宜及更有价值的产品给新的市场客群，然而小笔电并不能算作破坏式创新，它对 Wintel 系统的权力结构并没有造成实质的破坏。虽然华硕及宏碁在小笔电上市后全球市场占有率快速上升，但却并未享有独占利润，因为模块化系统很快地把这项新发明变成了一项大众化商品，消除了超额利润。真正的破坏性创新发生在 2010 年 iPad 上市时，由 Wintel 系统外的 Apple 厂商所产生的创新才真正撼动了 Wintel 的地位。2010 年 iPad 上市时小笔电的出货量达到了 3560 万台的高峰，

---

① 董科．模块化生产方式下中国制造业产业集群升级研究［D］．武汉：华中科技大学，2011.
② 于珊，李旭佳，阎桂兰．台湾电脑产业如何转型［J］．海峡科技与产业，2013（2）：43-48.
③ 钟宪瑞．产业分析精论：多元观点与策略分析［M］．新北：前程文化，2008：318-323.

此后随即快速萎缩。华硕更于 2013 年宣布停产易 PC，距离其首次上市仅约 5 年。①

　　小笔电可以说是 iPad 的前奏曲，但 iPad 的诞生却终结了小笔电。易 PC 的发明显示了像中国台湾华硕这样的品牌厂，是有能力进行整合并创新的，但 Intel 及 Microsoft 只有在确定新发明与其主导系统的优势是互补的情况下，才愿意提供处理器及作业系统，因为这样他们可以在不必承担任何创新风险的情况下，享有模块成员创新所带来的好处。小笔电的昙花一现一方面印证了，中国台湾厂商在产业技术已趋成熟及稳定时，借由过去代工与整合协作经验，虽能推出较低阶的自有品牌产品，但在产业技术尚未成熟前，很难有机会脱离国际大厂独立成为一个专管品牌与研发的企业。另一方面则说明了，在一个成熟的模块化系统中，若得不到旗舰厂商的支持，是不太可能出现重大创新的。

　　2010 年，Apple 推出的 iPad 大大改善了 Microsoft 系统平板电脑的缺点，如使用者可以直接用手指在触控屏幕上输入资料或操作页面，而不再需要通过一支触控笔。另外，iPad 不再以电脑为设计出发点，用虚拟键盘取代了实体键盘，使之更轻巧、更容易携带。虽然 Microsoft 先推出了触控式平板电脑，但当 Apple 推出具有更先进触控技术的 iPad 时，Microsoft 几乎无招架之力。Microsoft 的平板电脑主要以专业人士为目标客群，iPad 则是为一般消费大众设计，提供了各式各样的娱乐性应用程序供使用者下载。因此，iPad 上市后引起了轰动，竞争者纷纷仿效，不久市场上便充斥了类似的平板电脑，因而降低了消费者对低价电脑的需求。可见，iPad 这样的破坏性创新是不会出现在 Wintel 系统或宏碁等厂商手中的，一个成熟的模块化系统不太可能出现破坏性创新。②

（三）中国台湾电脑产业未来的发展

　　总之，在中国台湾电脑产业从 20 世纪 90 年代开启全球代工生产再到代工设计的过程中，"工研院"在技术升级上，持续扮演协助技术开发和移转的角色；外资和对外并购，也是中国台湾厂商技术升级的来源。20 世纪 90 年代，中国台湾已经是全球信息电脑业最大的生产地，新竹—台北走廊作为当时的高科技产业生产基地，汇集了电脑相关产业的上中下游厂商。但是，随着全球产业环境改变，中国大陆的对外开放和庞大消费市场的逐渐形成，中国台湾电脑

---

　　① 陈添枝，顾莹华，杨书菲．模块化生产的陷阱［M］//林慧玲，陈添枝，等．台湾产业的转型与创新．台北：台大出版中心，2016：151-152．
　　② 陈添枝，顾莹华，杨书菲．模块化生产的陷阱［M］//林慧玲，陈添枝，等．台湾产业的转型与创新．台北：台大出版中心，2016：149-150．

业在 90 年代开始转移到中国大陆，开启了一个新的阶段。对此，通过前期积累形成的完整的产业生态，运用技术创新与全球运筹能力来整合各地产品与零组件，中国台湾的电脑系统厂商日渐从"虚拟工厂"转变为跨地理空间"虚拟整合"的建构者。①

纵览中国台湾电脑产业发展历程，当中国台湾电脑业者的生产能力和设计能力相继达到世界水平后，中国台湾电脑产业逐渐从 OEM 升级到了 ODM；正如霍布德（Hobday）指出的，从 ODM 阶段向 OBM 阶段的过渡一般要经历一个自有创意制造（Own Idea Manufacture，IDM）的中间阶段。在这个阶段，中国台湾电脑业构想出了一种全新的产品并将之概念化，然后说服境外买家帮助其推广。中国台湾电脑企业还成功地在国际市场上以自己的名义销售这种产品。凭借在世界各地高效运转的制造工厂和新产品的独立开发能力，一部分中国台湾电脑企业便完成了向 OBM 的转移，并使自己的品牌国际化。② 中国台湾的优势在于完整的全球后勤体系及完善的供应链管理，包括全球供货仓库、制造/组装点、分公司等。生产的纵深发展有助于中国台湾电脑产业由代工（OEM）、代设计（ODM）以及原创品牌制造（OBM）的攀升，使原来专门替国际一线大厂制造产品的中国台湾电脑厂商得以营销自己的名牌产品。

然而，中国台湾品牌发展至今，企业普遍仍以性价比的制造思维为尊，相比于国际品牌企业重视最终使用者沟通回馈、追求为客户及消费者创造价值等做法，许多中国台湾企业仍停滞在品牌初阶发展阶段。③ 中国台湾电脑产业未来要走向品牌发展之路，一方面需要时间的酝酿以及长期持续的经营，通过掌握市场利基，以差异化品牌定位区隔竞争对手，从而取得比代工更多的获利空间。④ 另一方面需要摆脱 Wintel 模块化系统所导致的陷阱和创新局限，这将是一个长期面临的挑战。

---

① 詹文男，等.2025 台湾大未来：从世界趋势看见台湾机会［M］.台北：大立文创公司，2015：106-107.

② Hobday M. East Versus Southeast Asian Innovation Sys Tems：Comparing OEM-and TNC-led Growth in Electronics［M］//L. Kim and R. R. Nelson. Technology，Learning and Innovation：Experiences of Newly Industrializing Economies，Cambridge Cambridge University Press，2000.

③ 陈博志.做好品质特色才易发展品牌［J］.（台湾）台湾经济研究月刊，2018（7）.

④ 吴慈佩.探勘新世代品牌政策推动思维［J］.（台湾）台湾经济研究月刊，2015（11）.

第三节　中国台湾工具机产业的创新与发展

工具机是中国台湾在"二战"以后发展最早的产业，也是最能代表传统制造业的黑手产业①。一般认为，传统黑手产业在全球化的进程中迟早会被淘汰，其他拥有廉价劳动力的国家和地区会取而代之。但是这样的看法并非事实，也忽略了很多传统产业具有的创新能力。中国台湾的传统黑手产业在转型升级的过程中表现非凡，它从 20 世纪 50 年代才开始起步，到了 1969 年总生产值只有 900 万美元，然而经过几十年的努力，2006 年中国台湾工具机总生产值已经高达 1000 多亿新台币，2017 年更是达到了 11000 亿新台币，并提出了 2025 年达到总产值 2 万亿新台币的愿景。② 中国台湾工具机产业产值 1977 年在全球排名为第 23 名，在 1988 年首度进入前 10 名，1992 年为全球第 8 名，1996 年为全球第 6 名，2005 年为全球第 7 名。1990 年后中国台湾成为全球第五大工具机出口地，从 2006 年开始，中国台湾成为全球第四大工具机出口地和第六大工具机生产地。③ 同时，中国台湾工具机产业的产品也逐渐从生产低阶的传统工具机，到可以制造各种中阶的电脑数码控制工具机，而且某些厂商已经有能力将产品外销到品质要求非常挑剔的日本。因此，本书选取工具机产业作为中国台湾传统产业创新升级的典型来加以说明和分析。

一、中国台湾工具机产业的源起与发展

工具机就是制造机械的机器，也称"机械之母"或"工作母机"，可分为金属切削工具机（以移除材料成型功能为主的机器）和金属成型工具机（以施剪压力使材料变形或截断功能为主的机器）两大类。在全球工具机产值中，切削工具机与成型工具机的比值基本为 3∶1。工具机是制造各种机器及加工设备的机械，其应用范围非常广泛，从传统的纺织产业、电机工业、汽车工业，到超精密的航天工业等，都需要用工具机进行加工才能完成其生产设备。

---

① 黑手在闽南语中泛指修理汽机车工或小型机械工厂基层作业者，因其在工作时双手时常沾满油污，故称为"黑手"，后延伸意指与一般机械修理相关工作者或职业。

② 行业新闻：让全球制造业刮目相看的台湾工具机［EB/OL］. http://www.czqunji.com/industry/detail.asp？id=220.

③ 刘仁杰，巫茂炙. 工具机产业的精实变革［M］. 台北：中卫发展中心，2012：1-3.

由于工具机的精密度和制造能力决定了机器或零件的水准，可以说没有一流的工具机，就没有一流的制造业，因此工具机产业也一向被视为一个国家或地区工业化程度的指标，不但是工业之母，同时也是工业强国或地区必备的产业。同时，工具机产业具有技术及资本密集、附加价值高、产业关联性大等特性，一般被视为国家和地区的关键性产业。目前，全球工具机三大主流市场分别为中国大陆、欧洲及东南亚。

中国台湾工具机制造始于日据时期，当时日本企业在中国台湾设立铁工厂，许多年轻人入厂，通过师徒相授学习制造技术，凭借着经验，在摸索与试误中，奠定了中国台湾机械工业的基础，也孕育出第一代工具机业者。从20世纪50年代起，中国台湾已有小规模生产的工具机，但限于技术，产品是以车床、冲床、钻床等为主，品质与精度皆不足。到了60年代，这些草根出身的老板，凭着拆解机械的经验和模仿再造能力，以家族式经营管理，从中国台湾市场拓展到东南亚市场，以低价位优势吸引许多华人来台采购，自此中国台湾工具机产业打开了市场，较具规模的公司年营业额成长至数千万到上亿新台币。1971年，中国台湾开始与日本合作开发车床，NC数控技术是70年代突破的。随着积体电路的进步，特别是1971年发明的微处理器，可快速重编程序，同时控制系统的成本也不高。中国台湾工具机业者从日本进口关键零部件，开启了数位控制（NC）工具机的时代。而东南亚市场的庞大需求，促进了中国台湾传统工具机产业的持续成长。自1974年起，美国汽车产业和航空产业需大幅更换机器设备，导致美国对新式工具机需求的激增，也促使中国台湾增加美国市场的产品销售。因此，1975年美国取代东南亚成为中国台湾主要的贸易市场。中国台湾工具机产业的初期，是以复制或拆卸先进国机器的方式取得原始技术，再经由研发部门的修正和改进，如在设计上减少齿轮数目、装置简化等，并致力于产能之提升和交期缩短，以提高生产力，之后更借助于国外的技术引进。也就是靠着这样的模式，中国台湾的工具机业逐渐累积知识和技术，提高产品品质。

进入20世纪90年代后，中国台湾已从一个不成熟的东南亚工具机提供者，成长为世界第五大工具机输出地区。1990年初，中国台湾工具机产值增加至250亿新台币，约占亚太地区的6.8%，全球产值的2.1%。1998年产值突破600亿新台币。90年代以后，模块化及外包在工具机产业蔚为趋势，中国台湾工具机产业利用全球开放性的趋势，逐渐结合模块化技术动向，孕育出中国台湾强大的工具机专业模块厂。专业模块厂的壮大使工具机整机厂缩短了产品开发及上市的时间，也更能专注于产品差异化的研发。在此阶段，中国台湾工具机产业的出口市场也出现了变化。随着中国大陆经济快速起飞成为世界工厂，在 90 年代初期，中国大陆已跃居全球工具机的最大消费国，工具机的进口也从 1992 年的 9.1 亿美元成长至 1996 年的 25.2 亿美元。中国大陆对低成本工具机需求的大幅增加，使中国台湾制造的电脑数位控制工具机在中国市场具有竞争优势，因此，自 1992 年起，中国大陆取代美国成为中国台湾工具机的第一大销售市场。①

2001 年以来，中国台湾的工具机产业开始由中低品级向中阶品级发展。这时期，由于厂商与"工研院"开始积极进行科技专案计划开发关键零组件，某些专案的成果已显现在新机种和关键零组件的外销上，使中国台湾厂商通过开发新的高价位的机种而迈向升级。根据 2006 年的统计，中国台湾工具机的产值以切削工具机为大宗，约占工具机总产值的 3/4；其中，综合加工机和电脑数位控制车床是切削工具机的主要生产机种，约占切削工具机种产值的 60%。以销售比率来看，以中国大陆（37.6%）和美国（10.9%）为最多。②业者在研发技术上，也逐渐朝向高附加价值的精密工具机迈进，如线性马达的应用以及高速主轴的发展，而某些公司也开始研发和生产液晶薄膜荧幕（TFT-LCD）所需之工具机。

整体来看，"二战"以后中国台湾工具机业不仅没有像其他传统制造业那样被淘汰甚至取代，而且充分利用国际市场的扩张和技术的不断升级获得了巨大的发展。2010 年，中国台湾工具机及精密机械产业产值已超过 9200 亿新台币，约占中国台湾整体制造业的 11%，被台湾当局列为兆元产值的重要产业，从业人数为 47 万，占就业人口的 18%，其所提供的众多就业机会对社会来说也是一股重要的稳定力量。2015 年，中国台湾工具机产业产值为 41.67 亿美元，在全球排名第 7；产业以外销市场为主，其中近八成营销到全球 138 个国家和地区，为世界工具机领域第四大出口地。中国台湾工机具产业的出口率一直维持在 70% 以上，相较之下，韩国工具机产业的出口率只有 30%。③ 根据金额大小统计，2016 年中国台湾工具机出口前十大国家和地区为中国大陆（含香港地区）、美国、土耳其、德国、泰国、荷兰、越南、印度、日本及韩国；进口部分中国台湾在全球排名第 15 名，而消费值排全球第 9 名。此外，以 2016 年第一季度数据来看，中国大陆（含香港地区）仍为中国台湾工具机零

① 刘仁杰. 重建台湾产业竞争力 [M]. 台北：远流出版事业股份有限公司，1997：78-79.
② 王振寰. 追赶的极限：台湾的经济转型与创新 [M]. 台北：巨流图书公司，2010：80.
③ 李宗荣，林宗弘. 未竟的奇迹：转型中的台湾经济与社会 [C]. 台北："中央研究院"社会学研究所，2017：360-361.

组件的最大市场，就整体工具机零组件进口而言，最主要进口国日本的比重占35.2%，其次为中国大陆（含香港地区），金额为1364万美元。[①]

二、中国台湾工具机产业创新升级的特点与优势：产业集聚+中卫体系

（一）台中地区工具机产业集聚和中卫体系的形成

产业如何在一个地区开始萌芽、成长苗壮和开花结果，涉及这一个地区的时间、空间、人才、资金、技术、社会文化、政府政策等因缘际会与重组。以半导体、电脑为主的中国台湾ICT产业发展均体现了这一情况。然而，与半导体和电脑业不同，中国台湾工具机业以民间自发为主，是在自发形成了相当的产业聚集和规模效应后，台湾当局才进行大力的扶持和协助的。

在半导体和电脑业的发展中，台湾当局通过打造新竹科技园区、新竹—台北科技走廊等手段主动创造了产业集聚，但中国台湾工具机业的产业集聚却是自发形成的。20世纪60年代，中国台湾的机械工业区位分布偏重南北两端，中国台湾中部地区机械业或金属加工业的产业分布仍落后于台北、高雄和台南，然而在70年代前后，中部地区的产业发展逐渐蓬勃，机械业集中于中部地区的现象开始明朗化。值得指出的是，中国台湾中部之所以成为工具机业自发聚集的主要区域，一方面是因为中国台湾中部中小企业为数众多，奠定了工具机工业发展的基础。另一方面与其前期发展的两个产业有关：一个是缝纫机产业，缝纫机在中国台湾属高度装配型产业，缝纫机产业规模从1963年后开始扩张，从1963年的4万台到1973年的125万台，10年间产量增长了30倍。另一个是自行车产业，台中地区的自行车产业规模从70年代初开始大幅提高，并且在1970~1972年的三年内产量增长了约60倍（154万台）。缝纫机和自行车两大产业在台中地区的发展，无疑为后来机械业或金属加工业的集聚发展提供了技术、人才等方面的基础，由此，台中市的各金属加工企业，从丰原一直延伸到雾峰，包含潭子、台中市区、太平、大里、乌日等乡镇，最终由线状连接发展成为带状区域，形成了台中地区的产业集聚。目前，中国台湾中部地区机械工业集中于丰原、神冈及台中市区，从传统的车床、铣床到先进的电脑数字控制车床、铣床、综合加工机等应有尽有。中部的工具机及产业机械均十分完备，机器零组件之备料、制造加工、装配、品检等所有流程全都在中部地区完成，不但信息传输迅速，而且物流系统也极为发达。中部地区机械工业五步

---

① 以上数据参见 https://mw.vogel.com.cn/c/2016-11-24/945803.shtml。

一小店，十步一大厂，在众多中小型机械厂的专业分工下，大幅降低了生产成本，并在国际市场中展现出强大的竞争力。①

同时，传统缝纫机业和自行车业的外包模式更是为后期工具机业的中卫体系模式产生了巨大的影响。所谓中卫体系，就是一个母厂（中心厂）与众多协力厂（卫星厂）共同合作研发并生产的产业体系。由于缝纫机的协力组配特性相当鲜明，台中地区的缝纫机业在20世纪60年代的外包比例就相当高，其产业规模的快速膨胀，使区域内（大里与台中之间）各工厂协作生产的模式被进一步深化，也强化了庞大的协力零件厂网络。自行车业也是如此，其协力合作生产并研发的模式直到90年代也未改变，巨大公司（捷安特）在90年代末年产量之所以能超过120万辆，实际上也是主要仰赖区域内各零组件厂商的供应。因此，工具机业的中卫体系是在缝纫机和自行车业的外包和协力合作基础上逐渐演变而来的。

在20世纪80年代前，中国台湾工具机的制造主要是以垂直整合的方式进行，外包比例相当稀少，工具机业领导厂商的零组件自制率高达90%左右，技术扩散效果有限。但80年代后，一些新成立的工具机厂，利用中部地区已经形成的机械金属加工基地和集聚效应，开始以外包的方式来经营，1980年以400万新台币成立的中国台湾丽伟公司，被视为采取外包生产模式最成功的案例。丽伟创办人张坚浚首创了"订单、设计自己来，零件全部外包"的营运模式，丽伟采取分散化制造策略，自己只负责机器设计、组装以及营销，一般生产工具机的铸造、机械加工等作业则全部外包给卫星工厂。② 为了减少运送成本，丽伟甚至提供厂房内部空间，给外包厂商进行喷漆、刮花等最后组装前作业的厂内外包制。丽伟当时是少数采行OEM策略的厂商之一，为日本、美国及德国等工具机厂商代工，借由外包不但逐年提高营业额，也累积了大量新式工具机生产的经验与技术水准。不到十年的时间，丽伟快速发展成为中国台湾最大的工具机厂，1989年营业额更是超过了20亿新台币。

丽伟的外包模式，在原本产业集聚的基础上起了巨大的示范作用，各工具机厂竞相模仿，这反过来又使中部地区的工具机生产网络更加密集，这一密集的网络正是由一个个互利共生的中卫体系构成的，每个中卫体系由工具机中心厂与众多中小企业协力厂商集聚在一起。沿着长约60千米台中大肚山台地分布的工具机母厂有300多家，含卫星工厂、总数超过1000家的精密机械业者，

---

① 刘仁杰.重建台湾产业竞争力［M］.台北：远流出版事业股份有限公司，1997：24-26.
② 蔡盈珠，等.台湾科技产业惊叹号［M］.台北：远流出版事业股份有限公司，2010：170.

以及上万家供应商，称为中国台湾精密机械的"黄金纵谷"有四成以上的工具机制造母厂与其上游机械零组件、金属制品业者位于台中工业区。台中工具机产业聚落，母厂与协力厂商构建成完整的中卫体系，靠着彼此的专业分工，从零组件制造加工到运送，都有协力厂商配合支持，使中心母厂不用耗费巨资购置周边生产设备即可完成组装，大幅降低了成本支出。中部地区的工具机产业从传统的车床、铣床到先进的电脑数字控制车床、铣床、综合加工机等，形成了完整的供应链，机械零件的备料、制造加工、装配、品检等所有流程都能在中部地区完成。另外，中卫体系下的外包制度产量弹性大，可以随时因应国际市场变化，充分满足客户需求。①

　　中国台湾的中卫体系通过多种机制促使体系内各成员紧密联结，在促进生产同步、管理同步、经营同步的群体合作方面积累了大量经验。借由出色的中卫体系协作，1988 年，中国台湾工具机在全球产值的排名首次进入了前十名。20 世纪 90 年代后期，模块化在工具机产业蔚为趋势，这更进一步促进中国台湾工具机产业结合模块化技术动向，孕育出了强大的工具机专业模块厂。专业模块厂的壮大使工具机整机厂缩短了产品开发及上市的时间，也更能专注于产品差异化上的研发。由此，台中地区重要的协力厂与母厂的联结关系也逐渐发展出不同的模式。一方面，中心厂仍然主导和建构着环环相扣的零组件协力生产体系；另一方面，众企业自行联结，并与贸易商紧密相连，形成了没有主导厂商的多对多联结形式。这些网络继续构成了工具机生产力旺盛且相互支持的体系。② 实际上，以 90 年代后期为分水岭，中国台湾工具机产业的发展可大致分为以"集聚共生"和"模块共生"为特点的两个阶段。90 年代中期之前的"集聚共生"，被认为是中国台湾工具机产业从 70 年代只能外销东南亚的小生产地，是在 90 年代末期成为全球主要生产基地的关键。90 年代中期之后的"模块共生"则反映了中国台湾工具机产业适应产业全球化分工新趋势，不仅拥有继续高度成长的量变，更带动了专业模块厂崛起的质变。目前，除整机厂持续成长外，工具机的滚珠螺杆、主轴、刀库等九大模块逐渐与工具机整机厂并驾齐驱，形成了由少数厂商寡头垄断的局面。这种"模块共生"是在中卫体系基础上的进一步演化。③

---

　　① 陈厚铭 . 逐鹿全球：新世纪台商战略 4.0［M］. 新北：前程文化公司，2016：246-249.

　　② 刘仁杰，陈国民，甘坤贤 . 台湾工具机产业模块化应用之探讨［M］//刘仁杰 . 让竞争者学不像：透视台湾标杆产业经营结构 . 台北：远流出版事业股份有限公司，2005：275-282.

　　③ 王振寰 . 追赶的极限：台湾的经济转型与创新［M］. 台北：巨流图书公司，2010：70-77.

（二）产业集聚和中卫体系对中国台湾工具机产业创新升级的推动

中国台湾工具机产业主要集中于中部地区，工具机母厂与众多中小企业协力厂商集聚在一起，所建构出的完整中卫体系、模块共生是其长期以来独步全球的最大特色，其意义不仅在于降低了生产成本，使工具机厂商不需用太大成本去投资所有的生产设备，就可制造中低阶钻床和铣床，以低价、量产和交期迅速的优势弥补较低的产品品质，维持在国际市场上的竞争力；更在于通过这种产业组织的创新形成了一个完整且有利于扩散的产业网络，从而使以中小企业为主的中国台湾工具机产业能够联合起来不断地推动创新升级。

在工具机领域，中国台湾90%以上都是中小企业，中小企业在投入研发方面具有先天的弱势，但"中心—卫星"这一生产体系有助于克服这一弱势。一般而言，中心厂往往掌握了产品研发和设计的主导权，在规模与技术方面处于领先地位，在整个产业的竞争力中扮演"火车头"角色。中心厂以研发和设计为强力核心，形成一种从概念设计到试制生产核心整合型网络。中心厂仅需掌握核心能力，将零组件外包给具有比较利益的专业厂商，不仅可以大幅降低制造成本，也可以将更多的资源投入专精的领域。作为卫星厂的协力厂则只需较少的投资和局部的制造能力和技术就可进入产业网络，与中心厂形成专业分工和资源互补。同时，由于集聚效应，中国台湾工具机产业的各厂商相邻，各工厂间往返车程不超过一小时，发达的物流系统十分有利于中心厂与协力厂商之间的信息传输并降低运输成本。产业集聚和中卫体系形成的专业分工和资源互补优势，使网络内个体成员在面对外来竞争者时可以摆脱单打独斗的局面，充分应用网络所给予的资源和便利性，以集体行动共同创造制造优势。中国台湾工具机中卫体系（M-TEAM）实现了中心与卫星厂之间的协同管理、协同创新，达到生产同步化、融合化，现在正朝协同品牌创新和协同营销方向发展。[①] 因此，中国台湾工具机企业尽管一般规模并不大，但凭借这种产业网络，依然能够成为全球第四大工具机销售地，具备相当的国际市场竞争能力。[②]

总体来看，中国台湾半导体、电脑与工具机等产业之所以具有国际竞争力，一个重要原因就是有这样的产业分工网络作为基础。各个企业通过合纵连横的网络，随商机变动，快速结合成作战实体，综合了各个中小企业的长处，

---

① 王有柱. 聚变：产业转型升级的C3模式——中卫体系经验与大陆实践［M］. 北京：清华大学出版社，2018：14-15.

② 刘仁杰，等. 面对未来的制造者：工业4.0的困境与下一波制造业再兴［M］. 台北：大雁出版公司，2018：56-89.

一举解决了大企业僵化迟缓的弊端，这也可视为"二战"后中国台湾经济奇迹的要素之一。① 实际上，不仅中国台湾，自 20 世纪 70 年代石油危机后，日本一些产业开始展现出强大的竞争力及成本优势，一个很大的原因是得力于产业网络的优越性，利用产业分工取代垂直整合式的生产方式，即使企业规模不大，只要掌握了核心技术与制程，也能获得竞争优势。

此外，中国台湾工具机业大量集中于中部地区，也有利于技术的扩散。一般而言，中部机械业技术人员在大厂中获得技术知识之后，在邻近地区创业承接"事头"从事专业加工者比比皆是，他们只要负担一两部机器即可创业接单。而工厂老板也不会反对员工这样的创业，反而加以鼓励。这种零细化生产和中小企业创业林立的局面十分有利于技术的扩散。同时，产业集聚还有利于组织创新的模仿。前述丽伟通过外包在生产效率与成本控制上树立起有竞争力的生产模式并引起竞相仿效就是一例。1983 年经济事务主管部门中小企业处推动"中心卫星工厂制度"，中心卫星工厂制度是将中小企业纳入大企业之卫星体系，一方面中小企业（卫星厂）可获得稳定订单，专心致力生产；另一方面大企业（中心厂）可集中资源从事研究发展与市场开拓等工作。在两种形态企业密切合作下，不仅可提高产品品质、降低生产成本，也可提升整个体系的生产力与竞争力。② 中国台湾"中卫体系"这种组织创新的模仿和网络规模的扩张，提供了更多低成本的厂际联结机会，从而逐渐将单纯的产业集聚的区位条件强化成机械产业的支持系统空间。

值得指出的是，产业聚集和中卫体系的形成进一步促进了产业联盟的发展。当代产业集聚理论认为，众多相关企业一旦形成产业联盟，产业将结成战斗体，从上游到下游互相支持作战。2006 年，台中 21 家关键零组件厂成立了中国台湾工具机历史上第一个工具机双核心的产业联盟——M-TEAM。2011年，东台精机、百德机械与丽驰重工也加入 M-TEAM，使其中心厂商从两家变成五家。M-TEAM 旨在借鉴丰田的精时生产的模式，在中卫体系的基础上建立协同合作机制来推动跨体系交流。③ 随着工具机应用市场的不断拓展，各种技术联盟应运而生，例如，2015 年中国台湾成立了航天工具机产业技术大联盟，永进、友嘉、程泰、丽驰、德大、罗翌等先进厂商均在其中，开启了航天与工具机产业的深度合作，也推动了工具机产业在航天领域的进一步发展。

---

① 刘仁杰. 重建台湾产业竞争力 [M]. 台北：远流出版社，1997：141-150.

② 台湾经济研究院. 中坚实力：台湾中小企业的成长之路 [M]. 台北：商周文化公司，2013：70-75.

③ 刘仁杰，巫茂炙. 工具机产业的精实变革 [M]. 台北：中卫发展中心，2012：3-5.

三、台湾当局对工具机产业的推动

在 20 世纪 80 年代以前,台湾当局对工具机产业并不重视,除了一般性的"奖励投资条例"以外,特别的鼓励和支持政策十分有限。1962 年,台湾当局公布的"促进机械工业发展推行方案"是中国台湾最早的机械工业政策。60 年代是中国台湾工业开始发展的年代,台湾当局也在 1963 年获联合国特别基金资助成立财团法人"金属工业发展中心",展开技术辅导与人力训练的服务。1968 年,联合国派遣工具机专家进驻金属工业发展中心服务,并协助"工业局"草拟中国台湾"工具机专业区计划",旨在培养工具机专业人才,以奠定发展精密工具机的基础。1969 年,又成立了完全由台湾当局资助的"金属工业研究所",然而"工具机专业区计划"由于种种原因无法获得共识导致无疾而终。

20 世纪 80 年代开始,台湾当局开始意识到机械业和工具机业对产业发展的重要性,因而开始有意引导和扶持。80 年代台湾当局的重要机械政策措施包括:①1981 年由经济事务主管部门"工业局"、台湾交通银行、金属工业发展中心组成"机械工业调查研究小组",协助厂家建立管理制度,并拟定"机械工业辅导办法",财经部门也以融资、税捐减免等优惠手段推动机械工业发展。②1982 年,精密机械中心改组为"工研院"的机械工业研究所(MIRL),其任务是为机床工业、汽车工业及民间企业产品发展需求进行科研开发工作。通过技术研发、专利授权和技术转让,机械工业研究所现已成为中国台湾机床工业发展中强有力的支持。③1983 年成立的"中国台湾精密机械发展协会",旨在建立中国台湾工具机的验证体系与检测分析能力,也是中国台湾工具机产业首度开始有计划的集结行动。④机械所于 1983 年及 1986 年分别执行了"自动化工业技术研究发展第一期及第二期计划",并在计划结束后衍生"盟立自动化公司",从事自动化控制设备的生产。[①] 与中国台湾"工研院"电子所 1987 年衍生"台湾积体电路公司"相比,机械所迟至 1989 年才衍生第一家"盟立自动化公司"。

1990 年,台湾当局废除了"奖励投资条例",新制定了"促进产业升级条例",精密机械与自动化工业被列为重点奖励项目的十大新兴工业之一,"工业局"更于 1994 年制定了"机械工业发展策略与措施",并于 1995 年设立精密机械工业发展推动小组来执行"精密工具机发展计划"。整体而言,在 20

[①] 台湾工业总会. 台湾工业发展 50 年 [M]. 台北:经济事务主管部门工业局,2000:353-356.

世纪 90 年代，政府的机械产业政策从过去强调工具机整机开发，转向培养零组件厂商，来提升整体协力体系和带动整体工具机产业升级，这是一种迈向公私合作的"镶嵌型发展型国家"策略。此阶段政府较重要的政策措施包括：①1991 年以来推动的"主导性新产品开发计划"；②1992 年，机械所执行了"机械业关键零组件技术研究发展四年计划"及"精密机械技术研究发展计划"；③1993 年成立了"精密机械研究发展中心"；④1995 年，机械所于台中成立了"中区服务中心"；⑤1997 年实施"业界参与科技专案"（简称业界科专）。通过以上的政策协助，1992~1998 年，共有 57 项机械产业计划获主导性新产品计划补助，其中工具机项目达 21 项，零组件及其他达 15 项。而在关键零组件开发部分，通过自国外引进技术、与业者合作开发关键技术和产品等方式，"工研院"共移转了 10 项相关技术给 20 多家厂商。

随着全球工具机高速化、高精度、高效率复合化及系统化的技术发展趋势，从 2000 年开始，台湾当局一方面积极推动工具机产业朝创新研发与高质化方向发展；另一方面积极整合中部研发资源，催生和推动精密机械产业园区和集聚。这一阶段的重要政策措施包括：2002 年台湾行政事务主管部门公布的"挑战 2008"计划，2003 年通过的"整合性业界开发产业技术计划"，促使"工研院"机械所、金属中心、精密机械研发中心，以及自行车研发中心等研发法人整合精密机械相关业者筹组研发联盟，企图带动机械产业升级与转型。[①] 有鉴于全球工具机驱动系统逐渐朝高速度和高精度特性的线型马达驱动系统发展，2003 年，由九家业者，台北大学、台湾清华大学、台湾中正大学、台湾成功大学四所大学及"工研院"机械所、精密机械研究发展中心两个法人单位共同组成研发联盟，研拟了"先进线型工具机技术整合性计划"，这是中国台湾机械产业第一次且最大规模的业界整合。2006 年 10 月，三家工具机厂商与四家协力厂商制订了"车铣复合工具机整合计划"，共同向工具机产业升级的目标迈进。因此，2000 年之后，台湾当局在工具机产业发展的介入角色更为积极，除了委托法人组织（主要为机械所与精密机械研究发展中心）执行经济事务主管部门委托的高阶工具机研究计划、科专计划外，更直接鼓励较有研发能力的厂商与研发单位共同组织联盟，投入技术研发。

总体来看，20 世纪 80 年代之后台湾当局的介入，并不是以金融介入的方

---

① 蔡盈珠，等. 台湾科技产业惊叹号 [M]. 台北：远流出版事业股份有限公司，2010：181-182.

式来扶植私人产业,而主要是提供"工研院"的技术协助和各项研发经费的补助,以及推动建立产学研合作的研发联盟,因此其介入并没有改变工具机仍以中小企业为主的产业结构。同时,有别于劳动力密集型的传统加工出口产业,工具机产业是技术密集型产业,知识所创造的附加价值高,产品生命周期短,技术发展快,市场竞争激烈,外部环境变化大。在这种情况下,工具机产业要获得不断的创新与升级,台湾当局介入研发就非常必要。可以说,由台湾当局协助及"工研院"机械所协助推动的公私研发联盟,便是一个让中国台湾工具机厂商开始学习合作,以获取对产业整体发展有力之更高合作综效的良好开端。公共研究机构是一个国家和地区产业转型与升级的重要推手。① 因此,在中国台湾工具机业创新和升级的过程中,以机械所为代表的中国台湾公共研发机构发挥了促进作用,它们通过深耕高精度、高可靠性及高稳定性等基础技术,发展高速化、复合化及超精密化的高阶工具机,并同步开发多轴精密控制器、直驱马达、液静压导轨/轴承、多轴旋转头等关键零组件,协助业者建立自主研发能量,突破高阶工具机的发展瓶颈;同时,进一步加强智能化软件与系统化技术的研发,提升加工精度到次微米等级,以提高工具机及设备系统的价值;此外,还先后推动成立了"先进线型工具机""A+工具机技术"等研发联盟,提升产业的整体竞争力。② 公共研发机构在中国台湾工具机业协力生产体系的基础上,逐渐与各中小企业建立密切合作研发关系,不断转移技术,才使中部地区的工具机业不断迈向产业的创新和升级,在世界市场上有亮眼的表现。

四、中国台湾工具机产业发展的局限与未来愿景

就技术方面而言,工具机产业是一个国家和地区产业科技和综合实力的反映,因而有科技产业的"窗口"之称。回顾中国台湾工具机产业的发展足迹可以看出,中国台湾在精密工具机及模具方面一直力争上游,在精密机械制造技术方面占有许多优势,机械零组件的生产也有很好的表现,但其核心技术方面的局限和瓶颈也非常明显。中国台湾工具机业目前仍以 OEM 为主,一些最关键技术、最核心技术仍掌握在外国人的手中。以 CNC 工具机为例,尽管这是中国台湾精密仪器与自动化产业的出口强项产品,然而根据中国台湾"工研院"的资料,目前 CNC 工具机的技术在飞速发展,而中国台湾的技术等级

---

① 陈良治. 国家与公共研究机构在产业技术升级过程中的角色及演化:台湾工具机业 [J].(台湾)人文及社会科学集刊,2012(3).
② 庄滢芯. 台湾工具机产业竞争力分析 [J].(台湾)机械工业杂志,2017(1).

低于美国、日本与德国。此外，造成这种情况的因素还有两个：一是中国台湾的 CNC 主要依赖购进；二是 CNC 控制器占工具机总成本的 30%～40%。虽然每年有 6500 台的外销量，但利润空间有限。

具体来说，工具机的核心技术是 CNC 控制器即电脑数值控制器，它是切削工具机、成型工具机、综合工具机等的核心控制件。目前，中国台湾用于工具机的 CNC 全部依靠购进，FANUC、三菱、西门子等公司是其主要的供应商。正是依托于这些公司的核心技术和全球售后服务体系，使工具机成为中国台湾的一个高外销产业。[①] 然而在当今全球化竞争的局势下，唯有建立自主核心技术，才能有优异的差异化及价值创造。[②] 而由于主要的关键零组件技术仍掌握在美国、日本等国家，中国台湾工具机业从 OEM 走向 ODM 和 OBM 之路仍十分艰难。目前，只有少数中国台湾工具机厂商达到了 ODM、OBM 的程度，如成立于 1987 年的中国台湾丽驰科技股份有限公司（以下简称丽驰公司）除了生产自有品牌"LITZ"外，也兼顾 OEM 与 ODM 的产品。丽驰公司的主要产品涵盖立式加工中心机、卧式加工中心机、数控车床、龙门加工机及五轴加工机五个类型，行业应用先进、前端，领域广泛且深入。

造成这一核心技术瓶颈的原因有内外两个方面，其外部原因与工具机的世界格局密切相关。如果将世界工具机市场分为高、中、低三个层级，则高阶工具机市场由先进国家垄断，如瑞士（生产手表的高精密机械）、德国、日本、美国等生产用于航天的精密机械，这个市场在全部市场价值中的占比不到5%；中阶市场主要是为汽车、自行车、摩托车等交通工具的厂商生产工具机，这个市场被日本厂商垄断，占全部市场价值的 75%；低阶市场主要是泛用机种，大约占全部市场价值的 20%，这部分主要由中国台湾、中国大陆以及韩国和美国的厂商所占据。就工具机演进的历史角度而言，后进国家的工具机产业是从传统的机械工具机开始，然后进入数位和电脑数位控制工具机生产的。然而，正是由于先进国家和地区进入电脑数位控制工具机，使后进的中国台湾地区、韩国等有机会发展工具机产业并开始销售到更后进的国家和地区。中国台湾地区和韩国工具机产业的发展特点为：一方面生产很多的工具机外销；另一方面却大量进口更精密的工具机来生产电子业和半导体业的工具机。中国台湾虽然已经是全球第六大工具机生产地，但是中国台湾一方面大量出口低阶工具机到其他国家和地区，有高达 77% 的比例外销；另一方面却有 71% 依靠购

---

① 林世渊. 台湾精密仪器与自动化产业的发展及其动因 [J]. 海峡科技与产业，2003 (6)：11-14.

② 萧锡鸿，力坤颖. 工具机基础发展现况 [J]. （台湾）机械工业杂志，2017 (5).

进，即大量从日本、德国和美国购进品质更高的工具机，以生产半导体或类似高阶产品，当中最大宗的就是生产半导体的精密工具机，目前，中国台湾自主生产和供货这类精密工具机的能力仍相当有限。[①]

产生核心技术瓶颈的内部原因则与中小企业为主的格局有关。电脑数位控制工具机机种的模块化，使中国台湾厂商更有机会以模块化生产的方式，来促使整体产业的升级，从生产低阶产品逐渐到中阶产品。然而以中国台湾工具机业的中小企业性质，厂商的规模不足以支撑大量的研发。影响中小企业研发活动开展的既有技术问题又有财力问题，因此，台湾当局主导的"工研院"等公共研发机构进行技术协助势必扮演着重要角色。目前，中国台湾工具机产业的技术支撑仍然有限，引以为傲的光电半导体产业所需的设备，以及生产精密模具与零组件的精密工作母机，仍有较高的比例依靠进口。目前，在中国台湾经济事务主管部门大力推动及业者的积极配合下，这个高阶设备的供需差距正在快速缩减中。

此外，中国台湾的工具机业受到了韩国、中国大陆、新加坡、马来西亚等的挑战，中国台湾工具机产业竞争力相较于这几个主要竞争对手来说，在创新研发投资与生产制造能力上仍有优势，且中国台湾工具机产业拥有极佳的中卫体系，上下游零组件供应链相当完整，达成最佳的集聚效应，再配合经济事务主管部门的大力支持与推广，使中国台湾的机械产品成为国际上主要客户重要的采购对象之一。目前，中国台湾工具机业的主要竞争对手首推中国大陆与韩国，尤其是中国大陆的基础建设与庞大的民生内需不断吸引外资投入，汽车、钢铁、化工、材料、信息、通信、电子、民生等机械设备的需求与发展前景可期。

数十年来，中国台湾工具机产业已从传统的制造与产业设备，逐渐发展成更精密、更自动化的制造技术与更高阶的产业设备，随着光电、半导体等新兴产业需求的增长，以及全球化、定制化、绿色环保的发展趋势，中国台湾工具机产业对于精密制造技术的提升更为迫切。因此，中国台湾机械产业如何在既有基础上保持国际竞争优势，必有赖于产官学研进一步共同促成在自主核心技术上脱颖而出。

在以中小企业为主的工具机产业格局上，中国台湾公共研发机构还将继续扮演重要的引领和合作角色。过去，中国台湾在全球工具机产业中的技术层级，只能用于汽车、家电、3C产业机械加工，但未来，中国台湾工具机产业

---

① 资料来源：2010年《台湾工具机发展基金会报告》。

必须朝向光学、航天等领域的制造，才有机会追上日本、德国、意大利等国家。为此，"工研院"近年来不断发展高整合性的动控制芯片，将技术转移到宝元、庆鸿等 20 家控制器商建立中国台湾自主的控制器产业。① 目前，"工研院"机械所已开始向工业 4.0 迈进，整合智能化、精微化、绿能化的核心技术，发展高端工具机、智能电动车、智能机器人与绿能制造等相关模块能力与产品，与精密机械业者共同携手应对全球的挑战。总之，中国台湾精密机械技术的发展目标是深化机械共通性核心与制造技术，使中国台湾机械产业成为国际先进制造设备的技术先驱者，并进口取代岛内新兴高科技产业所需的制程设备，使岛内新兴高科技产业取得国际领先地位。②

最后，中国台湾工具机产业也可通过与中国大陆的竞合得到提升。2018 年中国大陆工具机出口排名已超越中国台湾，名列第四，而中国台湾则退居第五名，双方在全球工具机产业舞台上均扮演着重要的角色。但中国大陆工具机产业仍面对和中国台湾同样的瓶颈，中国大陆工具机 2018 年逆差金额达 39.5 亿美元，较 2016 年增加了近 10 亿美元，显示中国大陆许多中高阶工具机也需依赖进口③。中国台湾工具机业者由于先行一步，在研发、制造与管理能力方面较强，且产品的质量、性能都较佳，价位合理，大部分的零组件都能自制，生产机动弹性高，人力素质也较优。而中国大陆工具机业的发展正在蓬勃上升阶段，也亟须中国台湾扎实的组装技术与关键零组件来提升其工具机品级及产品形象。但未来中国台湾已很难在"数量"上与中国大陆竞争，须寻求在"质量"与"技术"上的突破，进行差异化区隔。因此，双方可推动两岸成为全球主要工具机与关键零组件供应地区，共同突破瓶颈、提高核心技术，进军客制化整线设备市场，共创双赢。

第四节　中国台湾文化创意产业的创新与发展

创意产业（Creative Industry）或创意经济（Creative Economy）是在全球信息化经济体制下发展的一种新兴产业，以推崇创新和个人创造力，强调智

---

① "工研院"机械所与系统所. 工具机迈向自主技术之路——从精入微 [M] //陈泳丞，等. 跨产业谈创新：从变局到新局. 台北：商讯文化公司，2013：156-163.
② 刘伟琪. 全球工业 4.0 趋势台湾工具机发展前景 [J]. (台湾) 台湾经济研究月刊，2016 (3).
③ 杨书菲. 两岸智慧机械产业竞合情势及台湾的机会与挑战 [J]. (台湾) 经济前瞻，2020 (3).

力、知识、文化艺术等对经济的支持与推动为主要动力，有学者甚至指出 21 世纪的新经济动力已经从第三波的信息产业经济，转移为第四波的文化创意产业。文化创意产业是继科技创新后各个国家和地区竞相投入的新领域，是推动经济再生的主力产业之一，在创造产值、带动就业等方面的重要性日益提高，构成一国或地区经济增长的巨大助推力。中国台湾经济的升级转型也是如此，除了过去偏重于科技信息产业的发展以外，自 21 世纪以来，整合中国台湾的智能与文化魅力以用于产品发展、生活质量与美学中的文化创意产业也日渐成为备受瞩目的亮点，因此本书选取中国台湾文化创意产业作为其产业创新的一个重要领域。

一、文化创意产业在知识经济时代的兴起与意义

文化自古以来就存在，但是将文化大规模地复制和扩散来创造收益，则是 20 世纪以后才发生的事情。20 世纪初，传统观念认为，文化属于上层领域，一般只在政治、思想精神等意识形态中产生作用，因此世界上大多数国家和地区都是将文化作为公益事业来发展，而没有将其纳入产业部门。但随着文化工业在欧美的不断发展，人们对文化的生产力和经济意义的认识逐步加深，一些国家和地区开始将文化政策从社会和政治领域调整至经济领域，形成了传统文化和文化创意产业的分水岭。

一个国家成熟的文化市场，是经济、技术和社会蓬勃发展必备的要素。从战后发达国家和一些新兴经济体文化创意产业发展的事实来看，成熟的文化市场又同"都市化"的形成和建设密切相关。"二战"后，随着全球化进程的加剧，发达国家和一些后进经济体的大量人口加速聚集到都市生活，社会进入"都市化"的新时期。而当一个国家和地区的人均 GDP 达到 3000 美元以上，人民生活水平奔向小康后，社会对文化产品的需求就会凸显。由此，随着现代大都市的形成和文化市场的成熟，大众消费文化的时代正在来临，为了满足人们日益增长的文化需求，现代科技以前所未有的速度和规模进入文化领域，从而催生出一个个以工业生产方式制造文化产品的行业。① 自 20 世纪 60 年代以美国为代表的西方发达国家纷纷调整产业政策，促使文化创意产业逐渐进入高峰以来，文化创意产业日益成为新的经济增长点，在 20 世纪末期取得了突飞猛进的发展。1997 年，美国生产了约 4140 亿美元的书籍、电影、音乐、电视节目和其他有版权的商品，英国则出现了唱片业所雇用的人员和收入超过了汽

---

① 郭辉勤．创意经济学［M］．台北：我识出版社，2008：52-53．

车、钢铁或纺织业的局面。"世界创意经济之父"霍金斯在《创意经济》一书中指出,"创意经济、创意产业、创意管理知识产权就是硬通货",而且其增长与贡献已经超过了传统产业。例如,2004 年美国知识产权价值介于 5 万亿至 6 万亿美元,占美国 GDP 的 45%,美国公司年均投资 1 万亿美元于"与创意相关"的无形知识产品,相当于在成套设备和机械上的投资总额,而 2000 年,美国版权产业对 GDP 的贡献就大于包括化工、飞机及其部件、原金属制品、电子设备、工业机械、食品以及饮料业在内的其他产业。1997~2004 年,英国创意产业的年均增长率为 7%,是传统制造业的 4 倍,是传统服务业的 2 倍。世界银行统计显示,2005 年度全球创意产业的产值已高达 2.7 万亿美元,占全球 GDP 的 6.1%。① 可见文化创意产业已经成为后工业化社会、信息化社会、网络经济之后重要的经济模式,各国相继提出发展计划加速文创产业的推动与培育,促进创意经济的发展。1999 年 5 月,来自 22 个国家的 250 位与会代表齐聚德国埃森举行欧洲文化产业会议,共同讨论文化产业在欧洲城市与地区成功发展的模型及其条件因素,并于会后发表了《埃森宣言》,该宣言明确列出了文化产业与文化经济发展的十项指导原则,其中除认为文化产业能持续稳定地创造地区就业机会外,更有助于地区本身潜力的强化。《埃森宣言》可说是当代文化产业蓬勃发展的极佳见证。1999 年 10 月,世界银行在意大利佛罗伦萨举行的会议上提出,文化是经济发展重要的组成部分,以其低耗能高附加值的巨大优势,成为各国经济转型与产业结构调整的新宠,并成为主要发达国家国民经济的支柱产业和扩大对外贸易的主导产业,同时也是世界经济运作方式与条件的重要因素。可见,正如沃尔夫所言,"是文化、娱乐——而不是汽车制造、钢铁、金融服务业——正在迅速成为新的文化经济增长的驱动轮"。②

　　实际上,在整体经济体系层次上,文化创意产业的发展体现了文化经济是知识经济趋势下的主要发展模式。文化经济概念强调,对当代社会整体体系而言,文化是核心的动力来源,无论是生产过程(如企业组织管理文化)还是产品本身(如产品设计),文化都扮演着重要的角色,任何产业都必须思考如何借助文化提高本身的竞争力。当今时代,文化与经济日趋紧密结合,经济文化化与文化经济化的跨界活动频繁,以往文化所存在的界限逐渐模糊,文化不再是不事生产的,经济也不再是唯物质的;文化强调经济效益,而经济也追求

---

① [美] 霍金斯. 创意经济 [M]. 上海:上海三联书店,2007:93-95.
② [美] 沃尔夫. 娱乐经济 [M]. 北京:光明日报出版社,2001:14.

文化意义，文化经济的发展促使文化创意产业成为整体经济的核心部门之一，其兴盛将会连带促进如传统制造、观光、服务等其他产业的发展。①

二、中国台湾推动文化创意产业发展的历程与成就

中国台湾拥有丰富的文化资源，其原始文化主要来自史前时代的原住民，在荷兰统治时期、明郑时期以及清朝年间，扩海迁台的闽南人、客家人将中原文化带到了中国台湾落地生根。1895 年后，清政府将中国台湾割让给日本，日本对中国台湾 50 年的统治遗留了大量的文化资源与生活习俗。1949 年后，近 200 万的外省军民，更给中国台湾带来了大陆各省的文化。随着国际分工格局的形成，20 世纪 60 年代中国台湾即通过对外加工等策略融入了"二战"后第一轮全球化的经贸、文化体系。婆娑之洋，美丽之岛，中国台湾历经数百年来不同族群的耕耘与文化的激荡，呈现相当丰富的人文历史特色，相较于其他先进国家和地区，中国台湾独特的经济结构与多元性的文化，为文化创意产业发展成为经济支柱产业奠定了坚实的基础。

台湾当局 1977 年提出的"十二项建设"中就包括了"文化建设"，1979年，台湾当局发布了"加强文化及娱乐活动五方案"，提出了十二项落实文化建设的措施，这十二项措施涵盖文化体制、文化硬件建设和软件环境培育，乃至文化人才培养等综合面向，此后中国台湾的文化建设和发展基本上按照这个蓝本进行。1981 年，中国台湾成立"文化建设委员会"（以下简称"文建会"），作为制定文化政策和推动文化建设的专管机构。发展文化创意产业，一方面固然是中国台湾因应全球经济、文化、社会发展趋势的必然选择；另一方面可以看作中国台湾自 20 世纪 80 年代以来文化政策的延续和发展。1982年、1984 年，台湾当局分别颁布了所谓"文化资产保存法"和"文化资产保存法施行细则"。1990 年，台湾当局将文化与政治、经济、社会三个面向并列为中国台湾建设的"四大方案"，其中所谓"文化建设方案"以人文精神的弘扬、区域均衡的重视、民间力量的结合、兼容并包的整合、传承与创新的契合等作为文化建设的基本政策方向。此后，从中国台湾文化建设和发展的实际来看，这些政策方向都得到了有效的落实和执行。1994 年 10 月，中国台湾"文建会"提出了社区总体的概念，拟从文化重建的角度来重建人与人、人与环境、人与社区的关系，进而带动地方社区的全面改造与发展。这是一个将文化政策从政府主导下的公共政策逐步落实为地方文化产业发展政策的重要切入

---

① 杨开忠. 文化创意产业决策关键词释义［J］. 决策要参，2006（2）.

点，文化和经济的"合谋"从这里开始，中国台湾文化政策和经济政策也自此开始了最紧密的结合。1995 年，中国台湾结合"社区总体营造"提出了文化产业的概念，并提出了"文化产业化"和"产业文化化"的相关举措，同时在中国台湾各地开展了一系列理论宣传和人才培养工作。自 1999 年开始，中国台湾"文建会"推出了"文化产业之发展与振兴工作计划"，在社区总体营造的基础上，进一步推动地方文化特色产业。①

中国大陆对文化创意产业的推动，目的在于触发已有的与文化相关的产业，使其因高度的创意加入而提升为具有美学特性的产业，在促进经济发展的同时提高观光效益，并提升民众的审美品位。具体而言，中国台湾发展文化创意产业的主要方向为：一是推动以文化、创意为核心的知识经济、创意经济，实现产业升级和经济发展；二是通过文化创意产业的推动，提升文化产业自身的美学品格，并通过文化活动、旅游观光的嫁接，引导民众消费品位和提升民众生活品质。从而，文化创意产业将实现由文化而经济，由经济而文化的社会人文环境整体的优化。② 2000 年后，发展创意产业、改善文化环境、保存文化资产、营造地方特色成为台湾当局的施政目标。由于文化产业为中国台湾经济与发展带来了明显的正面效益，中国台湾"经建会"自 2002 年起正式为其编列预算，并在"挑战 2008 重点发展计划"中首次将文化创意产业列为十大重点投资计划之一，以"开拓创意领土，结合人与经济发展文化产业"为计划目标，以"成立文化创意产业推动组织、培育艺术、设计与创意人才、整备创意产业发展环境，发展创意设计产业及创意媒体产业"为执行策略。

随后，中国台湾将文化创意产业列为中国台湾的六大新兴产业之一，这是中国台湾首次将抽象的"文化软件"视为总体建设的重大工程。"挑战 2008 重点发展计划"所涵盖的文化创意产业具有多样化、小型化、分布式特质。①文化艺术核心产业：精敏艺术的创作与发表，如表演（音乐、戏剧、舞蹈）、视觉艺术（绘画、雕塑、装置等）、传统民俗艺术等。②设计产业：建立在文化艺术核心基础上的应用艺术类型，如流行音乐、服装设计、广告与平面设计、影像播制作、游戏软件设计等。③创意支持与外围创意产业：支持上述产业的相关部门，如展览设施经营、策展专业、展演经纪、活动规划、出版营销、广告企划、流行文化包装等。"挑战 2008 重点发展计划"主要是针对

---

① 陈郁秀等.钻石台湾：多元历史篇［M］.台北：玉山社，2010：250-252.
② 林秀琴.1980 年代以来台湾文化政策的演变［J］.福建论坛·人文社会科学版，2011（8）.

上述不同类型的文化艺术产业，就人才培育、研究发展、信息整合、财务资助、空间提供、产学合作接口、营销推广、租税减免等不同面向提出整合机制，配合专业人士、民间企业的协作，共同推动目标实现。希望能够在就业人口方面增加一倍，产值增加两倍，并在华文世界建立中国台湾文化创意产业的领先地位。

中国台湾文创产业进入繁荣期的标志事件是 2007 年 2 月，"文建会"将台北一个闲置的旧工厂转变为"华山 1914 文化创意产业园区"。这个文创园区前身是始创于 1914 年日据时期的台北造酒厂，1987 年 4 月酒厂搬迁至林口工业区，台北酒厂作为工业遗址的历史画上了句点。1997 年金枝演社进入废弃的酒厂演出，文艺界人士集结争取闲置的台北酒厂再利用，成为一个多元的文艺展演空间。1999 年台湾当局部门将其整建和扩建，提供给文艺界、非营利团体及个人使用的创作场域。2007 年 12 月 6 日，全新的"华山 1914 文化创意产业园区"诞生并以"1914"原酒厂建成年份命名，园区内旧建筑与创意交融的环境是一大特色。近年来，"华山 1914 文化创意产业园区"已成为中国台湾最重要的创意设计集聚中心和表演艺术展演空间之一，更是文化观光休闲的热门去处。①

由于中国台湾文化创意产业在经济事务相关部门的主导下，作为"经济政策"大于"文化政策"的意义，经过诸多讨论与调整，终将政策法制化。2010 年，中国台湾公布施行"文化创意产业发展法"，其中第一章第 9 条即明文揭示，制定目的为"促进文化创意产业之发展，建构具有丰富文化及创意内涵之社会环境，运用科技与创新研发，健全文化创意产业人才培育，并积极开发内外市场"，希望通过"创意中国台湾——文化创意产业发展方案"的实施及"文化创意产业发展法"的落实，为中国台湾文创产业的发展注入了一股新能量。②

综上所述，经过文化学者的呼吁，艺术家、设计师的参与，在台湾当局扶持及民间资本的推动下，中国台湾文化创意产业产值由 2006 年的 4400 亿新台币增长到 2010 年的 6615.9 亿新台币，占中国台湾生产总值的比重达 4%。2014 年，中国台湾文化创意产业营业额达到 8483 亿新台币，占中国台湾 GDP 的比重为 5.27%，成为中国台湾的新支柱产业。2017 年，中国台湾文创产业营业总额有所下降，大约为 8307 亿新台币，占中国台湾 GDP 的比重为 4.8%，

---

① 苏明如. 老产业玩出新文创［M］. 台北：晨星出版公司，2015：16-25.

② 苏明如. 文创与城市：论台湾文化创意产业与城市文创观光［M］. 台北：五南出版公司，2016：46.

但文创产业的企业数量仍小幅增长，从业人员也从 2014 年的 24 万增加至 26 万。①

三、中国台湾文化创意产业创新的特点

文化创意产业区别于传统产业的最大特点就是其核心生产要素不同。传统的农业、制造业、服务业的核心生产要素是土地、劳动力、资本、技术等，而文化创意产业的形成和发展虽然也需要这些生产要素，但居于核心地位的生产要素却是"创新"或"创意"。这一特点可以说完全体现了在知识经济时代，"创造性的知识"已经取代传统资源成为关键生产要素的普遍趋势。

从表面来看，与传统产业一样，文化创意产业也是提供产品和服务，然而这些产品和服务之所以被消费者需求并购买，并不是因为它们具有某些实用的功能，而是因为它们所蕴含的创意能够满足消费者的精神需求和娱乐欲望。从更深层次来看，文化创意产业是结合文化及创意的产业，文化创意产业是在既有存在的文化中，加入每个国家、族群、个人的创意，赋予文化新的风貌和价值。实际上，文化创意产业贩卖的不是产品和服务，而是产品和服务中所蕴含的想象力、创意、教养还有品位。从这个意义上来说，文化创意产业的生产内涵实际包括美学、经济、生活及教育四个方面。实际上，"创意"之所以在文化创意产业中占据核心地位，是因为文化创意产业的核心生产力来自"观念"，是一种强调感性美学的经济形式。每个地方的文化创意产业都混合着地方历史、文化、地理、产业等有形特色，并融入本地人的情感、人情与技术等无形价值，文化创意产业的卖点不在于良好的产品功能，更重要的是赋予产品一则故事、一种感动、一个认同，来满足目标客户的心理需求，其展现的附加价值可能代表着地方特有的文化、精神与生活的交融。也正是从这个意义来讲，文化创意产业在实质上更是一种以观念或创意为核心、为卖点的"软实力"，而不仅仅是依赖传统资源要素（土地、劳力、资本、技术等）的"硬实力"。②

基于文化创意产业的上述实质与特点，中国台湾在充分利用既有资源的基础上发挥文创的软实力有比较成功的经验与特点。

---

① 国家统计局社会科技和文化产业统计司. 中国文化及相关产业统计年鉴（2019）［M］. 中国统计出版社，2019.

② 徐小波. 台湾软实力：开放、稳定、国际化、创新的经济新蓝图［M］. 台北：财信出版社，2008：245.

（一）善于挖掘"在地化"元素来打造独特的文创项目

中国台湾的文创特别注重"在地化"元素的应用，其"在地化"体现在尽可能地将当地的建筑物、材料、文化符号、人文故事等应用到设计中，这些以"在地化"元素打造的文创项目，具有独一无二的特点。经过文化及艺术设计学者引导、政府扶持、民间资本参与多种形式的推广，文化创意的概念已植根于中国台湾民众心中，艺术家、设计师积极投入到文创的创作开发中，广大民众积极消费文创产品，于是各种行业融入文创概念，诞生了许多新型的文创业态。具体而言，主要有以下几类：①

（1）工业遗产文创。即摒弃大拆大建，通过"在地化"打造创意空间。从鲁尔工业区的经验中可以发现，工业遗址往往与"文创"议题相联结，中国台湾的文创园区基本上都是基于老旧破败的工厂来打造，这些百年来的工业遗存基本处于城市的中心地段，承载着历史文化记忆，民众的认同程度比较高。对于这些遗留的废旧工厂，可以通过都市再生的方式，保留有历史的建筑、工艺甚至是生活方式，因此，台湾当局并不是一味地拆迁，而是寻求二次价值转换，辅导原工业区可持续经营，因而在改造时，采取不改变原有建筑的框架结构，以原有建筑为载体结合当地文化来创意新的装饰构建，同时运用当地文化元素创作园区内的雕塑、装置、壁画。这种方式不仅尽可能地保存了当地文化，而且低成本地改造了原有空间，还大大提升了当地文化的影响力。②"华山1914文化创意园区"自诞生以来，经过台湾当局的培育与民间资本的热情参与，台湾文创园区雨后春笋般涌现，比较有名的有台北松山文创区、台中文创园区、高雄台铝文创园区、高雄二文创园区、台南蓝晒图文创园区，等等。

（2）博物馆文创。博物馆文创在中国台湾的发展很早，最具代表性的是台北故宫博物院，其文创之路前后经历了50余年。初期，台北故宫博物院主要是以馆藏文物做成复制品或衍生商品为主，是把"利用著名文物"当成"文化产品"。③ 2000年左右，开始进行创意研发，特别是与世界知名设计公司合作，这也是台北故宫博物院进入实际性文创的转折点，实现了质的飞

---

① 文卫民，邹文兵，林昆范.中国台湾地区文化创意产业发展类型分析及经验启示［J］.南京艺术学院学报，2018（1）.本书在内容上进行了修改和补充。

② 赖炳树，白仁德.发展文化创意产业作为都市再生政策之研究［J］.（台湾）建筑与规划学报，2009（2）.

③ 汉宝德.文化与文创［M］.台北：联经出版事业有限公司，2014：148-149.

跃。① 近年来，随着经济高度发展、生活的提升与地方意识抬头，以各地方特色、私人收藏、产业文化、社区营造等为基础的地方工作逐渐兴起，同时因应"文建会"推动"地方文化馆"的政策，各县市文化中心纷纷寻找属于地方产业、文化艺术的特色，当时博物馆在中国台湾扮演起"寻根""建立地方特色""肯定地方或族群文化"的媒介，通过完成这些馆设，地方文化有了崭露头角的机会，也普遍受到了肯定。博物馆的角色，随着社会的发展方向而改变：有时用来搜集文物、有时用来教学、有时带动地方重新认识自己的家乡、有时成为地方振兴与繁荣的共同基础与指标。这些特色博物馆代表着时代的抒发、记录，形成了各自不同的特点，并基于此开发出特色的文创商品。②

（3）餐饮文创。自从文创走进中国台湾民众的生活，许多餐饮无论是在室内外空间装饰还是餐具应用品中都引入了文创的概念，如高雄以一座中国台湾老火车经过创意改造，反映中国台湾20世纪六七十年代生活的火车头文创餐厅，餐厅内部布置成中国台湾20世纪六七十年代的市井生活场景，结合当时的老物件协调地烘托出半个世纪前的中国台湾生活，置身餐厅，仿佛穿越到了20世纪六七十年代。中国台湾文创餐饮可谓遍地开花，不同的城市街区、巷子里都有不同类型的文创餐厅，这些文创餐厅均结合"在地化"元素打造，呈现不一样的文化。

（4）休闲农业文创，中国台湾农业产业竞争力在世界排名第六位，其休闲农业发展至今已具有一定的规模且颇具竞争力，基于"在地化"元素打造的休闲农业文创社区是中国台湾农业文创的主要表现形式，具有代表性的是"桃米休闲农业社区"，1999年，中国台湾"9·21"大地震后，桃米村原有村落被夷为一片废墟，桃米村居民凝聚共识，在台湾当局、社会、学界、非营利组织与小区居民跨领域的合作下，建设了一座"休闲农业文创社区"。2000年成立了主导桃米村建设的新故乡文教基金会，该基金会董事长廖嘉展邀请中国台湾"特有生物研究中心"进行生态调查，发现桃米村蕴藏着丰富的生态资源，于是，基于桃米村的青蛙、蜻蜓和蝴蝶相关文创艺术设计逐步展开，这里所有的艺术装置、壁画、雕塑、工艺品均以"在地化"的青蛙、蜻蜓和蝴蝶来打造，数百种的"在地化"文创品展现出来，人们来这里参观旅游，体验青蛙王国、蝴蝶王国。这些休闲生态文创给小小的桃米村每年创造了7000

①　创新台湾［M］. 台北："中央通讯社"，2014：58-59.
②　李怡君. 台湾的特色博物馆［M］. 新北：远足文化公司，2006：12-13.

万新台币的收入。休闲农业只有具备一定特色、蕴含文化特质，才能有竞争优势。[1] 因此，中国台湾在划定休闲农业区时将"具有农业特色"作为必备的条件之一，也是相关部门批准和审查的条件之一。休闲农业区不仅应提供多样生态性的物质实体，还应带来独特的文化体验。中国台湾"桃米生态休闲农业社区"的成功经验对大陆开展特色小镇的建设，提供了十分有意义的借鉴。

（5）自然生态文创。即以自然生态环境为资源，不对自然生态进行破坏，仅在原有自然环境的基础上，对自然形态进行文化介入，创意发挥，以期达到人与自然和谐相处，美妙自然的生态文创园区，其典型代表是宜兰香格里拉生态休闲农场。位于宜兰大元山山麓，海拔高度约 250 米，年平均气温 25℃，终年宜人舒适。这里景色迷人，在园内秋千上可俯瞰整个三星平原。农场是一间最丰富的自然教室，生物种类包罗万象，有猕猴、树蛙、萤火虫、蝴蝶（凤蝶）和各式植物。年纪不分大小，都适合来这里学习属于大自然的珍贵知识。现已成为中国台湾北部最热门的山林休闲文创园区，园内一直坚持从事萤火虫复育工作，每年四五月间园内荧光飞舞，蔚为奇观，既具生态环保教育意义，也是集生活、生产、生态与教育等多功能于一体的游憩地。[2]

（6）宗教文创。中国台湾 70%以上的民众信仰传统宗教，道教、基督教也拥有广大信众，佛庙、道观、本土妈祖庙、一贯道、原住民祖灵神庙等数不胜数。具有代表性的是佛学界著名的星云大师在高雄打造的佛光山佛陀纪念馆，佛陀纪念馆已经不是传统意义上的寺庙，从建筑物和装饰构建都融入了现代高科技的表现形式，这里有以 4D 多媒体形式展演的《佛陀的一生》，有大型的佛光山美术馆，有与佛学传统文化结合现代生活的"禅茶味"体验馆，星云大师主张的"佛法生活化""佛法艺术化"实际就包括"佛教＋博物馆＋艺术文创"，佛陀纪念馆还开发了数千种佛教文化产品，以满足佛教徒的需求。星云大师、佛陀纪念馆馆长如常法师等还亲自设计创作佛教文创，如"一字笔"系列文创品。星云大师把人间佛教突破守旧的形象，变成新颖且欢欣快乐，让人们对中国台湾的佛教大大改观，这是星云法师一项很重要的贡献。[3] 佛光山在佛教文创方面走出了创新之路，佛学的表现形式也日益更新。

① 廖嘉展. 从桃米青蛙村埔里蝴蝶镇的愿景建构——兼谈生态城镇生态、生计、生活与生命的揉转效应［J］. 生态城市与绿色建筑，2014（2）.

② 孙君. 自然生态与文化创意的交融——台湾宜兰香格里拉农场［EB/OL］. https://www.sohu.com/a/206553785_797346.

③ 洪泉湖，等. 台湾的多元化［M］. 台北：五南图书公司，2011：135-136，147-148.

（7）观光工厂文创。观光工厂文创是一种集工厂生产、休闲旅游、消费体验等为一体的文创形式，比较具有代表性的是位于桃园市的溪和三代目渔寮文化观光工厂。身为食品加工业者的溪和，始终致力于海洋保育。溪和成立产销班让渔民捕较少的鱼货，转而提升产品附加价值。工厂以细小洁白的鲫仔鱼起家，至今产品已增加到丁香鱼、小卷、樱花虾等，每到渔获产季期间就快速加工制成，待至产季结束再慢慢销售，以强调时间与新鲜。除了观光工厂以海洋生态永续发展为主题，三代目渔寮文化馆就旨在建立一个教育平台，借由导览让民众认识鱼获来源，以及渔民辛苦的加工过程，并教育参观者在品尝鲜美鱼馔时，别忘了感恩自然资源与渔民的用心，使参观者体会海洋资源的永续发展，贯彻生态环保的初衷。因此，中国台湾观光厂在发展过程中，除了发扬产业文化与宣传品牌，还提供旅客最关注的旅游要素，从而成为极具知性与人文的产业。中国台湾还有许多各具特色的观光工厂与旅宿，提供根据不同产业而设计的空间，让人们在休闲旅游生活中，除了遍历中国台湾风景之美，也能了解当地的工业成果。[①]

值得指出的是，正是由于中国台湾文创产业比较善于挖掘本土元素，能够把本土文化和创意融入生活之中，所以其创意生活产业发展得尤其蓬勃，也最受大众欢迎。中国台湾在 2002 年把文化创意产业正式纳入"挑战 2008 重点发展计划"并大力推动之后，2004 年和 2005 年创意生活产业的附加价值率分别为 79.84%、79.95%，不但高于工业部门的 33.17%，也高于服务业部门的 51.48%，其发展潜力可见一斑。

（二）通过跨界使创意设计推动传统产业的升级

与传统产业相比，文化创意产业具备的另一个重大特点就是其发展所带来的效益并不局限于产业本身，而是也可以带动其他产业的发展、提升其他产业的附加值。例如，美国、日本、韩国等影视业的发展，就充分带动了玩具、食品、服装、旅游观光等产业的发展，体现出文化创意产业与其他产业共栖、融合、衍生的关系。中国台湾学者陈其南和黄世辉指出，在地方上，无论原来是何种类型的产业，即使是传统的农渔业、土特产业、观光游憩业，只要加上文化创意元素，都可以转型成为文化创意产业的一部分，从而增加其吸引力和附加值。[②] 因此，文化创意产业的发展不是只局限于艺术、影视、出版、设计等行业，其深层次的发展阶段应是将这些行业与其他行业相结合，让文化创意工

---

① 周佑宇. 观光工厂·思慕台湾 [M]. 台北：台商资源国际公司，2013：7，9，353-357.

② 陈其南. 地方文化与区域发展 [C] //地方文化与区域发展研讨会论文集. "文化建设委员会"，1996；黄世辉. 社区自主营造的理念与机制 [J]. （台湾）建筑情报，2002.

作者与电子制造业、传统服务业、农林渔牧业产生更大的联结，这是最大的课题，也是发展文化创意产业最终的极致。

中国台湾在使文化创意产业通过跨界介入其他各行业，使其成为高附加价值的行业方面独具特色，这一点对传统的老产业来说尤其重要。中国台湾推动文化创意产业发展，一直十分强调跨界的推动，旨在通过将文创与其他产业结合，从而促使产业结构调整升级。文化创意产业的经营活动本来就是以创意为核心、以文化为根本，通过一定的经营模式来实现价值，只要用产业化的思维与方法，将文化与创意核心价值和其他资源整合，就能使文化创意起到推动产业升级转型的作用。中国台湾文化创意产业的成功，建基于闲置空间的利用、传统文化产业的创新经营，以及对传统产业的创新升级三种主要的经营模式，这三种经营模式都使中国台湾的老产业重新焕发出勃勃生机。闲置空间的利用即文化创意产业园区建设，如前所述，随着城市的发展和产业的更新汰旧，城市中会出现很多因产业废弃或转移而遗留下的闲置空间，由此，"华山 1914 文化创意产业园区"等文创园区逐渐成为城市创意资源的平台，从而形成文化创意产业发展的模式之一。中国台湾建设文化创意产业园区具有文化和经济两方面的意义：文化方面是通过文化创意产业园区的设置，形成生活美学与环境美学的实践基地，以文化、艺术和产业结合，让社会生活与环境拥有更多的文化内涵，并在全球化的过程中获得文化认同。在实践过程中，一方面保存本地传统文化，另一方面将部分的外来文化移转成道地文化。① 经济方面是通过文化创意产业园区的设置，加以产品的内容与文化特质，营造出产品的附加价值，增加产品差异性，从而拓展产业竞争力。2012 年"文建会""文化创意产业发展计划"二期完成以后，中国台湾已形成以台北华山、台中、花莲、嘉义、台南五大文创产业园区旗舰发展，各地方文创园区遍地开花的局面。由于各城市在地域性、闲置空间方面的特点不同，文化创意产业园区的发展定位、经营理念和软硬件规划都有所不同，依据经济功能及使用形态，可划分为创作型文化创意产业园区、消费型文化创意产业园区、复合型文化创意园区。以花莲文化创意园区为例，其建设目标是发展成为结合传播学习场所、实验、研发、创作、生产、展示、交易与消费的复合型创意园区。台北、台中的文化创意园区大多借鉴欧美都会型创意园区建设经验，花莲文创园区则注重结合本地区特色文化产业规划发展，如结合本地区酿酒历史，改造为会议展演场所，开

---

① 陈德富.文化创意产业管理经营与行销：整合观点与创新思维［M］.台北：扬智文化公司，2016：46.

展与酒相关的音乐会、庆祝活动、酒文化家居设计大赛等。在运营管理方面，除主要的公办公营模式外，还尝试公办民营，如建设—经营—转让（Build-Operate-Transfer，BOT）、经营—转让（Operate-Transfer，OT）、租赁扩建—经营—转让（Rehabilitate-Operate-Transfer，ROT）等方式。这些运营模式的尝试对于探索如何兼顾艺术与经济效益、公共事务与企业利益具有实践意义。传统文化产业的创新经营，即从传统文化艺术产业到创意产业的转换。传统经济发展是以生产为导向的，与之相应的经营模式立足于如何更高效地组织生产、满足市场需要。而新经济的特征之一是消费导向，消费者期待体验。联合国贸易和发展会议（UNCTAD）发布的《2010创意经济报告》将体验经济诠释为一个融合供给、生活需求、个人深刻记忆与感动的新层次、新境界。通过体验文化内容，可以创造新的价值提升。因此，文化创意产业除了需要有传统文化产业所重视的产品外，还要以产品和服务为平台，为消费者创造一种亲历其景的感官体验，从而体现消费者与产品的连接。[1] 这种体验经济是在寻求更有意义的价值转换，是传统文化产业的创新概念与策略，同时也是传统文化企业丰富自我品牌、扩大品牌影响力、提升品牌价值的重要经营模式。传统文化产业可能的创新经营模式包括展演形式创新、内容创新、经营手法创新及挖掘文化内涵等。中国台湾在这方面的成功案例有：台北故宫博物院将典藏文物拍摄的精美数字图像，通过商业授权模式与企业厂商合作，推出了广受欢迎的出版物和带有文化元素与当代设计风格的商品，如有商家将郎世宁绘制的色彩鲜艳亮丽的《百蝶图》应用于手表、手机设计，或者将中国传统刺绣作品的数字典藏图像应用于家居饰品、作为多媒体互动题材。再如，名扬世界的中国台湾表演艺术团体——云门舞集，将西方现代舞与东方文化融合，创作出了融合中国书法艺术的《行草》、结合传统戏曲的南管乐曲和梨园戏曲、结合佛教文化的《流浪者之歌》等具有东方意蕴的现代舞剧，这些都以细腻精致的面貌和优雅的身段动作，吸引了世人的目光。[2] 值得一提的是，云门舞集成功借鉴与推行了非营利组织基金会的运营模式，避免了企业股权和分红机制，并公开财务专报表，接受社会监督，这种新的运营模式保障了舞团的持续、健康运转。

传统产业的创意升级，即寻求传统产业的转型与创新出路，跳脱过去低成本、低附加值的生产经营方式，转向具有创意、知识等高附加值的创新型生

---

① 林欣吾，戴慧纹. 科技 X 文创：启动文创新动能［J］.（台湾）台湾经济研究月刊，2014（4）.

② 陈郁秀，林会承，方琼瑶. 文创大观 1：台湾文创的第一堂课［M］. 台北：先觉出版公司，2013：253.

产。文化创意产业对传统产业的创意升级包含两个层面：一是利用传统产业本身的基础发展新兴文化创意产业；二是在传统产业中注入文化和创意元素，增加其附加值，实行品牌化经营。

中国台湾传统农业借由文化创意转型升级最为典型。自 20 世纪 80 年代农业加快转型以来，中国台湾就一直采用将农业从第一产业向第二、第三产业延伸，逐步扩大农业经营范围，积极发展包括旅游休闲农业和农业运输业等农业服务业的综合发展思路。1992 年台湾当局出台了"休闲农业区设置管理办法"以指导休闲农业的发展，经过 30 年的发展，现已正式进入体验经济时代的新纪元。如今，中国台湾传统农业已把文创、观光、教育、营销等行业结合起来，开创了新的农业经营模式，扩大了农业经营效益。① 一方面，中国台湾在农产品深加工开拓出了从果品鲜食、保鲜存放、干品制炼，到成分提取制作面膜膏和护肤美容品等一系列的生产、制作和包装技术，极大地延伸了产业链。另一方面，中国台湾将土特产和观光相结合，推动休闲农业与休闲渔业发展，例如，屏东结合农产品收获期，将黑珍珠、香蕉、凤梨等农业特产融入一年四季的观光计划中，带动了观光和休闲产业的发展。台东特产的旗鱼可以加工成多种食品，当地居民将产业、观光、餐饮、民宿等结合起来，举办旗鱼节，推动发展休闲渔业。而中国台湾休闲农庄则善于发现和挖掘本土历史文化与当地特色资源，如草织、藤编、雕刻、手工艺品、地方舞蹈、戏剧、音乐和古迹史话、传说，通过新奇创意，包装打造出特色品牌。借助文创来深化休闲农业和观光农业的经营，中国台湾已形成了较成熟的融合第二和第三产业、以品牌农业带动农业升级的经营模式，极大地提升了农业经营的范围和效益，是精致农业发展成"安适时尚的乐活农业"② 的典型代表，吸引了日本、东南亚和中国大陆的农业部门纷纷前来观摩学习。③

可见，通过跨界，文化创意产业以创意为龙头，以内容为核心，驱动产品的制造、创新产品的营销，并通过后续衍生产品的开发，就可形成上下联动、左右衔接、一次投入、多次产出的链条。在这个链条中，创意是核心价值，产业链通过创意的价值扩散来实现原创，企业通过合作开发、专利技术或版权转

---

① 彭锁. 台湾休闲农业的成功经验及其对大陆的启示 [J]. 台湾农业探索，2019（8）.

② 乐活来自音译 LOHAS（lifestyles of Health and Sustainability），意为以健康及自给自足的形态过生活。乐活农业包含农业深度旅游及农业精品，相关产业涵盖森林生态旅游、休闲产业与农村旅游、海岸渔业旅游及农林渔牧等精品产业。

③ 郑健雄，郭焕成，陈田. 休闲农业与乡村旅游发展 [M]. 徐州：中国矿业大学出版社，2005：21-27.

让等形式，把创意的核心价值扩散到关联产业中，形成长线生产能力，扩大产业链规模。中国台湾通过文创来重塑老产业的成功经验表明，文化创意产业价值链在纵向上可以不断延伸链条，产业链不断拉长、细分和开放，加入一些新的市场主体和价值创造者；在横向上可以不断地深化分工和扩展协作伙伴，提升每一个环节的价值形成能力，逐渐催生出更加相互依赖、紧密协作的价值网络。

四、台湾当局牵头、公私协作，构造文化创意产业的价值链

无论是首次提出"创意经济"的英国、把文化产品营销到全球的美国，还是 2000 年以后以影视为主推动文创爆发式增长的韩国，其文化创意产业的发展都离不开政府和民间的强大支持。中国台湾文创产业的发展也是由台湾当局大力倡导与扶持，后来建立起较好的公私部门协作推动的局面。

如前所述，中国台湾振兴文化产业源于台湾当局 1994 年提出的"社区总体营造政策"，希望借由文化艺术的切入，凝聚社区意识、改善地方生活环境和建立地方文化特色，由点而线到面，循序地完成打造新故乡、形塑新文化的理想。并以"充实乡镇展演设施""辅导县市设立主题展示馆及充实文物馆藏""社区文化活动发展""辅导美化地方传统文化建筑空间"四大核心计划，以及"地方文化产业振兴""推动生活文化""美化公共环境计划"等年度计划，一直推动到 2000 年。2000 年后，台湾当局继续推动"社区艺文发展""社区文化再造""社区环境改造""文化产业之发展与振兴""推动生活文化发展"五大计划，同时配合行政事务主管部门推动了"社区总体营造新点子创意征选活动"和"办理社区营造替代役工作"等。2002 年，更是提出了"挑战 2008：中国台湾六年发展重点计划"，把文化创意产业正式纳入重点推动发展的产业，并于同年成立了"文化创意产业推动小组"及办公室，专门负责文创产业发展计划的汇总及跨部门整合服务工作。

21 世纪以来，中国台湾针对文创产业的相关举措可以总结为以下几个方面：

（1）制定文化创意产业的有关规定。文化创意产业的核心在于创意，但创意的产生与智慧财产有赖于法律（如专利法、商标法、著作权法、营业秘密法等）的保护，才能长久延续文化创意产业的核心价值并保有实质的竞争力。2010 年，中国台湾地区立法机构通过了所谓"文化创意产业发展法"，明确了文化创意产业的内容及范畴，确定了产业发展重点及其适用对象，揭示了产业发展的基本原则与方向；制定了政策实现经费保障，明确了投资基金的来源，制订了税赋减免方案；在人才培养方面给予扶持，在资源、空间、市场培

育方面给予协助及奖励补助机制；提出了文创"有价"的概念，保障知识财产权等。

（2）成立专门的和统一的文化创意产业推动组织和机构，整合中国台湾地区行政管理机构各部门来推动文化创意产业发展。为了统筹规划地方文化建设，制定和执行本地区统一的文化创意产业发展政策，将分散在中国台湾地区的行政管理机构各部门中的文化事务管理机构进行整合，2012年，中国台湾还将原有的文化产业管理机构"文建会"改制为台湾文化事务主管部门。目标是推动中国台湾的文化创意产业实现"四化"：①本土化。包括培育本地文化产业人才、搜集整理地方文化资源、发展地方特色文化产业、改善地方文化面，发展具有地域特色的生产生活空间。②国际化。包括建构全球文化交流网络，传播地区人文思想，建立各种艺术团体跨地域的联结，开展多种语言的地方文化宣传。③产业产值化。推动文化内容的开放与加值应用，促进文化资源的一源多用促进跨领域跨产业整合，提升文创产业价值。④云端化。提供文化资源与艺术文化活动整合的移动服务，提供文化艺术网络直播与视频通信技术，促进文化云资源共享，建立本地区文化记忆数据库，推动社区云端创新。2012年还成立了"财团法人文化创意产业发展研究院"，是中国台湾文化事务主管部门成立后最重要的文化创意产业育成与执行机构，其业务范围涵盖创新发展研究、市场拓展营销、专业咨询辅导、专业人才培育、产业媒体融合、知识产权保护、创作产品商品化等配套机制。文化创意产业发展研究院的建立，为文化创意产业从"创意"生产到国际营销提供了完善的政策配套执行机制，使文化创意产业的发展从生产到销售各个环节都建立在文化核心政策的基础之上，在产业发展与市场需求方面结合本地区多元文化特色，通过地区文化产业的发展引领文化潮流，为中国台湾的文化发展提供新的契机。可以说，统一的文化管理部门的建立，为文化创意产业构建成熟的产业价值链、实现产业转型升级提供了契机。

（3）建立文化创意产业整合辅导体系。为扩大文化创意产业辅导能量与绩效，中国台湾地区经济事务主管部门将原来的"传统产业辅导中心"更名为"产业辅导中心"，将文化创意产业纳入，并结合"文建会""新闻局"等相关辅导资源，建立了文化产业单一窗口及辅导体系，每年提供咨询服务约300家。① 中国台湾对文创产业研发和辅导涵盖的范围很广，包括产业咨询诊

---

① 徐小波. 台湾软实力：开放、稳定、国际化、创新的经济新蓝图［M］. 台北：财信出版社，2008：245.

断及辅导、补助业者境外参展参赛、文化产业情报网资料建置等。

（4）强化资金融通机制。激励创投基金及金融机构的投入，降低产业资金进入门槛，创造多元投融资渠道的蓬勃市场，其具体策略有：补助县市政府推动文创产业发展，补助学术单位或专业机构设立文创产业创新育成中心，提供创业种子资金补助有发展潜力的中小企业；建立文创产业融资机制，如提供"数字内容及文化创意产业优惠贷款""促进产业研究发展贷款"；创立文创产业投资机制，由中国台湾"基金管理会"推动执行多层级投资方案；推动无形资产评价机制；等等。

（5）加强文化创意产业宣导推广。除了发布文化创意产业重要信息供民众了解，每年还编印《中国台湾文化创意产业发展年报》等，将中国台湾文化创意产业相关资料做有系统、长期性的汇集整理，并建立文创产业情报网与资料网，了解岛内外最新市场趋势与研发信息，供各界参考。

（6）整合人才培训及产学合作资源。为培养文化创意产业发展所需人才，"教育部"拟定了"大学院校艺术与设计系所人才培育计划"，选定台北艺术大学、台北科技大学、云林科技大学、台湾成功大学及台南艺术大学五校，成立五所策略联盟教学资源中心，并结合学校与各部会辅导资源，建构跨部会人才培训及产学合作整合服务机制。另外，还通过委托及鼓励音乐创作、青年艺术家作品贮藏计划等渠道激励和开发艺术人才。

（7）成立中国台湾创意设计中心。为健全推广设计的环境，作为推动设计产业发展的枢纽，台湾地区经济事务主管部门于南港软件园区建置完成中国台湾设计中心营运基地，并成立财团法人中国台湾创意设计中心作为营运单位，统合中国台湾设计领域的推广工作。

（8）规划设置创意文化园区。"文建会"选定台北华山旧酒厂、台中旧酒厂、嘉义旧酒厂、花莲旧酒厂及台南北门仓库群作为五大创意文化园区设置地点，并根据园区使用情况、地域资源和文化环境特色，规划数位艺术创作特区、表演艺术场地、视觉艺术展场及生活艺术交易平台等功能。

（9）推动电影电视产业发展。"新闻局"推动"振兴电影产业旗舰计划"，将中国台湾电影的创意、资金、市场、技术与人才及整合五个面向进行完整铺设，建置整体优良的电影创作与投资环境。另外，还通过补助业者拍摄具文化多元性及市场竞争力的影片，导引国际及大陆影片在台进行前、后制工作，与影视剧相关团体或大专院校合作开办电视剧研习营，协助学校及影视剧产业建立交流平台，促进产学合作，加强影视剧业界沟通和团结并协助其共同开拓海外市场，等等。

（10）多次举办重要工艺文化展览和活动，提升大众对文创的认识，同时也进一步培育和开拓市场。①

文化创意产业是具有原创性、具备明显的知识经济特征的产业。要将原创性的文化创意产业进行规模化与产业化，将抽象的文化转换成具有高附加值的产业（产品），就必须构建完整的产业价值链。上述举措虽然由台湾当局领头，但经由普及推广及公私合作，对形成中国台湾文化创意产业价值链的上中下游起到了很好的作用。

在文创产业链的上游"内容创意"方面，文创产业的核心是"创意"，而创意来自创意人才和创意阶层，台湾当局的上述整合人才培训及产学合作资源的举措大大促进了创意人才和创意阶层的产生。创意人才是指掌握较高知识水平，具有创新能力，能够运用创作技能和手段把特有的表达内容和信息转换、复制、浓缩到新的文化创意产品（服务）中，并能够推动该产品（服务）的生产、流通和经营的人才集合体。美国学者理查德·弗罗里达指出，创意阶层包括超级创造核心成员和创造性专业人员。超级创造核心成员包括科学家、诗人、艺术家、设计师、大学教授、演艺人员、文化名流、建筑师等；创造性专业人员包括具有创造性的高科技、法律、金融、商业管理等领域的专业人才。台湾当局搭建产学合作联盟并建立文创人才培养信息整合平台，鼓励高等院校建立文化创意产业相关学科，培养专业型创意人才，将文化创意课程纳入学校通识教育中，培养学生的创新能力，推动"青年艺术家培植计划"，通过举办国际大奖、青年艺术家展览作品收藏、建立音乐创作与营销平台等形式，为文化创意新秀的脱颖而出创造良好的环境②，这些举措促进了创意人才和创意阶层的培育，从而保障了创意不断产生的源泉。

在产业链的中游生产制造环节，台湾当局打造各大文创园区以推动实现产业集聚效益，成立专门组织和机构提供产业研发辅导，以及推动文创产业跨界整合研发、拓展多元投融资渠道等举措，都具有重大的意义。

在产业链的下游营销推广和分销传播环节，中国台湾举办文创精品评选、举办中国台湾国际文化创意产业博览会、与国际文创产业相关机构开展合作、建立技术交流机制等措施，都有助于在国际市场上打造中国台湾文化创意品牌。此外，通过将戏剧、音乐、电影、美术等艺术欣赏和体验课程引入校园，补贴学生艺术文化支出等方式，也有助于开拓教育消费市场，并为文化创意产

---

① 以上措施汇整自：夏学理．文化创意产业概论［M］．台北：五南图书公司，2008：32-46；马群杰．文化创意产业与文化公民参与［M］．台北：巨流图书公司，2013：77-100.

② ［美］理查德·弗罗里达．创意经济［M］．北京：人民大学出版社，2006.

业市场培养未来的消费群体。

实际上，台湾当局筑巢引凤，公私共同协作的案例不胜枚举。有台湾当局出资建设，甄选民间文创企业以租约的形式共同开发文创园区，如台北的"华山1914文化创意产业园区"；也有台湾当局出政策、出土地，民间资本出资在不改变原有建筑物框架的情况下开发文创园区，如高雄的"台铝MLD文创园区"；更多的文创项目是开启民智后，民间资本自由开发的文创项目，如在南投县荒野森林里开发打造的"薰衣草森林"，还有众多的文创餐饮，都是民间自由开发。在创意生活产业中，中国台湾三义木雕产业的成功转型可算是由台湾当局领头推动到民间接续努力的代表性案例。在20世纪70年代石油危机导致的经济崩溃时期，三义木雕曾一蹶不振，后来由于部分木雕业者短视近利，利用楠木浸渍樟脑油当作樟木（俗称假樟）来贩卖，造成木雕业者的信用破产，导致三义木雕陷入危机。然而，三义地区的汤申源适时捐赠土地4950平方米设立木雕展示馆，在地方热心人士的推动下，三义木雕博物馆于1990年破土兴建，不仅成为中国台湾唯一以木雕为主题的博物馆，而且扮演了地方经济的推手，带领三义木雕地方传统产业走向木雕艺术精品领域。近年来，三义木雕博物馆更积极办理和参与国际艺术交流活动，以期扩大产业规模并与国际接轨，为三义木雕开启行销全球的契机。三义木雕的发展表明，文化创意产业的发展稳固扎根于地方就能开花结果，民众借由社区共同体意识，关心自己的家园，与各地方政府部门协力经营，则依地方而生的文化创意产业就能持续发展。①

在国家创新体系理论中，波特将产业视为研究国家和地区优势的基本单位，而把"技术进步"和"创新"列为持续竞争优势的重点。他在钻石理论中提出，政府应提供一个适于创新的产业环境，包括提升整体技术成熟度、促进改善投入研发的人力资源与财务资源、实施与创新相关的公共政策及资源投入等，以促使产业发展并带动经济升级。此外，竞争优势与整个价值体系密不可分，一个国家和地区的成功并非来自单一产业的成功，只有上下游相关产业整合并形成产业群聚，才有助于创新。中国台湾文化创意产业的发展历程和创新特点可以说印证了波特的钻石理论，虽然其在走向国际化、产业群聚效益等方面还有诸多不足②，但在20多年的发展过程中台湾当局以整合性政策支持机制形成了一个适合创新的产业环境，推动培育了文创产业发展所需的生产

---

① 夏学理.文化创意产业概论［M］.台北：五南图书公司，2008：41-42.

② 徐小波.台湾软实力［M］.台北：财信出版公司，2008：242-248.

要素、需求条件，通过多种公私协作的方式形成完整健全的产业链，并借由跨界使文创产业带动传统产业创新升级，既促使了文化创意产业的生命力拓展到其他领域而不断累积竞争力，也进一步提升了中国台湾经济的整体竞争力。

第三章　中国大陆产业的创新与发展

改革开放 40 多年来，中国大陆经济实现了长期快速增长，在获得了大量充分的物质财富的同时，也创造了通过"中国制造"拓展全球市场的"中国奇迹"。在这一过程中，中国大陆的产业结构和产业发展都发生了巨大的变化，尤其是进入 21 世纪以来，大陆产业结构在保持"二三一"型的基础上进一步优化，其中最突出的是第二产业增长快速，高科技制造业获得了大规模的扩张和发展，第三产业则突破了以商贸、餐饮为主的单一发展格局，加速了金融、保险、研发、咨询等行业的发展。

在上述产业结构的变迁和升级中，中国大陆产业的创新能力也在不断提高。和后发国家必须经历的学习过程一样，中国大陆创新的主要路径也是通过了引进、消化、吸收、再创新。20 世纪 80 年代，中国大陆就建立了相关产业的技术基础，用"市场换技术"的方式引进了国外的先进设备和生产技术，培育了海尔、长虹、沈阳机床等一大具有国际竞争力的行业领军企业。同时，借由新型举国体制的优势，以重大科技项目或者工程为载体，引进国外先进技术和外商直接投资，不仅带来了先进的技术和管理经验，也产生了一定的技术溢出效应。通过引进、消化、吸收、再创新，中国大陆的产业竞争力不断增强，在全球的产业竞争、产品国际贸易中的影响力越来越大。世界知识产权组织发布的《2020 年全球创新指数（GII）报告》显示，在全球 131 个经济体中，中国在全球创新指数榜单中排在第 14 位。近年来，中国的这一排名迅速攀升。值得注意的是，中国大陆有 17 个科技集群进入全球科技集群百强，数量仅次于美国，排在世界第 2 位。如今，中国大陆科技经费投入的增长不仅来自政府部门，企业部门科技投入的意愿和经费也在不断增长。现在全球每年新增的专利授权量的 1/3、每年专利申请量的 2/3 均属于中国大陆。随着中国大陆产业和企业的竞争力不断增强，还出现了一批有全球影响的创新型企业，如华为、腾讯等，甚至中国大陆 IT 企业的一些做法也开始被硅谷的美国企业模仿和学习。在数字经济、网络经济等领域，中国大陆更是开始引领世界。虽然到目前为止，大多数中国大陆企业产品的主要竞争优势仍是低成本，但这种优势的取得已并非仅仅依赖于低劳动力成本，还包括对技术、流程、管理等要素的集成创新，尤其是中国大陆企业对产品功能的集成创新更是引人注目，如很多互联网平台整合了社交、购物、理财、出行、缴费等多种功能，与国外类似产品往往只注重单一功能有较大的不同。

本书选取近年来中国大陆最具战略性、最具代表性的半导体产业、手机制造业等高科技产业，在全世界独具特色的"互联网+产业创新"，以及举国大力推动的新兴文化创意产业，来呈现中国大陆产业发展与创新的概况和特点。

第一节　中国大陆半导体产业的创新与发展

如前文所述，半导体是许多工业整机设备的核心，普遍应用于计算机、消费类电子、网络通信、汽车电子等核心领域。目前，半导体工业已经超过传统的钢铁工业、汽车工业，成为 21 世纪的高附加值、高科技产业。半导体主要有四个组成部分：集成电路、光电子器件、分立器件和传感器。其中，集成电路（Integrated Circuit，IC）是半导体工业的核心，在半导体的应用与生产中占到 80% 以上。集成电路将数亿个晶体管集成到一个小小的芯片上，是信息产业的核心，是建设制造强国、网络强国的基础与关键，也是互联网、大数据、人工智能升级换代的根基。集成电路包括逻辑芯片、存储芯片、模拟芯片和 mpu 等，在性能、集成度、速度等方面的快速发展是以半导体物理、半导体器件、半导体制造工艺的发展为基础的，世界各主要国家和地区都把发展集成电路产业作为提升综合国力、发展经济、保障国家安全的重要手段。美国称其为"生死攸关的工业"，韩国称其为"工业粮食"，中国大陆也把集成电路为主的半导体产业作为国家战略性、基础性和先导性产业，其发展直接关系到国家信息安全和国家的核心竞争力。因此，本书首先选择以集成电路为主的半导体产业来说明中国大陆战略性高科技产业的发展创新状况。

一、中国大陆半导体产业的发展历程

中华人民共和国成立后，中国大陆陆续建立起了一批半导体研究所，从自主研发起步，研究集成电路。20 世纪 60 年代，部分研究所开始掌握了硅平面生产工艺，并逐步开展微型组件和单片硅集成电路的研制工作。1965年9月，中国第一块集成电路诞生于中国科学院上海微系统与信息技术研究所，第一块集成电路只有9只元器件，性能很简单，填补了中国半导体集成电路的空白。[①] 1968年前后，第四机械工业部（无线电工业部）牵头在中国大陆各地相继布局半导体厂，初步形成了由芯片制造、材料、封装、测试、设备制造等环节构成的产业链雏形。计划经济时期建立的这些半导体生产厂，在空间布局上主要接近科研院所和军事生产重镇，最先开始发展半导体产业的城市有北京、上海、无锡、常州、西安等地。但这一时期国内自行研制生产的半导体产品主要应用于极少数的研发活动及军事领域，并不为市场服务。

改革开放后，全球半导体产业在20世纪80年代进入整机制造时期，中国大陆半导体产业也改变原有完全封闭、完全自力更生的发展模式，开始引进国外先进技术和生产工艺进行学习。1984年，无锡华晶从日本东芝公司全面引进了3英寸/5微米的彩电芯片生产线。1988年9月，上海贝岭成为国内微电子行业第一家中外合资企业，并建成了国内第一条4英寸/3微米的数字程控交换机芯片生产线。但改革开放后，集成电路全行业处于"散、乱、差"的格局，"七五"末期，原电子工业部对集成电路产业进行了整合，集中建设无锡华晶、绍兴华越、上海贝岭、上海飞利浦和首钢NEC五大骨干企业。1990年8月，机械电子工业部提出了集成电路的908工程计划。1992年3月，机械电子工业部正式上报了《集成电路908工程项目建议书》，该建议书对中国各种整机对集成电路的需求也做出了预测，到1995年，全国集成电路市场的总需求量约为12亿块。值得注意的是，世界市场的统计数字是"销售额，亿美元"，而"908工程"的统计数字是"亿块"。这种统计方式依然残留着计划经济的色彩，表明中国大陆的集成电路产业尚未进入市场经济的轨道。"908工程"1993年初破土动工，1994年下半年进入设备安装、调试，1995年进行试生产。1995年，五大骨干企业的集成电路产量占中国大陆总产量的60%左右。但由于技术落后、产品更新乏力，集成电路产业逐渐陷入"代代引进、代代落后"的怪圈，致使国家对集成电路产业的投资在20世纪90年代中期一度中断。鉴于1995年中国台湾、韩国集成电路产业已取得了不俗的成绩，而"908工程"还未完全实施就已大大落后，显然1990年开始推行的"908工程"并未取得既定效果。1996年，虽然"908工程"继续实施，但力度降低，

---

① 周友兵. 中国电子信息产业简史 [M]. 北京：知识产权出版社，2017：63.

上海华虹 NEC 生产线已经建成并于 1999 年投产。[1]

与此同时，20 世纪八九十年代是世界集成电路产业高歌猛进的黄金时期，产业形态也发生了根本变化。集成电路产业从整机制造商（Intergrated Device Manufacturer，IDM）中分离出来，并进一步形成了集成电路设计业（Fabless）、代工制造业（Foundry）和封装测试业三业分离的产业形态。90 年代后期国际集成电路市场的繁荣，特别是中国台湾集成电路代工模式的成功极大地鼓舞了大陆。于是，1995 年中国大陆又启动了"909"工程，该工程的实施标志是电子工业部向国务院报送的《关于报请国务院召开会议研究设立"九五"集成电路专项的请示》。"909"工程为大陆集成电路产业建立了 6 英寸晶圆示范生产线、集成电路封装示范生产线和一批集成电路设计企业。1997 年，上海华虹 NEC 作为大陆最后一家由政府投资建设的集成电路制造企业应运而生，并于 1998 年建成了中国大陆第一条 8 英寸生产线。1999 年，中芯国际落户上海，2000 年中芯国际的两条 8 英寸生产线同时建成投产。这些企业在推动中国半导体产业规模迅速壮大的同时，显著提升了产业技术水平和生产工艺。上海掀起的发展集成电路产业热潮极大地鼓舞了中国大陆发展集成电路产业的热情。

2000 年后，中国集成电路产业开始飞速发展。2000 年，中国约有 27 座晶圆厂，但以 3~4 寸的老旧晶圆厂为主，无论是投资规模还是技术水准均与世界半导体产业存在很大差距。[2] 为了加速集成电路与软件设计业的发展，2000 年 6 月，国务院发布了《鼓励软件产业和集成电路产业发展的若干政策》（以下简称"18 号文件"）。"18 号文件"拉开了外资和民营资本进入的闸门，以"18 号文件"为分水岭，2000 年成为 FDI 加速中国投资半导体业的一个转折点，中国大陆集成电路产业发展与 2000 年后外资的大规模进入同步。[3] 此后，中国大陆众多的芯片制造企业、封装测试企业先后建立，特别是国内一大批各种所有制的设计企业应运而生，中国大陆集成电路产业第一轮发展形成了汹涌澎湃之势。以中芯国际为代表的一大批集成电路制造企业的建设、投产，使中国大陆集成电路产业的技术水平和产量飞速提升。2000~2005 年，中国大陆新建和在建的集成电路生产线超过了历史总和。同时，芯片设计业、封装测试业也快速增长。

---

① 俞忠钰. 亲历中国半导体产业的发展［M］. 北京：电子工业出版社，2013：152-155，158，172-173.

② 尹启铭. 断链：前瞻台湾经济新未来［M］. 台北：天下远见公司，2006：182-183.

③ 尤素福，等. 全球生产网络与东亚技术变革［M］. 北京：中国财政经济出版社，2005：107-108.

在 2000 年前后，摩托罗拉、西门子、飞利浦等欧美综合型整机制造企业迫于竞争压力和削减成本的需要，陆续将半导体业务单独剥离出来，分别成立了飞思卡尔、英飞凌、恩智浦半导体等专业型整机制造企业。日本的综合电子企业 NEC、日立也剥离其存储器部门成立了存储器大厂 Elpida。半导体部门从母公司剥离的高潮使世界半导体产业专业化分工逐渐向全球扩散。英特尔、德州仪器、摩托罗拉、日本电气公司等综合整机制造企业将芯片生产部门向外分离后，开始在全球范围内寻求代工厂合作，这与当时大陆半导体产业快速进入市场的诉求一拍即合。因此，在这一时期中国大陆半导体产业与跨国公司开展了广泛而深入的合作，中国大陆半导体产业的产业链布局初步形成，国内逐渐出现了一批生产代工企业和设计企业。中国大陆 2000 年前建设的国有集成电路骨干企业均为整机企业（IDM），不仅包括芯片设计、芯片制造、封装和测试环节的全流程，而且还拥有单晶硅材料制备、模具制造等产业配套功能。2000 年后以民营资本和外资为投资主体新建的集成电路制造企业，如中芯国际、苏州和舰、上海宏力等，则全部是芯片代工企业，单一从事芯片代工制造业务。以此为契机，中国集成电路产业逐渐形成了三业分离的产业组织形态。总体来看，到"十五"时期末，中国集成电路产业发展到了一个新水平，以芯片代工（Foundry）为中心，带动前端——IC 设计和后端——封装测试两头，这样一个大格局已基本形成。① 2006 年，中国大陆正式加入世界半导体理事会（World Semiconductor Council，WSC）后，半导体市场开放程度和创新活力更是显著增强。②

总体来看，中国大陆半导体产业无论是生产效率还是市场占有率均实现了跨越式的发展。1977 年，中国半导体产业就逐渐实现了产品量产，当时中国大陆有超过 600 家半导体工厂，但其一年的集成电路产量还不及日本一家2000 人规模的工厂年产量的 1/10。然而，经过 60 多年的积累和发展，加上全球集成电路持续向中国大陆转移，如英特尔、三星、格罗方德、IBM、日月光、意法半导体、飞思卡尔半导体等全球各大集成电路企业均已在中国大陆建设工厂或代工厂，以及受益于消费电子、汽车电子和工业控制市场需求的拉动，中国大陆集成电路产业目前已成为全球规模较大、增速较快的市场，其增速持续领跑全球。2000～2017 年，中国集成电路产业销售规模年均增速20.6%，世界只有 4.8%。③ 2010 年国内 IC 行业销售额为 1342 亿元，2017 年

---

① 朱贻玮. 中国集成电路产业发展论述文集［M］. 北京：新时代出版社，2006：169-170.
② ［美］尤素福，等. 全球生产网络与东亚技术变革［M］. 北京：中国财政经济出版社，2005：245.
③ 迎九. 2017 中国半导体市场回顾及 2018 展望［J］. 电子产品世界，2018（6）：5-9.

实现销售额为 5427 亿元，平均年复合增长率高达 22.1%。2018 年，全球半导体市场规模为 4779.4 亿美元，2012~2018 年的复合增长率为 7.3%；而中国大陆 2018 年集成电路产业销售额为 6532 亿元，2012~2018 年的复合增长率为 20.3%，是全球的近 3 倍。① 2019 年，全球半导体市场同比下滑 12.1%，中国大陆半导体市场却"一花独放"，据中国半导体行业协会数据，2019 年中国集成电路产业销售为 7562.3 亿元，较 2018 年销售额增加了 1030.9 亿元，同比增长 15.78%。其中，设计业销售额为 3063.5 亿元，同比增长 21.6%；制造业销售额为 2149.1 亿元，同比增长 18.2%；封装测试业销售额为 2349.7 亿元，同比增长 7.1%。②

半导体产业规模的快速发展，也带动了技术水准的不断提升和整个行业水平的整体攀升。以作为主体的集成电路为例，在集成电路设计分支产业，设计水平不断提升，接近了国际先进水平，较高设计含量的 14nm、16nm 的设计占比有了较大幅度的增加；在集成电路芯片制造分支产业，14nm、16nm 的工艺研发、生产线建设等阶段性进展明显，2018 年 12 月 11 日，华虹集团旗下的 12 英寸晶圆代工厂上海华力与联发科共同宣布：基于上海华力 28nm 低功耗工艺平台的一颗无线通信数据处理芯片成功进入量产阶段。至此，除了中芯国际外，两家晶圆代工厂实现了 28nm 工艺规模量产；在封装测试分支产业，中高端封装比例占到 30% 以上。让人惊喜的是，经过不断的攻坚，2019 年中芯国际的 14nm 制程迎来突破性进展，尽管目前产量仍小，但对于中国大陆集成电路产业而言，中芯国际量产 14nm 制程具有重大意义，且 12nm 制程正在导入客户。③

目前，在地区布局上，中国大陆 IC 产业已形成了以上海为龙头的长三角地区，以北京、天津为核心的环渤海地区，以广州、深圳为中心的珠三角地区，以成都、西安为中心城市的中西部地区的四大重镇。④ 并且电路设计、芯片制造和电路封装三业并举，在地域上呈现相对集中的局势（苏浙沪、京津、粤闽地区）。随着一批拥有自主知识产权的芯片企业的诞生，如方舟、龙芯、爱国者、星光、网芯、展讯、中视一号，大陆半导体产业也开始从"中国制造"走向"中国创造"。

① 2018 年我国集成电路产业销售额 6532 亿元 [EB/OL]. 新华网，2019-04-09.
② 2019 年中国集成电路产业运行情况分析 [C]. 中商产业研究院，2020-03-27.
③ 2019 年半导体产业十大热点事件 [J]. 半导体信息，2020（1）：23-28.
④ 俞忠钰. 亲历中国半导体产业的发展 [M]. 北京：电子工业出版社，2013：259.

二、中国大陆半导体产业发展创新的主要驱动力

纵观大陆半导体产业发展的历程，先是自主研发，接着是引进外国技术与设备，然后借由融入全球价值链，从价值链低端的封装测试开始，通过产业内要素禀赋的升级，逐步走向产业中高端的制造与设计，从而形成了今天的规模。在这个发展与创新的过程中，有两个驱动力量非常突出。

（一）国家政策的强力推动与资金支持

1. 各种战略性政策的引导和推动

半导体产业由于涉及国防安全，又是信息产业和工业的核心，所以从发展伊始就得到了国家政策的强力扶持。1956年，中国大陆就提出了"向科学进军"的口号，将半导体技术列为国家四大紧急措施之一。同年，国务院制定了"十二年科学技术发展远景规划"，将半导体产业列为重点发展产业。改革开放后，1986年建设了南北两个IC基地（南方基地在长三角地带，北方基地在北京）。1989年后又集中财力建立了五个骨干企业：华约微电子有限公司（浙江绍兴）、华晶集团公司（江苏无锡）、飞利浦半导体公司（上海）、首钢日电电子有限公司（北京）、贝岭微电子制造有限公司（上海）。

1990~2000年，中国大陆实施"908"工程、"909"工程，国内半导体产业发展主要依靠两项工程计划所扶植的骨干厂，其经营形态分为晶圆代工及IDM，其中IDM产品多为与通信相关的低阶消费性IC。1996年以后，国家重点发展集成电路、新型元器件、计算机和通信设备，并对集成电路的发展实行优惠政策，继续实施集成电路专项工程。不仅如此，为了获取技术和人才资源，从20世纪90年代开始，政府依据要素禀赋结构引进外资和人才，同时通过国内政策平台的建立、潜在的巨大市场以及低廉的人力资本吸引了海外巨头在华设厂，并以中国台湾为平台与美日进行合作，例如上海宏力和中芯国际两家合资企业代表了来自硅谷、中国台湾和中国大陆三地的资源与人才的融合。① 中国大陆的半导体产业已然崛起，已在江苏、上海、浙江、天津、河北、北京、京津环渤海湾地区及珠三角地区形成了本土的产业集群。

在世纪之交，随着国际上集成电路设计业、代工制造业和封装测试业三业分离的产业形态趋于成熟，以及发达国家日益需要通过外包来转移产能，中国大陆更是出台了相应政策进一步刺激推动国内半导体产业的发展。1998年2月，在中国香港上市的华晶上华公司改变以往的IDM模式，在引进美国的技

---

① ［美］普可仁. 创新经济地理［M］. 北京：高等教育出版社，2009：174.

术、中国台湾的团队后，成为中国大陆第一家"纯晶圆代工"企业。1999年，中共中央、国务院发布了《关于加强技术创新、发展高科技，实现产业化的决定》，将集成电路视为重点发展的高科技产业之一。2000年6月，国务院颁布了"18号文件"，允许并鼓励外商投资半导体产业，并在政府的支持下，成立了一批大型半导体企业，如中芯国际、宏力等。到2000年底"九五"计划结束时，中国大陆IC芯片线，从4英寸线至8英寸线共有25条。①

2006年，在"把中国建设成为创新型国家"思想的指导下，国务院主持制定了《中国中长期科学技术发展规划纲要（2006—2020年）》，该规划纲要下设16个重大专项，其中01、02和03三个专项直接带动国内集成电路设计、芯片制造、封装测试、设备材料的技术和产品发展。目前，这些专项的成果已经凸显。为了进一步推动中国大陆集成电路产业发展，2011年1月国务院又颁布了《进一步鼓励软件产业和集成电路产业发展的若干政策》（以下简称"4号文件"），这是中国集成电路产业又一个里程碑式的产业政策。为了进一步贯彻落实"4号文件"，从2012年起国家和各省市地方政府陆续出台了一系列相关的实施细则和配套政策，使当前成为中国集成电路产业有史以来产业政策贯彻落实最好的年代之一。2014年，发布的《国家集成电路产业发展推进纲要》提出了中长期发展目标，包括：到2020年，集成电路产业与国际先进水平的差距逐步缩小，全行业销售收入年均增速超过20%，企业可持续发展能力大幅增强。移动智能终端、网络通信、云计算、物联网、大数据等重点领域集成电路设计技术达到国际领先水平，产业生态体系初步形成。16/14nm制造工艺实现规模量产，封装测试技术达到国际领先水平，关键装备和材料进入国际采购体系，基本建成技术先进、安全可靠的集成电路产业体系。到2030年，集成电路产业链主要环节达到国际先进水平，一批企业进入国际第一梯队，实现跨越发展。

2. 持续大幅度的税收减免与优惠

为了促进半导体产业的发展和创新，政府早就推行四项优惠政策：允许从销售收入中提取不超过10%的费用用于研究开发；重大技改进口设备、仪器免征关税；免征产品增值税，减半征收所得税；同时抓紧落实支持创业型半导体中小企业的政策措施等。由于集成电路产业发展得到了国家的高度重视，2000年的"18号文件"就明确了对经过认定的集成电路设计企业和集成电路

---

① 朱贻玮. 中国集成电路产业发展40年［M］//朱贻玮. 中国集成电路产业发展论述文集. 北京：新时代出版社，2006：161-166.

生产企业分别给予"两免三减半""五免五减半"企业所得税优惠，并在人才培养、投融资以及设备材料进出口环节增值税方面给予了大力支持。"18 号文件"对"十五"和"十一五"期间加快集成电路产业发展起到了重大的推动作用。2010 年，"18 号文件"到期。为了进一步优化软件产业和集成电路产业发展环境，提高产业发展质量和水平，2011 年 1 月，国务院颁布的"4 号文件"延续了"18 号文件"中对集成电路设计企业和生产企业的所得税优惠。同时，为了推动集成电路设计企业做大做强，"4 号文件"及细则明确了"经认定的国家规划布局集成电路设计企业，可按减少 10% 的税率征收企业所得税"，进一步加大对集成电路设计企业的支持力度。此外，为了完善集成电路产业链，"4 号文件"还规定，对符合条件的集成电路封装、测试、关键专用材料企业以及集成电路专用设备相关企业给予企业所得税优惠。①

为推动半导体设备产业发展，2014 年至今，国家又推出了三项优惠政策：一是《关于调整重大技术装备进口税收政策的通知》，对符合规定条件的国内企业为生产国家支持发展的重大技术装备而确有必要进口部分关键零部件免征关税和进口环节增值税。在这方面，集成电路、LED、太阳能电池生产设备中的 16 项关键设备被列入其中。二是《关于进一步鼓励软件产业和集成电路产业发展企业所得税政策的通知》，规定对符合条件的集成电路专用设备企业，在 2017 年前实现获利的，自获利年度起，第一年至第二年免征企业所得税，第三年至第五年按照 25% 的法定税率减半征收企业所得税。三是《关于开展首台（套）重大技术装备保险机制试点工作的通知》，规定对于制造《目录》内装备，且投保"综合险"或选择国际通行保险条款投保的企业，中央财政给予保费补贴。实际投保费率按 3% 的费率上限及实际投保年度保费的 80% 给予补贴，补贴时间按保险期限据实核算，原则上不超过 3 年。目前，共有 13 项半导体装备列入目录。发展国产半导体装备产业具有重要战略意义，西方国家对中国的技术出口限制主要是高端装备，而全球每年近 400 亿美元的设备市场也值得中国占有一席之地，同时，国产装备将大幅降低中国芯片制造商的投资成本，提高中国芯片制造竞争力。2017 年中华人民共和国科技部会同工业和信息化部发布的成果显示，一批集成电路制造关键装备实现了从无到有的突破，先后有 30 多种高端装备和上百种关键材料产品研发成功并进入海内外市场，填补了产业链的空白。②

---

① 方圆，徐小田 . 集成电路技术和产业发展现状与趋势［J］. 微电子学，2014（2）：81-84.

② 陈芳，董瑞丰 . 芯想事成：中国芯片产业的博弈与突围［M］. 北京：人民邮电出版社，2018：158.

3. 国家大基金的大规模投资

芯片被喻为信息时代的"发动机"，是各国竞相角逐的"国之重器"，是一个国家高端制造能力的综合体现。虽然中国大陆有着全球最大的半导体市场，并且已成为继美国之后的全球第二大集成电路设计重镇，但目前集成电路的主流产品仍然集中在中低端，主要以海外采购为主，国产替代需求大。因此，为了培育中国芯片产业，2014 年出台了《国家集成电路产业发展推进纲要》后，1380 亿元国家集成电路产业投资基金（以下简称"大基金"）和近 1400 亿元地方基金相继建立。

国家集成电路产业投资基金股份有限公司的股东包括国开金融、中国烟草、亦庄国投、中国移动、上海国盛、中国电科、紫光通信、华芯投资等企业发起。公开数据显示，"大基金"的注册资本为 987.2 亿元，一期总规模 1387 亿元。截至目前，有效决策超过 62 个项目，涉及上市公司 24 家（包括港股公司和间接投资公司）。凡是被大基金入股的公司，均被市场看作国家集成电路产业战略落地的重要阵地，其投资范围涵盖 IC 产业上、下游。制造、设计、封测、设备材料等产业链各环节投资比重分别是 63%、20%、10%、7%。

由于中国大陆半导体企业正处于起步成长阶段，产业链条较长，各个企业的需求千差万别，大基金对此进行了针对性、差异化的支持，其投资模式主要是国际并购（主要采用"上市公司+PE"模式）、定向增发、协议转让、增资、合资公司等方式。[①]

作为专注芯片行业的"国家队"，大基金首期实际募集规模 1387.2 亿元，投资覆盖了集成电路全部产业链。从公开资料来看，截至 2018 年 9 月 12 日，国家集成电路产业投资基金有效承诺额超过 1200 亿元，实际出资额达到 1000 亿元，投资进度与效果均好于预期。凭借强大的号召力，"大基金"还撬动了大量社会资金投入。从已投企业来看，基金（包含子基金）已投资企业带动新增社会融资（含股权融资、企业债券、银行、信托及其他金融机构贷款）约 5000 亿元，按照基金实际出资额计算放大比例为 1∶5，按照基金实际出资中，中央财政资金占比计算的放大比例为 1∶19。2018 年 4 月，工业和信息化部宣称国家集成电路产业基金正在募集第二期资金。

在"大基金"的引导下，中国集成电路行业投融资环境明显改善。以集成电路行业中资金密集型特点最显著的制造业为例，中国大陆集成电路制造业 2014~2017 年资本支出总额相比 2010~2013 年实现了翻倍。从领军企业中芯

---

① 谢泽锋. 千亿大基金投资路线图 [J]. 英才, 2018 (2)：48-49.

国际来看，2015 年 1 月获得基金投资后，在 2015～2017 年的资本支出总额约为 2005～2014 年的总和。据统计，截至 2018 年 10 月 19 日，"大基金"通过多种方式直接投资芯片领域上市公司 11 家，涉及 A 股上市企业合计市值逾2000 亿元。中报数据显示，大部分公司营业收入有了显著的提高。此外，2020 年 8 月 4 日国务院印发了《新时期促进集成电路产业和软件产业高质量发展的若干发展政策》，全面覆盖财税、投融资、研究开发、进出口、人才、知识产权、市场应用、国际合作八个方面，除了产业链上下游，还包括价值链、创新链、资金链等产业生态布局。①

总体来看，国家集成电路产业基金一期成功推动了中国大陆集成电路产业的发展，"大基金"后续必将持续进行投入。预计基金二期规模有望达到 2000亿元，将提高对设计业的投资比例，并围绕国家战略和新兴行业进行投资规划，如人工智能、物联网、5G 等，并对装备材料业给予支持。同时，2019 年科创板的设立有助于推动集成电路企业上市融资，大基金二期的正式设立将进一步吸引社会资本投资半导体行业，在国家政策的推动下，国内投融资有望保持景气。

（二）外资企业的大规模投资

21 世纪之交，全球化竞争迫使发达国家将非核心业务以外加工的方式外包给专业、高效的服务供应商，开始形成以美国、日本、韩国、中国台湾等国家和地区为主要发包国家和地区，东欧、印度和中国等发展中国家为接包国家和地区的全球外包市场。伴随着国际半导体产业的产能转移这一趋势，以2000 年发布的"18 号文件"为分水岭，2000 年以后，中国大陆半导体行业迎来了外商投资和建设的高潮。

与鼓励外商投资半导体产业的"18 号文件"相配合，2000 年发布的《当前国家重点鼓励发展的产业、产品和技术目录》中，提出鼓励发展线宽 1.2微米以下大规模集成电路设计制造、混合集成电路制造等；《外商投资产业指导目录》中明确鼓励外商投资线宽 0.35 微米及以下大规模集成电路生产、半导体专用材料开发等。不仅如此，国家近年来多次降低集成电路的进口关税，并实行出口退税，对外商投资企业实行减免税等优惠政策，这些政策上的鼓励和支持极大地为中国大陆半导体产业接入国际化轨道铺平了道路。

2000 年以后，中国大陆半导体产业连续几年以 30% 左右的速度增长，同

---

① 中国科技战略发展研究院.2021 中国战略性新兴产业发展报告［M］.北京：科学出版社，2020：54.

时跨国公司在此期间大量进行产业转移，代表性的企业有美国的英特尔，日本的日立、富士通，韩国的三星等，均在长江三角洲地区投资设厂，从而推动中国大陆形成了以跨国公司的分公司、合资企业为主体的，以 IC 制造为重点的地方生产网络，同时也形成了以张江、浦东等地区为核心，向周边城区扩散的产业格局。中国大陆部分地区甚至依靠个别企业来拉动地方产业发展，如 2007 年英特尔投资 25 亿美元在大连建立芯片厂，并与大连市政府、大连理工大学联合创办了半导体设计学院。

可以说，在 21 世纪初，中国半导体产业形成和发展阶段的项目投资，主要来源于国外及中国台湾半导体企业在华投资建厂和海外回国的专业团队创办的企业的投资。[①] 中国对 FDI 的新的务实政策，对全球性旗舰企业产生了极大的吸引力，这些外资企业很快宣布了几个 70 亿美元的大型投资计划，它们不仅带来了先进的技术，也带来了大量的资金。"18 号文件"发布后，2000～2005 年就吸引外商投资 200 多亿美元。投资主体一部分是来自国外和中国台湾企业，如英特尔、TI、AMD、三星、Fairchild、台积电、联发科等；另一部分来自基金投资，如高盛、汉鼎、华登、华平等。由于外资的进入，除了国家对产业资金上的倾斜，海外资本、民间资本也逐渐成为支持大陆半导体产业的重要资金来源，资本运营步入了良性轨道。另外，近 10 家芯片企业在境内外上市，使中国的芯片产业开始牵动国际资本市场的神经。在集成电路产业第二次全球产业分工与转移的背景下，虽然目前中国的芯片技术与世界最先进水平仍有一些差距，但在产业规模、研发水准、设计技术等方面已有缩小趋势。[②]

外资的大规模投入，对中国大陆半导体产业的发展创新产生了两方面的深刻影响：一是使半导体企业的销售额逐年上升，与美国、日本、韩国的合作逐年增加，外资是中国大陆半导体产业技术升级创新、产能迅速扩张、规模快速增长的重要驱动力量。二是使中国半导体产业加入全球生产网络中，半导体产业演变成出口导向型，代工（Foundry）厂群聚中国大陆。目前，跨国公司已通过委托制造（OEM）、委托设计制造（ODM）把 1/3 以上的制造业务外包到中国大陆，其中 OEM 是外包的主要形式。虽然 OEM 的组装加工业务属于劳动密集型，技术含量较低，产品附加值不高，位于产业价值链的最低端，但正是在这一基础上，中国大陆根据自身优势，学习中国台湾和韩国的模式，以晶圆

① Shahid Yusuf，等. 全球生产网络与东亚技术变革［M］. 北京：中国财政经济出版社，2005：108-109.

② 张云伟. 跨界产业集群之间合作网络研究——以上海张江与台湾新竹 IC 产业为例［M］. 北京：经济科学出版社，2016：125-142.

代工形式切入全球市场，并逐渐提升技术水平，从而培育和升级到 ODM，并发展成继美国之后的全球第二大集成电路设计重镇。

三、中国大陆半导体产业技术创新的主要特点

（一）获得国家扶持的研究机构和企业成为技术创新的生力军

半导体产业是一个研发强度高的产业，由于大陆半导体产业萌芽于中华人民共和国成立后封闭的产业经济环境，其最初半导体技术的发展也并非得益于市场需求。因此，半导体产业在大陆产生之初，公共研究机构就成为技术创新和产业发展的主要推动力。特别是在计划经济时期，即使生产能力无法满足国内市场的需求，半导体技术的研发也一直未被放开。直到改革开放后，尤其是在全球半导体产业进行专业化分工和规模化生产的 20 世纪 90 年代，中国大陆半导体产业才开始迎来技术创新与合作发展的阶段，半导体产业市场化则直到 2000 年以后才扶植起来。①

2000 年以前，中国大陆刚刚打开与全球沟通的渠道，整机系统厂商创新能力严重不足，大部分企业以组装为主，基本依靠进口集成电路完成组装，而另一些企业跟随国外产品发展布局生产。因而这一时期中国大陆市场上有能力开展合作创新活动的主体，多为具备一定资金和技术储备的合资企业、台资企业及依靠国家扶持而成长起来的科研院所，如飞利浦电子有限公司、世大积体电路股份有限公司、中国台湾积体电路制造股份有限公司、中国科学院冶金（上海）研究所等。2000 年后，随着"18 号文件"放开外资进入以及大量企业的成长，企业对技术创新所做的贡献越来越大。除了中国台湾积体电路制造股份有限公司、上海华虹 NEC 电子有限公司等外，受国家力量扶持的内资生产企业和芯片制造商日益成为中国大陆半导体产业合作创新产出的主要提供者，例如，在 01 专项的支持下，以中芯国际（SMIC）为代表的制造商逐渐成为创新资源的掌控者。随着国家主导力量的加强，以及技术研发日益的复杂，2010 年以后，科研机构的核心地位进一步突出，以清华大学和中国台湾工业技术研究院为代表的科研机构也扮演了重要的创新角色，并涌现出京东方科技集团股份有限公司、深圳市海洋王照明科技股份有限公司等一批研发机构。②

企业、科研机构是合作创新网络中的重要主体，中国大陆半导体产业合作

---

① 熊瑞梅，陈冠荣，官逸人. 红色跨界创新网络的机制：以中国大陆半导体公司专利发明人网络为例 [C] //李宗荣，林宗弘. 未竟的奇迹：转型中的台湾经济与社会. 台北："中央研究院"社会学研究所，2017：514.

② 朱贻玮. 集成电路产业 50 年回眸 [M]. 北京：电子工业出版社，2016：169-177.

创新网络内部结构的上述演化，体现出本地产业环境变化和海外市场变化的双重影响。尤其是随着世界主要综合整机制造企业分离到发展中国家的芯片生产部门逐渐成长为大型制造商后，大陆半导体企业开始大跨度地进军世界市场，拥有强大技术和基本积累的大型内资生产制造企业是中国进入世界市场的生力军。2008 年金融危机后，世界半导体市场中传统电子产品市场已经开始萎缩，但国内云计算、物联网、智能手机等新兴产业部门陆续出现，进而激发了应用需求导向的半导体产业大规模的技术创新活动，并促进了中国芯片制造急速扩张。面对这种情况，获得国家扶持的大学、科研院所和内资制造企业在半导体研发领域投入了更多的精力，扮演了更大的角色。

（二）通过海外并购实现技术升级

从技术进步层面来看，全球范围内的半导体产业链将在未来出现快速整合并购的态势。目前，全球主要的半导体市场甚至国际间的合作也印证了这一趋势。包括 2016 年中国的长电科技收购新加坡的 STATSchipPAC、美国的 Amkor 收购日本 J-Device，以及通富微电买下 AMD 位于苏州和马来西亚横城的封测厂、华天科技收购美国的 FCI 公司，这些现象表明：在专业化分工阶段进入世界市场的企业都希望通过并购或合资实现技术超车。除了技术层面的考虑，海外并购也有控制产业价值链和世界市场的战略意义。21 世纪以来，随着集成电路产业竞争格局和热点市场方向的不断变化，为了进一步巩固产业优势、扩展市场份额，一些在特别领域具有领先优势的企业就通过组建联盟、并购重组等方式加强对价值链和生态环境的控制，例如，Google-ARM 通过强强联合，建立软硬件协同发展的移动互联产业生态圈，抢占市场先机；苹果公司通过陆续收购芯片设计企业、软件企业、信息服务企业等，进一步加强移动互联的布局；台积电积极入股软件、芯片设计和半导体设备厂商，增强产业链控制能力；等等。

客观上，中国与西方半导体强国之间存在较大的技术势差，因此，海外并购是大势所趋之下的一条技术升级以及拓展海外市场的必然路径。截至 2016 年，中国大陆半导体企业在海外投资达到了历史新高——150 亿美元，一年内完成了 10 次国际并购。而 2014 年 9 月成立的国家集成电路产业投资基金也对半导体企业的海外并购提供了巨大的资金支持。

以中芯国际（SMIC）的扩张路径为例，2016 年 6 月底，中芯国际出资4900 万欧元收购了由 LFoundryEurope（LFE）与 MarsicaInnovation（MI）控股的意大利晶圆代工业企业 LFoundry70% 的股权。这次收购行为不仅能够提高中芯国际的联合产能水平，提升整体技术组合，更能帮助企业迅速开拓新的市场机会。同时，这是中国大陆集成电路晶圆代工企业首次成功进行跨国生产基地的布局，而中芯国际也将凭借此项收购正式进军全球汽车电子市场。这次由东亚扩展到西欧的产业布局无疑为中国半导体产业的全球网络建设增加了筹码。① 海外并购也与国内的并购相互配合，2016 年 4 月，中芯国际成为长电科技的最大股东，而中芯国际—长电科技未来产业链将由晶圆制造延伸至中段凸块及后段封装测试。这种境内外拓展的合并不仅将缔造出国内半导体的制造龙头，更有利于提升中国半导体企业的国际竞争力。

当然，通过海外并购实现技术升级也有相当大的不确定性，西方国家往往以国家安全或防止技术外流等理由阻挠甚至禁令中国企业的海外并购。

（三）中国大陆半导体产业的自主创新

所谓自主创新，是以获取自主知识产权、掌握核心技术为宗旨，以我为主发展与整合创新资源，进行创新活动，提高创新能力的科技战略方针。自主创新与技术引进并不对立，在开放式创新的战略下，自主创新与利用外部技术资源之间还可以是一种良性互动关系。从政治、经济层面来看，自主创新实际上是国家的自主，是自主掌握关系到国家利益的关键核心技术，以摆脱国家间竞争的被动地位。半导体作为关系到国防和民生的核心战略性工业，必须追求自主创新。

自主创新早在 20 世纪 50 年代的中国首个科技规划中就被提出来了，"十一五"规划更是将自主创新从一般性号召提升为国家战略，上升到国家意志，将自主创新从理念上升到运筹层面，这在中国历史上是前所未有的。由于集成电路产业作为国家的战略性、基础性和先导性产业，直接关系到国家信息安全和国家的核心竞争力。党的十九大报告明确提出了建设网络强国、数字中国、智慧社会的战略目标；2018 年的《政府工作报告》，对集成电路的作用和地位给予了高度关注。

目前，我国半导体产业的自主创新活动大量集中于产品的生产制造环节，经过 20 世纪 90 年代以来的发展和积累，集成电路技术实力已显著增强，芯片设计能力从百万门级提高至十亿门级，高端通用芯片的开发取得了突破，众核处理器研究成果已应用于国防重大工程，基于申威 1600 处理器的神威蓝光千万亿次计算机处于国际先进行列，自主开发的 8Gb DDRII 存储器芯片出货量超过 430 万片，填补了国内空白；40nm 芯片制造工艺研发成功并批量试产，32/28nm 技术研发进展顺利；介质刻蚀机、封装光刻机等 9 种高端制造装备经大

---

① 中芯国际取得欧洲晶圆代工厂商 LFoundry 七成股权 [J]. 中国集成电路, 2016 (8)：11.

生产线考核验证并获得销售；光刻胶、封装材料等关键材料开发取得明显进展。尽管中国集成电路技术取得较大突破，但与国际先进水平相比，技术差距仍然明显。目前，中国 CPU、DSP、MCU 等高端通用芯片产业化技术仍然落后，产品市场基本被国外厂商垄断，集成电路制造技术与国际最先进主流生产工艺仍然相差两代（目前全球已规模量产的先进工艺为 28nm），集成电路高端专用设备研发还处于起步阶段，生产线所用装备 95% 都从国外进口。[①]

四、中国大陆半导体产业发展与创新的主要不足

虽然中国大陆半导体产业取得了举世瞩目的快速发展和扩张，但其弱点和不足也同样非常突出，主要体现为以下几个方面：

第一是自主创新仍然十分薄弱，具有自主知识产权的技术少，对外依存度高，核心技术方面和国际顶尖水平依然存在一定差距，自主技术创新发展方面停滞，究其原因是制度创新一直被忽视，中兴通讯的事件更加暴露出这一弱势。[②] 中兴通讯是全球第五大、中国第二大通信设备制造商，业务覆盖无线网络、光传输、宽带接入、数据通信、核心网、云计算手机终端等领域，但其主要业务领域对国外芯片依赖严重。例如，在无线网络产品的基带芯片方面，中兴通讯已实现 2G 和 3G 基带芯片和数字中频芯片的自主配套，但 4G 及以上基带主要基于 Xilinx 或者 Intel/Altera 的高速 FPGA 芯片；在射频芯片方面，主要来自 Skyworks 和 Qorvo 等公司；在模拟芯片方面，包括 PLL 芯片、高速 ADC/DAC 芯片、电源管理芯片主要来自德州仪器（TI）等公司。在光传输产品的光交换芯片方面，中兴通讯已实现中低端波分和 SDH 芯片自主配套，但 10G/40G/100G 等中高端光交换和光复用芯片主要来自 Broadcom 等公司；光收发模块主要来自 Oclaro、Acacia 等公司。在数据通信产品的路由和交换芯片方面，中兴已实现中低端芯片自主配套，但 100G 等高端交换路由芯片主要来自 Broadcom；以太网 PHY 和高速接口芯片，仍全部来自 Broadcom、LSI（已被 Broadcom/Avago 收购）、PMC（已被 Microsemi 收购）等公司。而宽带接入产品的 XPON 局端和终端芯片、ADSL 局端和终端芯片、CMTS 局端和终端芯片，以及无线路由器芯片，基本全部来自 Broadcom 公司。核心网产品的媒体网关、会话控制器、分组网关、分组控制器等产品主要基于 Xilinx 或 Intel/Altera 的

① 陈芳，董瑞丰．芯想事成：中国芯片产业的博弈与突围［M］．北京：人民邮电出版社，2018：62-63.
② 曹桂华．李登辉．我国集成电路产业自主创新存在的问题及对策［J］．科技创业月刊，2018（9）：10-13.

高速 FPGA 芯片来实现；用户鉴权授权计费、运维和管理平台等产品基于 X86 服务器来实现。手机终端产品的高端产品，芯片主要来自高通（包括 BB/AP、WiFi/BT/GPS、RF、电源管理套片），PA 芯片主要来自 Skyworks 和 Qorvo；中低端产品，主芯片套片主要来自 MTK、展讯、联芯等公司。①

事实上，中国成为世界芯片市场第一大需求国，也与自主创新薄弱密切相关。虽然中国半导体产业在制造技术上有了长足的进步，但是横向比仍处于全球半导体的中间地位。2006 年，我国的芯片进口额开始略超过石油进口额，而从 2008 年开始的连续 10 年，芯片迅速攀升为我国第一大宗的进口商品。2008 年，进口了 1354 亿块芯片，花费 1295 亿美元。② 根据海关总署统计到了 2017 年，芯片进口达到 3770 亿块，花费 2601 亿美元，相当于同年原油进口金额的 1.6 倍。目前，我国已成为全球芯片的最大需求市场，大概占全球芯片需求市场的 50% 以上。根据海关数据，2019 年中国集成电路进口数量为 4451.34 亿个，同比增长 6.6%，进口金额 3040 亿美元，同比下降 2.2%。国务院发布的数据显示，2019 年中国芯片自给率仅为 30% 左右，整体来看，中国在高端芯片领域对外依赖度最高，其中微处理器、逻辑电路及模拟集成电路等最为突出。③

第二是投入不足。国家大基金第一期投资虽然已投入 1387 亿元，但在投的是 66 个项目，每个项目平均不到 20 亿元，仍然远远不足以对每个项目进行纵深开发。而且从目前的情况来看，"大基金"支持的都是见效快的半导体产业环节。一方面，"大基金"投资项目覆盖了集成电路设计、制造、封装测试、装备等全产业链，助力一批龙头公司入围国际第一梯队；另一方面，通过参与海外收购、协议转让、IPO 前增资、定增募投等多种方式，在资本市场的股权投资也有了一些成果。不过，"大基金"在关注短期投资效果的同时，对产业基础类产品的投资仍待加强，否则中国半导体产业发展要想实现自主可控，还缺乏支持的基础。半导体产业的固有特征主要有两个方面：一是摩尔定律推动，进步太快；二是半导体产业的基础要求高，各种使用的气体、水、化学试剂、材料等的纯度要求是 11 个 "9"，是个典型的精细工业。部件或材料在半导体产业中占重要地位，但在目前的投资中却未得到重视。中国的产业现状是，各个产业环节、基础类产品几乎都有，但中低端环节偏多，中高端产业

① 制裁中兴只是投石问路，制裁中芯国际可能是后手 [R]. 赛迪智库报告，2018.
② 俞忠钰. 亲历中国半导体产业的发展 [M]. 北京：电子工业出版社，2013：334.
③ 中国科技战略发展研究院. 2021 中国战略性新兴产业发展报告 [M]. 北京：科学出版社，2020：54.

环节仍然高度依赖国外进口。因此，目前对促进中高端基础产业环节的投入还远远不足，尤其是"大基金"这样的政府投资基金，最应该做好这种基础类工作。同时，大陆半导体企业的自主研发投入也不高，与国际大企业相比差距较大。长期以来，中国在 R&D 上的投入一直处于较低的水平。近年来虽然绝对量上有了较大的提升，但和发达国家在研发上的投入相比整体上差距仍较大。大基金第二期目前也正在推进，募资规模更大，内容涵盖储存器与 IC 设计业。①

第三是人才不足。中国大陆目前半导体从业人员约为 30 万，按照目前发展需要来看，到 2025 年半导体行业大概还需要继续增加 50 万人，人才缺口非常大，尤其是缺乏能够从事顶层设计的技术带头人。半导体是一个全球化的产业，中国半导体产业发展基础不足，起步较晚，20 世纪 90 年代才真正开始，而且还集中于制造领域。实际上，半导体产业不仅是创新研发的问题，还有国际市场的问题。因此，除了缺乏专业的研发人才以外，也特别缺乏实现国际化大市场经营管理的职业经理人，以及能从事国际资本运作的专业人才，而懂技术会管理、掌握集成电路产业发展趋势和发展规律的综合跨界人才更是奇缺。因此，未来无论是通过自身人才培养还是通过国（境）外人才引进的方式，只有提供良好的服务平台、充足的科研资金与先进的科研设施等，才能最大限度地激发高技术人员科研工作的积极性，从而提升中国半导体产业自主研发水平。在全球电子化进程中，半导体作为高新科技产业前沿，对国家发展具有重要意义。而持续的全球贸易摩擦为半导体产业发展带来了浓厚的阴影，中国应加快半导体产业发展的步伐，从而降低外部风险因素。因此，在未来半导体产业进程中，中国大陆应当坚持以国内发展为主体，从政策资金帮扶、优化产业结构、升级研发技术、培养专业人才、改善科研环境等方面入手，提升半导体产业的整体发展水平。②

第四是发展规模较小，并受到了以美国为代表的西方发达国家的严厉遏制。集成电路制造业具有很强的规模经济性。产业规模越大，产品的成本越低。与国外的集成电路企业相比，中国集成电路企业规模差距大。2010 年，中国集成电路产业投资额仅为全球四大半导体制造企业的 27.1%，且投资资金分散在多个省市区域的众多企业。③ 尽管 2016 年以来中国大陆集成电路产业的销售额大幅提升，但整个行业内企业规模小，单个企业的产值往往不及相

① 贺军. 中国半导体产业发展策略［J］. 企业家信息，2019（2）：108-109.
② 李哲儒，蒋随. 中美贸易摩擦下中国半导体产业发展策略［J］. 中国外资，2021（11）.
③ 俞忠钰. 亲历中国半导体产业的发展［M］. 北京：电子工业出版社，2013：336.

同国际跨国公司产值的 1/10。不仅如此，中国半导体企业的发展还受到了西方发达国家的多方遏制。实际上，中国大陆集成电路产业的发展从来不是一帆风顺的，当还在起步阶段时，美国、英国、法国、德国、日本等"巴黎统筹协会"（COCOM）成员国对中国大陆所需的新技术、新设备进行封锁禁运。1994 年"巴黎统筹协会"解散后，又有"瓦森纳协定组织"继续对中国大陆新兴技术和新兴产业进行封锁限制，前述"908 工程"和"909 工程"，华晶、华虹等企业在国际市场采购设备，除了一些精密设备使用的芯片直接限制出口中国外，高档数控系统等先进制造设备也遭到了"瓦森纳协定组织"的限制。2000 年，中国"18 号文件"发布之后，西方国家对中国大陆设计企业享受增值税优惠政策横向阻挠，以此进一步限制中国大陆集成电路设计业以及整个集成电路产业的发展。由于高端芯片是集成电路产业的核心产品，高端芯片制造是整个集成电路产业链中的关键环节，西方发达国家为了实现对高端芯片这一核心产品的长期控制和价值索取，为了达到严重制约中国大陆集成电路产业的创新和核心竞争力提升的目的，对出口到中国的先进制造装备、材料和工艺引进等进行严格的审查和限制，实行长期封锁和控制，2018 年美国制裁中兴通讯的事件就是一个典型例证。[1] 此外，以美国为首的西方发达国家还多方阻挠中国半导体企业的海外并购。2019 年，美国以国家安全为由，进一步加大对中国集成电路产业的打压，阻碍中国集成电路产业发展。将中国多家集成电路相关企业列为限制芯片供给实体清单，同时从芯片代工、EDA 软件等方面对华为实行更严厉的制裁措施。[2]

综合来看，目前中国大陆半导体产业处于追赶阶段，一方面自身的"造血功能"尚未完全具备，另一方面受到了西方发达国家的封锁和遏制，所以现阶段依靠国家力量来主导推动产业发展并培育一批骨干企业，是必要的、及时的选择。发展半导体产业在当前很难摆脱"独立自主、发展民族工业"的使命，不过应该意识到，靠国家意志和资源推动的中国大陆半导体产业，正处在艰难向上的半山腰上，今后还必须与市场真正接轨，才能登上可持续发展的台阶。随着中国大陆半导体产业发展进入一个重要转折点，过去以资本收购实现产业扩张的模式告一段落，现在应该转向提高投资质量，注重半导体产业发展的真正内涵、投资的精准度以及解决骨干企业成长中的关键"痛点"问题。

---

① 陈芳，董瑞丰. 芯想事成：中国芯片产业的博弈与突围 [M]. 北京：人民邮电出版社，2018：55-63.

② 中国科技战略发展研究院. 2021 中国战略性新兴产业发展报告 [M]. 北京：科学出版社，2020：54.

目前，国有企业和地方政府加大半导体投资的迹象已经很明显，一些国有企业和地方政府合作，大手笔投资数十亿元到半导体产业的案例并不少见。但不管决心有多大、资金有多雄厚，半导体产业的发展规律——技术规律、市场规律、人才规律都是必须遵从的。同时，中国大陆集成电路制造产品化支撑能力也是明显的"短板"，工艺上刚达到 14nm 量产阶段，与中国台湾、韩国 5nm 制程水平仍有较大的差距。因此，我们必须克服浮躁心态，要有十年磨一剑的定力，在芯片、操作系统、发动机、精密仪器等核心领域攻坚克难，自主创新。事实上，基于中国大陆半导体产业发展与创新的现行状况与不足，中国大陆至少还需要十年这样的努力才可能走到全球半导体行业的前列。

值得一提的是，2020 年，受新冠肺炎疫情的影响，全球半导体面临前所未有的挑战，中国台湾、韩国与欧洲的半导体产业纷纷按下暂停键，然而这次疫情却给生物芯片、红外芯片带来了特别的发展机遇。可见，这次疫情对一些技术的发展提出了新的应用需求。[①] 因此，今后中国大陆，半导体产业发展中，仍需不断地加强消化吸收再创新，完善企业创新体系，在产业内部建立完善的创新链条，确保信息技术在国防、航空航天、工业控制、汽车电子、生技芯片、金融电子、消费电子以及电力电子等领域全方位地推广应用，并利用这些关系国计民生的关键应用拉动中国大陆半导体产业的全面可持续发展。

第二节　中国大陆手机制造业的创新与发展

如前所述，在中国战略性新兴产业中，电子信息产业自 21 世纪以来在产业规模、产业结构、技术水平以及空间布局、企业实力等方面都得到了大幅提升，产业竞争力在国际市场上也名列前茅。在电子信息产业中，通信设备制造业又是基础核心产业，其发展和升级从根本上决定着中国电子信息产业未来的技术进步和产业升级。通信设备制造业作为资本密集型、知识密集型、技术密集型产业，是现代制造业的先导产业，是当今信息化、网络化社会的重要技术支撑。从一国的经济角度出发，中国通信设备制造业的升级，将会降低通信网络基础设施的运行成本、提高运行效率，也有利于使传统制造业实现智能化、网络化和 IT 化，提高生产要素的配置效率，从而全面提升中国制造业的核心

---

① 费晓蕾．"疫"形势，"芯"拓展［J］．华东科技，2020（4）．

竞争力;从一国网络空间安全的角度出发,通信设备业的发展有助于防止跨国企业通过垄断中国通信设备,进而威胁到中国网络和信息的安全。

根据国家统计局发布的国民经济行业分类,通信设备制造业与计算机及其他电子设备制造业并列,包括光纤接入设备、程控交换机、卫星通信设备、数字蜂窝移动电话系统设备、手机、数据终端设备等多种产品。随着程控交换机的技术突破和如今的3G、4G、5G网络建设,通信设备制造业在全球技术创新中备受瞩目、异军突起,成为中国高技术产业的突出亮点。虽然在这个行业里,发达国家的跨国企业仍旧是领导者,并牢牢把控着技术标准话语权和全球价值链的治理权,然而,华为成功地从低端到高端的转型过程展现了一种以激进式创新实现变革的突破。[1] 以华为为代表的本土企业,除了在技术研发能力上实现了突破外,在国内外市场上的竞争力都有了与国外通信设备巨头抗衡的能力,较成功地跃升至全球价值链高附加值的战略环节,展现出与市场能力仍较薄弱的半导体、计算机等高技术产业不同的发展与创新路径。手机作为移动通信终端中最重要的一类产品,已经成为当今全世界数量最庞大的通信设备,而智能手机的出现,也大大改变了通信设备制造业的竞争格局。中国作为制造业大国,手机的生产地位在全球日益重要,因此,本书选取手机制造业作为反映大陆通信设备制造业发展创新的典型代表。

一、中国大陆手机制造业的发展历程

(一)手机供应链的升级:从 IDH 到 ODM

1998年以前,中国大陆手机市场全部由国外品牌占据。1998年以前,中国大陆本土企业还没有市场竞争力,国产手机企业的生产方式只有一种——来料组装,即从国外购买材料,组装出手机。中国大陆企业主要以合资的形式进入手机市场,规模大的有北京诺基亚、天津摩托罗拉等,这些合资企业采取散件组装的形式生产国外品牌产品,谈不上任何技术,但这些组装产品却带来了一定的利润。事实上,中国大陆本土手机企业的生产真正起步于1999年,政府制定了一系列扶持民族通信产业发展的政策和措施。[2] 1999年1月国务院办公厅发布了5号文件《关于加快移动通信产业发展的若干意见》,文件精神可以理解为:限制外资、合资手机生产企业在中国的发展,为中国手机生产企业提供全面保护。1999年,法国微控科技公司率先推出了手机模块,它把GSM

---

① 董小英,吴梦灵,胡燕妮. 华为启示录:从追赶到领先[M]. 北京:北京大学出版社,2018:380.

② 柳卸林. 全球化、追赶与创新[M]. 北京:科学出版社,2008:70-71.

手机中的三大核心部件——基频、中频、射频整合到一起，然后用铝合金外壳封装，做成一个模块。使用微控的模块和技术方案，只要加上少量外围组件，再加上 LCD 显示屏、外壳和人机界面就基本完成了手机设计。使用微控科技的技术实现方案，中国大陆手机生产企业就可以避免在手机芯片性能研发、通信软件设计能力以及生产线管理能力等方面的缺陷，利用在手机菜单、开机界面、内容和号码存储等软件设计方面掌握的技术，只要在外观设计上不断翻新花样，就可以推出各种型号的手机。[①]

1999~2002 年，借助微控的方案，中国大陆手机行业崛起了第一批独立设计公司（Independent Design House，IDH），包括中电赛龙、德信无线等。在手机行业中，IDH 公司就是负责做手机主板的公司。在功能手机时代和智能手机初期，IDH 公司很盛行。一般而言，IDH 有标准版和定制版，功能机时代还是以标准版为主。由于 IDH 企业把各种接口都已经设计好了，品牌客户从 IDH 企业处采购了主板之后，只需继续采购屏幕、摄像头、电池、手机壳等零部件，然后找一家工厂就可以生产手机，最后贴上自己的品牌 LOGO。这种模式对于单款机型的量没有特别的要求，由于都是标准化产品，客户按需采购即可，因此在国内手机行业发展初期非常流行，并催生出一大批国产手机。在当时的 2G 时代，夏新、波导、TCL、科健等厂商发展迅猛，打破了国内手机市场被国外品牌垄断的格局。中国信息产业部统计表明，截至 2002 年 12 月，国产品牌在国内手机市场占有率已经由 2001 年底的 14.13% 上升至突破 30%，本土手机产业链及其配套体系逐渐健全。2003 年，形成了珠三角、长三角和京津地区三个主要的手机产业基地，已具备从系统软件到应用软件、从关键零部件到性能测试等环节的研发、生产能力。[②]

随着第一代国产手机迅速崛起，2005~2008 年国产手机进入低潮期，但联发科为了和高通竞争而推出的集成化模块生产的交钥匙方案（Turnkey Solution）成为行业发展的重要转折点。当时，IDH 拿到联发科的方案后，只需做一些个性化的改造即可上市销售，这种运作方式降低了设计手机的难度，提升了手机生产效率，使得从芯片到手机上市批量销售只需 1 个月，IDH 行业由此进入鼎盛时期，白牌手机和山寨手机也由此蓬勃兴起。[③] 联发科还提供技术人员协助企业客户加速手机模块与芯片模块之间的应用，让白牌手机客户能够迅速跟上国际知名品牌。联发科的芯片缩短了价值链，压缩了设计公司的生存空

① 李祖鹏. 手机改变未来 [M]. 北京：人民邮电出版社，2012：46-47，73.
② 曹希敬，胡维佳. 中国山寨手机的演进及启示 [J]. 科技和产业，2014（3）：35-39，49.
③ 阿甘. 山寨革命 [M]. 北京：中信出版社，2009：20.

间，为国产手机厂商提供了更简便、更低廉的手机生产模式。据不完全统计，那个时期在深圳与上海的 IDH 公司数量多达上千家。不过，当时白牌手机和山寨手机入行门槛低，手机厂商希望 IDH 公司提供整体解决方案，IDH 行业的盈利方式开始从 RE + Royalty（研发费 + 提成费）模式向 PCBA + ODM（委托设计 + 委托加工）的模式转变，即设计同时也制造，逐渐朝价值链后端整合。①

2009～2013 年，3G 时代来临，在国内三大运营商对终端的补贴下，国产 3G 智能机在国内市场迅速增长，国产手机品牌开始成型，中兴、华为、酷派、联想等国产手机厂商依托运营商渠道并与 IDH 公司合作，在国内迅速崛起，形成曾经的"中华酷联"的格局。中华酷联等国产手机的发展，带动了闻泰、龙旗、希姆通、华勤等 IDH 厂商的出货量增长，但随着智能机时代的推进、行业盈利模式的转变，IDH 行业的竞争日趋激烈，越来越多的 IDH 公司向 ODM 模式转型。2011 年以小米为代表的互联网手机迅速崛起，极大地冲击了"中华酷联"格局，加上 2014 年营改增后运营商补贴大幅减少，国产手机品牌价格战导致 IDH 公司的利润进一步收缩，大批 IDH 公司转型或消失，传统 IDH 公司日渐边缘化，行业基本完成了向集产品规格定义、工艺设计、研发、供应链把控、制造、交付为一体的 ODM 模式转型，如闻泰、龙旗、华勤等都成功转型为 ODM 厂商，只有少部分厂商继续走 IDH 之路，如沃特沃德、凡卓等，它们以中小客户及海外品牌或精品化、差异化产品为主。

ODM（Original Design Manufacturer）即原始设备制造商，简单来讲，就是像中国台湾 PC 制造商那样给品牌客户提供产品设计制造的企业。相对于 IDH 业务，ODM 企业除了帮客户做主板以外，还给客户提供整个手机的 ID 设计，并且最终帮助客户把手机生产出来。所以，ODM 其实是企业追求垂直一体化生产，向产业链下游布局的结果。IDH 市场的主要客户是山寨品牌或者以功能机为主的品牌，而 ODM 市场的蓬勃发展，是国产智能手机品牌快速发展的结果，正是由于国产手机品牌开始注重产品的品质和品牌的营销，注重产品的差异化性能，才通过提供更具品质和高性价比的智能手机击败了山寨机市场，在很大程度上造成了 IDH 市场需求的萎缩。当今市场上的 ODM 企业，大部分都是从 IDH 转型而来的。

转型后的 ODM 公司，通过提供一站式解决方案及其短时间产出交付，在

---

① 文嫣，金雪琴．价值链环节的衍生与再整合影响因素研究——以国产手机产业价值链为例 [J]．中国工业经济，2008（6）：148-157．

随后几年的品牌终端价格战中起到了至关重要的作用。经过价格战的冲击，ODM 行业的整体利润被进一步挤压，终端品牌订单逐渐向少数 ODM 大厂靠拢，中小 ODM 厂商的生存空间日益狭窄。如今，随着国内手机市场消费升级，互联网模式红利消失，手机市场格局也从曾经的"中华酷联"变成如今的"华米 OV"，且出货量日益向少数品牌集中。与此同时，手机 ODM 行业格局基本成型。数据显示，2016 年国内前五大 ODM 厂商分别是闻泰（6550 万台）、华勤（5790 万台）、龙旗（3200 万台）、与德（2500 万台）和天珑（2020 万台）。在中国手机产业崛起过程中，这些 ODM 厂商与国产手机始终相互影响、相互推动。以闻泰为例，2017 年，中茵股份正式更名为"闻泰科技"，中国最大的 ODM 厂商成功转变为上市公司。闻泰的发展壮大得益于小米、魅族等品牌客户的推动，而小米、魅族等手机品牌的发展壮大也离不开 ODM 厂商在背后的支持。

转型后的 ODM 厂商在上游供应链及下游手机终端中越来越重要，除了研发实力、生产制造外，供应链管理能力也成为 ODM 厂商的竞争核心之一。如今，中国大陆已经形成了包括 ODM 厂商在内全球最大的手机供应链体系。以苹果为例，苹果公司作为全球手机行业的霸主，对供应链有严格的准入标准。最新数据显示，苹果在全球共有 766 家供应商，其中中国大陆占 346 家，位列全球第一，在组装厂方面，苹果的 16 家组装厂中有 14 家位于中国。这些数据充分说明，中国手机供应链不仅拥有全球最庞大的规模，而且在技术水平上也达到了满足世界先进企业的需求，早已不是曾经的"加工"角色。

随着近年来苹果手机在国内市场的销量下滑及国产手机的崛起，苹果供应商不断开拓国内品牌客户，而一度完全依赖外国零部件供应的国产手机也更多地选择国内供应商。目前，在手机产业链中的各个领域，中国大陆的手机供应商表现突出，各细分领域都已出现拔尖的龙头企业，这些业界龙头企业已向产业链的高端挺进，打破了欧美大厂的垄断局面，部分改变了全球价值链的机制。从 IDH 到 ODM，中国大陆形成了全球规模最大的手机设计加工产业链，目前全球 80% 的手机都产自中国。

（二）生产规模与世界市场的拓展

2006～2009 年，中国大陆手机产量保持在 5 亿部左右，占全球的比重在 50% 左右，而从 2010 年开始，伴随着全球智能手机需求的大规模扩张，全球智能手机生产都进入高增长阶段，中国大陆手机产量也大幅增长，成为名副其实的手机制造大国。2014 年中国大陆手机的产量达到了 17.64 亿部，全球占比为 77%，2016 年中国大陆手机产量最高曾达到 22.61 亿部，但由于全球移动用户数 2016 年底首次超过人口总数趋于饱和，手机出货量已经接近零成长。① 2018 年因世界市场的调整，产量为 17.98 亿部。据 2017 年咨询公司 Gartne 全球各大厂智能手机销售量的调查，三星仍然是全球市占率最高的智能型手机品牌，但因为 Note7、中国三大手机厂的竞争，市占率快速下滑，由 2016 年第四季的 23.3% 下滑至 2017 年的 20.7%。而第三至第五名分别为华为、OPPO 和 vivo。② 2019 年中国大陆智能手机生产量达到了 12.3 亿部，稳居世界第一位。总体来说，目前中国大陆仍然是通信设备产品加工制造综合成本最优的地区，多年制造业发展培育了中国大陆在零部件配套、熟练劳动力、物流运输等方面的一系列有利于制造业生长的环境优势。③ 根据国际知名市场调研公司 Counterpoint Research 在 2019 全球手机市场报告中发布的统计数据，2019 年全球智能手机出货量前十名的榜单中，华为、小米、OPPO、vivo、联想等中国大陆厂商占据了七位，其中华为在中美贸易战的影响下，其全球出货量仍占比 16%，高于苹果出货量的占比（13%），成为仅次于三星（全球出货量占比 20%）的第二大手机品牌。

在世界市场上，根据第一手机界研究院 2018 年上半年近 6 个月的全球手机市场调研，以及陆续发布的英国、法国、德国、西班牙、俄罗斯、德国、泰国等国家在线手机品牌销量排名，华为、小米、一加、OPPO、vivo、wiko 和联想等中国手机品牌在全球各地市场快速崛起，在欧洲等发达国家以及快速发展的东南亚和南亚市场，基本形成了苹果、三星、华为、小米、OPPO、vivo 等手机品牌雄起的全新市场格局。而随着苹果产品性能落后被日益诟病，欧洲手机高端市场目前已经基本被三星和华为所掌握，小米则当仁不让地成为欧洲手机市场的新星。

总体来看，大陆品牌手机在印度、俄罗斯、泰国等市场已成为热销主流品牌并拿下市场销量冠军，在欧洲市场，也占约 1/3 的市场份额。在东南亚，中国大陆手机品牌影响力尤其突出。以印度尼西亚为例，印度尼西亚近年来手机需求迅速增长，2018 年的印度尼西亚智能手机市场出货量达 3800 万台，比 2017 年大幅增长了 17.1%。据西班牙卡纳利斯咨询公司（Canalys）最新发布的调查数据显示，在印度尼西亚，小米、OPPO、vivo、华为等中国大陆智能手机品牌已经拿下超过 50% 的市场份额，换句话说，印度尼西亚每两个使用

---

① 中国信息通信研究院. 2017 年 ICT 深度观察［M］. 北京：人民邮电出版社，2017：58.

② 2018 年中国手机主流品牌占领全球市场新高地［R］. 第一手机界研究院，2018.

③ 中国工程科技发展战略研究院. 2021 中国战略性新兴产业发展报告［M］. 北京：科学出版社，2020：5.

手机的人中，就至少有一人用的是中国大陆品牌的手机。在 2018 年第四季度，三星、小米、OPPO、vivo 和 ADVAN（印度尼西亚本土品牌）排名前五。而国际数据公司（IDC）的最新统计数据显示，vivo 在继 2019 年第三、第四季度取得印度尼西亚市场份额第二后，2020 年第一季度在印度尼西亚智能手机市场拿下第一，市场份额达 27.4%。[1]

二、中国大陆手机制造业的创新模式

如今，智能手机制造业的竞争已相当激烈，无论是苹果、三星，还是华为、小米，国内外的手机制造厂商都必须以创新求突破，通过不断的创新来维持市场份额。在这种情况下，各厂商选择的创新路径和创新模式各不相同，有的厂商致力于硬件的研发，制造性能更好的芯片、更薄的机身、更高像素的摄影头；有的厂商着眼于软件开发，设计更便捷的界面、更人性化的系统；有的厂商则专注于商业模式的更新，策划更新颖的营销方式、更有效的竞争策略；等等。随着中国大陆手机制造业出货量成为世界第一，并占据越来越多的市场份额，中国大陆也孕育培养出了不少具有国际影响力、能与欧美通信设备制造巨头相抗衡的本土企业，这些本土企业既体现出国际通行的创新趋势，也具有自身独特的创新特点。本书选取华为和小米两个代表性厂商，来展现中国大陆手机制造业两种典型的创新模式。

（一）华为创新模式：以技术研发为基础的开放式自主创新

华为技术有限公司（以下简称"华为"）1987 年成立于深圳，现已从一个模仿创新的小厂商成长为全球领先的信息与通信解决方案供应商，几乎进入了中国所确定的所有战略性新兴产业领域。除了智能手机外，华为在移动互联网、云计算、大数据、物联网等战略性新兴产业领域也一直保持非常高的核心技术研发投入，其进入战略性新兴产业主要目的是维持自身在通信领域的技术领先地位和垄断优势。

华为是中国大陆典型的以"持续高投入研发+技术创新"为基石的代表性制造厂商。1987 年，华为刚刚成立时，以代理销售中国香港公司的用户交换机起家，由于缺乏技术，1989 年，华为从模仿开始，先后推出了 BH01、BH03、HJD48 等产品。1994 年，华为研发 C&C08 产品在市场上获得了巨大成功，之后，华为开始了技术创新之路，开始寻求与国内外相关企业、大学和科

---

① vivo 印度尼西亚市场登顶　国产手机排位更迭　三星海外市场被蚕食 ［N］. 华夏时报，2020-05-27.

研机构广泛合作开发技术。进入 21 世纪，为占领行业的制高点，实施自主创新战略，掌握核心技术，华为加大了研发投入。2002 年，华为投入 30 亿元用来更新研发设备、建立高端人才库、创建"中央研究院"，不断加快自主创新体系的建设步伐。与此同时，华为在原有通信技术设备制造的基础上开始涉足智能手机领域。2003 年 7 月，华为成立手机业务部，专注运营商定制机，即所谓的"白牌机"。当时，消费者看到的是运营商品牌，看不到华为品牌。2009 年 2 月，华为第一款 Android 智能手机问世；2011 年 8 月，华为发布云服务平台和全球首款云手机华为远见（Vision）。2011 年，苹果、三星两家独大，运营商由于高达 90% 的利润都交给了苹果和三星，因而希望华为做自有品牌的手机，改变市场格局。2011 年底，华为决定做自有品牌手机，并且聚焦做精品，尝试中高端手机市场。①

当时，华为面临三大挑战和转型：从低端到高端、从运营商渠道（B2B）到公开渠道（B2C）、从贴牌到自有品牌，最终华为选择通过基础研发和技术创新来创造高价值产品，并把优质的研发资源都投入做自有品牌。结果，一年之内，华为自有品牌的机型占比就从此前的 20% 左右提升到 80% 左右，曾经选择华为做贴牌的欧洲 13 家运营商也纷纷开始销售华为品牌的手机。2013 年华为 Ascend P6 发布，之后华为 Mate1、Mate2 一直到 Mate10、P20 等陆续获得成功，在手机行业整体遭遇增长"天花板"、创新乏力的几年中，华为持续在技术上实现突破，在高端市场站稳脚跟。此外，与保时捷设计联手打造的华为Mate 系列保时捷设计产品，也创造出市场上炙手可热的奢华手机。2014 年 8月，华为成为中国第一个上榜 Interbrand"最佳全球品牌排行榜"的品牌，排名第 94 位，2018 年华为在此榜单中上升至第 68 位，已连续 5 年上榜。②

综观华为的创新模式，有两大特点值得关注：

1. 通过持续的大规模的研发投入来维持技术创新并开发自主核心技术

可以说，华为公司成立 30 多年持续地高强度研发投入，是拥有无穷后劲并不断追赶全球所有优秀竞争对手的强大支撑。从华为决定生产自有品牌手机开始，就把大量精华的研发资源投入到技术开发。华为拥有一套完整科学的研发体系：战略规划办公室主要抓预研立项，瞄准世界一流技术，对其发展方向判断的前瞻性和准确度都很高；中央研究部主要负责项目研制、产品开发，对时间、质量、经费等的要求比较严格，控制技术和产品落地实现利润的全过

---

① 董小英，吴梦灵，胡燕妮. 华为启示录：从追赶到领先［M］. 北京：北京大学出版社，2018：371-373.

② 谭璐. 华为式创新启示录［J］. 21 世纪商业评论，2019（1）：15-19.

程；中试部通过反复测试、优化保证新产品满足大规模生产的要求。华为公司也非常注重在项目推进过程中引进和培养创新领军人才，不断将外部创新资源内化，进而提高自主创新能力。可以说，数量庞大、分布广泛且具有国际竞争力的研发队伍，是华为技术创新的优势所在。华为公司在世界各地都设有研发机构，在 17 万全球员工总数当中研发人员占比约为 45%，接近 8 万人。与此相应，华为的研发投入持续高涨，相应的专利数也持续增长。2005 年，华为技术专利申请开始位列全国第一，之后连续几年的技术专利申请均名列第一。2014 年华为专利申请数已成为全球专利申请最多的企业。近年来，华为研发投入进一步增长，据《2016 年年度报告》显示，2016 年华为总收入为 5216 亿元，其中 15% 的年收入投入研发，在中国大陆科技公司中排名第一。华为在全球拥有 16 个研发中心，研发人员为 7.9 万，共获得 62159 件专利授权，其中 90% 以上为发明型专利。从 2017 年开始，华为规定每年研发经费的 20%~30% 要投入到基础研究。欧盟的数据报告显示，华为 2017 年的研发投入已经超过了苹果公司，排名全球第六。2019 年华为研发费用为 1317 亿元，约合 185 亿美元，营业收入占比 15.3%，在全球排名第三。在高强度研发下，华为在全球持有超过 8.5 万件专利，其中 90% 的都是发明专利，2019 年在欧盟专利申请量达到了 3524 件，位列第一。[①]

持续的高研发投入和技术创新成为华为增长的基石，使得华为始终保持核心竞争力。以芯片为例，芯片是华为多年来持续深耕的领域，华为从 1991 年就成立了集成电路设计中心。2014 年 6 月，华为正式发布麒麟（Kirin）SoC 芯片，并迅速成为智能手机芯片中的一匹黑马，经过数年的迭代演进，麒麟芯片已经从半导体行业的追赶者，逐步成为行业的引领者。到了华为 Mate20 系列，华为突破性地在最新的麒麟 980 上首发了 7nm 工艺制程的手机芯片，在指甲盖大小的芯片上集成了 69 亿个晶体管，打破近年来半导体行业盛行的"摩尔定律已死"论调。华为的麒麟芯片正不断追赶世界先进水平，如今，华为高端 5G 手机为麒麟芯片发布的最新 Kirin9000 采用了台积电 5nm 工艺。华为公司依靠自身强大的研发投入和实力，不断地创造着高技术含量的新产品，其技术创新优势不仅为其带来了丰厚的垄断收益，而且也使其日益超过了国际巨头。[②] 2019 年，华为出货 2.4 亿部智能手机，超过了苹果，成为新的世界第二。目前，华为公司的 4G 设备已经分布在 140 多个国家，同时正积极参与全

---

① 周锡冰. 华为国际化：20 年来风雨历程 [M]. 北京：中信出版公司，2020：164-165，188.

② 董小英，吴梦灵，胡燕妮. 华为启示录：从追赶到领先 [M]. 北京：北京大学出版社，2018：371-373.

球 5G 标准的制定与铺设，并承建了全球 280 多个 400G 核心路由器商用网络。此外，除了自主研发的芯片以外，华为还推出了鸿蒙操作系统，两者共同大力推动中国在两大关键信息技术领域实现重要突破。无疑，坚守核心技术的研发与创新，使华为公司经过 30 多年的发展，成为中国企业走向世界的"领头羊"，对中国乃至世界的通信制造业产生了巨大影响。

2. 通过开放与合作来达成自主创新

根据创新主体的开放度，企业创新模式可分为封闭式、半封闭式和开放式三种。① 所谓封闭式创新模式，是指企业完全依靠自身的创新资源，通过自主研发实现技术突破，并对创新成果通过专利进行严格保护，从而给竞争对手的进入设置技术壁垒。在此创新模式下，公司完全控制新概念的产生、知识产权的创造、产品的开发以及市场推广的全过程，在 20 世纪的大多数时间里，这种模式是起作用的，但 21 世纪封闭式创新已被很多行业所摒弃。从根本上说，开放式创新的思维逻辑是建立在拥有广泛的知识技术基础之上的，所谓开放式创新模式，是指企业在创新过程中同时利用内部和外部互补的创新资源实现创新，并在创新链的各个阶段与多个合作伙伴、多角度动态合作的创新模式。在此创新模式下，企业间的边界可能被渗透或打破。切萨布鲁夫（Chesbrough）曾经提出：公司不能仅依赖本公司的研发力量，应该公开地从全社会获取创新灵感，同时对本公司不使用的发明，也应该通过一些措施让其他人使用，这就是所谓的"开放式创新"。② 所谓半封闭式创新模式，是指介于封闭式创新模式和开放式创新模式之间的一种过渡形态，即很多创新活动都是从模仿开始，之后创新路径从封闭走向开放，创新资源的来源逐步多元化。

从华为的创新历程和模式来看，华为追求的自主创新是通过开放合作来达成的。自 1993 年起，华为就将销售收入的 10% 投入到研发活动中，同时在美国成立 Future Wei（兰博公司），为争取来自美国甚至全球的技术合作伙伴和引进先进技术发挥牵线搭桥的作用。通过紧跟并模仿先进产品和技术，华为很快掌握了先进的通信技术。20 世纪 90 年代后期，华为意识到模仿并非企业发展的长久之计，为了摆脱模仿创新的阶段，华为一方面在国内与清华大学、北京大学、北京邮电大学、中国科学技术大学、电子科技大学等高校合作研发窄宽 CDMA 技术、SDH 光网络技术、智能网技术；另一方面与美国 TI（德州仪器）、摩托罗拉、英特尔、微软、3Com、IBM、Agere Systems、Sun、Altera、

---

① 张永凯. 企业技术创新模式演化分析：以苹果、三星和华为为例［J］. 广东财经大学学报，2018（2）：54-61，111.

② ［美］切萨布鲁夫. 开放式创新［M］. 北京：清华大学出版社，2005：4-12.

高通、Infineon 等合作，成立联合研发实验室，由此开启了与全球领先企业深度战略合作。在全球化浪潮的推动下，华为通过构建自己的创新网络，主动嵌入全球创新网络中，在短时间内提高了企业的开放性和创新性。进入 21 世纪后，在重视实施自主创新战略的同时，华为也重视与海外企业的合作。在华为的产品开发中，软件开发就占了 70%。1998 年，处于高速增长期的华为就已经感觉到自己的软件开发能力明显滞后，于是开始与印度的 Infosys、Wipro 等软件公司合作开发项目；在硬件技术领域，2004 年华为与西门子成立合资公司，针对中国市场开发 3G 移动通信标准，取得了极大成功。[①]

应该指出的是，在全球化的时代，开放式创新是大势所趋，在坚持自主创新的同时，加强与其他企业的合作，通过从外部引入高端创新资源，从而增加创新过程的多样性和互补性。即使包括苹果这样的国际巨头，在设计 iPhone 系列手机时也一改以往封闭自主的创新路径，而广泛谋求从外部获取创新资源。只有理解了这一点，才能理解华为公司作为中国大陆自主创新的代表性厂商，为什么其带头人任正非却屡次公开表示不支持"自主创新"，提出"华为……坚持做一个开放的群体，始终没有停止过开放。我们以开放为中心，和世界进行能量交换。只有开放，才有今天的华为。我们不强调自主创新，我们强调一定要开放，我们一定要站在前人的肩膀上，去摸时代的脚。我们还是要继承和发展人类的成果。"[②] 这个说法其实是在封闭式创新和开放式创新的基础上，强调通过开放、合作的方式吸收外部创新源泉，从而最终达到自主创新。

（二）小米创新模式：以互联网为基础的开放式产品创新

商业模式的创新可以改变整个行业的格局，给新一轮竞争的企业带来机遇。如果说华为代表了中国大陆传统通信设备制造厂商的创新路径，那么以小米、青橙、红辣椒、一加等为代表的新一代智能手机企业，则依靠互联网思维重新定义了手机制造业的业务流程，它们将零配件的制造交由供应商完成，自己集中精力于产品的研发设计和手机生态圈的建设，并通过互联网渠道进行产品的营销，大大缩减了产品的制造成本和销售成本。小米就是这类企业最成功的典型，是当之无愧的互联网商业模式的奇迹。

小米成立于 2010 年 4 月，是一家以手机业务为主的新兴科技企业。在创业不到 5 年的时间里，小米公司 2014 年销售额达到了 743 亿元，成长超过 200

---

① 吴建国，冀勇庆. 华为的世界［M］. 北京：中信出版公司，2016：191-193，213-214.
② 独一无二的华为却不强调自主创新［N］. 上海证券报，2015-10-21.

倍。2014年，小米公司全年出货量达到国内12.5%的市场份额，成为中国最大的智能手机厂商，而三星、联想和华为分列第2~4名。经过2015年、2016年的调整，2017年，全球手机市场出货量整体下滑6.3%，小米却逆势上扬，同比增长率达96.9%，营业收入破千亿元，是全球营业收入破千亿元最快的公司。与此同时，小米的国际业务暴涨，目前已经进入了70多个国家和地区。尤其是在印度，从2017年第三季度开始，小米占印度市场份额的31.1%，位列第一。

与华为追求核心技术的自主创新不同，小米主要是通过产品创新来创造出新的商业模式，小米在商业模式和品牌塑造上更贴近互联网思维。与苹果不同的是，小米并不依赖于硬件赚取过多利润，而是通过软硬结合，在硬件获取一定的用户规模后，能够让软件应用获得较大的收入。在这种思维下，小米手机切入市场后，在定价上采取高性价比的策略，而不是像苹果那样依赖完整优质的产品体验实现高端定价。[①] 2014年，小米因为"于全球最大手机市场中重塑智能手机商业模式"而入选美国知名商业杂志 *Fast Company* 当年度全球50大最具创新力公司第三名。

产品创新是一个如何进行新概念和新技术的发现和探索，选择创新机会并设计和制造合适的产品和服务，最后推向市场的过程，它关乎企业价值创造，是企业商业模式的重要组成部分，也是其核心竞争力之一。完整的产品创新流程包括策划、设计、开发、测试和发布。传统的产品创新过程是线性的，一个流程可能要花费1~2年。产品创新最关键的一个步骤是创新灵感的产生。在传统的产品创新过程中，这个创新灵感主要来自自身的研发队伍，但正如切萨布鲁夫（Chesbrough）提出的，公司不能仅依赖本公司的研发力量，应该公开地从全社会获取创新灵感，即进行开放式创新。开放式创新可以通过很多种渠道和方式得以实现，华为公司与国内外高校、高精技术企业等建立研发合作关系就是一种方式。但值得指出的是，在当今的互联网时代，互联网为开放式创新提供了新的平台和新的方式，使消费者创新热情和能力彰显出更大的能量和商业价值，以"用户创造"为代表的创新民主化成为新趋势。

以互联网为基础的开放式创新具备三个优势：一是企业可以以较低的成本通过互联网获得对的领先用户。这些具有专业知识的领先用户可以参与产品的改进而不是仅仅提出自己的需求，从而有效地参与到企业产品开发中。现在，

① 陈鹏全. 小米，不是苹果——用互联网思维创造销售神话 ［M］. 广州：广东经济出版社，2015：151.

越来越多的公司利用互联网为平台，把由员工执行的工作任务，经由网络以自愿方式外包给非特定的大众，即"众包"。二是从用户参与动机来说，在互联网时代成长的新一代消费者有丰富的知识和强烈的分享欲望，越来越不甘于只做单纯的消费者、产品的接受者，他们希望加入到产品的创新、设计、制作等过程中，享受创造的乐趣。舍基（Shirky）运用"认知盈余"这一概念，即将全世界受教育公民的自由时间看成一个集合体，这些自由时间在互联网上的共享就形成一种认知盈余，互联网时代用户参与企业活动和众包的各种动机，包括获取金钱报酬、获得使用价值、间接或长远收益、满足个人兴趣爱好、证明个人能力、获取知识以及获得尊重等。认知盈余为互联网从业者带来了巨大红利，因为"将我们的自由时间和特殊才能汇聚在一起，共同创造，做有益之事，构成了这个时代巨大的新机遇之一。谁能充分利用这一机遇，谁就能改变人们的行为方式"。[①] 三是互联网为实施这些迭代创新模式提供了优越的条件。所谓迭代开发，是指由于市场的不确定性高，需求在没被完整地确定之前，开发就迅速启动。每次循环不求完美，但求不断发现新问题、迅速求解，获取和积累新知识，并自适应地控制过程，在一次迭代中完成系统的一部分功能或业务逻辑，然后将未成熟的产品交付给领先用户，通过用户的反馈来进一步细化需求，从而进入新一轮的迭代，就这样不断获取用户需求、完善产品。谷歌的开发战略就是这种"永远 beta（测试）版"的迭代策略：没有完美的软件开发，永远都可以更好，永远在更新或改善功能。显然，在新产品和新技术市场前景不确定时，互联网有利于企业以较低的成本与用户密切合作，来促使产品小步试错、快速迭代。

小米的创新模式就是这样一种以互联网为基础的开放式产品创新，其最大的一个变化就是让用户真正掌握主权，而不是由生产商掌握主权。[②] 在产品策划阶段，小米充分考虑用户的价值和参与感，把爱好者当成"领先用户"作为一种创新资源和小米产品的共同创造者。在产品设计阶段，基于为爱好者打造的高品质低价格智能产品的定位，小米重视用户的需求，邀请客户的密切参与。在产品开发阶段，小米既把客户作为"产品经理"，也作为"体验评测员"，设计了多种平台和工具多渠道收集和分析用户的反馈，既基于大数据进行分析，更看重用户的反馈，根据用户的最大痛点去判断到底什么方面要修正和提高。同时，小米完整地建立了一套依靠用户的反馈来开发和改进产品机

---

① ［美］克莱·舍基. 认知盈余：自由时间的力量［M］. 北京：中国人民大学出版社，2012：109.
② 刘润. 互联网+小米案例版［M］. 北京：北京联合出版公司，2015：55.

制，包括建立员工与客户互动的互联网平台，建立激励机制鼓励员工与客户交流、激发客户参与开发的热情，从海量的用户反馈中筛选有用的信息，紧盯重点反馈、及时解决问题。在产品测试阶段，小米公司大量地卷入了客户做全方向的测试。据小米估计，软件中约 80% 的问题是客户找到的。在这个过程中，小米有很多创新之处：一是按照客户的兴趣和能力建立客户组织；二是建立内部的容错和快速修正机制；三是建立风险控制机制。在产品发布阶段，小米把产品发布既当成了营销手段，又当成了回馈粉丝并与粉丝互动的方式。小米有两种典型的产品发布方式：一种是线下方式，如每年一度的新产品发布会；另一种是线上方式，如经常更新 MIUI 软件。小米团队秉持"开发就是为了发布，发布就是为了反馈，反馈就是为了指导下一步的开发"的原则，在产品发布后开发团队又快速地开始跟踪客户反馈，进入下一轮的产品策划、设计、开发、测试的循环过程。小米每次举办的发布会都可以看成米粉的一次疯狂派对，小米手机的定位也是"为发烧而生"，这种以用户为主导、进行体验式设计的模式正是小米向下而为的创新之道。①

为了配合这一以互联网为基础的产品创新流程和模式，小米的组织管理也实行了相应的变革与创新。小米有关研发的组织创新体现在两个方面：①与其他公司按产品研发流程的阶段性功能进行员工组织的方式不同，小米研发团队分成两个层级，即大产品团队（如 MIUI）以及下面的若干个产品功能团队。产品功能团队是日常运作核心，每个小团队包括产品经理、设计师、开发工程师、测试、运维、论坛客服等职能，少则 3 人，最多 10 人，完成一个功能从策划到发布的完整过程，每个步骤之间实现无缝对接。小组开发出"最小化可行产品"后，然后卷入用户全程参与策划、设计、开发、测试和发布的全过程，从而不断改进产品从而实现产品的快速迭代升级。这种创新方式已经有几个版本的变种，例如敏捷开发、精益创业等。小米的产品快速迭代模式最重要的特点是在产品创新的全过程实现众包。②小米创造了一套线上线下寻找、管理、激励领先客户和发烧友的机制，包括搭建了高效的互联网平台、构建了自我管理的客户组织，并形成了一套让客户和员工互相激励的措施等。小米搭建的网上平台让客户以极低的成本参与企业产品创新的过程，在实现自我价值的同时也为企业聚沙成塔创造了巨大的价值，从互动协作中使企业和用户之间出现了与传统企业和客户所不曾有过的新特征，如平等、受尊重、为社会创造额外价值等。

---

① 冷湖．小米制胜之道［M］．北京：中国纺织出版社，2015：82.

小米基于互联网的产品创新及其相应组织管理的变革，体现出以下三个特点：

（1）开放众包充分利用客户认知盈余。利用网络传播和粉丝文化，小米在很短的时间里建立了一个高质量的粉丝文化群，不断从中挖掘、集聚和利用其价值，让客户在产品创新的每个阶段都起到了重要作用，建立了相应的平台和组织构架以实现产品创新团队与客户的无缝合作。这种依靠粉丝热情、能力和时间碎片来帮助组织发展的做法已经成为互联网时代公司的新竞争点，开创了中国手机厂商的先河。

（2）迭代循环创新快速推出新产品。小米产品创新采用小团队完成从策划到发布的全过程，实现全流程每个步骤的无缝对接和管理，迭代开发、循环往复，速度快、容错性较好、成本低。

（3）充分利用互联网生态环境。小米聚焦互联网新生代客户群的生活方式，充分利用互联网工具和平台，让产品设计、制作、发布、销售的过程都在互联网环境中高效而低成本地完成。[①]

小米商业模式最特别之处在于通过以互联网为基础的开放式产品创新，重新定义了硬件制造企业与用户的关系。在互联网出现前，制造业企业商业模式大同小异，也很少变化，而互联网的出现为企业在商业模式上的创新提供了崭新的空间。产品创新是企业价值创造的核心部分，小米通过构建一套寻找、管理、激励发烧友成为领先用户的机制，包括搭建互联网平台、推动自我管理的用户组织，并形成了一套让用户和员工互相激励的措施等，使传统意义上的用户从"产品使用者和反馈者"转为"产品创新的驱动者和过程的参与者"。而以产品创新为中心，小米的整个商业模式也全部发生了相应革新，与传统手机商业模式大相径庭，如表3-1所示。[②]

表3-1　用户全面参与的商业模式与传统制造业商业模式比较

比较维度	用户全面参与的商业模式	传统制造业商业模式
价值主张	用户在参与公司的运作中获得满足感；活跃用户可以引导产品研发方向和公司的其他战略；为用户打造高性价比产品	客户仅是产品的购买者；客户需要高品质产品和低价产品

① 董洁林，陈娟. 无缝开放式创新：基于小米案例探讨互联网生态中的产品创新模式［J］. 科研管理，2014（12）：76-84.

② 董洁林，陈娟. 互联网时代制造商如何重塑与用户的关系——基于小米商业模式的案例研究［J］. 中国软科学，2015（8）：22-33.

比较维度	用户全面参与的商业模式	传统制造业商业模式
产品研发	用户不仅是很多创新思路的来源,也担任了产品新功能的选择者角色,用户卷入产品创新全过程,如小米产品开发团队在产品开发各阶段都与用户无缝合作。每个创新步骤无缝对接,迭代开发、循环往复、速度快、容错性好、成本低	创新是公司内部行为,与客户之间有明显的"墙"。另外,产品创新各阶段往往分别有不同的部门完成,部门之间也有"墙"。因此,封闭性强、周期长、成本高
产品营销	通过吸引发烧友参与研发形成核心客户群和口碑基础;用创意内容和社交网络形成自媒体营销体系;把用户组织起来放大公司的营销活动	采用传统媒体和方式进行营销,成本高,不能近距离地与客户沟通,市场反应慢
销售模式	电子商务直销,成本低,并且可以直接了解用户反映,形成大数据从而指导公司进一步的产品、营销和服务的改进	传统渠道销售,渠道中间环节较多,成本高,客户反馈传递较慢。销售方式是单向购买,客户的参与性不强。公司与客户之间有隔膜
组织管理	采用扁平化的网络化组织结构和边缘中心化的运作,使公司决策和执行都较快。创新地组织粉丝群体以形成互助和社交体系,提升用户体验和忠诚度	采用科层制的金字塔组织结构,层层需要向上级汇报,不能及时了解市场需求,员工在权威的控制下缺少自主权和责任感
盈利模式	错位盈利:主要硬件产品手机以低毛利销售迅速占领市场,然后通过互联网平台和手机平台销售高毛利配件和其他增值服务。在产品研发、营销和销售等环节创新,广纳用户参与,降低成本,提升资源使用效率	产品的盈利点主要是硬件手机,传统营销推广、渠道销售等的成本都较高,资源利用效率较低

资料来源:董洁林,陈娟.互联网时代制造商如何重塑与用户的关系——基于小米商业模式的案例研究 [J].中国软科学,2015 (8):22-33.

新一代信息技术产业的发展有两个特点:一是技术创新模式有新变化,二是商业模式的创新。其中,商业模式创新也可以成为企业赢得竞争优势的重要选择。苹果和谷歌通过构建终端平台和应用商店,整合信息终端和网络服务,在市场开拓上取得了极大的成功,使在信息产业中一直占统治地位的"WIntel"(微软和英特尔)体系受到了严峻挑战,苹果、谷歌、三星也成为信息产业耀眼的新星。小米作为一种新兴力量,是第一家能够在全球竞争中崭露头角的中国手机厂商,它依靠的不仅是价格实惠,更有设计与服务的创新。① 小米正是以其颠覆性的商业模式,使中国手机制造业发生了翻天覆地的变化。

---

① [美] 舍基.小米之道 [M].杭州:浙江人民出版社,2017:12.

三、模块化对中国大陆手机制造业创新升级的驱动

纵观中国大陆手机制造业的升级发展历程，除了和其他制造业一样受到共同的政策等因素推动外，模块化是影响其创新升级的最突出的因素，因此，本书特别对此进行描述和说明。

（一）模块化引发中国大陆手机制造业的产业集群和大规模制造

和中国台湾 ICT 产业的发展与创新深受模块化影响一样，中国大陆手机制造业也是以模块化为转折点，开始形成了产业集群和最初的山寨手机的野蛮生长。

青木昌彦作为模块化研究的集大成者，将模块定义为一种子系统，而且能够和其他子系统在一定的规则标准下，通过相互组合最终构成更加庞大、更加复杂的系统，而这种子系统并非只是被动地适应统一的规则标准，而是具备一定的自由改进的空间，这种改进的空间称为"半自律性"。在模块定义的基础上，他认为将独立设计的模块或者子系统按照某种规则标准组合起来，从而形成比原有的子系统更加复杂和庞大的新系统的过程，称为"模块集中"。与之相对应，将一个复杂、庞大的系统按照相同的规则标准分离开来，形成一个个独立的子模块，称为"模块分解"。[①]

模块化在技术创新和降低设计和生产成本方面相对于传统生产方式有着无与伦比的优势，这得益于模块的半自律性，半自律性存在的基础在于模块化系统内部存在两类信息，即可见信息和隐藏信息。可见信息也被称为"设计规则"，即所有模块设计和生产厂商知晓并必须严格遵循的规则，这些规则决定了模块与模块之间通用的界面和接口，奠定了模块化生产的基础，因此必须先于模块化设计之前被所有模块厂商了解。"设计规则"一旦被确定，就不能随意改变，否则将导致模块厂商的生产体系被打乱，从而付出高昂的经济代价。而隐藏信息仅仅存在于每个独立模块的内部，其规范并不影响其他模块的正常运行，因此可以由各个模块的设计者自行决定，而不用担心系统的兼容性。在设计和生产的过程中，如果发现本模块有改进的余地，则可以随时更改，改进的成本也较低。

模块化生产方式相对于传统生产方式的优势主要体现在以下两个方面：一是模块化生产可以最大限度地包容创新带来的不确定性。生产过程中的创新本质上是对原有生产秩序的一种颠覆，对整个系统意味着不确定性，而通过模块

[①] 青木昌彦，安藤晴彦. 模块时代：新产业结构的本质［M］. 上海：远东出版社，2003：24-29.

化生产方式可以将由创新导致的不确定性转移至模块创新活动，主要在模块内部进行，从而不至于影响整个系统的稳定性，进而延伸了系统创新的可能性边界。二是模块化生产同时运用公开的可见信息和不公开的隐藏信息，使系统的创新活动可以同时在各个模块中进行，从而大大降低了创新的成本和风险。

模块化生产方式的出现是产业链革命性飞跃的标志，它实现了基于产品工艺分工的传统产业链向基于产品功能分工的现代产业链的嬗变。在模块化生产方式下，产品功能被划分为一个个模块，产品实现了以模块为单位的设计和生产。具体而言，模块化生产方式包括三个层次：一是在组织形式层面的模块化，二是在生产层次的模块化，三是在产品设计或者产品体系层面的模块化。

在模块化生产方式下，传统的纵向一体化产业组织结构开始瓦解，许多大企业开始纵向分离，按照功能分解为大量中小企业并形成产业集群，但是大量功能雷同的中小企业在市场上并未展开激烈的价格竞争，而是在产业组织上进行了新的整合，在某些生产环节出现了模块横向一体化并导致市场势力加强的趋势，这对于产业集群增加利润，通过集群创新实现整体升级非常有利。

当前正在全球流行的模块化生产方式在促进创新，尤其是在集群创新方面有巨大的优势。一方面，它降低了创新的门槛和风险，最大限度地包容了创新带来的不确定性，促进了社会分工的细化和深化，使系统内原先基于互补性的分工演变为彼此独立的模块分工。另一方面，它是一个开放的生产系统，兼具市场和企业的优势，通过可见信息和隐藏信息，使系统创新活动能够同时在各个模块中进行，模块厂商之间的"背对背"竞争非常激烈，并能够完全占有创新带来的全部收益，从而保证了整个生产体系创新动力的持久性和充足性。模块化生产方式对集群创新的巨大推动作用为中国制造业产业集群在全球产业链和价值链上的升级提供了宝贵的历史契机。

手机由硬件和软件构成，制作的技术含量非常高，硬件主要包括主动元器件、被动元器件、功能元器件、结构元器件，软件就是手机的操作系统。硬件中最核心、最关键的当属主动元器件，包括处理器、基频、射频、内存等主动元器件的设计、研发与生产，从根本上体现了一个国家的科技实力与工业基础，世界上只有少数大企业能够独立制作，如爱立信、东芝、高通、NEC、德州仪器等。被动元器件主要包括手机专用的电阻、电感和电容，主要由日本和中国台湾的厂商生产，如京瓷、松下、TDK等。结构元器件包括手机的PCB板和外壳，多由日本、中国台湾生产。功能元器件的技术含量相对最低，主要包括显示屏、天线、马达、电池等，因而市场集中度也最低，许多国家都可以生产，其中中国大陆的比亚迪公司在手机电池方面占有很大的市场份额。另外，传统的手机产业链大致包括七个环节：芯片设计、系统及软件设计、硬件设计、外观设计、产品项目管理、生产组装和销售。

在手机制造业发展的初期，世界知名手机企业往往有能力独立完成所有的环节，它们奉行的是大规模生产方式，实行纵向一体化，除了将生产和销售外包出去，其他环节大多集中在本企业内部完成，而国产手机厂商在资金和技术方面显然不具备这样的实力。另外，随着手机的日益普及，手机行业的暴利时代已一去不复返，早期很多国产企业仅凭一两个热销产品就能销量达到数百万台，例如，TCL和夏新就是凭借明星机型3188和AS称霸一时，而在手机平民化时代，手机市场竞争日趋白热化，呈现低价格、更新快、多品种、小批量的特征，由此，国产手机厂商无法与国外厂商竞争，方方面面的差距暴露无遗，呈现大面积亏损状态，不可能有机会进行资本与技术的积累。

然而，模块化及其所引发的产业集群和山寨手机的野蛮生长扭转了这一局面。2005年是中国大陆手机制造历史上具有转折意义的一年，如前所述，这一年中国台湾联发科公司为了和高通竞争，发明了将主板、芯片、通信模块、系统软件集成在一起的手机芯片，并提供了名为"交钥匙"（Turn Key）的手机一站式解决方案，厂家只需要在芯片的标准化接口上安装另行购置的外壳、液晶屏、电池、摄像头，就可以组装成一部功能强大的手机。这种模式使山寨手机的生产模块化成为现实，从此整个手机生产系统就被分解为芯片、主板、操作系统、应用软件、设计、组装、销售等模块。模块部件由掌握专门技术的企业设计生产，再按照标准的界面规则把各个独立的模块组成手机。模块化使生产手机所需的学习成本下降，模块厂商并不需要了解制造手机所需的全部知识，仅仅知道所属模块具体的设计规则和知识就可以了。在这个模块化的产业链中，联发科处于最上游和主导地位，负责最核心的技术研发与芯片制造，向下游提供在整个山寨体系中通用的包括芯片和操作软件在内的手机技术解决方案。[①] 手机方案设计公司负责在联发科提供的手机方案基础上进行主板硬件设计，并生产手机主板的半成品，这些半成品主板拥有通用的接口和插槽，以供后续厂商制造个性化的手机，因而也被称为"公版"。手机方案设计公司在设计公版时必须准确把握市场卖点的转化，其创意一方面来自对外国品牌厂商的模仿甚至抄袭，另一方面也来自与上游芯片厂商和下游山寨厂商开展的合作探索，如大触摸屏、电视手机、双卡双待、可光学变焦的摄像头、奥运福娃手机

---

① 詹文男，陈信宏，林欣吾.2025台湾大未来：从世界趋势看见台湾机会［M］.台北：大立文创公司，2015：190-191.

等功能和设计就是这样产生的。手机方案公司在产业链中要承担一定的研发和生产费用，但是其生产的半成品主板具有通用性，可以卖给下游多家山寨手机厂商，因此费用和风险可以被轻而易举地分散。[①]

联发科交钥匙方案所体现的这种模块化生产主导了后续几年手机行业的发展模式。2006 年以后，联发科逐步改进了芯片的质量，陆续推出了从 MT6205 到 MT6228 等七代升级版基带芯片。在通信技术从 2G 发展到 3G 的过程中，联发科也针对性地推出了 2.75G 功能型手机基频芯片 MT6276 和支持 Andorid 平台的 2.75G 智能型手机基频芯片 MT6573。2012 年末，联发科推出了全球首款四核心整合芯片 MT6589，宣告公司将再次推出智能型手机的高度整合性解决方案。在这个过程中，山寨手机厂商比品牌手机厂商早两三年使用联发科集成芯片，以成本价格优势，在短短三四年内将山寨手机的市场份额推向了高峰。[②]

更重要的是，模块化的生产方式迅速产生了产业集群效应。手机方案设计公司主要分布在深圳和上海，数量足有上百家，"公版"则被卖给下游成百上千家竞争激烈的山寨手机厂商。由于联发科的"一站式"解决方案和手机方案设计公司的"公版"模式已经极大地承担了山寨手机体系的研发成本和风险，随着山寨手机的发展，山寨手机厂商只需要几十到几百万元的资金投入就可以生产手机，投入的资金主要用于支付零部件采购费用和手机外壳的模具费用，如此低的门槛吸引了大量民营资本进入，它们纷纷聚集在深圳和上海的手机方案设计公司旁边。这些山寨手机厂商在产业链中，一方面在"公版"的基础上根据市场需求决定产品的定位和外观；另一方面则进行产品项目治理，将一些业务外包给更加专业的配套厂商。山寨手机时代形成的产业集群为后来中国大陆手机产业集群发展打下了坚实的基础，当前，全球最大的手机产业链在中国大陆，中国大陆最大的手机产业链在深圳，深圳聚集了华为、中兴、酷派、康佳、TCL 等手机品牌，上下游产业链配套体系完善，形成了中国大陆最完整的手机零部件生产、方案设计、整机制造的产业链优势，打造出中国大陆最大的手机产业集群，是全球公认的"手机之都"。

综观当时的山寨手机产业链，每个环节都已经实现了模块化，设计准则公开透明，技术和接口兼容通用，物料采取统一标准。除了居于主导地位的联发科，其他所有模块厂商都是产权明晰、自负盈亏的中小企业，充满活力和朝

---

① 阿甘. 山寨革命［M］. 北京：中信出版社，2009：24-25.
② 曹希敬，胡维佳. 中国山寨手机的演进及启示［J］. 科技和产业，2014（3）：35-39，49.

气,它们之间可以彼此替代,竞争趋于白热化,不存在管理效能低下、官僚化等大企业通病。在这个开放的系统中,设计、生产、销售不局限于一个企业,也不局限于某个地区,具有地理上的分散性与空间上的集聚性,形成了全球分工体系。数以万计的山寨手机厂商及其配套厂商密集地分布在深圳周边,彼此间通过密切的生产协作和人员信息的流动,形成了强大的知识外溢和学习效应,更能够享受到在原材料采购、生产和营销方面的规模经济。

无疑,正是通过这种完美高效的模块化生产方式,大企业和小企业的力量都得以有效整合,不仅规避了中国手机产业在技术研发、项目治理方面的劣势,而且将创新精神发挥到极致,成功实现了低成本运作。大陆山寨手机在速度、效率等方面都达到登峰造极的生产,每年达到1亿至2亿元的出货量。①

(二)模块化对中国大陆手机制造业创新升级的长远影响

模块化虽然是以启动中国大陆山寨手机的大规模生产作为开始,但从中国大陆手机制造业整体的创新升级过程来看,在以下三方面产生了长远的影响:

(1)开创了大规模定制模式。在传统的手机大规模生产方式中,消费者只能被动地接受厂商提供的标准产品,而不能参与到厂商的设计流程中来。而随着互联网的发展,消费者完全可以绕过传统的中间商直接与手机生产商接触,甚至直接参与手机厂商的设计和生产决策,这为手机企业的大规模定制奠定了信息基础。在个性化需求日盛的背景下,面对越来越小批量、多品种、时间紧的订单,能够有效地控制成本的模块化生产模式就显得非常重要。以模块化实现大规模定制就是整个企业满足客户个性化需求为目标,关注于产品和服务的模块化和可互换零件。通过标准化零部件实现的定制化,不仅增加了产品多样化,同时也降低了制造成本,使进行全新设计的产品开发和增加品种的变化设计速度更快。因此,可以说模块化开创了手机的大规模定制时代。

(2)开创了渐进式创新模式。模块化生产方式使创新变得比较简单,每个模块都执行特定的功能,都可以在系统之内独立地创新,因此原来复杂的系统创新变为简单的个体创新的组合。同时每个模块并不为某一结构所专有,可以存在于不同结构中。模块之间竞争激烈,产品和技术的升级只需更换系统的特定模块。在模块化生产模式下,手机创新速度快,产品开发周期短,系统不再是一个长期稳定的系统,通过对模块的调整能够适应创新的不断冲击,由此,手机产业的创新具备了渐进式的特征。

---

① 以上模块化生产方式下的山寨手机产业集群的具体发展,参见董科. 模块化生产方式下中国制造业产业集群升级研究〔D〕. 华中科技大学,2011.

（3）推动了手机商业模式的革命以及国产品牌的建立。在传统的大规模生产方式中，厂商实行的是纵向一体化，而随着模块化生产模式的普及，厂商普遍实行横向一体化，所有的工序流程不再全部由自身独立完成，而是可以打破传统企业的界限，按照效率最大化的原则将企业原来的内部活动转移到外部，通过外包来发挥供应链的整体优势。

值得指出的是，外包直接促进了中国大陆手机供应链厂商从 IDH 到 ODM 的转变。IDH 市场的主要客户是山寨品牌或者以功能机为主的品牌，ODM 市场的蓬勃发展则是国产智能手机品牌快速发展的结果。如前所述，以小米为代表的互联网手机的迅速崛起，使国产手机品牌价格战端倪初现，国产手机品牌日益注重产品的品质和品牌的营销，注重产品的差异化性能，并通过提供更具品质和高性价比的智能手机击败了山寨机市场，传统的 IDH 公司日渐边缘化，行业基本完成了向集产品规格定义、工艺设计、研发、供应链把控、制造、交付为一体的 ODM 模式转型。相对于 IDH 业务，ODM 企业除了帮客户做主板以外，还给客户提供整个手机的 ID 设计，并且最终帮助客户把手机生产出来。当今市场上的 ODM 企业，大部分都是从 IDH 转型而来。而转型后的 ODM 公司，之所以能够提供一站式解决方案及在短时间内产出交付，也是源于模块化生产下普遍盛行的外包。外包加强了企业之间的分工协作关系，大规模生产方式下企业间纯粹的竞争关系演变为既竞争又合作的关系。在模块化生产方式下，企业的核心竞争力不是制造，而是研发和设计。为了凸显研发和设计的价值，企业往往将制造与研发设计分离，将其外包出去。以小米、青橙、红辣椒、一加等为代表的智能手机企业都是侧重于手机的研发和系统设计，自己不生产手机零配件，主要依靠各大手机配件生产商的供应。它们依靠互联网思维重新定义了手机制造业的业务流程，将零配件的制造交由供应商完成，集中精力于产品的研发设计和手机生态圈的建设，并通过互联网渠道进行产品的营销，大大缩减了产品的制造和销售成本。因此，从长远发展历程来看，可以说模块化生产通过推动商业模式的变革，催生出企业与企业之间更高效的分工协作的外包关系，从而使 ODM 和国产品牌的建立成为可能。

四、中国大陆手机制造业发展创新的问题与挑战

中国大陆手机制造业虽然在短时间内取得了出货量世界第一、世界市场份额快速扩张、自有品牌连续建立等举世瞩目的成就，但也存在很突出的问题及面临诸多挑战。

（一）盈利能力弱，利润率不高

虽然中国大陆手机生产规模、出货量全球第一，并迅速在世界多个国家和地区取得市场份额，但中国大陆手机制造存在利润率不高的突出问题。苹果手机虽然近几年受到了华为等后来者的追赶与挑战，但是目前来说其在智能手机的领导地位不可动摇，尤其是苹果手机的盈利能力更是让后来者难以望其项背，市场研究机构 Strategy Analytics 发布的报告显示，2016 年全球智能手机行业的营业利润约为 537 亿美元，而苹果手机的营业利润则高达 449 亿美元。苹果公司凭借 iPhone 获得了全球智能手机行业 79.2% 的利润份额，其营业利润率达到了 32.4%。相比之下，作为全球智能手机出货量前列的中国手机品牌，华为、OPPO 和 vivo 的盈利能力依旧较弱，主要是靠廉价机型来获取市场份额，其中华为手机业务 2016 年的营业利润为 9.29 亿美元，仅占全球智能手机行业利润的 1.6%，OPPO 和 vivo 同期的利润份额则分别为 1.5% 和 1.3%，同时，OPPO 和 vivo 虽然在中国台湾和韩国市场获得了成功，但在东亚之外的市场则表现平平。[1]

（二）产业集群在整体上仍锁定在价值链低端

在传统的垂直一体化生产方式下，中国制造业产业集群几乎没有机会在全球产业链和价值链上整体提升地位，而在模块化生产方式下，原先单个企业的创新变为集群创新，创新的门槛和风险大大降低，激励机制和信任机制也得到了较好的解决，这些都为实现中国制造业产业集群在国际分工协作系统中地位的整体提升提供了一条可行的途径。然而，与发达国家相比，中国制造业产业集群无论是在技术还是在资金上都存在较大的差距。

中国手机制造业产业集群目前存在的问题较多，主要体现在以下几个方面：竞争优势主要源自低价格；长期处于产业链低端，发展空间被锁定；除了华为等个别企业，大多数企业在技术上严重依赖外国，缺乏自主创新；产业集群核心基础产业薄弱，缺乏话语权和品牌影响。正是由于这些问题，才导致中国手机制造业产业集群的盈利能力低下，以至于不可能支持企业长远的研发投入和必要的资产更新。此外，从供应端来看，在安卓手机中的通信基带主芯片中，国外芯片的供应数量占比超过了 50%。华为、小米、OPPO、vivo 等国产手机品牌，通信基带芯片大部分使用的是国外芯片。其中，华为的部分通信基带芯片使用了自己的，而射频前段芯片、内存芯片基本上使用的是国外芯片。"缺芯"之痛也存在于智能手机之中，随着国产品牌智能手机从中低端向中高

---

① ［美］舍基. 小米之道 ［M］. 杭州：浙江人民出版社，2017：11.

端发展，随之而来的进口高端元器件成本提升，对手机行业利润造成了进一步挤压。而芯片制造要实现自主，在技术更新较快的手机产业链和全球价值链中实现升级和赶超，都是非常不容易的。①

当前，作为中国大陆手机制造业产业集群维持低成本的主要物质基础，廉价劳动力正随着人口红利的逐渐消失而不断削弱。而随着日益增大的资源环境压力，中国的经济也必将面临从高投入、高消耗、高污染、低效益的粗放型增长方式转向集约型增长方式，因此，目前主要源于低价格的竞争优势不可能永远维持下去。另外，这种基于低价格的竞争优势容易引起贸易摩擦，低价格带来的低利润也会导致企业长期研发投入和资本更新的不足，致使自身发展陷入困境。

近年来，中国大陆手机制造业正在通过产业集群的迁移来缓解上述问题。随着深圳等珠三角沿海地区的人力、土地、能源等生产成本越来越高，越来越多的手机企业选择向资源成本较低的内陆地区迁移。从内迁的情况来看，西南地区如四川、郑州、重庆等地优势明显，尤其是重庆，地处中西接合部，以长江黄金水道、渝新欧国际铁路等为开放通道，辐射整个中西部地区，成为最利于中国智能产业"走出去、引进来"的发展重镇，也是最有望成为继深圳之后下一个全球智能终端产研销一体化集散中心的内陆城市。目前，重庆已具备良好的手机产业集群基础，汇聚了手机整机企业约 87 家，包括 vivo、OPPO、金立、百立丰等品牌厂商，有手机配套企业 185 家，初步形成了集整机、摄像头、主板等零部件生产以及产品检测、供应链服务于一体的手机产业，集群效应初显，重庆已成为全球第二大手机生产基地。

对于手机产业链而言，内迁重庆是迫于成本压力的不得已之举，但曾经的手机世界工厂深圳如果能借机加速转型为以技术研发、自主创新为主的高科技集群地，那么中国大陆手机制造业的整体创新升级就大有可为，上述问题也会迎刃而解。

第三节　中国大陆的"互联网+"产业创新与升级

互联网在中国大陆的发展深刻地改变了人们的生活、消费和生产，重新形

---

① 陈芳，董瑞丰. 芯想事成：中国芯片产业的博弈与突围 ［M］. 北京：人民邮电出版社，2018：59.

塑了很多产业的生态和发展模式，这在全世界都独具特色。因此，本书选取"互联网+"产业创新与升级来加以说明。

一、互联网在中国大陆的迅猛发展

互联网技术自发明以来已经有40多年，中国互联网从1994年正式接入国际网络，至今已经发生了三次大浪潮：第一次是1994~2000年，互联网大浪潮从四大门户发展到搜索引擎，包括网易、搜狐网、腾讯、新浪、阿里巴巴、百度等。第二次是2001~2008年，互联网从搜索引擎发展到社交化网络，在此期间，博客、淘宝等纷纷崛起，2007年，电商服务业被确定为国家重要新兴产业，2008年中国网民规模首次超过了美国。第三次是2009年至今，PC互联网向移动互联网演进，目前中国大陆手机网民规模占网民的比例已经超过了99%。

互联网的迅猛发展成为中国大陆改革开放以后最醒目的巨大变化之一，根据中国互联网络信息中心（CNNIC）发布的统计报告，中国互联网网民规模和普及率在21世纪以来急剧上升，2005年互联网普及率只有8.5%，但经过十几年的飞速发展，到2020年6月，中国网民规模已达到9.4亿，相当于全球网民的1/5，互联网普及率达67%，约高于全球平均水平5个百分点。庞大的网民构成了蓬勃发展的消费市场，不仅为数字经济发展打下了坚实的用户基础，而且也使各种基于互联网的新业态、新模式层出不穷，部分新业态和新模式在全世界已经形成了独特的世界第一。例如，截至2020年6月，中国大陆网络支付用户规模达8.05亿，占网民整体的85.7%，移动支付市场规模连续三年全球第一；受新冠疫情的影响，中国大陆电商直播用户规模已达3.09亿，成为2020年上半年增长最快的个人互联网应用，为促进传统产业转型、带动农产品上行提供了积极助力。网络零售用户规模达7.49亿，占网民整体的79.7%，市场连续七年保持全球第一，也为形成新发展格局提供了重要支撑。①

互联网的迅猛发展对大陆产业升级转型产生了巨大影响。2015年，《政府工作报告》正式提出了"互联网+"的概念，旨在利用互联网技术和平台，使传统行业获得新的生机、创造新的价值、体现新的发展生态。本书以"互联网+制造业"和"互联网+农业"为代表来说明中国大陆"互联网+"产业创新和升级的情况。

---

① 中国互联网络信息中心（CNNIC）. 第46次中国互联网络发展状况统计报告 ［R］. 2020-09-29.

二、"互联网+"的创新内涵与创新模式

(一)"互联网+"对信息化的重新定义

所谓"互联网+",是指以互联网为主的一整套信息技术(包括移动互联网、云计算、大数据、物联网等配套技术)在经济、社会生活各部门的扩散、应用,并不断释放出数据流动性的过程。"互联网+"(Internet Plus)不是简单地做加法(加号),而是"化"(Plus)。"互联网+各个产业部门"不是简单的连接,而是通过连接,产生反馈、互动,最终出现大量化学反应式的创新和融合。互联网作为一种通用目的技术,和100年前的电力技术、200年前的蒸汽机技术一样,将对人类经济社会产生巨大、深远而广泛的影响。

从根本上来说,"互联网+"重新定义了信息化。过去,信息化被定义为ICT技术不断应用深化的过程,但是,如果ICT技术的普及、应用没有释放出信息和数据的流动性,没有促进信息数据跨组织、跨地域的广泛分享和使用,就会出现"IT黑洞"陷阱,信息化效益将难以体现。信息的本质特征在于其使用存在边际收益递增性,即信息、数据只有在流动、分享中才能产生价值;流动的范围越大,分享的人群越多,价值越大。在这个意义上,信息化的本质就在于"促进信息、数据的广泛流动、分享和使用"。当然,要实现这一点有两个重要的前提:信息基础设施的广泛安装以及适应信息广泛流动、分享、使用的组织和制度创新。

在互联网没有大规模发展并产生充分效应之前,ICT技术的发展和应用只是使很多组织和生产活动的管理和运营得以用信息/数据的方式操作和记录下来,但这些信息/数据却并不一定得到了广泛的互通和共享,大多数仍处于各个封闭的系统之中。互联网特别是电子商务的到来正在改变着一切。实际上,"互联网+"的本质就是传统产业的在线化、数据化。互联网广告、网络零售、在线批发、跨境电商所做的工作都是努力实现交易的在线化,把商品、人和交易行为迁移到互联网上,通过在线形成活的数据,以有利于随时被调用和挖掘。在线化的数据流动性强,不会像以往一样仅仅封闭在某个部门或企业内部,而是随时可以在产业上下游、协作主体之间以最低的成本流动和交换。数据只有流动起来,其边际收益递增的特性和价值才能最大限度地发挥出来。

因此,真正的"信息化"是通过信息技术的广泛应用和信息基础设施的安装,以及政策、制度的创新来促进各类信息数据最大限度地传播、流动、分享、创造性使用,以提升经济社会运行效率的动态过程。在这个过程中,只有广泛分享和使用,信息数据才有可能成为社会财富增长的主要源泉,才能回归

信息化的本质。在互联网时代，信息化正在回归这个本质，根本原因在于互联网降低了信息收集、处理的成本。安德森（2006）认为，技术革命的最大收益是降低某种生产要素的成本。工业革命使机械动力的成本大大降低，工厂可以 24 小时运转；信息革命不断降低数据和信息的采集、传输、处理和使用成本，而互联网是迄今为止人类所看到的信息处理成本最低的基础设施。作为信息基础设施，互联网天然具有全球化、开放性、分布式、交互式、去中心化、海量信息等特征。① 互联网的上述特征使信息／数据在工业社会中被压抑的潜力爆发出来，成为一种重要的生产要素，而这一生产要素在知识经济时代正是生产力和社会财富增长的重要源泉。"互联网＋"这一新生产要素指向，正在使社会从以控制为出发点的 IT（信息技术）时代，走向以激活生产力为目的的 DT（数据技术）时代。DT 时代的工具突出表现为"云计算＋大数据"。云计算通过专业化、规模化优势，提供了像水、电一样触手可及的计算能力，使用灵活、升级速度快、使用门槛低；大数据在数量、多样性、生成速度和提供价值上可帮助电商、游戏、搜索、支付、地图等领域的企业，使它们凭借对大数据的利用建立相对优势。②

数据成为重要的生产要素会引发一系列的社会变革和创新。《大数据时代》的作者维克托·迈尔舍恩伯格、肯尼斯·库耶克指出：数据就像一个神奇的钻石矿，当它的首要价值被发掘后仍能不断给予。它的真实价值就像漂浮在海洋中的冰山，第一眼只能看到冰山的一角，而绝大部分都隐藏在表面之下。在数字化时代，数据支持交易的作用被掩盖，数据只是被交易的对象。而在大数据时代，数据的价值从它最基本的用途转变为未来的潜在用途，这一转变意义重大，它影响了企业评估其拥有的数据及访问者的方式，甚至是迫使公司改变商业模式，同时也改变了组织看待和使用数据的方式。通过数据的再利用、重组和扩展等，数据的潜在价值将不断地被挖掘和释放出来，大数据将成为生产、销售过程解决方案的重要组成部分。③ 由于信息化被重新定义，以及信息／数据的大规模流动和共享，众多拥有创意的中小企业和个人就可以成为经济中的活跃力量，他们可以通过接入"云＋网端"新信息基础设施，利用普惠服务，创造性地使用数据／信息这一生产要素来发展创新，使社会产生更大范围的改良和变革。

---

① ［美］安德森. 长尾理论 ［M］. 北京：中信出版社，2006：130.
② 阿里研究院. 互联网+：从 IT 到 DT ［M］. 北京：机械工业出版社，2015：2-31.
③ ［英］维克托·迈尔舍恩伯格，肯尼斯·库耶克. 大数据时代 ［M］. 杭州：浙江人民出版社，2013：127-141.

（二）"互联网+产业"的创新模式

"互联网+"对产业的创新驱动表现在很多方面，本书认为，以举世瞩目的电子商务所体现的 C2B 模式以及"互联网+"所引发的产业分工协作体系的变革最明显。

1. C2B 的商业创新和倒逼模式

"互联网+"对产业发展的影响，首先是创造出一种 C2B 的商业创新和倒逼模式。在信息不能低成本广泛传播和交流的传统工业时代，针对消费者需求进行个性化定制的成本相当高，因而 B2C（Business to Consumer）成为主要的商业模式，即供应商直接把商品卖给用户，消费者主要是被动接受厂商大规模量产产品的客户。然而，互联网的发展通过创造云计算、大数据的商业环境，使 C2B（Customer to Business）逐步发育，成为互联网经济时代新的商业模式。这一模式改变了原有生产者（企业和机构）和消费者的关系，是一种消费者贡献价值、企业和机构消费价值的模式。当 C 端的消费者借助互联网和云计算获得了便捷的参与渠道时，B 端的企业则获得了消费者行为所产生的大数据，随之，通过对大数据的分析，以及由数据所支撑的流程协同，一个能够响应个性化需求的、实现网状实时协同的 C2B 商业模式就日益形成了，于是传统产业借助"互联网+"升级转型的过程就呈现出从消费需求端开始倒逼推进的"逆向"互联网化的特点。这一特点在企业价值链层面上，表现为一个个环节的互联网化：从消费者在线开始，到广告营销、零售，到批发和分销，再到生产制造，一直追溯到上游的原材料和生产装备。在产业层面上，表现为一个个产业的互联网化：从广告传媒业零售业，到批发市场，再到生产制造和原材料。随着"互联网+"的推进，作为生产性服务业的物流、金融业也跟着出现了互联网化的趋势。

同时，C2B 商业创新也激发了个性化营销、柔性化生产和社会化供应链的不断演绎，从而带动传统产业的创新升级。在云计算和大数据的帮助下，企业可以借助搜索引擎的个性化推荐、大数据挖掘、SNS 营销等手段来进行高性价比、高效率的个性化营销，并能够直达无数分散化的、个性化的消费需求，进而使之聚合为具有一定规模、能够支持个性化生意的细分市场。而消费者同样也可以由此向企业表达个性化需求，或是以不同形式参与到定制的各个环节中去。而由于"互联网+"的云计算和大数据降低了信息成本，使制造系统能够灵活、快速地应对外部环境变化，通过"多品种、小批量"的柔性化生产来应对 C2B 模式下速度、质量和成本的平衡。生产的柔性化进一步对供应链提出了演化的要求，要求供应链各个环节都要跟进，基于网络化的数据共享开展社会的协作，从而大幅提升协同和决策的效率。而当越来越多的数据通过云计算实现共享，基于大数据的、大规模实时协作的价值协同网也将逐渐成为现实。

因此，C2B 属性的商业创新就是以消费者为中心，通过互联网汇聚、分类、呈现、对接大量分散的个性化需求，去倒逼和促进销售、生产和供应等环节形成新型的价值协同网，使之最终在响应效率上逐步适应快速变化、高度个性化的市场需求。目前，以消费者为中心的 C2B 模式在中国大陆的零售业中最显著，全链条的商业模式创新还少见。同时，C2B 的特性在不同行业有不同的表现，如工艺流程相对简单、消费者体验要求较高的服装业，比汽车业表现得更明显。但随着"互联网+"的持续推进，以消费者为中心逐渐取代以厂商（制造）为中心将是各行各业的大势所趋。实际上，从工业时代以厂商为中心的 B2C 大生产模式，转变为以消费者为中心的 C2B "多品种、小批量"的柔性化生产模式，不仅意味着商业模式的变迁，更是工业时代一整套商业体系向信息时代一整套商业体系的变迁。

2. 分工协作体系的更新

"互联网+"融入产业的升级发展，也深刻改变了其分工协作体系。当商业活动围绕着少量的重要数据展开时，企业内的管理和企业间的协作是单向的、线性的。而当数据是全方位、实时生产的时候，企业内的管理和企业间的协作就越来越像互联网一样，要求网状、并发、实时地协同了。

由于互联网和以大数据为基础的云计算能够支撑起大规模、社会化的协作，随着企业越来越走向开放化，原本被企业各自 IT 系统锁定和凝固于企业内部的商业流程，或只存在于中小范围的供应链里的商业流程将被释放到一个可以实现大规模协作的商业平台上。来自消费者的大数据流动，将冲破各企业之间的"防火墙"，商业流程的大规模协作也将借助数据广泛地实现"快速融化—流动—组合—凝结—再融化……"这种网状实时协同是由数据的交换/分享所推动形成的，同时又进一步强化了数据的交换/分享，两者是一个问题的两个方面。

以流通领域的创新变革为例，这种新的分工协作体系的特征是：消费者通过移动互联网、社交网络产生瞬间连接，所产生的大量数据使其通过 C2B 商业模式的倒逼传导，从消极被动到积极参与并占据了产消格局中的主导地位；中间商服务化，原来依靠信息不对称赚取差价的传统中间商让位于拥有更强信息能力的服务商；生产商多元化，依托于电子商务平台，生产商（品牌商）之间的竞争规则被改写，原来以规模效应和资金为主的竞争要素逐步让位于利用信息和灵活协同，互联网通过聚集需求、实时反馈市场供求信息、降低创新成本为小生产商（品牌商）赋能，使其在市场中找到比较优势，具备与大生产商（品牌商）同台共舞的能力；交互作用的方式从串行到并行，从链式到网状演进，横向的中介被去除，生产商、服务商和消费者形成了新的关系，经济全局赖以生存的基础设施发生了变化，从过去的通信、电视网络向互联网、云计算转移，从完全基于实体的物流仓储向智能物流转变，从实体交易、现金向虚拟空间、网络支付转变，如图3-1所示。①

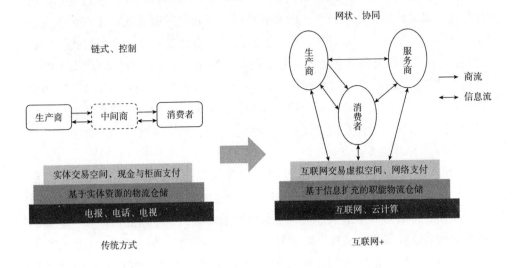

图 3-1　交互方式的变化（以流通模式的转变为例）

因此，上述"互联网+"时代的信息/数据广泛互通、分享与交流，不仅突破了传统经济学中分工深化将导致交易成本上升的困局，反而在分工体系变得更为精细的同时大大降低了交易成本，协作走向大规模、实时化和社会化，工业时代的分工/协作是一种基于分工的协作，而信息时代的分工/协作则是协作前提下的分工，这无疑是一种重大的转变。

更重要的是，这种分工协作体系意味着将来企业的竞争是一种生态系统的竞争，凡是未被接纳入实时化、社会化、大规模分工协作体系的企业，将面临成本较高、无法有效获取市场需求和业内竞合等方面的实时信息/数据等问题，因此，新的分工协作体系的特征将使人们从原来单纯地注重企业所在的产业链，转变为更加注重企业所在的生态体系。

---

① 阿里研究院. 互联网+：从 IT 到 DT［M］. 北京：机械工业出版社，2015：33-38.

三、中国大陆"互联网+"产业创新升级的现状与趋势

（一）"互联网+制造业"

制造业是国民经济增长的基石，也是互联网信息技术创新及应用的主战场。对于制造业，许多国家都提出了各自的愿景。美国利用互联网优势提出了"工业互联网"的概念；德国基于制造业根基，让制造业互联网化；英国提出了面向 2050 年的"未来制造业预测"；日本提出了《机器人新战略》；法国提出了《新工业法国》；韩国也提出了相应的工业计划。为顺应国际工业发展趋势，2013 年，党的十七大报告为中国传统制造业的转型升级指明了新方位，提出了"两化融合"的指导思想，即通过推进信息化与工业化融合，促进中国传统工业由大变强。为了加快推进"两化融合"工作，还组建了中华人民共和国工业化与信息化部。2015 年，"互联网+"被纳入了《政府工作报告》，并被作为国家战略正式提出。2016 年 5 月 20 日，中共中央、国务院发布的《国家创新驱动发展战略纲要》提到，要把数字化、网络化、智能化、绿色化作为提升产业竞争力的技术基点，推进传统制造业质量升级。2018 年，在《政府工作报告》中更进一步地提出了"发展工业互联网平台"。可见，互联网已经成为中国传统制造业转型升级、创新发展的驱动力量。总体来看，"互联网+"对制造业的深刻改变和影响，可以简略从销售、生产、运营模式的创新和协同创新平台体系两个方面来分别说明。

1. "互联网+智能制造"：商业模式的创新与大规模个性化定制

"互联网+"通过商业模式的创新使传统制造业产生了巨大的变革。如前所述，"互联网+"首先通过电子商务改变了制造业的市场销售。销售作为企业获得利润的关键环节，是商业模式构成要素中的重中之重。在互联网时代，制造业企业的很多改变都源自销售所带来的终端信息，制造业生产方式的变化在很大程度上也是从销售环节倒逼过来的。互联网使大量的信息和数据在销售环节集聚并传递分享，"多品种、小批量、快反应"的需求拉动更是促进了这一趋势的发展，众多分散的零售商、批发商和制造业企业被连接在一起，以实现个体和群体的共同利好。因此，电子商务作为基于互联网而催生出的行之有效的销售方式和手段，成为制造业进行转型升级的重要推动力。

同时，由于互联网技术与智能控制、新型机器人、云计算等先进工业技术深入结合，使生产过程更加自动化、智能化和柔性化，自主生产也更容易实现，于是，借由商业模式的创新和倒逼，使柔性化制造和个性化定制成为可

能。制造业企业可以在传统标准化工业生产的基础上，利用大数据平台，采取对市场反应灵活的柔性生产方式，实现满足客户个性化需求的定制服务。

以海尔为例，近年来，海尔互联工厂的探索实践就将业务模式由大规模制造颠覆为大规模定制，打造"U+智慧生活"平台，对外，企业从生产产品硬件逐步转型为提供智慧解决方案；对内，企业则整合用户碎片化需求，通过互联工厂实现个性化定制。海尔从 2008 年开始探索模块化，是全球家电行业中唯一一家在持续探索模块化的企业。例如，一台冰箱原来有 300 多个零部件，现在在统一的模块化平台上整合为 23 个模块，通过通用化、标准化、个性化模块的整合创新，满足了用户的个性化需求。在模块化的基础上，海尔通过与用户互联的智能自动化，由用户个性化订单来自动驱动自动化、柔性化生产。用户可以通过海尔交互平台提报产品设计方案，成为产品的设计者。例如，沈阳冰箱的模块化产品通过用户的选择和组合，由原来的 20 个型号发展到现在的 500 多种型号，这 500 多种型号可以同时在生产线上高效柔性生产，快速满足用户的个性化体验。同时，用户从消费者变成产销者，可以参与企业的全流程，实现了体验的可视化。此外，海尔通过以 iMES 为核心的五大系统集成，实现了物联网和互联网的深度融合，以及人人互联、人机互联、机物互联、机机互联，最终让整个工厂变成一个类似人大脑的智能系统，自动跟人交互、满足用户需求，自动响应用户个性化订单。就这样，通过智能制造平台建设与智能制造技术体系建设，海尔颠覆了传统的业务模式，走出了一条传统家电企业转型升级的成功之路。[①]

"互联网+"倒逼制造业创新升级的趋势在对消费需求特别敏感的服装制造业体现得最明显，实际上，服装业也是目前互联网化程度最高的行业之一，山东青岛的红领集团就率先在国内推出了首个服装个性化定制平台，实现了利润的大幅度提升。红领集团用了十多年的时间，以 3000 人的工厂作为试验室，对传统服装制造业进行了艰苦的探索与实践，目前已探索出以 3D 打印模式产业链为代表的"互联网+智能制造"的新模式。在"互联网+"的基础上，红领集团成功地塑造了新商业模式——顾客对工厂（Customer to Manufactory，C2M）模式，借助互联网搭建起了消费者与制造商的直接交互平台，去除了商场、渠道等中间环节，从产品定制、设计生产到物流售后，全过程依托数据驱动和网络运作，通过测量客户身体的 19 个部位，得到了 22 个关键数据，再根

---

① ［美］叶恩华，马科恩. 创新驱动中国：中国经济转型升级的新引擎 ［M］. 北京：中信出版公司，2016：277-281.

据数据完成裁剪、缝合、熨烫、质检、入库等工序。目前，红领集团个性化定制系统的数据量已经非常庞大，该系统已有超过 1000 万亿种设计组合和 100 万亿种款式组合可供选择，可以为顾客提供多种版型、工艺、款式和尺寸模板的自由搭配，其数据库包含了超过 3000 亿个人体板型数据，可以和国外发回的消费者数据进行自动对接。红领集团通过十多年的技术改造和转型升级，不仅建立了具有完全自主知识产权的个性化服装定制方案，而且还打造了"数字化大工业 3D 打印模式企业"，使用生产线让每一位顾客拥有只属于自己尺寸和个性的服装，实现了真正的一对一个性化匹配。纯手工定制西装的生产周期为 3~6 个月，售价需 1 万~2 万元；而红领集团的定制西装从接单到出货最长只需 7 天，最低只需要 2000 元。红领集团目前每个月有十几万件的订单，2014 年在实现零库存的同时，定制业务的销售收入和利润增长均超过了 150%。[①]

可以说，红领集团建立的"定制王国"，正是充分利用了信息/数据这一重要生产要素，借助"互联网+"重新定义信息化的优势，在商业模式、柔性化生产和大规模个性化定制方面成功创新升级的典型。

2. 工业互联网平台：协同创新生态系统的建立

"互联网+"为制造企业通过协同平台进行创新提供了可能。创新对于制造业企业来讲至关重要。互联网时代，创新变得更加细化，单项应用向集成应用转变。一种创新产品或服务的出现往往需要从设计、生产、营销等多个环节进行规划和整合，价值链重塑成为必然要求。价值链重塑不仅涉及企业内部的资源整合，也涉及企业外部的协同发展。因此，协同平台的搭建可以为制造业企业的创新带来新的资源与创意。目前，海尔、航天科工、联想等企业均通过打造"双创"平台来构建新型的研发、生产、管理和服务模式，以此来提升企业内部整体创新能力水平，同时也为企业间的协同发展提供新路径。实际上，新一轮的科技革命和产业变革，尤其是"互联网+"对分工协作体系的深刻改变，已经使企业创新越来越不能靠单打独斗、闭门造车，而必须依靠一个极富竞争力的生态系统，为此，全球正加速发展工业互联网，从国家战略层面来建立这一至关重要的协同创新体系。

以德国政府提出的高科技战略计划——"工业 4.0"为例，该项目旨在将所有与工业相关的技术、销售与产品体验综合起来，创建具有适应性、资源效

---

① 中国工程科技发展战略研究 . 2017 中国战略性新兴产业发展报告［M］. 北京：科学出版社，2016：250-253.

率和人因工程学的智能工厂，并在商业流程和价值流程中集成客户及商业伙伴，使德国成为新一代工业生产技术的供应国和主导市场。德国"工业4.0"的重点发展领域包括智能工厂、智慧生产、自动机器人、工业物联网、增材制造等。美国工业互联网的概念最早是由通用电气GE于2012年提出的，随后美国五家行业龙头企业——GE、IBM、思科、英特尔和AT&T联手组建了工业互联网联盟（Industrial Internet Consortium，IIC），将这一概念大力推广开来。美国工业互联网旨在建设开放、全球化的网络，将人、数据和机器连接起来，升级关键工业领域。① 德国工业4.0重视制造的智能化，而美国工业互联网联盟旨在实现产业整体的智能化，使所有工业领域通过融合互联网和物联网技术，实现新一轮工业革命。从德、美等先进制造国家的经验来看，工业互联网平台作为构建工业互联网生态的核心载体，正在从商业领域向制造业领域拓展，成为推动制造业与互联网融合的重要抓手，通过建构工业互联网平台这样的协同创新体系来使制造业升级发展，已是大势所趋。②

2017年，国务院印发了《关于深化"互联网+先进制造业"发展工业互联网的指导意见》，提出"要支持有能力的企业发展大型工业云平台，推动实体经济转型升级，打造制造强国、网络强国"。该意见从"建平台"和"用平台"两个角度，提出了平台发展的绩效目标，要求到2025年，重点工业行业实现网络化制造，工业互联网平台体系基本完善，形成3~5家具有国际竞争力的工业互联网平台，培育百万工业App，实现百万家工业企业上云，形成"建平台"和"用平台"双向迭代、互促共进的制造业新生态。

工业互联网平台是面向制造业数字化、网络化、智能化需求，构建基于海量数据采集、汇聚、分析和服务体系，支撑制造资源泛在连接、弹性供给、高效配置的载体，其核心要素包括数据采集体系、工业PaaS、应用服务体系。工业互联网平台对于打造新型工业，促进"互联网+先进制造业"融合发展具有重要作用，主要体现在以下方面：①能够发挥互联网平台的集聚效应。工业互联网平台承载了数以亿计的设备、系统、工艺参数、软件工具、企业业务需求和制造能力，是工业资源汇聚共享的载体，是网络化协同优化的关键，催生了制造业众包众创、协同制造、智能服务等一系列互联网新模式新业态。②能够扮演工业操作系统的关键角色。工业互联网平台向下连接海量设备，自身承

---

① 中国工程科技发展战略研究.2017中国战略性新兴产业发展报告［M］.北京：科学出版社，2016：240.

② ［日］尾木藏人.工业4.0：第四次工业革命全景［M］.北京：人民邮电出版公司，2017：114-146.

载工业经验与知识模型，向上对接工业优化应用，是工业全要素链接的枢纽，是工业资源配置的核心，驱动着先进制造体系的智能运转。③能够释放云计算平台的巨大能量。工业互联网平台凭借先进的云计算架构和高性能的云计算基础设施，能够实现对海量异构数据的集成、存储与计算，解决工业数据处理爆炸式增长与现有工业系统计算能力不相匹配的问题，加快以数据为驱动的网络化、智能化进程。

中国工业互联网平台建设起步相对较晚，与国际领先企业的平台相比还有一定的差距，主要表现在以下方面：①工业控制系统、高端工业软件、云计算平台等产业基础薄弱，平台数据采集、开发工具、应用服务等核心技术存在不足，自动控制与感知、云计算平台等制造业新基础有待进一步夯实。②平台应用领域相对单一，与实际业务需求结合不够紧密，同时第三方开发者社区建设和运营还不成熟，工业 App 数量与工业用户数量的双向迭代和良性发展尚需时日。③缺乏具有产业链集成整合能力的龙头企业，难以形成资源汇聚效应。尽管如此，面对全球制造业平台化发展趋势，中国已经充分认识到工业互联网平台的基础性、战略性作用，以及平台建设的迫切性、复杂性和长期性。中国是制造大国，拥有最全的制造业门类，数字化、网络化、智能化是企业发展方向，而推动工业互联网平台发展，正是构筑基于平台的制造业新生态和协同创新体系的重要战略举措。①

（二）"互联网+农业"

由于中国经济是二元结构，农村经济落后于城市经济，人口却占全国总人口的70%，城乡差异较大，两者的网民规模和互联网普及率也有很大差异。2020 年 6 月，中国农村网民规模达 2.85 亿，占网民整体的 30.4%，农村互联网普及率为 52.3%。②

农业发展和农民增收一直是中国政府和社会关注的焦点问题。随着互联网技术的发展和互联网商业模式的创新，"互联网+农业"已成为促进农业产业发展与升级、增加农民收入、加快城镇化建设的重要推动力。其中，最明显的就是电子商务对传统农村、农业、农民的驱动。网购是电子商务的基础应用，随着网购市场规模的增长，各类电子商务应用将快速切入农村生产生活的各个方面。商务部统计数据显示，被称为电商元年的 2015 年是农村网购市场规模增速最快的一年，同比增长了 96%，增长数量达 3530 亿元；2016 年同比增长了

---

① 工信部信软司. 关于深化"互联网+先进制造业"发展工业互联网的指导意见，系列解读之打造平台体系、智慧工厂［R］.2017.

② 中国互联网络信息中心（CNNIC）. 第 46 次中国互联网络发展状况统计报告［R］.2020-09-29.

36.6%，增长数量达 8945.4 亿元。2017 年网购规模更是达到了 12448.8 亿元，同比增长了 39.1%，同时农村网店的数量激增，截至 2017 年底，农村网店数量达到了 985.6 万家，较 2016 年同比增长了 20.7%，解决了超过 2800 万人的就业问题。可见，农村网购市场规模增速加快，已成为精准扶贫的重要方式之一。

电子商务具有超越时空的特性，这种特性使商品卖家不再需要在城镇区域集聚，同时随着"互联网+农业"成为电子商务的主体力量，农村区域也能够吸引网商集聚。淘宝村的出现就是农村网商集聚发展的一个典型代表。当前，阿里的"千县万村计划"已经由 2009 年的 3 个省的 3 个淘宝村发展到 2017 年的 24 个省的 2118 个淘宝村，由小规模的零散分布发展到现在的大规模集群化态势，2017 年销售额达到了 1200 亿元。京东作为重要的电商平台紧随阿里巴巴的步伐，建立了县级服务中心和京东服务站，在全国 30 万余个行政村共培育了 30 万名乡村推广员，覆盖了 1800 余个县。苏宁易购在农村市场已经在线下布局了 2100 多家直营店，通过苏宁易购直营店、中华特色馆等渠道，反向推动农业的产业化发展，推进智慧零售下乡。①

其中，淘宝村作为农村电商创新发展的商业发展模式，显著地推进了农村经济的发展。2014 年，农村电子商务最具典型的代表——淘宝村，迎来了阶梯式发展。阿里研究院统计报告显示，2014 年中国大陆农产品网络交易额超1000 亿元，农民网络消费规模约 1800 亿元；2014 年底，全国已有 212 个淘宝村，19 个淘宝镇，带动就业 28 万人，农村电子商务已成燎原之势。淘宝村的出现是中国农村电子商务发展进程中一个重要的里程碑。淘宝村是农村与电子商务相结合的产物，以"农户+电商平台+家庭作坊+现代物流"为基本模式，从全世界范围来看是特有的经济现象。

淘宝村在各地的发展模式各异，例如：江苏的"沙集模式"是一种草根农户自发在电商大平台创业，以信息化带动工业化，以订单拉动电商生产和市场生态的农村电商发展模式；浙江的"白牛模式"则发现淘宝平台、新农人、农业龙头企业和地方政府是影响产业集群供应网络形成的四个主要因素；东风村和军埔村两个典型案例则显示淘宝村的形成构建了一个包含引进项目、初级扩散、加速扩散、抱团合作和纵向集聚五个环节的演化模型。②

总体来看，随着农村电子商务的普及，离散的淘宝村逐渐向产业集群方向发展，多个地理临近、产业相似的淘宝村已开始在江苏、浙江、广东、河北等

---

① 葛平平，高远秀，吴洪侠. 基于"互联网+农业"构建我国农村电子商务发展的路径探索 [J]. 产业与科技论坛，2018，17（11）：12-13.

② 王倩. 淘宝村的演变路径及其动力机制：多案例研究 [D]. 南京大学硕士学位论文，2015.

地聚集，出现了江苏的沙集镇、浙江的织里镇、广东的太和镇、河北的白沟和清河县等农村电商集群。而在农村电商集群的发展演化过程中，农村网商、政府、协会、合作社和网络平台之间通过信息共享和协作运营形成了一个复杂、非线性的集群网络。实际上，以县域电子商务和淘宝村带动形成的农村电商集群，已成为促进农村经济发展的有效模式。

在知识经济时代以及信息化的时代，信息/数据就是重要的生产要素，但信息的闭塞往往致使农村与外界的信息沟通存在障碍，无法实现市场需求与农业产业之间的有效对接，这是农村落后于城镇的一个主要原因。从上述淘宝村的发展带动农村产业化的过程来看，"互联网+"的发展正在有效地帮助农村克服这一障碍，随着电子商务发展空间的壮大，不仅有效地解决了中国小农户生产与经济市场大需求之间的不平等问题，而且将分散的农户有效地集结在网络平台上，使小农户在大市场的竞争中同样具有一定的竞争力。同时，由于有了 DT 技术的支撑，共享的电子商务平台让教育的影响减弱，极大地提高了农民的劳动生产率，并且通过"干中学"持续提升。而江苏沙集、浙江遂昌等地不断涌现出了经济兴旺的"淘宝村"，更是展现出"互联网+农业"的发展路径从简单交易到服务推动，再到产业化发展，为新型城镇化闯出了一条新路。农村电商在支持创业带动就业、建设现代化农业、解决"三农"问题等方面发挥了重要的作用，未来发展也具有无限潜力。

四、政府推动"互联网+"产业创新升级的举措

（一）政府推动信息化进程和互联网+的政策体系

随着"互联网+"的蓬勃发展，政府给予了越来越大的支持，并且从发展战略的高度把"互联网+"与产业创新紧密联系推动起来。2014 年，李克强总理在出席首届世界互联网大会时就指出，互联网是大众创业、万众创新的新工具，而"大众创业、万众创新"被称作中国经济提质增效升级的"新引擎"，可见互联网的重要作用已得到高度重视。2015 年 3 月，《政府工作报告》中首次提出了"互联网+"行动计划，推动移动互联网、云计算、大数据、物联网等与现代制造业结合，促进电子商务、工业互联网和互联网金融健康发展，引导互联网企业拓展国际市场。2015 年 7 月，国务院印发了《关于积极推进"互联网+"行动的指导意见》，这是推动互联网由消费领域向生产领域拓展、加速提升产业发展水平、增强各行业创新能力、构筑经济社会发展新优势和新动能的重要举措。

2015 年是大力推动"互联网+"接入农业、物流、交通等各个产业的元

年，比较重要的有：2015年5月，商务部发布了《"互联网+流通"行动计划》，旨在农村电商、线上线下融合以及跨境电商等方面创新流通方式，释放消费潜力解决电商"最后一公里"和"最后一百米"问题。此外，还颁布了《关于促进跨境电子商务健康快速发展的指导意见》《关于大力发展电子商务加快培育经济新动力的意见》等政策文件，助力"互联网+电子商务"快速发展。2015年6月，国务院发布了《"互联网+"行动指导意见》，提出促进创业创新、协同制造、现代农业、智慧能源、普惠金融、公共服务、高效物流、电子商务、便捷交通、绿色生态、人工智能等若干能形成新产业模式的重点领域的发展目标，并确定了相关支持措施。2016年，国务院印发了《关于深化制造业与互联网融合发展的指导意见》，提出以激发制造企业创新活力、发展潜力和转型动力为主，建设制造业与互联网融合"双创"平台为抓手，围绕制造业与互联网融合关键环节，积极培育新模式新业态，强化信息技术产业支撑，完善信息安全保障，夯实融合发展基础，营造融合发展新生态，充分释放"互联网+"的力量，改造提升传统动能，培育新的经济增长点，发展新经济，加快推动"中国制造"提质增效升级，实现从工业大国向工业强国迈进。在此基础上，2017年11月，国务院印发了《关于深化"互联网+先进制造业"发展工业互联网的指导意见》，提出放宽融合性产品和服务准入限制，实施包容审慎监管，通过财税政策支持等手段，构建网络、平台、安全三大功能体系，增强工业互联网产业供给能力，促进"互联网+先进制造业"发展。2017年12月，工业和信息化部印发了《促进新一代人工智能产业发展三年行动计划（2018—2020年）》，提出以信息技术与制造技术深度融合为主线，推进人工智能和制造业深度融合，加快制造强国和网络强国建设。2018年5月，习近平总书记明确指出，要把握数字化、网络化、智能化融合发展的契机，以信息化、智能化为杠杆培育新动能。要突出先导性和支柱性，优先培育和大力发展一批战略性新兴产业集群，构建产业体系新支柱。要推进互联网、大数据、人智能同实体经济深度融合，做大做强数字经济。以关键共性技术、前沿引领技术、现代工程技术、颠覆性技术创新为突破口，努力实现关键核心技术自主可控，把创新主动权、发展主动权牢牢掌握在自己手中。

可见，在中国大陆的新型工业化建设过程中，"互联网+"已经占据了重要的战略地位，是推进信息化与工业化深度融合的重要途径。而中央政府制定的这些推动"互联网+"产业创新升级的战略措施，在各个地方政府激起了强烈的回应，各地方政府密集出台了推动"互联网+"的内容建设与管理政策法规，无疑，政府的有意策划和推动是"互联网+"产业创新升级能够蓬勃发展、遍地开花的重要因素。

（二）大规模的互联网基础设施和基础资源建设

除了制定和出台一系列发展战略和扶持政策外，我国对"互联网+"最大力度的支持莫过于投入了大规模的基础设施和基础资源建设。"互联网+"本身就意味着把互联网的创新成果与经济社会各领域深度融合，推动技术进步、效率提升和组织变革，提升实体经济创新力和生产力，形成更广泛的以互联网为基础设施和创新要素的经济社会发展新形态。因此，要大力拓展互联网与经济社会各领域融合的广度和深度，基础设施和基础资源必不可少。在《中共中央关于制定国民经济和社会发展第十三个五年规划的建议》中，提出了加快推进"宽带中国"战略、"互联网+"行动等重大部署，并将组织实施新一代信息基础设施建设工程和"互联网+"重大工程。

近年来，在互联网基础设施建设方面，中国大陆投入的规模之大，在全世界都是数一数二的。为了推动互联网的发展，中国大陆专门开展了"光纤到户"（FTTH）的工程建设，随着 FTTH 建设，"宽带中国"战略的进一步部署以及国内 4G 建网的热潮，中国大陆光纤光缆行业快速发展，光缆线路总长度稳步增长。截至 2020 年 9 月末，中国大陆光缆线路总长度达到 4983 万千米，移动通信基站数量 916 万个，全国互联网宽带接入端口数量达 9.37 亿个，其中，光纤接入（FTTH/O）端口达到 8.67 亿个，比 2019 年末净增 3036 万个，占比由 2019 年末的 91.3% 提高到了 92.5%。同时，各类数字用户线路（xD-SL）端口总数减少 131 万个，降至 689.3 万个。[①]

基于上述互联网基础设施建设，中国大陆对互联网基础资源也进行了大力推展，两者相辅相成。以关键的 IP 地址建设为例，TCP/IP 协议是互联网发展的基石，其中 IP 是网络层协议，规范互联网中分组信息的交换和选路。目前采用的"互联网协议第四版"IPv4 地址长度为 32 位，总数约 43 亿个 IPv4 地址已分配殆尽。IPv6 是"互联网协议第六版"的缩写，是由互联网工程任务小组设计、用于替代现行 IPv4 的下一代互联网核心协议。IPv6 最大的优点就是设计地址长度达 128bit，可以提供 2 的 128 次方个 IP 地址，即使将地球上所有沙子都变成晶体管，依然会有足够的 IP 地址给电子设备使用。近乎无穷的 IP 地址让 IPv6 能容得下海量设备，这将与 5G 等技术一起，支撑移动互联网、物联网、工业互联网、云计算、大数据、人工智能等新兴业态的快速发展。目前，美国拥有的 IPv6 和 IPv4 地址量均位居全球第一，中国拥有两种地址量均

---

① 2020 年 1~11 月通信业经济运行情况 [EB/OL]．中国工信部网站，2020-12-23．

排名全球第二。

IPv4 和 IPv6 地址的大量分布需要投入大规模的基础设施建设，以 2018 年 5 月工信部发布的《关于贯彻落实〈推进互联网协议第六版（IPv6）规模部署行动计划〉的通知》为例，该通知提出加快网络基础设施升级步伐，促进下一代互联网与经济社会各领域的融合创新，推动固定网络基础设施、数据中心、域名系统、云服务平台、内容分发网络、政府网站业互联网等领域的 IPv6 改造，对强化 Pv6 网络安全保障等方面提出具体要求。而为了从六方面 21 项举措落实 IPv6 行动计划，使 2018 年末国内 IPv6 活跃用户数要达到 2 亿，2020 年末达到 5 亿，2025 年末中国 IPv6 规模要达到世界第一，其所包括的基础建设就有：

（1）实施 LTE 网络端到端 IPv6 改造。

（2）加快固定网络基础设施 IPv6 改造。

（3）推进应用基础设施 IPv6 改造。

（4）开展政府网站 IPv6 改造与工业互联网 IPv6 应用。

（5）强化 IPv6 网络安全保障。

（6）落实配套保障措施。

因此可以看出，中国大陆在互联网迅猛发展的近几年中，正是由于政府投入了大规模的基础设施建设，才会有如此高速增长的 IPv4 和 IPv6 地址数量，这是"互联网+"得以发展的重要基础资源保障。同时，必须指出的是，由于 IPv6 的无限地址资源可以给每个智能设备分配一个专属地址，IPv6 将是 5G 和物联网的基础协议，可以极大地提升网络效率，而 5G 技术可以实现快速的移动互联连接。IPv6 和 5G 网络的这种天然互补和同步发展，将高效支撑移动互联网、物联网、工业互联网、云计算、大数据、人工智能等新兴领域高速发展，同时，也不断催生新技术与新业态，促进互联网络应用进一步进化，打造先进开放的新一代互联网技术产业生态，即物联网、工业互联网新兴产业。中国 5G 网络的商用和建设目前已走在世界前列，截至 2020 年 6 月底，中国 5G 终端连接数已超过 6600 万，三家基础电信企业已开通 5G 基站超 40 万个。截至 2020 年 7 月，中国已分配 IPv6 地址用户数达 14.42 亿，IPv6 活跃用户数达 3.62 亿，排名前 100 位的商用网站及应用已经全部支持 IPv6 访问。中国工业互联网领域已培育形成超过 500 个特色鲜明、能力多样的工业互联网平台。①

---

① 中国互联网络信息中心（CNNIC）. 第 46 次中国互联网络发展状况统计报告［R］. 2020-09-29.

此外，中国大陆大规模互联网基础资源建设的投入也从近几年的国际出口带宽数量显示出来，这些都是光缆、互联网接入端口、移动电话基站和互联网数据中心等基础设施建设稳步推进的反映，正是有了这些关键基础设施资源和建设，网站、网页、移动互联网接入流量与 App 数量等应用规模才发展迅速，中国移动、中国联通、中国电信三家基础电信企业也得以积极发展 IPTV、互联网数据中心、大数据、云计算、人工智能等新兴业务。

　　可见，大规模的基础设施和基础资源建设是"互联网＋"发展必不可少的重要条件。实际上，把工业互联网当作基础设施来大规模投资、建设、运营，可为"中国制造"向"中国智造"转化提供网络支撑体系，从而加速工业向智能化的转进。目前，中国已提出建设目标：到 2025 年，覆盖各地区、各行业的工业互联网网络基础设施基本建成，工业互联网标识解析体系不断健全并规模化推广，基本形成具备国际竞争力的基础设施和产业体系；到 2035 年，建成国际领先的工业互联网网络基础设施和平台，工业互联网全面深度应用并在优势行业形成创新引领能力，重点领域实现国际领先；到 21 世纪中叶，工业互联网创新发展能力、技术产业体系以及融合应用等全面达到国际先进水平，综合实力进入世界前列。可以预见，5G 与 IPv6 的融合，为推进万物互联、工业互联、社会互联，实现数字化、网络化、智能化社会奠定了坚实基础，而上述互联网建设目标的实现将助推中国工业 4.0 走在世界的前列。

第四节　中国大陆文化创意产业的创新与发展

　　如前所述，相对于农业经济和工业经济而言，知识经济更强调知识和文化在社会经济发展中的作用，与巨大的资本投入和资源消耗的传统经济增长模式相比，知识的生产、创意的激发是知识经济时代主要的增长源泉。因此，从 20 世纪后期开始，文化创意产业在世界各国日益受到重视并推广开来。中国大陆也不例外，文化创意产业不仅成为近年来经济发展的一个新的增长点，而且日渐成为支柱性产业之一。

一、中国大陆文化创意产业的起步及其分类

　　改革开放以来，中国大陆文化市场基本形成了由娱乐市场、演出市场、动

漫市场、音像市场、电影市场、网络文化市场、艺术品市场等组成的统一、开放、竞争、有序的文化市场体系。1990 年以来，中国大陆已经出现了一批生机蓬勃的文化产业集团。2000 年 10 月，在"十五"计划中使用了"文化产业"这一概念，提出了完善文化产业政策，加强文化市场建设和管理，推动有关文化产业发展的任务和要求。"十一五"时期是中国文化创意产业开始全面发展的时期。随着欧美文化创意产业的日益发达及其在全世界范围内的推进，以及 21 世纪以来在韩国、日本、中国台湾等东亚国家和地区的蓬勃发展，中国在"十一五"规划中首次出台了文化创意产业发展的政策举措。原文化部明确提出在五年内文化创意产业要实现年均 15% 的增长。北京、上海、浙江、广东、云南、重庆、四川、河南、山西等省市都提出了建设文化大省、文化强省的目标，在规划中都提出了文化创意产业要高于 GDP 的增长速度。在"十二五"规划中，中国进一步提出"推动文化创意产业成为国民经济支柱性产业"的目标，并在"十三五"规划中再次重申：到 2020 年要使"文化产业成为国民经济支柱性产业"，表明了政府在"十三五"时期大力推进文化产业发展、实现文化产业发展目标的决心和信心。根据国际经验，当人均 GDP 接近或超过 5000 美元时，文化消费则会出现"井喷"，"十三五"规划进一步明确 2020 年文化产业将成为国民经济支柱性产业，表明文化产业的重要性已上升到国家战略层面。

用国家力量正式推动文化创意的发展对中国大陆的经济增长和产业升级转型有重大的意义。2016 年以来的规划建议都提出了推进产业结构优化升级的举措，要把增强自主创新能力作为调整产业结构、转变经济增长方式的中心环节，加快发展先进制造业，努力掌握核心技术和关键技术，提升产业整体技术水平，加快发展服务业。这无疑为中国大陆文化创意产业的开拓和发展提供了政策依据和战略选择。从发展角度来说，发展文化创意产业最终实现的是依靠科技、文化、市场等方面的整体创新推动经济、社会和文化的协同发展。文化创意产业带来的发展成果不是单方面的，而是科技、文化、商业等社会系统的全面自我进化。发展文化创意产业是经济增长方式从资源、投资驱动的增长方式向内生性的效益、创新型的增长方式的转变，是发展观念的转变，是发展模式的转变，有利于提高中国经济的发展质量，把经济社会发展切实转入全面协调可持续发展的轨道。

中国大陆对文化创意产业的分类和中国台湾有所不同，2004 年，为规范文化产业的统计范围，建立科学可行的文化产业统计，中国大陆制定了《文化及相关产业分类》，并作为国家统计标准颁布实施，这也是文化产业分类标准首次亮相。该分类首次明确了中国文化产业的统计范围、层次、内涵和外延，为启动和开展文化产业统计工作奠定了根基。2012 年，为适应文化产业发展的新情况、新变化，国家统计局参考了联合国教科文组织的《文化统计框架（2009）》，对分类进行修订完善，形成了《文化及相关产业分类（2012）》，按照产业链条的生产、流通和服务等环节，将 10 大类文化产业分为文化制造业、文化批发和零售业、文化服务业三个部分，涵盖工业设计、影视艺术、软件服务、流行时尚、建筑装饰、展演出版、广告企划、运动休闲等各个行业。新修订的分类类别共设置了 9 个大类，分别是新闻信息服务、内容创作生产、创意设计服务、文化传播渠道、文化投资运营、文化娱乐休闲服务、文化辅助生产和中介服务、文化装备生产、文化消费终端生产。根据活动相似性，在每个大类下设置若干中类，共计 43 个中类，在每个中类下设置了若干具体的活动类别，共计 146 个小类。这次分类除了其他调整以外，最重要的变化就是突出了"互联网+"的因素，新增加了符合文化及相关产业定义的活动小类，其中包括了互联网文化娱乐平台、观光旅游航空服务、娱乐用智能无人飞行器制造、可穿戴文化设备和其他智能文化消费设备制造等文化新业态。随着互联网时代的到来，以"互联网+"为依托的互联网文化娱乐平台、其他智能文化消费设备制造等文化新业态不断涌现并发展迅猛，日益成为文化产业新的增长点，将其加入统计分类非常必要，适应互联网领域中高速发展的现实。

二、中国大陆文化创意产业的迅猛发展

由于正式的全面推动，中国大陆文创产业在"十一五""十二五"期间迅猛增长。2004~2014 年，文化创意产业增加值从 3440 亿元增长至 23940 亿元，增长了近 7 倍；法人单位数从 2004 年的 31.79 万个增加至 2014 年的 99.62 万个；法人单位营业收入从 2004 年的 16561.5 亿元增至 2014 年的 83743.4 亿元，增长超过了 5 倍。总体来看，2004~2014 年中国大陆文化创意产业增加值迅速增长，其增长率趋势与 GDP 的增长率趋势大致相同，其增加值的增长率一直高于 GDP 的增长率，且年增长率近十年来均超过了 12%，表明文化产业作为一股新的力量，正在为经济转型发展提供新的动力，其产值占 GDP 的比重也在逐年上升，在 2014 年已占据 GDP 比重的 3.76%。[①]

---

① 国家统计局社会科技和文化统计司，中宣部文化体制改革和发展办公室. 中国文化及相关产业统计年鉴（2015）[M]. 北京：中国统计出版社，2015.

在"十三五"期间，文化产业的重要性上升到国家战略层面，文化创意产业获得了高速增长。2018 年，中国大陆文化及相关产业法人单位的总增加值为 38737 亿元，占 GDP 比重为 4.3%。值得指出的是，在文化制造业、文化批发和零售业、文化服务业三部分中，文化服务业增长最快，占总增加值的 50% 以上。与此相对应，文化及相关产业法人单位数有了突飞猛进的增长，2018 年的法人单位数为 210. 31 万个，较 2015 年的 114. 03 万个增长了 84.4%，其中，文化服务业的法人单位数增长趋势最为迅猛，从 2015 年的 77. 14 万个增加到 2018 年的 157. 38 万个。

总体来看，随着中国大陆文创产业的高速发展，文化产业产值不断提高，日渐成为第三产业中的支柱性产业。在部分经济发达的一线城市，文创产业作为支柱产业的表现更突出，例如，2018 年北京市文创产业的主营业务收入为 10824. 9 亿元，文创产业法人单位数为 15. 07 万个，从业人员为 121. 5 万。北京文创产业占经济比重已超过 14%，居全国首位，已成为高质量发展的"新引擎"。①

三、中国大陆文化创意产业发展特点与商业模式创新

（一）文化创意产业园区的大规模建设

中国大陆文化创意产业发展的一个重要特征和趋势就是园区化。所谓园区化，是指文化产业发展在地理空间上的聚集，而形成的集创新、孵化、管理投资、后勤和产权交易等系列功能为一体的文化产业园。在中国大陆，与文化产业园区相关的概念有艺术园区、艺术产业园、创意产业园、文化产业园（区），等等。自 2002 年党的十六大正式提出要大力发展文化产业后，2003 ~ 2004 年，文化产业园的建设正式开始，深圳、上海首先带头建设文化产业基地，随即北京、南京、杭州、苏州、青岛等城市纷纷打造文化产业园区，国内各省市掀起了发展文化产业、建设文化产业园的热潮。2010 年，中国大陆文化产业园迎来了黄金时期，作为文化产业的重要依托与载体，文化产业园在我国遍地开花，在各地政府与地方企业的介入下，文化产业园成为继开发区与大学城区之后的又一次园区热。

中国大陆文化产业园的形成主要有以下四种方式：一是艺术家自发聚集形成的文化村落，这一类的典型范例是北京酒仙桥 798 工厂。二是在文化商人牵

---

① 国家统计局社会科技和文化统计司，中宣部文化体制改革和发展办公室. 中国文化及相关产业统计年鉴（2019）［M］. 北京：中国统计出版社，2019.

头组织下形成的产业园，特点是流水作业，产业化程度高，典型范例是深圳的大芬油画村。三是政府主导形成的产业园，此种类型的产业园数量最多，典型范例有辽河文化产业园、长沙文化产业园等。这种产业园的形成主要是政府和开发商行为，是我国目前大多数文化产业园的形成模式。四是企业主导形成的产业园，这类产业园数量比较少。以民营企业投资为主的南京板仓街1号是这类产业园的代表。[1]

按文化创意产业园区的性质，大陆文创产业园区可大体分为五种类型：①产业型。一是独立型的。园区内，产业集群发展相对比较成熟，有很强的原创能力，产业链相对完整，形成了规模效应。如深圳大芬村，以绘画艺术为主，也已经形成一定的产业链条及规模效应，但原创能力不强，这是中国此类文化创意产业园普遍存在的问题。二是依托型的。依托高校发展，也形成了一定的产业链条，如上海虹漕南路创意产业园、同济大学周边的现代设计产业园区等。②混合型。这种类型的文化创意产业园往往依托科技园区，并结合园区内的优势产业同步发展文化产业，但园区内并未形成文化产业链条。如张江文化科技创意产业基地、香港数码港等。③艺术型。这种类型的园区也是创作型园区，原创能力强，但艺术产业化程度还较弱。目前，国内最有名的艺术园区有北京大山子艺术园区、青岛达尼画家村等。④休闲娱乐型。这类文化创意产业园区主要满足当地居民及外来游客的文化消费需求。最有代表性的是上海的新天地、北京长安街文化演艺集聚区等。⑤地方特色型。如北京高碑店传统民俗文化创意产业园、潘家园古玩艺术品交易区等。

文化产业园区作为发展文化产业的重要手段之一，受到了政府的广泛重视。近年来掀起的这股"文化产业园区"建设热潮，在很大程度上是政府政策推动和鼓励的结果。在《国家"十一五"时期文化发展规划纲要》中，就提出要优化文化产业布局和结构，促进各种资源的合理配置和产业分工，加快文化产业园区建设，使之成为文化产业的孵化器，形成若干出版、印刷复制、影视制作和文化产品批销等产业中心，重点建设一批大型影视制作、动漫、音像电子、印刷复制和演艺等产业示范基地。党的十七大也明确提出大力发展文化产业，实施重大文化产业项目带动战略，加快文化产业基地和区域性特色文化产业群建设，打造具有核心竞争力的文化产品和文化品牌。党的十八大更是明确把文化产业列为国民经济支柱性产业。因此，大陆在发展规划和相关政策层面给文化产业园区提供了很大的推动力和发展机遇。

---

① 杨吉华. 我国文化产业园发展现状、存在问题及对策［J］. 经济管理研究，2006（9）：15-18.

各地方政府也高度重视文化创意产业发展，把文创产业列为地区主导产业之一，一些地方从"十二五"规划开始，就把发展创意产业园区提到了重要位置，地方政府从规划、建设、项目推进、招商引资、政策制定等方面给予了大力支持和优惠措施，这些措施的目的在于吸引各种文化企业、文化产业人才、资金、技术等要素集聚，促进文化产业园区的发展。以上海和北京为例，上海是大陆文化产业发展最迅速的地区，建立了一批具有很高知名度的文化产业园区，集聚了一批具有创造力的优秀创意人才。从 2004 年开始建设到 2006 年底，仅仅两年时间，上海已授牌的文化产业园区就达 75 家，园区入驻各类文化企业 2500 多家，相关从业人员 2 万人，涉及美国、日本、比利时、法国、新加坡、意大利等 30 多个国家和地区。其中，通过保护性开发的老厂房、老仓库和老大楼占集聚区总量的 2/3 以上，并逐步形成区域特色。北京作为中国的首都和政治、经济、文化中心，文化产业发展水平较高，早在 2006 年中国大陆文创产业起步阶段就已经建成了 10 多个文化产业聚集区，当年文化产业产值就达到 960 多亿元，而文化产业园区的产值又在其中占据主要部分，主要包括软件行业发展、研发、设计、咨询产业、文化创意产业基地等。[①]

深圳文创产业的发展也十分突出。自 2003 年确立"文化立市"战略以来，深圳就把文化产业确定为四大支柱产业之一。深圳市"十二五"规划中更是要求大力实施产业集聚，加强对文化创意产业的统筹规划，加快推进创意产业园区的规划建设，培育和推广一批具有自主知识产权的龙头企业和文化产品。由此，在政府的有力引领和推动下，深圳文化创意产业采用行业集聚、区域集群、空间集中等发展策略，建立了田面"设计之都"创意产业园、华侨城 OCT-LOFT 创意产业园、怡景动漫产业基地等 40 多个具有一定规模和影响力的文化产业园区和基地。如今，深圳已拥有"中国文化产业第一展会"文博会品牌，"文化+科技""文化+金融""文化+贸易""文化+旅游"等新业态迅猛发展。2018 年深圳全市文化创意产业实现增加值 2621.77 亿元，占GDP 的比重超过 10%，深圳文化创意企业超过 5 万家，从业人员近百万人。市级以上文化产业园区 61 家，园区入驻企业超过 8000 家，合计营业收入超过 1500 亿元，实现税收超过 150 亿元。

总体来看，大陆文化产业园区大多依托于经济与文化高度发达的大城市，通常以聚集形态出现在城市边缘地带和老工业废弃区等地价相对便宜的区域。

---

① 张晓明，胡惠林，章建刚 . 2007 年：中国文化产业发展报告［M］. 北京：社会科学文献出版社，2007：55-58.

经过十几年的发展，文化产业的巨大潜力已经在发达地区凸显，产业的空间集聚也日渐成形。北京、上海、广州、深圳、长沙、成都等城市都建立了为数众多的文化产业园区，这些园区在一定程度上利用了产业集群效应，有力地推动了本地区文化产业的发展。目前已有超过 2500 个文化产业园建成，其中国家命名的文化创意产业各类相关基地、园区已超过 350 个，还有近万个正在筹建或直接更名的产业园区。因此，把文化产业园区作为文化创意产业规模化、集约化发展的重要途径和载体，是大陆文创产业发展极其鲜明的一个特点。

（二）互联网文化产业的商业模式创新

由于"互联网+"的迅猛推广，文化产业在互联网平台上也获得了蓬勃发展，2015 年年底，互联网平台上文化产业公司的市场价值就已经占大陆文化产业的 70%，这意味着，互联网文化产业颠覆了传统的传媒文化产业。[①]

互联网文化产业的商业模式创新主要体现为平台模式，即众多文化企业通过把自己的内容产品集中在互联网平台上加以制作、销售和推广。平台一词的核心在于"共享"，平台模式的本质就是通过共享平台及平台上的内容获取效益。从企业的角度来看，平台模式有助于其打开更加开放的经营模式，为内容传播提供了新的、更有效的渠道，企业也主要是为了通过平台模式获取文化品牌影响力和盈利。从受众的角度来看，平台模式是不同受众群体相互沟通交流的重要媒介。随着互联网特别是移动互联网的快速发展，互联网文化产业平台模式的特征日益凸显。由于互联网不是一种传统媒介，而是一种比传统媒介多出一个维度的高维媒介，具有发展平台模式的天然优势，所以平台模式打造的文化产业市场结构，往往不止双边，而是三边、四边，甚至更多边的结构，传统的线性单边市场模式已不复存在，取而代之的是由平台运营商提供平台服务，两类或多类用户通过平台实现需求协同行为的双边或多边市场。因此，借助于互联网而兴起的平台模式，其盈利方式不仅多元，而且可以持续衍生、转化。在互联网平台上，产业链纵横交错，各种内容资源可以互相沟通，网络文学的内容可以制作成电影、电视剧，也可以成为游戏开发的故事背景，而游戏的故事线索也可以被拓展为文学故事，或者拍成网络剧。可见，以平台为核心来发展互联网文化产业，其内容资源可以突破原有的功能特征，在不同的产业链条中发挥市场价值。

除了平台，各文化企业提供的内容也很重要，但从目前国内互联网文化产业的发展现状来看，很少有公司可以通过纯粹制作内容达到特别大的体量，大

---

① 陈少峰. 互联网文化产业商业模式创新［J］. 商业文化，2017（5）：64-68.

公司的主要经营方式都是做平台或者做传媒，比如，腾讯公司每年靠游戏可以有规模巨大的收入，而制作开发游戏的公司大部分都是小公司，这意味着在平台模式下，离知识产权越近的内容生产者收入反而越少。因此，对于大陆文化产业特别是互联网文化产业而言，平台在价值链中处于优势地位，平台加内容的混合模式是互联网文化企业的主要商业模式，但内容为王的时代还没有到来。不过，文创内容可以使很多小企业甚至个人找到自身的生存空间。在互联网平台上的"自有IP+文创电商"模式就是一例，IP（Intellectual Property，知识产权，在文创产业中主要涉及内容版权和改编权）可以是一个故事、一个角色或者其他任何大量用户喜爱的事物。一个好的网络文学故事，不仅可以阅读，还可以改编成游戏、电影、漫画、动画，优质的IP在当今互联网文化产业发展中极具价值。构建"互联网+文化产业"的价值链需要重视IP资源，不断开发包括网络剧、游戏、网络文学在内的各种IP，这些IP资源就是文化创意的源泉。自主的IP将成为决定互联网文化企业竞争力的重要因素，企业只要拥有自主IP资源，就能创造不同的价值链，实现资源价值的增值。目前，优质IP资源非常紧缺，在市场上供不应求，游戏与影视剧公司争抢优质的网络小说IP导致版权价飙升就是一例。可以预见，如果通过不断开发IP资源的文化创意，把单一的"内容"发展为一系列的"内容链"，互联网文化产业就有可能实现从"平台为王"的模式向"内容为王"的模式转变。

平台模式加强了文化产业多元化经营的趋势。由于互联网是一个无边界的平台，在平台上可以做各种各样的交易，包括医疗、教育、农业等，互联网可以把各种业务进行统一的跨界融合。因此，多元化经营是互联网文化产业的一个重要趋势，三大巨头（百度、阿里巴巴、腾讯）的经营形态都是多元化。腾讯创业之初是一个社交平台，现在则成为文化产业的一个电商平台，经营游戏、网络文学等各种内容。很多中国传统的文化企业也正在转型，例如，浙江报业集团不断通过互联网平台增加游戏、投资等其他业务，其媒体属性不断减弱，现在已经转型为经营各种业务的文化产业集团。①

值得指出的是，在2018中国文化IP发展高峰论坛上，"文化IP"的内涵被重新定义为：特指一种文化产品之间的连接融合，是有着高辨识度、自带流量、强变现穿透能力、长变现周期的文化符号。由此，在中国当代语境下，文化IP已不再局限于文学、动漫、影视作品，一切古往今来的优质内容和作品，

---

① 关于互联网文化产业平台模式的详细论述，可参见罗昌智，何圣捷，宋西顺. 两岸创意经济研究报告（2018）[M]. 北京：社会科学文献出版社，2018：27-37.

无论是清明上河图、敦煌飞天壁画，还是 Line Friends 表情包、世界杯等顶级赛事均可成为文化 IP。对于消费者来说，文化 IP 代表着某一类标签或文化现象，能够引起他们的兴趣并且可能转化为消费行为。大陆故宫近年来的文创转型就是运用故宫这一独特 IP 创造出顶级商业帝国的过程。2014 年，故宫文创产品收入就首次超越了门票收入，这标志着故宫不再只是一个旅游目的地，IP 文化领域的商业价值也在逐渐彰显。2015 年国务院出台了《博物馆条例》，给博物馆开展经营性活动释放了政策的红利，于是当年故宫文创的年收入就达到了 10 亿元。2017 年，故宫文创的年收入已经突破 15 亿元，超过了 1500 家 A 股上市公司，也远超故宫年均门票收入（8 亿元）。2018 年末，故宫文创产品的销量更为出色，同比增长了 146%。故宫 IP 的价值已经得到了全面的爆发，给故宫带来了可观的收入。①

故宫文创首先是采取了合作经营多元化的策略，故宫投资了 12 家企业作为文创业务的实际运营主体，并且拥有其中 5 家企业的控股权。故宫与这些企业采用合作经营的模式，共同参与到文创产品的开发、生产、销售等环节中，并将"线上线下"消费渠道全线打通。此外，故宫还采用委托制、项目制等多种形式积极与设计单位合作，由故宫设计研发部门出创意、出思想、出标准、出蓝图，具体的设计开发生产环节则由合作单位去完成。目前为故宫提供文化创意产品设计和加工的企业已多达 60 余家。同时，故宫也通过多样化的跨界品牌授权来使故宫这一文化 IP 开发出更多价值，如故宫与腾讯合作，先后推出故宫 QQ 表情、互动 H5《穿越故宫来看你》、音乐专辑《古画会唱歌》等十余款优秀代表作，用数字科技推动文化破壁，和 Kindle 携手推出 2018 新年限量款礼盒，和小米发布故宫特别版手机，和手游《奇迹暖暖》合作开设故宫传统服饰专有板块等。在互联网+时代，故宫也积极开拓电商渠道聚合庞大的消费者粉丝群体。根据天猫新品创新中心发布的《博物馆文创市场趋势洞察》，在 2018 年购买过博物馆文创产品的消费者中，49.5%的用户曾在电商平台购买博物馆文创产品，且有超过五成的用户有较强意愿为博物馆文创 IP 产品支付溢价，其中故宫的系列文创产品中最受欢迎。②

总体来看，中国大陆互联网文化产业的发展及其商业模式的创新，已出现了不少成功案例，其演化趋势和发展规模在全世界都是独具特色的。

———————————

① 故宫首晒"账本"：文创收入 15 亿超过 1500 家 A 股公司［N］. 人民日报，2019-02-19.
② "IP+文创+新消费"的品牌启示：故宫 IP 新生的商业模式改革［EB/OL］. 执惠网，2019-08-05.

四、中国大陆文化创意产业发展与创新的问题

中国大陆文化创意产业近年来获得了迅猛的发展，离不开政府的大力推动与培育，但普遍来看，很多地区的文创产业主要是在产值和规模上有了明显的发展，在创新方面并未取得明显的效果，这其中一个重要原因却又是政府干预过度，因此本书初步从以下三个方面进行探讨：

（一）政府主导过度，一些产业园区沦为房地产开发，重复建设严重

中国大陆的文化产业园区除少数是自发形成外，大多是在地方政府的直接参与下建成的。从国家创新体系理论来看，地方政府重视本是文化产业园发展的有利条件，但政府如果涉足太深、干预过多，却反而干扰了市场自发形成的机制，影响园区的创新和发展。从主流的产业园区建设和开发来看，很多地方的房地产开发色彩浓厚。例如，一些地方文化产业园本来发展势头很好，闲置荒芜的地皮经过艺术家"捂热"后开始繁荣，成为城市的一块热土和文化亮点。政府发现后开始规范化管理，开发商也争相进行商业价值投资开发，结果地价飙升，一些艺术家因成本上升被迫出走。于是，文化产业园区沦为地产项目而非创意项目。

同时，由于政府主导过度，把开发文化产业园区作为一项战略和政绩，导致了大量的重复建设。一些地方存在一哄而起、遍地开花的现象。目前，中国大陆有各种影视城30多个，重复建设严重，大部分冷冷清清，没有效益。当政府号召发展游戏、动漫产业时，到处都建起了动漫基地。如上海每个区都有一个动漫基地，仅浦东就有两三个，这种不顾国情、不顾市场需求一哄而起的现象，势必造成资源的极大浪费和行业内的恶性竞争。当年滥建开发区、软件园的情景似乎又在文化产业园发展上重演。虽然发展文创是中国大陆经济社会转型时期的一项重大战略决策，对国计民生均有不可估量的深远意义，但各地文化创意产业园区这种"大跃进"式的发展却偏离了原来的轨道，极可能引发产业泡沫。

（二）文化产业园区的集群效应并未发挥，不利于协同创新

从世界产业园发展的历程来看，成功的产业集群多是经过几十年，甚至上百年的自然演化发展而来的，而吸引文化创意资源集聚于这些大城市旧城区的原因，是适宜的环境、鼓励创新的氛围、社交活动的多样性、关系网络等。以伦敦为例，伦敦是世界上发展文化创意产业最早的城市，伦敦早期的文化创意产业集群，如Hoxton、中央伦敦、北部剑桥等，表现为相似的文化创意企业通过长期的商业合作和专业化分工形成彼此相邻的文化创意产业群落，地点的选

取也多集中在一些旧城区、旧厂房等，而绝非在统一规划的文化创意产业园区内。

因此，文化创意产业园区并不一定能自动带来文化创意产业集群的形成与发展，只是提供了发展为集群的可能，如果园区内企业之间未形成深层次的产业联系和互动创新，则仅产生地理上的集中，从而表现为"集而不群"。① 要形成集群效应，更重要的是文化创意企业之间的密切交流合作与协作创新，然而从文化产业园区的发展现状来看，则明显存在以下两个问题：

第一，各文化产业园区之间缺乏协作、各自为政。由于在文化产业园区中，部分为政府划地拨款，部分为企业以文化产业园的名义争取更多政策优惠的房地产项目，加上重复建设和资源浪费等原因，导致一哄而上的许多文化产业园区自身的特色定位并不强，各自为政。

第二，文化产业园区内企业之间缺乏密切的交流合作，大多停留在分享基础设施、优惠政策带来的低成本上，各个企业之间都是大而全或小而全的封闭的生产体系，企业间缺乏知识、信息的交流，缺乏合理分工基础上的主动合作。园区管理机构无法促进企业之间建立有效的分工和相互学习、相互依存的机制，这样的情况无法促进知识的传播和扩散，协同创新也就无从谈起。

（三）政府主导过度，文创产业投融资存在结构性问题

中国大陆采取政府从上而下的推行方式，一方面容易造成过度投资和重复投资，使文创产业逐渐失去创新的特色与活力②；另一方面又会导致大陆文创产业的市场化程度不够。这从新闻出版等行业的管理模式、主流的文化产业园区建设管理可以看出，中国大陆文化行业长期按照事业化经营模式发展，与其他成熟产业相比，仍保留着较浓厚的事业化特点。这种行政事业化的思维对文创产业的投融资体系产生了深刻的影响。

文化创意产业是以创意为核心，以文化为灵魂，以科技为支撑，以知识产权的开发和运用为主体的知识密集型、智慧主导型战略产业。意味着文化创意产品的生产及其交易过程有其特殊性，文化创意产品一般初始生产成本较高，需要大量的人力以及资本的投入，而后期的边际生产成本较低。一旦一款创意产品受到了消费者的喜爱，文化创意产品可以依靠后期的生产赚取超额利润。因此，催生更多的创意产品是能否发展出衍生品和产业链的关键，负责生产创意这一核心产品的内容类文化创意企业应是投融资的主要对象，内容类文化企

---

① 苏卉. 基于集群导向的文化创意产业园区建设研究［J］. 长沙大学学报，2011（11）：23-24.
② 庄朝荣. 中国文创产业发展模式之探讨［J］. （台湾）台湾经济研究月刊，2011（2）.

业是文化产业核心，此类文化企业以电影电视剧制作、动漫制作和游戏制作为代表，但是内容类文化企业一般实物资产账面价值不高，主要资产体现为商标权、著作权、专利权等无形资产，普遍规模较小，经营风险较大，财务状况不稳定，缺少足够的资产抵押、信用以及融资渠道，与中国大陆现行金融机构的抵押政策产生了严重不匹配。

文创产业是一种创意形态，但无法享受科技产业的优惠政策，这成为制约文创产业发展的一个难题，因而文创产业特别需要政府在融资政策方面给予优惠与支持。然而目前来看，中国大陆的银行对内容类文化企业信贷投放规模较小，而偏好放贷平台类文化企业。以文化平台类企业中的龙头——新闻出版业为例，这些公司规模普遍在1亿至100亿元，远远高于内容类文化企业。由于新闻出版企业规模较大，具有经营性物业与排版、印刷等实物资产，经营稳健，收入稳定，因此得到了商业银行的青睐。近来高速增长的新闻出版业贷款主要投放至新闻报业集团的新建固定资产项目中，其实已经脱离了平台类文化产业，而是进入了文化固定资产建设类别。这些项目有的以数字出版、新媒体产业基地、科技出版园、现代物流园为名，但事实上对文化产业并没有真正起到作用。

因此，重资产的制造类文化产业获得融资较多。制造类文化产业包含印刷、文化用纸制造、文教用品制造、工艺品制造、电影设备制造等。制造类文化产业规模最大，涵盖范围最广，具有明显的制造业属性，与内容文化产业的轻资产性形成了鲜明对比。制造类文化产业是银信贷投放重要方向，在银行业支持文化产业的信贷数据中也占据了相当大份额。由于文化制造业的单一项目体量较大，且有固定资产作为担保，大量文化产业信贷数据由此诞生，大量政府扶持力度也向这一方向倾斜。这其实掩盖了结构性问题。此外，文化固定资产建设业并不属于国家统计局颁布的文化产业分类标准，但实际上也成为文化产业信贷投放的另一重要阵地，其中代表性行业包括文化游、文化商业和文化园区。①

可见，尽管银行对文化产业信贷投放规模增长很快，但由于政府主导过度、行政事业化的管理思维以及市场化程度不足，使资金主要投向了文化核心产业以外部分，而核心内容类文化产业信贷投放最低。同时，文化企业的财政依赖和行政化管理模式色彩也非常浓厚。显然，这种结构性问题和前述政府主

---

① 徐细勇，肖步云，陆庆祥. 文化产业发展及其融资问题研究［J］. 中国国际财经，2017（9）：36-40.

导过度，一些文化产业园区沦为房地产开发、重复建设以博取政绩等原因密切相关。

从发达国家和地区文创产业发展的成功经验来看，政府的积极导向作用必不可少，例如，最早推动创意产业的英国政府就主动为文化创意产业提供公共政策服务，1998年针对政府如何支持文化创意企业开拓出口市场问题，专门组建了创意产业出口推广咨询小组，还成立专业型机构为企业提供从创业到成长的相关咨询服务。地方政府也与各类艺术机构合作成立许多专业组织，比如，曼彻斯特就有创意产业发展服务局，默西塞德郡设立艺术、文化与传媒中心，伦敦哈姆雷特堡创办文化产业发展推介中心等。这些专业机构在创业、融资、经营、人员培训等方面指导文化创意企业，培育文化创意企业快速发展。此外，政府还提供直接的融资信息服务。英国文化传媒与体育部主要是通过出版《融资一点通》手册和《创意产业资金地图》等方式，指导文化创意企业尤其是中小企业从政府部门或金融机构获得融资支持。同时，政府也注重对中小文创企业的税收减免和资金扶持。美国作为文化创意产业头号强国，其公共资金对文化创意产业的支持也始终保持这样的理念：市场规律与市场竞争对文化创意产业起最基本的调控作用，政府主要是投资公益性文化，为文化创意企业提供一个公平、竞争的有利环境，并专注于打造投资主体多元化与融资方式多样化的市场主导模式融资方式。①

由此来看，只有在市场机制的基础上，充分发挥政府导向作用，才能激发民间社会资本的参与热情，鼓励多元化主体参与投资与经营，从而逐步形成政府和民间社会资本的多元化合作模式。然而，中国大陆在发展文创产业的过程中，市场的力量未能充分发挥出来，应有的政府导向变成了政府主导过度，不论从产业园区建设还是投融资的结构性问题来看，文化创意产业的发展更强调了文化产业的投资和规模扩大，而创意这一核心内涵却未得到充分的挖掘和彰显。

从对中国台湾文创产业的发展论述中也可看出，台湾当局在中国台湾文创产业中发挥了积极作用，虽然也被指出有干预过多的弊端，但中国台湾的文化创意园区所形成的各种营运模式，除了取决于台湾当局的政策支持与引导规划以及园区自身的客观条件外，还得益于2000年2月出台的"促进民间参与公共建设法"（2001年及2015年有过两次修改）。台湾当局充分认识到了促进民间社会资本多渠道、多形式、多层次地进入文化创意产业领域具有重要意

---

① 李建林. 国外文化创意产业金融支持的经验模式与启示［J］. 未来与发展，2012（12）：33-39.

义以及市场在产业资源配置中有决定性作用，故而通过法律制度安排来积极引导、鼓励与支持民间社会力量共同参与投资兴建公共设施与公益性产业，从而再造台湾当局公共责任体系，同时，也借此引进民间企业先进的建设、经营与管理理念，以提升台湾当局公共建设质量与公共服务效能。由此可知，中国台湾的文化创意产业园区之所以能快速发展，关键在于理顺了台湾当局、企业与民间社会资本之间的关系，从而营造了公私协力、互助合作的良性氛围。

因此，从处理市场和政府之间适度关系的角度来看，中国台湾和中国大陆文创产业的推动路径如图 3-2 和图 3-3 所示。①

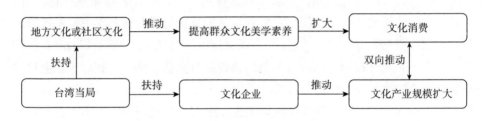

图 3-2　中国台湾文化创意产业推动路径

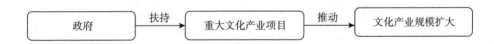

图 3-3　中国大陆文化产业推动路径

可见，过度甚至单一地依靠政府力量推动文创产业，固然能迅速促进文创产业的规模扩张，但从文创产业的本质和内涵来说，却并不一定能促进核心创意及其衍生品的可持续发展，这更多地需要市场机制的培育和运作以及社会资本的积累。

---

①　黄信瑜，李寅瑞. 文化创意产业演化升级的政策范式——台湾地区的经验及其启示［J］. 江海学刊，2017（4）：222-227.

第四章　两岸产业创新发展的
特点及其比较分析

　　通过对近几十年来两岸具有代表性产业的发展和创新情况的描述分析不难发现，两岸产业创新发展既各有特色又有很多共同点和交集。本书第一章提及了国家创新体系的内圈因素和外圈因素，内圈因素包括作为科学技术知识供应者的科研机构和高校、作为创新主体的企业，以及作为技术知识转移和扩散的教育培训和中介组织；外圈因素包括作为国家创新体系协调机构的政府、金融体系、历史文化因素等。鉴于每个国家和地区创新体系中发挥主导作用的因素各不相同，而两岸均是作为后进国家和地区在追赶发达经济体的过程中实现的产业创新升级，有十分突出的通过政府主导来发挥后发优势的特殊经验，同时由于篇幅所限，不可能对两岸创新体系的每个因素都面面俱到，因此本书重点选择在国家创新体系外圈因素中的政府作用、金融支持，以及内圈因素中的企业等层面来比较分析两岸的产业创新发展。这些方面在两岸产业发展中的作用十分突出，对揭示后发国家和地区在产业创新上如何快速赶超有很大的借鉴意义，并且也有助于进一步探讨两岸产业如何加强合作。

第一节　两岸产业创新升级对后发优势的充分利用

一、通过后发优势而非比较优势提升产业升级

　　作为后发国家和地区，两岸在产业创新升级的过程中都充分运用了后发优势。后发优势理论是格申克龙在研究德国、意大利等国家经济追赶成功经验的基础上，于 1962 年创立提出的。他认为，落后国家可以利用其后发优势来缩

小与领先国家的生产率差距，而在这些后发优势中，他尤其强调了后进国家可以引进先进国家的技术、设备和资金。格申克龙指出，引进技术是正在进入工业化国家获得高速发展的首要保障因素。后进国家引进先进国家的技术和设备可以节约科研费用和时间，快速培养本国人才，在一个较高的起点上推进工业化进程，资金的引进也可解决后起国家工业化中资本严重短缺的问题。后发优势理论表明，后进国家可以利用技术差距引进模仿先进国家的先进技术，从而实现技术和经济追赶。①

近代工业革命以来，德国、美国等国家都曾经依靠后发优势追赶上了最先发展工业的老牌资本主义国家英国，"二战"后，日本、韩国、中国台湾等东亚国家和地区也明显依靠后发优势追赶西方发达国家。当日本在 19 世纪 60 年代末期开始追赶时，欧美先进国家已经在进行第二次工业革命，日本与西方国家的技术差距，远远超过欧美后发国家开始追赶时与英国的差距，其需要通过引进、模仿而建立的技术部门，也远远超过早期欧美后发国家。日本在明治维新以后近一百年的产业发展，几乎都是在进口技术和其他知识的基础上，通过模仿而建立起来的。日本通过适应性的改动使其与日本的国情相适应，在不断的试错中进行学习，逐渐地培养出日本在这些行业中的创新能力，最终培养出强大的研发能力。因此，日本的纺织、钢铁、电气、交通设备、汽车、造船、飞机制造、医药等产业升级更加全方位地表现出引进、吸收、改进的技术发展历程，形成了一整套独具日本特色的模仿式创新体系。除技术模仿外，发展中国家或地区还可以在技术上实现跨越式发展，如日本只花 50 年时间就走完了西方国家花 200 年才完成的技术进步历程。可见，技术后发优势可以成为后发地区的一种核心优势，利用后发优势，后发地区可以通过技术模仿和技术跨越式发展缩小与先进地区的技术差距，从而以更快的速度向发达地区进行技术收敛。一般而言，发达国家花费巨大的人力、财力和物力发明创造的先进科学技术具有很大的溢出效应，发展中国家或地区花费很小的成本就可以在短时间内掌握这些科学技术。这不仅节约了发展中国家或地区大量资源和科研时间，而且也缩短了与发达国家的技术差距。

当然，发达国家先进科学技术所产生的外溢效应离不开全球化的推动，"二战"以后东亚国家和地区的快速增长就是典型的利用全球化所推动的外溢效应和后发优势奋起直追的。"二战"后，世界经济经历了罕见的长达 20 年的高速增长，推动了经济全球化进程，国际竞争也越来越激烈。全球竞争以及

---

① ［美］格申克龙. 经济落后的历史透视［M］. 北京：商务印书馆，2009：13.

巨大的成本压力，使越来越多的制造业公司开始从全球视野考虑其竞争优势的基础，根据全球技术能力和劳动成本将制造过程分解，在全球分布设置其生产体系。东亚国家和地区政府敏锐地意识到跨国公司制造活动向全球转移所带来的机遇，通过促成有利的宏观经济环境和提供适当的微观激励机制，凸显东亚富有吸引力的劳动力资源和良好的投资环境，使东亚迅速成为跨国公司全球生产网络和分包体系中的重要基地。在跨国公司全球性生产体系的形成过程中，先是日本承接来自欧美国家的技术并将其产业化，随着产业结构升级和劳动力成本上升，日本又将本国的衰退产业转移到了"亚洲四小龙"，以后又由"亚洲四小龙"将不再具备成本优势的产业转移到马来西亚、泰国等东盟国家和中国大陆，促成了东亚的整体起飞。①

通过全球化融入跨国公司生产体系，不仅加强了东亚与发达国家的技术联系，而且为东亚企业带来了市场准入机会。② 例如，20 世纪 60 年代纺织服装行业、70 年代电子行业的相继崛起，就成为推动东亚起飞的主要动力。通过进入全球纺织服装产业的生产体系，后发国家进口替代工业化时期封闭市场和高度保护的状态从根本上得以改变，空前的竞争压力迫使本土企业不断加强与跨国公司的联系，改进工业技术，提高产品质量，控制成本上升；电子工业则是相对资本密集型产业，其研究开发耗资巨大，技术发展极为迅速，而跨国公司提供的技术和其他资产，对发展中国家和地区的电子工业产生了重要的推动作用。可以说，80 年代末，东亚是 20 世纪资本主义工业化唯一成功的例子，日本已发展成为美国的主要经济对手，韩国和中国台湾则在许多高技术领域超越了大部分欧洲国家。③

从本书前文对两岸产业创新升级的介绍分析来看，改革开放以后的大陆以及战后的台湾都是充分运用了上述后发优势。20 世纪 70 年代，中国台湾的半导体、计算机等电子信息工业的发展都是从引进厂商、技术以及技术人才开始起步的，然后在引进技术的基础上通过逆向学习进行模仿，积累到一定基础之后开始大规模代工，中国台湾的半导体、计算机零部件制造业、工具机等都是从事代工生产的，中国台湾企业借助其他国家和地区企业提供的技术，按照其他国家和地区企业的要求生产产品。1970 年前后，通过技术引进、模仿与知识外溢，中国台湾工业发展的初步基础已经奠定，工业技术已达到相当水

---

① ［澳］道格森，罗思韦尔·创新集聚：产业创新手册［M］.北京：清华大学出版社，2000：113.
② 吴先明.论东亚经济成功的关键因素［J］.社会科学辑刊，2002（5）：68-71.
③ 李惠斌，杨雪冬等.社会资本与社会发展［M］.北京：社会科学文献出版社，2000：230.

准。^① 而中国台湾后期实施的创新政策成功地为信息通信技术制造业和工具机产业培育了具有竞争力的原创设备和设计，使中国台湾经由企业技术能力不断积累而掌握并精细化了复杂的生产技术，从而循着 OEM→ODM→OBM 的轨迹转变，为自主品牌的发展奠定了基础。^②

20 世纪 50 年代，中国大陆曾经在苏联政府的大力帮助下，引进了大量的苏联技术，建立了比较完整的工业体系。但随后长达 20 多年，中国大陆的工业化进程较为缓慢，与发达国家的技术差距不断扩大。改革开放以后，通过从国外购买机器设备、大量派遣留学生、购买技术许可、仿制国外技术等手段，中国大陆从发达国家引进了大量的先进技术，并提出了"引进、消化、吸收、创新"的技术发展路线，这是一项非常重要的技术跨越战略。^③ 在各种促进创新的战略和政策刺激下，大陆包括半导体、汽车制造在内的许多产业都通过引进、消化、吸收，使技术和生产水平上了一个大的台阶。

因此，两岸在产业升级创新的过程中，不论是厘定优先扶持发展的产业，还是引进国外技术、设备和人才，培育本土产业和人才等方面，都明显地充分利用了后发优势，而并非主要依靠主流经济学理论所倡导的比较优势。

虽然台湾当局从 20 世纪 60 年代开始采行以出口导向为主的战略，使中国台湾当时具有比较优势的廉价劳动力得以充分利用，通过农产品加工、棉纺织品等劳动密集型产品的出口有效地参与了国际分工。但台湾当局并不满足于以廉价劳动力这一比较优势出口赚汇，从 70 年代开始，就有了集中力量推动产业升级、实现赶超的意图。因此，台湾当局并未完全按照新古典经济学的教条任由市场自动发展，而是依然通过强力的政府干预拣选策略性的产业加以重点扶持，以人为的方式和刻意的政策培育附加价值更高的比较优势和产业。^④ 实际上，发展中国家和地区经济增长的因素，常在现代主流经济学的范围之外。^⑤ 当时，台湾当局对以半导体和电脑制造业为主的高科技产业的培育和扶植就最具代表性。如本书第二章所述，正是由于台湾当局长期的扶植、引导和

① 陆民仁，等.台湾经济发展总论 [M].台北：联经出版事业有限公司，1975：133，152.

② ［瑞典］埃德奎斯特，赫曼.全球化、创新变迁与创新政策：以欧洲和亚洲 10 个国家（地区）为例 [M].北京：科学出版社，2012：305，312.

③ 郭熙保，文礼明.从技术模仿到自主创新——后发国家的技术成长之路 [J].南京大学学报，2008（1）.

④ ［美］韦德.驾驭市场——经济理论和政府在东亚工业化进程里的角色 [M].北京：企业管理出版社，1994：365-368.

⑤ 孙震.台湾总体经济规划 [C] //梁国树等.台湾经济发展论文集：纪念华严教授论文集.台北：时报文化公司，1994：33.

孵化，中国台湾高科技产业才迅猛发展，到 21 世纪已成为世界上半导体制造、个人电脑制造的最大供应商之一，在世界市场上的占有率高达 60% 以上，IC 设计业更是在全球排名第二，仅次于美国。高科技产业的发展是中国台湾创造战后经济增长奇迹的一个主要支柱。作为一个经济上后进的地区，在中国台湾前面有工业先进国家过去两百多年不断投资、研究、发展与经历所累积的技术和知识，因此，中国台湾只需花费很小的代价甚至不需任何代价就可加以选用。其中固然有一部分尚属机密，不容易取得，但绝大部分早已成为公共财产，这确实可供中国台湾学习和采用。中国台湾正是由于技术上的差距，充分发挥了后发优势而对先进国家实现了较为成功的追赶。

大陆在改革开放之后，虽然以较为廉价的土地成本和劳动力成本等比较优势吸引了大量的外国直接投资，但在产业政策上一直体现出强烈的拣选和赶超趋向。以 ICT 产业为例，从 20 世纪 90 年代到 21 世纪前后，由于电子信息技术不仅比一般技术具有更强的创造性、渗透性与倍增性，而且其广泛应用带动了一批相关产业，催生了一批边缘产业，改造了一批传统产业，促进了"新""旧"产业的融合，使电子信息产业的关联度、感应度与带动度都非常强，成为 20 世纪最具革命性的产业，所以大陆也极力把 ICT 产业列为国家重点扶持的战略性新兴产业，在引进外资、技术、人才、税收优惠等方面给予了优厚的待遇。

因此，不恪守市场万能的教条，而是积极利用后发优势进行追赶，主动培育新的附加价值更高的比较优势，是一个后进国家和地区可持续发展、培育可持续竞争优势的必然途径。拉美国家在"二战"以后的发展中，就停留并满足于自身在自然资源和廉价劳动力等方面的比较优势，遵循"国际自由竞争"和"比较优势"论的、政府自由放任的产业发展道路，单纯鼓励各跨国公司进来合资合作、设厂竞争，而不主动追求自身的产业扶植和培育、人才和技术的积累培养。这种拉美式道路实际是通过出让国内市场来换取国际投资，虽然增进了居民福利、节省了技术研发耗费、减少了投资风险和市场风险，但其代价是断送了自己的技术研发和创立民族品牌的前景，使本国产业和市场被跨国公司所控制。

可见，虽然新古典经济学认为，政府产业政策会扭曲资源配置，然而，资源配置是外生的比较优势，任由这种外生的比较优势发挥，其结果必然是拉美模式的"资源的诅咒"，难以实现产业结构的升级转型，不可能有超越发展。因此，政策有必要通过倾斜性产业政策实现结构转型，使建基于外生比较优势的经济结构转向更加合理的产业结构。东亚奇迹的发生就是建立在这种机制基础之上的，两岸产业创新升级的成功经验也证明了充分运用后发优势的必要性。

二、两岸运用后发优势的主要渠道：外商直接投资（FDI）与代工

在初始工业化阶段，后发国家技术引进的主要途径是依赖大量的机器设备进口和外国顾问的支持，随着本国技术创新能力的增强，本土企业的技术引进越来越多地依赖于技术许可贸易。"二战"后，随着跨国公司的发展，引进发达国家的对外直接投资成为后发国家重要的技术引进手段。从两岸前述代表性产业的发展历程来看，两岸初期都是大量地引进其他国家和地区的机器设备、聘请其他国家和地区的技术人员，但到了后期，引进外商直接投资和代工就成为主要方式。

从"二战"后就开始接受 FDI 的中国台湾来看，20 世纪六七十年代中国台湾电子业出口的八成都源自外商，排名当地电子业前十的大厂商几乎全是外商。然而，随着本土厂商如宏碁、华硕、广达、鸿海的崛起，外商逐渐减少，80 年代初，外资占新竹科技园区资本额的比例近四成，进入 21 世纪后，则降至一成以下。之所以出现这样的变迁，是因为中国台湾本土电子业具备规模并借由代工形成了强大的供应链后，外商发现它们可以委外生产而不需要做直接投资，而中国台湾也认为拥有本土的代工企业也比依赖 FDI 要有利得多。①

就大陆的发展过程而言，引进外商直接投资更为主要。如前所述，以半导体为例，大陆半导体产业的发展就是以 2000 年的"18 号文件"开放外资和民营资本进入为分水岭的，"18 号文件"发布之后，大陆集成电路产业发展与2000 年后外资的大规模进入同步。从目前来看，在集成电路设计领域，以华为海思为代表的中国本土企业已经全面崛起，但是在集成电路制造领域，三星、海力士、英特尔、台积电等外资厂商和中国台湾企业仍占据主导地位。这些外资厂商的进入适逢 2000 年前后欧美综合型整机制造企业迫于竞争压力和削减成本的需要，从而将半导体业务剥离出来分别成立飞思卡尔、英飞凌、恩智浦半导体等专业型整机制造企业布局海外的大趋势，这些外资企业的进入为技术的引进和扩散起到了重要的推动作用。

总体来看，"二战"前，先进国家对外直接投资远没有现在积极，仅有的少量对外投资也主要集中于原材料开采，因而其对外直接投资对后发国家的技

---

① 瞿宛文.如何评估外资的功过［M］//瞿宛文.中国产业的发展模式：探索产业政策的角色.台北：社会科学杂志社，2020：312-313.

术进步作用甚微。"二战"后，跨国公司的迅速发展对后进国家和地区的技术进步起到了巨大的推动作用，例如，外国直接投资对新加坡的技术进步起了决定性的作用；中国香港的中高端技术部门也是外来直接投资的结果；而中国大陆最早发展起来的珠三角也是依靠大型跨国公司巨大的直接投资促进了工业技术水平的快速提高，可以说，大型跨国公司的直接投资对中国大陆中高端技术部门的发展起了重要作用，在中国大陆的中高端的技术部门中，跨国公司独资与合资企业占据了优势，而出口增长中，外商投资企业也占据了半壁江山。FDI 往往伴随着成套先进设备的引进，以及高技术人才和管理人才的外溢，大量的 FDI 无疑迅速地提升了中国大陆的技术水平，为中国大陆的后续发展提供了一个较高的技术平台。

值得指出的是，中国大陆引进外国直接投资和大力发展代工生产也是密切结合的。随着"二战"以后国际性生产外包和产业内分工的发展，代工生产成为后发国家通过边干边学进行模仿、引进国外技术、获得技术积累、逐步培养改进创新能力的重要手段。随着价值链全球化和知识经济的深入发展，国际代工已逐渐成为国际知识溢出和技术转移的重要机制。根据前述波兰尼知识属性的观点，代工中的知识溢出包括显性知识溢出和隐性知识溢出。显性知识溢出包括技术专利、设计图件、生产运营管理、供应链设计标准等；隐性知识溢出包括心智与思维模式、信仰与观念、经验诀窍等。显性知识可文本化，易于测度和传播。而隐性知识由于高度个人化，难以模仿和传播，成为企业持续竞争优势的来源。在代工项目合作过程中，通过合同文本、技术指导或人员交流等形式，代工客户的显性知识和隐性知识都会产生溢出效应，而且知识溢出往往不是单向的，代工客户也可能会从代工企业获得大量有价值的知识和创意，从而促进项目双方的知识交互与融合过程。一般认为，国际知识溢出对中国大陆制造业的技术进步具有促进作用。①

国际代工生产因其在价值链上创造的价值不同，分为初级代工生产、中级代工生产和高级代工生产。初级代工生产一般是进行价值链低端的加工组装，如简单零部件的生产或组装。中国大陆制造业企业承接外包目前主要以初级代工为主，即加工贸易。中级代工生产指接包企业或代工企业能够依据与发包企业签订的外包合同，完成产品生产环节，并由发包企业负责生产之后的所有工作。其与初级代工生产的主要区别在于生产的不是产品的一部分而是制成品。这种中级代工生产在大陆制造业主要通过贴牌生产和定牌生产等方式进行，是

---

① ［美］尤素福，等．全球生产网络与东亚技术变革［M］．北京：中国财政经济出版社，2005.

加工贸易的高级形式，例如，珠三角出口导向型工业化战略的主要组成部分就是贴牌生产。高级代工生产实质是服务外包，主要指设计、研发代工，也就是位于价值链前端的部分的 ODM。如前所述，中国大陆目前在集成电路芯片设计、手机制造领域等已有部分企业具备 ODM 能力。总体来看，中国大陆代工制造业整体上仍处于全球价值链的低端，以 OEM 模式为主体，技术水平和附加值都比较低。由于 ODM 外包协议涉及产品开发设计等复杂知识和技能，在价值链利益分配中掌控更多的话语权，所以 ODM 模式是发展中国家 OEM 企业在全球价值链上升级的最主要的方向。实际上，代工制造业的技术进步和转型升级正是从 OEM 到 ODM 再到 OBM 的演进。

就中国台湾代表性产业的创新升级过程来看，中国台湾利用代工生产发挥后发优势做得更为成功。在 20 世纪 60 年代的纺织服装业的国际转移中，不同于中国香港和新加坡以及后来的东盟四国更倾向于依靠 FDI 来发展自己的纺织和服装工业，中国台湾和韩国当时主要通过代工（OEM）而不是外国直接投资（FDI）获得纺织服装生产技术。[1] 通过分包的合同安排，中国台湾和韩国的生产商可从跨国公司提供的后勤服务、营销经销、规格设计和培训中获得技能和资产。在承接电子产业的国际转移过程中，韩国模仿日本发展垂直一体化的大企业生产模式，力图摆脱代工方式；而中国台湾由于以中小企业为主，仍然适合并选择了以代工方式发展电子产业，并于 80 年代末期，开始以代设计（ODM）方式融入跨国公司生产体系的制度安排。当时，由于大陆以及菲律宾等东南亚国家低成本制造的迅速发展，台湾制造商借由提升制程优势搭配关键技术开发，制造更尖端的产品来提高产品增值能力和先进的产品设计能力，因而从 OEM 企业开始向 ODM 企业转变，这个过程伴随着技术能力的大幅提高。[2] 其中最突出的莫过于台积电、联电、宏碁、华硕、宏达电等中国台湾企业，到 90 年代中期，中国台湾生产的个人电脑中有 70% 以上是由本土企业设计的。随着西方跨国公司对 ODM 供应商依赖性的提高，中国台湾部分企业开始建立自己的世界品牌形象和国际销售渠道，原先依附于美国跨国公司的许多企业已发展为原创品牌制造商。[3] 如第二章所述，宏碁、华硕就是从最开始的合同制造商、主板制造商，演变成为全球公认的自主品牌的。

---

① ［美］杰里菲. 制造奇迹：拉美与东亚工业化的道路［M］. 上海：上海远东出版社，1996：65-72.

② 杜紫宸，詹文男. 2015 年台湾产业发展愿景与策略［M］. 台北："工研院"产经中心，2009：58-59.

③ 陈厚铭. 逐鹿全球：新世代台商战略4.0［M］. 台北：前程文化公司，2016：165.

因此，FDI、OEM、ODM是包括两岸在内的东亚企业学习西方先进技术和管理经验的方式，也是借此发挥后发优势进入世界市场的方式。同时，如果说外国直接投资（FDI）主要代表了外国技术或生产能力向东道国转移的话，那么代工（OEM）、代设计（ODM）以及原创品牌制造（OBM）则在很大程度上代表了当地企业技术和生产能力的获得和发展。改革开放后的大陆和"二战"以后的台湾，都是通过融入跨国公司生产的国际网络，迅速和大幅度提升了自身技术能力，提升各自在全球价值链附加值。与此同时，两岸产业政策也涵盖了包括全球价值链、知识经济和新工业革命在内的广大范畴，① 这些都使两岸后发优势得以从知识含量较低的层次提升为知识含量较高的层次，迅速从模仿型后发优势提升为创新型后发优势。

三、两岸运用后发优势的技术创新特点

由于两岸都是通过充分运用后发优势来达成产业的创新升级，因而其技术创新的路径和特点也与发达国家和地区不同。

第一，作为后发国家和地区，两岸都是主要通过边干边学来逐步实现从技术引进、技术模仿到自主创新的技术积累与演进。每一种新技术的实施都需要大量的隐性知识，而这些隐性知识很难完全通过技术说明书阐述出来，往往只能在实际的生产过程中逐步地掌握与积累。在初级阶段，后发国家和地区必须是在生产制造过程中边干边学，以便掌握和运用引进的技术；在中级阶段，后发国家和地区则是在产品设计中边干边学，逐步培养起产品设计的能力；在高级阶段，后发国家和地区通过长期的模仿式创新，最终培养出自主创新的能力。因此，从引进、吸收到改进、创新，从复制性模仿到创造性模仿，成为后发国家和地区产业升级的核心。任何后发国家和地区都不可能跨越技术引进、技术模仿的阶段而直接进入自主创新的阶段。② 东亚经济奇迹的发展是如此，中国大陆和中国台湾的产业创新升级过程证实了也是如此。

第二，从生产制造的工艺创新起步，逐渐具备产品创新能力。英国学者霍步德（Hobday）对东亚国家技术学习模式的研究发现，一般而言，技术领先国家企业的技术进步通常来自自身的研发活动，即在研发活动中首先是产生新的产品和技术的理念。其次是为了实现这个理念不断地解决各种技术问题，使之能够投入生产。其基本路径是先有研发，再有技术设计。最后是生产环节。

① 联合国贸易和发展组织. 世界投资报告2018：投资及新产业政策［M］. 天津：南开大学出版社，2018：140-143.

② ［美］尼尔森. 国家（地区）创新体系比较分析［M］. 北京：知识产权出版社，2012：482-516.

以产品创新为例，技术领先国家的企业首先产生新的产品理念；其次根据理念进行设计；最后才是产品生产。从产品生命周期的角度来看，产品由初创走向成熟，然后才能走向大规模标准化生产。创新的重点逐渐从产品创新转向工艺创新。在产品生命周期的早期阶段，技术创新的重点是产品创新，对产品的品质和功能进行改进；等到产品进入成熟、标准化阶段以后，技术创新的重点就变成了工艺创新，主要是为了降低生产成本。企业竞争的重点，也逐渐由差异化的产品质量和功能的竞争，发展到以生产成本为中心的竞争。但在技术后进国家，这个过程则几乎完全相反。企业从引进成熟技术开始，首先是掌握成熟技术产品的生产能力；其次是掌握产品设计的能力；最后是培养出创造产品理念的能力。后发国家技术能力积累的关键是边干边学，在引进国外成熟技术的过程中，通过边干边学逐步掌握成熟技术的原理，并在此基础上培养出对现有的工艺和产品进行微小改进的能力，最终培养出高级阶段的基础研发能力，能够独立地提出新产品或新技术的理念，独立地解决实现这些理念所遇到的技术问题，开发出新产品和新工艺。因此，后发国家的创新活动，起初主要是降低生产成本的工艺创新，然后逐步培养出改进产品质量和性能的产品创新能力，最后培养出独立地提出新的产品和技术理念的能力。企业的核心竞争力，也开始从最初的低成本价格竞争力逐步上升到以创新为基础的差异化产品竞争力。[①] 实际上，不仅是日本、韩国等东亚国家如此，两岸产业升级过程中的技术创新特点和路径也是如此。例如，如本书第二章、第三章所述，中国台湾半导体、PC 以及工具机产业都是从工艺流程的改进和创新开始，到最后逐渐积累出自身产品创新的能力，并能建立自有品牌。中国大陆手机制造业在开始时也是借由模块化的代工在手机制造工艺上提出各种改良型创新，所以能培养出具备自主研发创新能力的华为手机以及以产品创新取胜的小米手机，等等。

第三，以渐进式创新为主，颠覆式创新不足。运用后发优势固然有快速追赶的优势，但最明显的劣势就是容易锁定在局部性创新和改良型创新的范围内，以渐进式创新为主，颠覆式创新则远远不足。

随着对企业创新研究的不断深入，目前企业创新可以分为渐进式创新和颠覆式（破坏式或激进式）创新两大类。渐进式创新是对现有产品和技术的提升，或对现有技术平台和产品进行改造，满足已有消费者或市场的需求。颠覆式创新则是对熊彼特"破坏式创新"的延伸，是从根本上突破现有的技术，

---

① Hobday M. Innovation in East Asia: TheChallenge to Japan ［M］. Cheltenham: Edw ard Elgar, 1995: 6.

依托全新的技术平台开发出全新的产品或服务，甚至颠覆整个产业原有的运行准则和竞争环境，满足潜在消费者或市场。① 颠覆式创新成本较高、风险较大，但是其更具探索性和前瞻性，使企业具有创造市场、塑造消费者偏好，甚至改变消费者基本行为的潜能。以颠覆性创新理论闻名的克里斯坦森明确指出了不同类型的技术创新对行业的影响：持续性或渐进式的技术创新保持相对稳定的改进速度，会在既有客户重视的属性方面提供更多或更好的东西；颠覆式技术创新则具备一系列不符合主流客户价值的迥异属性，在最初的时候，颠覆性技术往往只是在新市场或新领域中得到应用及重视，但它们通常会创造出一个新的市场，而一旦有创新企业将这种技术推广开来，将对现有格局造成冲击。②

后发国家和地区在运用后发优势进行技术追赶时，由于大多是从引进、模仿开始的，从工艺创新逐步提升为产品创新，因而显现出以渐进式创新为主，颠覆式创新远远不足的特点，这种特点与跨国公司的影响及代工模式也密切相关。由于大量依靠外国直接投资（FDI）引进和学习技术，使跨国公司可以利用其技术和品牌优势在东道国寻求市场，形成一定的垄断势力。跨国公司与国际品牌客户决定着分工的格局和控制产业的升级，它们牢牢占据着附加值高的环节，支配着整个价值链，而后发国家和地区的代工制造业则处于被俘获的地位，被锁定在附加值最低的加工制造环节。一旦他们发现后发国家和地区的代工制造业试图建立自己的核心技术研发能力、品牌和销售终端时，就会利用各种手段来阻止和控制其发展，使代工企业长期被锁定在低端环节，进而使其难以实现转型升级，提高国际竞争力。另外，以跨国代工方式参与到国际分工中的后发国家和地区的代工制造业往往会出现对跨国公司或国际品牌客户过度依赖的现象，这种现象在大陆和台湾都广泛出现。由于代工制造业主要以中小型企业为主，企业的主要任务是生存和发展，因而难以有自主创新的发展理念，错误地认为企业技术水平低一些没有关系，只要能抓住市场机会照样能够发展起来。尤其是在经济高速增长时期的一些大陆中小企业，只要在足够广大的市场中能够确保获取微薄的利润，能够维持企业的生存和发展，就会出现"小富则安"的思想，没有动力去进行自主研发创新。这种过度依赖的结果就是中国代工制造业生产和服务的配套设施都是以跨国公司或国际品牌客户为中心的，容易导致中国代工制造业的灵活性和创新性不强，造成过度专业化和僵化

① Henderson R M, Clark K B. Architectural Innovation: The Reconfiguration of Existing Product Technologies and the Failure of Established Firms [J]. Administrative Science Quarterly, 1990, 35 (1): 9-30.
② ［美］克莱顿·克里斯坦森. 颠覆性创新［M］. 北京：中国人民大学出版社，2019：10-11.

的现象,一旦跨国公司或国际品牌客户的技术和要求发生变化,代工制造业就很难跟着转变。

因此,两岸除了像台积电、华为等大型企业具有足够的动力进行自主研发创新、探索颠覆式创新,广大中小企业往往不具备技术创新和知识整合能力,其技术水平虽然不高,但是可以通过"后发优势"抢占国内和东道国市场,并在此过程中通过改良已有技术来满足消费者需求,这就导致大多数企业以渐进式创新为主,而进一步通过研发机构获取知识等研发资源以提升研发能力,目前实现颠覆式创新的企业还是少数。然而这一局面长远来说对发展中国家和地区不利,渐进式创新尽量避免与基础研究和开发新技术有关的过高成本,甚至依靠识别市场的需求方向,通过引入改进的产品来更好地服务客户,具有成本低、收益快等优势。但是,由于渐进式创新跟随市场变动方向而运行,因此无法站到引领市场方向的高度,有可能会陷入"追赶—落后—追赶"的恶性循环。①

第二节　两岸创新体系中产业政策和产学研联盟的重要作用

一、政府在后发优势利用中的关键作用

在发展的过程中,后发国家和地区面临的是国家贫穷、生产力水平低下、技术落后、资金缺乏、机制不健全、市场体系不完善等问题,然而工业化的世界化趋势、全球经济一体化的趋势、科学技术的可传递性、交通与通信方式的现代性,为它们向先发国家学习提供了极大的可能性和可行性。可以说,后发优势是发展中国家和地区相对发达国家和地区而言普遍具有的,然而,能够利用这一后发优势并取得本国或本地区经济发展与进步的,却只有少数。以起点基本相同的拉美国家与东亚国家的对比为例,拉美国家在自然资源、人口压力、资本等方面其实更优于东亚国家和地区,然而发展到了今天,两者却显现出非常大的差异。"二战"以后,国际经济体系基本形成,拉美国家沿袭以自

---

① Zheng Zhou K. Innovation, Imitation, and New Product Performance: The Case of Chin [J]. Industrial Marketing Management, 2006 (35): 394-402.

由资本主义和自由资产阶级为基础的"原发"型、渐进式的经济发展模型，通过自由放任西方资本进入来开采本国的自然资源、利用本国的各种比较优势，但却忽视了政府本身应有的作为和国情，结果导致的是依附经济的形成、经济的结构性畸变和停滞不前；而东亚国家和地区却通过在起步初期的政府主导和干预，创新了一种"东亚模式"，既符合发展的国情又充分适应和利用了国际环境，创造出了意想不到的成效和"东亚奇迹"。因此，后发优势运用结果的迥异，充分说明了政府在其中发挥着关键的作用。

实际上，格申克龙在提出后发优势的研究中就特别强调，政府是实现后发优势的第一推动力，后发地区能够通过政府介入在短时间内吸引大量的资本、人力等生产要素的投入，避免了先发地区循序渐进的积累过程，使爆发式的赶超成为可能。专门研究发展中国家和地区的经济学家刘易斯指出："没有一个国家不是在明智政府的积极刺激下取得经济进步的。"① "东亚奇迹"就是这样的证明，原本为发展中国家和地区的新加坡、韩国、中国台湾、中国香港以及东盟，都是依靠政府主导实行赶超战略，才在 20 世纪 60 年代后一跃成为"亚洲四小龙"和最有希望的发展中国家和地区，成为"二战"后第一批新兴工业化国家和地区。② 发达国家的经济史发展也说明了同样的道理。英国是近代以来第一个实现现代化的国家，它在 19 世纪就已经成为世界工业的第一强国。德国、法国都依靠强人政治和李斯特所主张的关税保护、产业扶持政策实现了对英国的追赶。而比英国起步晚 100 多年的美国，也是通过汉密尔顿政府以来的一系列经济干预措施，在 20 世纪初替代英国成为世界工业第一强国。日本借由通产省在产业政策等方面的强力主导，用短短 20 年便赶上了德国，成为第二经济大国。因此，"后发优势"是一种可以把落后的压力转化为动力的潜能，但这种潜能能否转换为现实的竞争力，则需要政府扮演关键的角色。

政府是一国的"领头羊"，对于落后国家来说，政府的作用尤其重要。生产力是社会变迁的根本原因。社会生产力的鲜明整体性，要求劳动力、生产工具、劳动对象、技术、财源、信息等生产力诸要素有机地协调组成一个社会经济整体，组成一个有效运转的系统，由此，可能的生产力才会变成现实的生产力。实际上，后发优势是一种相对优势，它强调政府促进经济发展的职能。这是后发优势理论的科学性，也是"弯道超车"的理论基础。合理、明智的政府是生产力诸要素的组织者和协调者，完全靠市场调节这只"看不见的手"

---

① ［美］刘易斯. 经济增长理论［M］. 上海：三联书店，1994：475.

② 世界银行. 东亚奇迹——经济增长与公共政策［M］. 北京：中国财政经济出版社，1995：198-201.

的神话早已被 20 世纪 30 年代的经济大萧条打破，"二战"后凯恩斯主义迅速占领主流地位，主要西方国家都重视在市场经济的基础上通过国家（政府）干预来弥补市场固有的缺陷和市场失效。现代市场经济是通向现代化的必经之路，它已经不是完全自由放任的古典市场经济，政府不同程度的宏观调控是现代市场经济管理体制和运行机制的有机组成部分。而后发国家由于面临生产力落后、市场发育不完善、技术落后等更大困难，更需要政府作为"领头羊"从幕后走到台前，坚决承担起振兴民族经济的重任。通过学习技术和引进先进设备，在短期内缩小与先发国家的差距，这种"后发优势"单纯依靠市场经济和"无形的手"是无法形成裂变的，毕竟结构性变迁改变的是整个生产关系和生产要素，必须依靠"有形的手"即有效政府积极制定产业政策和规划，才能在短期内扭转经济发展停滞不前的局面。① 因此，具有前导意识、强烈民族责任感的政府，可以通过一定强制力辅之以诱导性、扶助性政策，用"看得见的手"的人为干预配合市场这只"看不见的手"，从而把"后发优势"的能量尽快地释放出来。

"二战"后，一些新古典经济学者认为政府产业政策会扭曲资源配置。然而，资源配置是外生比较优势，任由这种外生比较优势发挥，其结果必然是资源的诅咒，难以实现结构转型，不可能有超越发展。如果放任经济的自发发展，则赶超效应是很微弱的，赶超过程将是漫长而痛苦的。因而，政策的作用就体现在，通过倾斜性产业政策实现结构转型——从发挥外生比较优势的经济结构向更加合理的产业结构的转型，"东亚奇迹"的发生就是建立在这种机制的基础之上的。② 就产业创新升级而言，政府促进经济发展的职能还主要体现在组织各种资源以实现科技进步、技术创新。两岸产业创新升级的历程都印证了政府的重要性，同时在不同层面上又显现出不同的侧重和特点，本书结合前述章节的介绍，就政府产业政策、推动产业集群、搭建产官学研创新体系方面进行比较和总结。

二、两岸产业政策对产业创新升级的推动

后发优势的存在并不意味着每个后进国家和地区都能够充分利用，政府通过产业政策来拣选和扶持重点发展的产业，尤其是高科技产业和其他战略性新兴产业，对推动和培育产业的创新升级非常重要。

---

① 瞿宛文. 中国产业的发展模式：探索产业政策的角色［M］. 台北：（台湾）社会研究杂志社，2020：29-32，91-93.

② 何志星. 论"弯道超车"与后发优势［J］. 经济学家，2010（7）：22-27.

（一）中国台湾产业政策对产业创新升级的推动

如前所述，中国台湾的产业政策历史悠久，20世纪50年代，重点扶植轻工业的发展，特别是食品加工业与纺织业，实现"进口替代"。60年代，中国台湾转而进入"出口导向"工业化的阶段，推动塑料制品、纺织等产业的发展。1973年，台湾出台了"十大建设"方案，依靠大规模公共部门支出刺激经济景气，其中筹办大炼钢厂、大造船厂与提升石油化学工业成为中国台湾加速发展的重要动力。从70年代开始，台湾当局由于受韩国刺激，开始设立"工研院"大力推动技术的引进和向民间扩散。1979~1982年，中国台湾两次召开了科技大会，时任中国台湾地区行政事务主管部门负责人孙运璇和"科技政委"李国鼎确定了"八大重点科技"，同时制定了"策略性工业之试用范围"，选定电子、信息、机械、电机、运输工具等产业作为"策略性工业"。之后，相继制定了所谓"机械工业发展方案"和"电子工业发展方案"。1982年，中国台湾组建了"策略性工业发展执行委员会"，根据"产业关联效果大、市场潜力大、技术密集度高、附加值高、能源密集度低、污染程度低"的原则，选定了151项产品作为第一阶段的优先发展对象。1986年和1987年又增加了生物、材料工业为策略性工业，形成包括214个项目的科技工业体系。90年代，中国台湾在"科技发展12年计划"和"中期计划"中，提出资讯、消费性电子、电讯等重点发展的十大新兴产业，并成立了6个推动小组，推动的重大投资达1422亿美元。在中国大陆与东南亚后进工业化追赶、全球资本主义加速竞争的环境下，进入21世纪后，台湾当局进一步规划了提升产业技术，大力发展高科技产业的经济发展战略，将半导体、精密机械、通信、环保设备、生物制药和航天产业作为领航的明星产业，特别是把多媒体和生物技术产业选定为两大主流产业。2009年3~5月，为了应对全球金融风暴，引导民间投资来提振经济，台湾当局连续推出了六大新兴产业规划，将生物科技、观光旅游、绿色能源、医疗照护、精致农业和文化创意六大产业作为产业调整和发展的新方向，并陆续通过了"中国台湾生技起飞钻石行动方案"等四大新兴产业的发展方案。2010年，中国台湾又规划了云端运算、智慧电动车、智慧绿建筑和发明专利产业化四个智能型产业，目的都是引导中国台湾产业从过去卖产品、硬件制造，走向夯实软实力、卖高附加价值产品为主。

由上可见，台湾当局循着劳动密集型→资金密集型→技术密集型→知识密集型的产业升级路径，结合世界科技发展动向和国际产业转移趋势，不断地主动选择出适当的产业进行重点培育。虽然由于各种原因，21世纪后中国台湾的产业政策效果明显减弱，但这种选择性地引导和扶植策略性产业的发展，特别是 20 世纪 80 年代将电子信息产业作为"策略性工业",是中国台湾经济腾飞并直到现在仍具有较强竞争力的重要原因。[①]

总体看来,在"二战"后初期,中国台湾在只具备廉价劳动力和土地等比较优势的情况下,却不过度迷信市场万能的教条,不被动或放任市场自动形成要素禀赋和比较优势,而是借助台湾当局干预和人为力量刻意培育与时俱进的竞争优势,有意识并且有效地引导、催生、孵化高科技产业,通过各种产业规划和产业政策培育新的比较优势,是中国台湾能够成功利用后发优势的一个主要原因,中国台湾也由此创造了发展中经济体借助后发优势获得经济增长和产业转型的一个成功案例,这一点是非常具有现实意义的。在全球生产网络体系下,更低成本的生产环境会不断出现,今天以廉价劳力看好的国家,明天可能就会被新的廉价劳力国家取代。而由于新科技的快速发展,以往被认为不可能的、不经济的资源异军突起,同样也让以传统资源见长的国家在一夕之间失去了竞争力。[②] 对此,台湾当局有清楚的认知,如"经建会"主委江丙坤强调:中国台湾经济发展的成果,工业部门的贡献功不可没,中国台湾必须创造一个更好的经济环境,赋予产业发展更大的动能,将有限的宝贵资源运用于更高附加价值,方能打造知识经济时代的竞争优势,必须要促使产业借由技术创新进行升级转型,以实现更高的附加价值,继续提升整体产业竞争力,向全球值链的高端攀升。[③]

在台湾当局引导和促进下成长起来的中国台湾民间高科技企业,对台湾当局这种利用后发优势进行追赶的产业政策思想也予以了充分的认同。如前所述,宏碁董事长施振荣在 20 世纪 90 年代就提出了"微笑曲线",认为在知识经济时代,随着原先附加价值最高的中游加工制造降至曲线的凹端,而以创新为核心的上游研发设计和下游品牌营销获得更高的附加价值,占据了价值链的高端,以创新为核心的竞争优势就已取代了传统的以成本考虑为核心的比较优势,企业唯有依靠创新朝着"微笑曲线"的两端努力,才能建立起持续的竞争优势。[④]

(二)中国大陆产业政策对产业创新升级的推动

改革开放以后,大陆开始充分利用自身的比较优势,积极加入到国际分工

① 曾铭深,刘大和.知识经济:引领知识新潮,推动台湾进步 [M].台北:台湾经济研究院,2001:275-276.

② [美]波特.国家竞争优势 [M].北京:华夏出版社,2002:5-17.

③ 江丙坤.台湾经济发展的省思与愿景 [M].台北:联经出版事业有限公司,2004:211.

④ 施振荣.再造宏碁 [M].台北:天下远见公司,1996:297-301.

的行列中。由于当时大陆的比较优势主要是廉价、充裕的劳动力资源，因而主要发展劳动密集型产业（如纺织、服装、玩具等），以及劳动密集型与技术密集型相结合的组装加工制造业和装备制造业（如家用电器办公及通信设备等）。随着经济的发展，大陆在国际分工中的地位也发生了深刻变化，工业制成品出口额占世界工业制成品出口额的比重从 1980 年的 0.80% 上升到了 2005 年的 9.58%，排名世界第三，开始成为继英国、美国、日本之后的第四个"世界工厂"。然而，除了运用比较优势，同时采取扶植性的产业政策，利用后发优势进行赶超。

1989 年，国务院颁布了第一个以产业政策命名的文件——《国务院关于当前产业政策要点的决定》，对生产、基建、技改、外贸等领域提出了重点支持、严格限制和停止的产业和产品。进入 20 世纪 90 年代以后，一些重要的产业政策陆续颁布实施。1994 年，国务院颁布了《九十年代国家产业政策纲要》，提出大力发展农业、基础设施和基础产业，确定机械电子、石油化工、车和建筑业为国民经济的支柱产业，鼓励具有比较优势、高附加值和国际竞争力的产品出口。1991~1996 年，国家明确制定的产业政策主要还有《汽车工业产业政策》《指导外商投资方向暂行规定》《外商投资产业指导目录》等。为了推动产业结构不断调整和升级，国家计委（国家发展和改革委员会）先后发布了《当前国家重点鼓励发展的产业、产品和技术目录（试行）》（1997 年，2000 年）和《产业调整指导目录》（2005 年），对鼓励、限制和淘汰的产业部门进行了详细的规定。国务院则于 2005 年发布了《促进产业结构调整的暂行规定》，提出产业结构调整的目标是"促进一、三产业健康协调发展，逐步形成农业为基础、高新技术产业为先导、基础产业和制造业为支撑、服务业全面发展的产业格局"。

由于科研和教育是涉及产业创新升级的重要因素，中央政府先后提出了科教兴国战略（1995 年党的十四届五中全会）和自主创新战略（2005 年党的十六届五中全会），并大量增加对公共教育与科研的支出。出于对高科技产业的重点扶持，国家计委（国家发展和改革委员会）和科技部等有关部门从 1999 年起陆续发布《当前优先发展的高技术产业化重点领域指南》，确定当期优先发展的高技术产业领域，并根据经济形势的变化不断进行调整；同时对优先发展的高技术企业也积极给予科研补贴和减免税政策，比如，2007 年，全国人民代表大会第五次会议通过的新《企业所得税法》规定，对需要国家重点扶持的高新技术企业按 15% 的税率征收企业所得税。

当然，大陆最重要的推动产业创新升级的政策就是开放外资进入，1992

年大陆正式宣布采行市场经济体制后，各发达国家排名前列的大公司一多半进入中国投资，大部分投向技术、资金相对密集的重要支柱产业，如前文所述的"18号文件"开放外资进入就对大陆半导体战略性产业的发展起了关键的作用。正是由于大规模地引进外资，通过其技术外溢等效果，对大陆制造业的产业创新升级起到了非常大的带动作用，大陆产业结构在外资的推动下迅速升级。

产业政策可以充当贯彻国家发展战略的工具，对于有志于赶超的后进国家和地区而言尤其如此。例如，韩国效仿日本的做法，以产业政策为手段，运用政府的力量推动产业结构的优化，在短短二三十年里就走完了老工业国用了一二百年才能走完的历程。中国大陆的一些关键性产业也是通过改革开放后有秩序地扩大对外开放、制定和实施出口导向型产业政策，政府通过各种扶植政策和优惠措施有效地促进本国产业对国际分工的参与，从而充分利用后发优势，在技术和管理领域较快地接近国际先进水平。不仅如此，产业政策对增强企业的创新能力和开拓国际市场等也有重要作用。产业的国际竞争力是建立在本国资源的国际比较优势、骨干企业的生产力水平、技术创新能力、国际市场开拓能力基础之上的。台湾和大陆两岸产业发展和企业成长的历史就是明证，实际上，美国政府也是通过加强对研究开发活动的投资，以及采取多种配套措施加快高新技术研究开发和产业化进程，有效地促进了技术创新；美国政府还通过从"自由贸易政策"向"战略贸易政策"的转变，开辟了以外贸、外交、军事等手段开拓海外市场的新路，等等。类似的产业政策为保持和增强美国产业的国际竞争力做出了不可低估的贡献。

此外，后发国家和地区大规模的基础设施建设也是有利于产业创新升级的重要产业政策。发展中国家在经济"起飞"的初期都会遇到基础设施（交通、电力、通信等）和基础工业（重工业和基础化学工业）薄弱的"瓶颈制约"。这些部门的"外部性"较强，对整个经济发展具有重大的促进作用，而本身却投资巨大、盈利性低、资本回收期长，仅仅依靠市场机制肯定无法在短期内达到经济"起飞"要求的条件。由此，经济计划的有效执行，就成为中国台湾经济发展成功的主要因素之一。[①] 如前文所述，20世纪60年代末到70年代，中国台湾就启动了"十大建设"等一系列基础建设工程，以提升和深化总体经济发展。1974~1979年，"十大建设"次第完成，投资总额2094亿新

---

① 叶万安. 台湾的经济计划［M］//高希均，李诚. 台湾经验四十年（1949-1989年）. 台北：天下远见公司，1991：46-55.

台币，其中，有六项是交通运输建设、三项是重工业建设、一项为能源项目建设。90 年代，中国台湾产业进入加速发展时期，也继续于 1991 年推出了"六年建设计划"、1995 年推出了"亚太营运中心建设计划"等，这些均以公共建设为主，并广泛鼓励民间投资参与公共建设。

大陆也是如此，改革开放以来，在道路桥梁、高铁动车等建设领域取得了举世瞩目的成就，对农村地区的基础设施建设也令人称赞。针对经济城乡二元结构和农村明显落后于城市的现状，政府多年来一直加快农村基础设施建设，实现农村电气化，农村地区的基础设施项目包括修筑乡村公路，架设乡村电网，建立广播电视接收、发送装置等，这些建设为农村创造了良好的消费环境，也为产业升级发展培育了巨大的消费市场。大陆具有广大的农村市场，这一市场的潜力很大，以新农村运动为主要内容的农村道路、电网建设把农村地区大量需求潜力释放出来，有利于刺激国内消费需求，并且这类基础设施建设属于高度劳动密集，以使用农村劳动力为主，能够创造许多就业机会。开展这些项目，也有助于提高农村地区的生活水平以及缩小城乡差距，对农村网络基础设施的大规模投入以及遍地开花的"淘宝村"就是有力的证明。

实践证明，产业政策是后发国家和地区实现超常规发展、缩短赶超时间的重要工具。这种产业政策服从和服务于后发国家企图利用后发优势进行赶超的经济战略，政府正是通过选择性、扶植性和倾斜性的政策以及在财税优惠、基础设施配备等措施，对后发国家和地区的产业创新和升级起到了重大的推动作用。

当然，除了服务于赶超战略的产业政策，政府也制定了各种指导性产业政策来尽量消除市场失灵，提高社会福利水平。这些指导性的产业政策主要体现为：提供产业发展的信息、对科研活动进行补贴或减免税收、保护环境和资源，等等。在中国大陆，为了有效率地提供有关比较优势的动态信息，促进产业升级，避免重复建设和"潮涌现象"，政府还负责收集和处理有关产业发展的信息，并以产业政策的形式发布。不过，应该指出的是，与旨在充分利用后发优势和培育新的比较优势的产业政策不同，这类指导性产业政策旨在完善市场机制，更多地开发利用既有的比较优势。

三、两岸建立产学研联盟的不同经验

21 世纪是以知识和信息为关键生产要素的时代，因此，技术的研发和知识的扩散至关重要，对于依靠科技创新的信息技术产业等核心战略性产业来说

尤其如此。因此，知识经济的发展必然客观要求建立产学研联盟，而这一联盟也已普遍成为国家创新体系的基本模式。产学研联盟的基本组成部分包括高校、科研机构和企业，政府或直接加入产学研联盟形成官产学研联盟，或存在于产学研联盟的外部，但在联盟中起到重要作用。事实上，无论是从发达国家来看还是从发展中国家和地区的经验来看，产学研联盟都是公共产品生产机构，其产品具有公共性，没有也不可能完全市场化，需要由政府进行推动和协调管理。

产学研联盟的发展最早可上溯至 1920 年英国的研究联合体，后来各发达国家沿用和发展出了不同产学研联盟的模式。以美国为例，在"二战"时期，许多美国大学就参加了由政府引导的科技创新计划，第一台电子计算机 ENIAC 就是其中的典型代表。"二战"以后，美国政府将军事科研的成功模式移植到民用科技领域，联合大学创建了国家科技创新体系，美国国会于 1950 年通过设立"国家科学基金"（NSF），以政府的科技政策、法规对美国大学科研规划进行导向和制约，国家目标成为美国大学科研的重要选题来源。自 1971 年起，美国政府通过 NSF 资助了"工程研究中心计划"等 7 个重大的产学研合作计划，其主要目的就是要把基础研究和应用研究紧密联系起来，最大限度地加快科技成果产业化的进程。1984 年，美国国会通过了《联合研究开发法》，旨在规避反垄断法律的障碍，鼓励研发联盟企业的建立。1986 年，通过了《联邦技术转移法》，规定专利转让收入的 15% 归发明者所有，从法律上保证了发明者的权益，强有力地推动了产学研合作的深入开展。在政府的鼓励和支持下，美国的产学研联盟获得了长足发展，据美国司法部统计，1985 ~ 1996 年共成立了 609 个创新联盟，平均每年 50 个。[①] 例如，在政府的支持和直接参与下，1987 年，美国的 13 家大型企业建立了半导体研究联盟，后又成立了半导体制造技术联合体，这对美国半导体产业的创新发展发挥了关键作用。美国政府推动产学研联盟的一个主要方式是促进建立科技工业园区，这种园区能促进相关科技专家生产者之间的共同学习。20 世纪 50 年代，随着高新技术的广泛兴起和迅速发展，美国工商界和政府部门为了利用大学的研究力量，就开始把从事高新技术研究与开发的实验室设在研究性大学周围，通过不同方式的组建，一些大学周围逐渐形成了高新技术密集区，被称为"研究园区"或"工业园区"，统称"科技工业园区"。在园区的体系中，密集社会网

---

① 邸晓燕，张赤东. 产业技术创新战略联盟的性质、分类与政府支持 [J]. 科技进步与对策，2011（5）：59-64.

络和开放的劳动力市场鼓励了企业家精神和对资源的持续动员，公司之间高度竞争与合作。科技工业园区的成功发展促进了整个地区经济的繁荣，影响了美国西海岸高新技术的发展速度，并为全球最大的电子工业基地奇迹般的崛起奠定了基础。除了斯坦福工业园和"硅谷"外，北卡罗来纳州三角研究园、波士顿128号公路高技术园区、田纳西技术走廊都是美国举世闻名的科技园，极大地加速了美国科技成果的产业化。①

"二战"以后，日本的迅速崛起也离不开政府对产学研联盟的主导和推动。日本政府建立和完善了与产学研合作相关的制度与体制，视产学研合作教育为一项必须坚持的基本国策。1956年，日本通产省发布了《关于产学研合作的教育制度》，1960年日本内阁在"国民收入倍增计划"中特别强调要"重视产学研的合作""加强教育、研究、生产三者之间的有机联系"。② 1981年，日本科技厅和通产省分别确立了官产学"三位一体"的、以人为中心的科研体制，日本政府制定的《创造性科学技术推进制度》和《下一代产业基础技术研究开发制度》等明确规定了产学研合作推进创造性研究。以"技术立国"为根本方针，日本政府先后通过了《工矿业技术研究组合法》（1961）、《技术研究组合法》（2009）等，打破了以往的政策限制，并明确了财政、税收等优惠政策，推动了技术创新联盟的发展。在实践过程中，日本政府创办或引导成立了大量的技术研究组合，并提供相当份额的研究经费，如1983年日本政府提供的研究经费占国内研究总经费的一半以上。而20世纪60~80年代日本组建的"工矿业技术研究组合""超大规模集成电路技术研究组合"等组织，有效提升了日本企业的技术发展水平，并使日本一度成为半导体强国。直到现在，日本虽已逐步成为世界经济和技术强国，但面对经济全球化的新竞争环境，支持产学研合作仍然被日本政府视为一项重点工作。

与美国、日本产学研合作模式比较，德国的产学研合作模式最突出的典范是弗朗霍夫协会（Fraunhofer）模式，弗朗霍夫协会是欧洲最著名的非营利性应用技术研究机构，德国政府对其投资约占其年收入的30%，其任务是通过应用研究领域的技术开发为技术密集型企业拓展市场，在德国历次的产业升级以及德国工业4.0发展战略中扮演着重要角色。该机构与多所大学进行合作，通过多年的成功运作，创造了一个企业、大学和政府合作的成功机制，形成了

---

① ［美］萨克森尼安．区域优势：硅谷与128号公路的文化和竞争［M］．上海：上海科技出版社，2020：31-62.

② ［美］约翰逊．通产省与日本奇迹——产业政策的成长（1925-1975）［M］．长春：吉林出版集团公司，2010：346-350.

著名的政府资助、研究机构企业化运行的模式。

可见，虽然美国、日本、德国采取的方式和途径不同，但产学研联盟的建立都强调政府行为，而不是市场自发的组织和结合。政府推动产学研联盟的建立，是国家创新体系中必不可少的一个环节。

作为后发国家和地区，两岸在产业创新升级的过程中，也体现出非常明显的政府主导和作用，但两岸对推动产学研联盟的建立却有不同的经验。如本书第二章对中国台湾工业技术研究院的分析描述，20世纪70年代，中国台湾在新竹科学园建立了由台湾当局设立投资、非营利的公共研究机构，并赋予"工研院"不受政治力干扰、自主营运的独立法人地位，以协助台湾当局达成传统产业升级、开创新兴产业的目标。企业化独立经营的"工研院"，可有效避免官僚主义造成的低效运行，但同时扮演着台湾当局产业政策实施者的重要角色。"工研院"进行研究开发，但区别于纯粹的学术机构，主要以应用技术研究为主。"工研院"每隔一段时间（一般为10~15年）会进行发展策略转变，研究课题主要依据当期发展策略展开。"工研院"从事的研究项目主要包括短期研究、中长期研究以及跨领域研究，其中短期研究主要面向企业，研究课题依据企业委托内容制定，同时也能保证"工研院"研究符合市场需求。中长期研究和跨领域研究则主要为提升中国台湾整体科技、产业水平服务，具有前瞻性。"工研院"在初创期虽然由台湾当局为其运行提供充足的资金保障，但在不断发展和探索中，拥有了一批经验丰富的科技工作者和可推广应用的科技成果，通过技术转移、成立衍生公司、为产业界提供各类服务等，"工研院"对台湾当局直接投入的依赖逐渐减弱，2002~2008年，"工研院"来自技术移转及专利方面的收入从6亿新台币增长到16亿新台币，最终实现了收支平衡，成为全球科研机构难得一见的亮丽表现。[①] 目前，"工研院"主要以合同研究项目为主要资金来源，"工研院"的上述特点都成为中国台湾科技制度改革的重大创新。

中国台湾产业科技研发中心，"工研院"是整合、连接、调控海内外资源的杠杆和桥梁，也是官产学研之间的互动平台，从成立之初就与海内外产业、学术机构有合作。此外，"工研院"也帮助和推动了中国台湾中小企业的创新发展，中小企业占中国台湾企业的大多数，力量薄弱，而"工研院"依靠自身研发与信息优势，主导成立了各行业技术研发联盟和跨产业研发联盟，在联盟中，企业需求主导共性技术研发方向，"工研院"提供技术和最新发展资讯和

---

① 王之杰. 遇见科技新未来：从台湾制造到台湾创造 [M]. 台北：天下远见公司，2008：27.

趋势分析，企业也会根据情况参与到研发活动的不同阶段，并获得相应权益。由此，研发联盟的建立将企业汇聚在了一起，有效提升了科技成果转化率和周期，降低了中小企业技术创新的成本，增强了中国台湾企业的国际竞争力。

"工研院"除了通过技术转移、衍生企业、提供技术服务等方式来帮助整体产业创新升级以外，"工研院"还通过其他方式在技术的扩散和传播中发挥了重大作用。1987年，"工研院"就起草了"'工研院'技术扩散和实施规程"，其中信息扩散程序包括向产业界发布"工研院"发展现状公告、通过会议和成果展示向感兴趣的企业和合作机构传播新的研发信息、在专业期刊发表文章、参加专业会议以及举办座谈会、短期培训、技术推介研讨会、业务陈述等活动，公开解释其研究成果可以给企业带来什么样的利益，在需要时向企业提供援助服务，等等。

此外，"工研院"为中国台湾的产业发展培育和提供了大量的人才，截至2016年4月，"工研院"共有5820人，其中学士1220人、硕士3214人、博士1386人，硕、博士人数占总人数的79.04%（在"工研院"成立之初，这个比例是18.66%）。"工研院"作为中国台湾科技人才培养地和储备库，在研发成果不断涌现的同时，还培养并输出了一批又一批的高技术人才和管理经营人才，到2016年，"工研院"累计输出人才共1.8万人，许多人成为科技园区高级主管或企业高管。① 20世纪90年代以来，中国台湾地区的经济发展到了发达经济体的程度，提高技术水准已不可能仅靠进口的机器设备、技术合作和外国专利。中国台湾要向产业链高端迈进必须更加依赖自行研发与创新，在这方面需要好的设备与环境，更需要良好的科研人才。② 在这一意义上，"工研院"功不可没。

近年来，中国大陆明确支持产学研协同合作的只有"产业技术创新战略联盟"计划，根据科技部在《关于推动产业技术创新战略联盟构建的指导意见》中的界定，产业技术创新战略联盟是企业、大学、科研机构或其他组织机构，以企业的发展需求和各方的共同利益为基础，以提升产业技术创新能力为目标，以具有法律约束力的契约为保障，形成的联合开发、优势互补、利益共享、风险共担的技术创新合作组织。对于中国大陆来说，产学研多边合作的技术创新联盟是一种新型的组织模式，在2006年提出建设创新型国家战略之

① 贾晓涛，等.台湾"工研院"建设模式分析及对产业智库建设的启示［J］.智库理论与实践，2017（4）.

② 于宗先.工业升级的过去与未来［M］//高希均，李诚.台湾经验再定位.台北：天下文化公司，1995：241-242.

前，其数量很少。2007年6月，在国家推进产学研结合工作协调指导小组的推动下，钢铁可循环流程、新一代煤（能源）化工产业、煤炭开发利用和农业装备产业首批4家技术创新战略联盟正式成立。从此，技术创新联盟开始了一个快速增长的过程。自2007年首批成立4个产业技术创新战略联盟至今，中国大陆建立的国家级、区域性、省级和市级技术创新联盟已达几百家。为了规范联盟的发展并吸引更多企业、高校与科研机构的加入，科技部、财政部、教育部等国家六部委于2008年12月联合发布了《关于推动产业技术创新战略联盟构建的指导意见》，2009年7月，科技部等六部委又联合制定推出了《国家技术创新工程总体实施方案》。在政府的推动下，越来越多的企业、高校和科研机构加入到组建和参与技术创新联盟的战略中来。

在中国大陆的技术创新联盟中，工业技术研究院是一个主要模式。工业技术研究院是地方依靠科技创新转变经济增长方式、调整产业结构的新型产学研协同创新平台，近年来在中国大陆各地纷纷涌现，如北京清华工业开发研究院、陕西工业技术研究院、上海紫竹新兴产业技术研究院、广州现代产业技术研究院、上海交通大学先进产业技术研究院、中科院深圳先进技术研究院、苏州技术研究院等。值得注意的是，由于这些研究院成立时间较短，目前主要研究力量集中在产业技术创新方面，在产业科技发展政策、国家（地区）产业技术发展战略规划等方面还涉足较少。同时，由于技术创新联盟是一种不同于纯粹的市场和等级制的网络组织形式，对于这种新型技术创新组织，参与者尚缺乏相关的治理经验。例如，广东的技术联盟创新平台就普遍存在"重规模、轻质量，重建设、轻运行"现象，体制机制障碍较多。工业技术研究院在中国大陆的运作还远未形成中国台湾"工研院"对整体产业创新升级的关键效果。

中国大陆产业技术创新联盟的另一种高级形式是科技园模式，即由有实力和运作能力的企业或者科研院所牵头，在地方政府的政策扶持下，政府、高校、科研机构和企业共同合作，以推动科技创新为目标、以资金和项目为纽带、以大学和科研院所的技术和人才为依托，通过签订合同、协议等法律文件，按照社会化运作方式建立区域性科技园，设立园区内创业服务中心等孵化器。中国大陆的这一科技园模式与美国类似，目前的科技园区已经初步形成了研究基地、孵化基地和产业基地的有机链接，旨在通过形成园区内的产业群、企业家群而产生规模集聚效应，来实现高科技产业群的高速发展。以中关村为代表的科技园表明中国大陆已开始建立自己的创新系统。中关村汇集了一批与首都著名大学和研究机构有联系的软件和研发企业。许多研究机构和大学还建立了科技公司，这种联系非常适合知识经济中的创新系统，有利于形成面向创新的中国生产网络。①

值得指出的是，与中国台湾的经验不同，以企业为主导的结合产学研力量建立的"企业研究院"，在中国大陆的产业创新升级中扮演了重要角色。企业研究院在国外很普遍，美国微软公司、IBM 公司和韩国三星公司等国际知名的 IT 企业都建立了研究院，重视加大技术研发投入，凝聚了一流科技人才，为企业可持续化发展提供了源源不断的技术支撑。中国大陆大多数知名大型企业也建立了自己的研究院，例如，在家电企业中，成立于 1998 年12 月的海尔中央研究院作为海尔集团的核心技术机构，承载着为集团创全球知名品牌提供核心技术支持的使命。2012 年海尔集团在德国纽伦堡设立了第一个海外 R&D 机构，截至 2016 年已在美国、日本、德国完成了 3 次技术性获取型并购。目前，海尔研发网络包括国内外建立的 48 个科研开发实体机构。成立于 2014 年的美的集团中央研究院，则主要承担集团技术创新、平台创新、技术战略和创新创业等工作。在通信企业中，则以华为公司所设立的研究院为代表，华为公司在中国、德国、瑞典、俄罗斯及印度等国家和地区设立了 16 个研究所，在国内则设立了深圳总部的"中央研究院"以及分布全国多个城市的 8 个研究所。在欧盟发布的《2016 年全球研发投入排行榜》中，华为排名全球第 8 位。② 互联网和计算机企业则存在两种类型的研究院：一种是技术型，另一种是智库型。技术型研究院以百度研究院、联想研究院为典型代表，智库型研究院以阿里研究院、腾讯研究院为代表，企业研究院都与国内业界专家学者进行开放合作，形成了致力于应用研究的产学研合作创新平台。

总体来看，在中国大陆手机制造业、"互联网+制造业"等代表性产业中，企业自身所创建的各种研究院，如华为研究院、阿里研究院、百度研究院等对创新升级发挥了更直接的推动作用，而以政府主导的、以高校为主的各种工业技术研究院则在国防性工业以及基础研究方面发挥了作用。可以说，以企业研究院为主体的应用研究系统与以科研院所和高校为主体的基础研究体系构成了中国大陆科技研发的二元格局，但二者之间在组织管理、资源调用、科研模式等方面存在重大差别，目前来看科研成果转化效率并不高，科研成果与实践应用之间仍存在严重的转化鸿沟。

---

① ［法］波尔弗，埃德文森，等. 国家、地区和城市的知识资本［M］. 北京：北京大学出版社，2007：205-206.

② 胡曙虹. 中国企业 R&D 国际化：区位选择与空间组织［D］. 上海：华东师范大学，2018.

一方面，从两岸共同的经验来看，在推动创建产学研联盟方面，政府都扮演了积极的主导作用，尤其是在产业发展初期，为了推动形成支柱产业和战略性产业，政府通过制定出一系列保障措施及优惠条件来为产学研合作创造一个好的政策环境，在初始阶段甚至由政府进行出资。事实上，各国的产学研联盟都是在各国政府宏观政策的引导下发生的，政策的支持与激励是刺激产学研联盟发展的重要外部因素。而在微观层面上，政府的支持与调控可以减少联盟构建和运行的成本，促进创新资源的集聚，协调联盟内部的矛盾与利益，提高联盟的效率。事实上，无论是美国、日本、德国，还是中国大陆与中国台湾摸索建立产学研联盟的经验，都证明政府在组织产学研创新网络中有着不可或缺的引导作用。美国政府科技政策的引导与倾斜对美国的产学研合作起到了重要的推动作用，日本政府联合企业集团形成的国家创新体系极大地提升了日本的科技实力，德国政府对弗朗霍夫协会的资金和政策支持促进了政府、企业与研究机构间的紧密结合，而且德国模式所建立的并不只是一个创新网络，也建构了一个从业者的观念与需求出发，经过德国产学研联盟，最终成果又回流到企业手上的创新生态体系。① 在产学研联盟中，企业是为了获得技术创新与收益，高校与科研院所是为了将技术产业化，而作为重要推动力量的政府则是为了推动国家创新体系的发展，带动整个产业的进步。产学研联盟所带来的产学研协同创新，其实质是国家创新体系中知识创新体系与技术创新体系的结合与互动，是科技教育与经济的融合发展。单纯依靠企业和大学、研究机构之间自发开展产学研合作，并不能有效地促进生产与科技成果的紧密结合，美国、日本、德国以及两岸的经验都证明，政府行为在产学研协同创新中可以起到明显的纽带作用，其引导力在调动、整合、利用社会资源方面具有得天独厚的优势，是国家创新体系中不可缺少的一环。

　　另一方面，从产学研协同创新的直接效果来看，两岸还存在较大的差异。中国台湾"工研院"取得了类似于德国弗朗霍夫协会的明显效果，对中国台湾半导体、个人 PC 等 ICT 产业的创新升级起到了不可或缺的作用。② 从弗朗霍夫协会长期发展的过程可以发现，其能够主动提供产业服务的主要原因，在于德国政府从 20 世纪 70 年代后就逐渐减少无条件提供的经费。弗朗霍夫协会现在的经费（收入）有相当大的部分必须经由与其他不同的机构竞争才能从

---

① 刘翰璋. 德国联邦产业研究协会对于台湾中小企业研发合作模式之启示［J］.（台湾）台湾经济研究月刊，2014（1）.

② ［美］尤素福，等. 全球生产网络与东亚技术变革［M］. 北京：中国财政经济出版社，2005：344-345.

产业和政府取得，这一良性竞争机制，十分有利于驱动科技政策与研发机构体系追求卓越、提供产业服务并持续向前转型。① 中国大陆技术创新战略联盟起步较晚，虽出台了《关于推动产业技术创新战略联盟构建的指导意见》《关于推动产业技术创新战略联盟构建与发展的实施办法（试行）》等政策文件，但在产学研合作各方的权益保护、知识产权、利益分配、合作纠纷等方面尚缺少明晰化的政策配套文件。从各省市创新平台的建设情况来看，缺少对推进产学研协同创新的计划引导，财政投入力度不够，未能有效调动产学研各创新主体的积极性与主动性。因此，中国大陆产学研联盟在推进高新技术领域、战略性新兴产业发展方面虽取得了一些实际的效果，但总体来说，产学研合作尚处于初级阶段，支持产学研协同创新的形式还比较单一，协同层次还不深入，产学研各方尚未形成真正的合力，没有形成一个长效性的创新机制，政府通过计划引导产学研协同创新方向的能力也没有充分发挥。目前，中国产业技术的瓶颈问题绝不仅是数量上的，而是结构性的。数量的增长（如国内专利和科技论文数量的增长）具有积极意义，但单纯的数量增长并不能帮助中国实现关键技术和基础型技术的突破，因为这些技术产生于完全不同的知识生产机制。事实上，中国大陆所缺失的不仅仅是芯片或单个的设备或技术，而是一套有助于解决本国关键技术问题的知识生产机制。②

第三节　两岸企业在产业创新升级中的不同特点

企业是创新的主体，不论是熊彼特最早从强调"企业家精神"来说明企业创新的重要性，还是波特的国家创新体系结构中对企业战略、结构和竞争状况的强调，以及近年来的国家创新体系理论将企业作为重要的内圈因素，都说明企业在创新体系中处于核心地位。虽然科研机构和高校也是创新的主体之一，但所有科学技术研究成果最终都必然要进入企业之中，从而实现科技知识与经济增长过程的结合。企业不仅是技术创新投入和技术创新活动的主体，也是技术创新收入的主体，还是主动参与或者创建产学研联盟的主体。因此，通

---

① 李永正．公共部门研发机构如何兼顾基础研究与产业应用——以德国 Fraunhofer 技术研究协会为例［J］．（台湾）台湾经济研究月刊，2016（7）．
② 封凯栋，姜子莹．产学研组织方式变革：路径依赖与改革前瞻［J］．学术研究，2020（10）：77-83.

过比较分析两岸企业在产业创新升级过程中的不同特点，有助于进一步揭示两岸产业创新的不同发展。

一、中国台湾企业在产业创新升级中的主要特点

（一）中国台湾中小企业在产业创新升级中成为主力军

众所周知，"二战"后中国台湾是以中小企业为主的地区，企业规模小，技术开发能力弱，然而，在中国台湾的产业创新升级过程中，中小企业却普遍发挥了积极作用，这一局面与台湾当局的产业政策密切相关。

从 20 世纪 70 年代开始，台湾当局对高科技产业的政策扶持，无疑促成了中国台湾产业结构的快速调整和升级。而与韩国在"二战"后大力扶植三星等大财阀的产业政策相比，中国台湾的产业政策有一个突出的特点，即高度重视中小企业，使中小企业在中国台湾经济奇迹中成为众所周知的最活跃的主力军。

以扶植半导体产业发展、选择重点开发技术的过程为例，如前文所述，不同半导体次产业所需的资本和技术能力相当不同。例如，半导体的易失存储器（DRAM）产业的生产和销售单位必须达到百万以上，只有具相当的规模的企业才能形成这种规模效应；而特用芯片（ASIC）产业则可能使中小型企业因特殊的设计能力而存活，在特殊应用市场术转折点出现时，甚至可能超越领先的大型公司。20 世纪 70 年代日本与韩国由于历史和社会的原因很重视大企业，并主要依靠大企业发展重要产业（如日本的索尼、三菱等大公司和韩国的三星、现代等大公司），所以在选择主导技术以集中资源进行开发时，都选择了 DRAM 这一需要大企业的规模效应来配合发展的技术，而中国台湾则选择了可以移转于众多中小企业、使中小企业可以依靠特定设计能力而胜出的 ASIC 技术作为重点开发对象。这一选择对中国台湾半导体的发展和生态产生了长远的重要影响，直至今日，中国台湾半导体产业依然主要依靠遍布全球的中小企业形成快速跟随创新的网络得以不断进步发展。[①]

在台湾当局 20 世纪 60 年代推出的"奖励投资条例"、90 年代颁行的"促进产业升级条例"，乃至 2010 年推出的"产业创新条例"中，始终包含着大量的给中小企业租税减免、奖励研发等措施。正因如此，中国台湾中小企业在创造经济奇迹和带动产业升级的过程中一直是活跃的先行者，其卓越表现是中国台湾历年来在洛桑管理学院（IMD）和世界经济论坛（WEF）的国际竞争力排名中居世界前列的关键因素之一。

---

① 王振寰. 追赶的极限——台湾的经济转型与创新［M］. 台北：巨流图书公司，2010：155-163.

此外，进入知识经济时代，为了辅助中小企业创新发展，台湾当局还推出了一项重要举措，即建立创新育成中心，这在中国台湾中小企业创新过程中扮演了重要的角色。创新育成中心（以下简称育成中心）于 20 世纪 50 年代末发源于美国，90 年代初在欧洲和日本也开始蓬勃发展。中国台湾自 1997 年就开始推行"育成中心计划规划"，鼓励公民营机构设置中小企业创业创新育成中心，目前已超过 130 所，育成绩效亮眼。根据中国台湾学者袁建中的定义：育成中心是一个创新设施，借由负担得起的出租空间、共享设备、商业服务与咨询以及专门技术与管理的援助，营造可引导创业与早期成长的整体培育环境，降低技术商品化的风险，减轻企业创业和创新的压力。[①] 中国台湾的育成中心主要分为四类：一是学术机构型育成中心，由大专院校成立，强调加强产学合作，促进技术创新，目前所占比例最多，是中国台湾创新育成中心的一大特色。二是研究机构型育成中心，由研究机构提供相关的空间与服务给进驻厂商，强调技术移转与创新，此种公司多为财团法人经营。三是政府经营型育成中心，由国营事业单位成立，也包括由政府部门设立、委托民间经营的公办民营型育成中心。四是私人机构型育成中心，由民间机构投资经营，以增加利润为目标。最初，育成中心主要培育领域是信息电子、机械电机、生物科技等。2008 年世界金融危机后，中国台湾经济部门又推动了"创业领航计划"，于北、中、东、南各地广泛设立"中小企业创业创新服务中心"，帮助各产业的企业找出成功的运营模式。育成中心辅导中小企业创新的过程分为三部分：一是企业服务支持，如训练课程、企业建议、财务支持及技术支持。二是提供实体空间，如出租土地、厂房、设备给企业。三是提供内部及外部网络支持，如调动运用育成中心具备的研发设计人才，协助企业获取政府资源，协助企业通过参加会展、产品发布等渠道结识更多的客户，运用自身的信息渠道向企业提供广泛的信息，等等。从 1997 年至今，育成中心培育的中小企业约有 5000 家，成功案例已遍及科技产业、传统制造业、文化创意产业、畜产业、旅游业等。育成中心被认为是中国台湾促进中小企业创新的重要政策工具之一。

有了"育成中心"的经验后，2013 年又推动了"新兴产业加速育成计划"，该计划由"工研院"、台湾交通大学及中原大学等单位扮演加速器角色，主要有媒合服务、业师辅导及联结国际市场等功能，在 3～6 个月内，协助新创企业跳跃式成长，或开创新市场、创造新商业模式之新创团队。整体而言，

---

① 李梁坚，陈美先. 中小企业选择育成中心之关键因素及未来推动策略之研究［J］.（台湾）中小企业发展季刊，2009（11）.

育成中心旨在协助企业提高存活率，加速器则是协助企业阶段性成长及续航力。新创企业可以了解育成中心与加速器资源与特性，考虑自身企业生命周期、阶段性目标，灵活应用这两项育成工具。因此，可以说，高度重视中小企业的发展是中国台湾自战后以来的产业政策的一个鲜明特点，因而相比日本、韩国，中小企业在中国台湾产业升级转型过程中是尤为活跃的主力军。①

（二）中国台湾企业快速跟随网络的制度创新

中小企业之所以能够成为中国台湾产业创新升级的主力军，除了政府产业政策大力支持，"工研院"通过移转技术、提供技术服务等渠道帮助了中国台湾中小企业的创新发展，以及产学研联盟对中小企业产生的知识外溢等因素，一个突出的原因就是中国台湾中小企业普遍创建和加入了与大企业共同组成的快速跟随网络。

对中国台湾中小企业快速跟随网络进行系统研究的当属中国台湾学者王振寰，他认为中国台湾在从追赶到创新的过程中，出现了一个独具特色的模式，即中国台湾的产业发展与创新，善于利用国际相关产业发展模块化和切割化的机会，切入价值链的某些环节，学习和改进先进厂商的技术，通过产业和研发网络迈向产业升级和创新。换言之，中国台湾的产业升级和创新，相当依赖政府政策和公共研发机构的介入，并利用社会的网络和产业集群关系来强化自身的竞争力。由于这些快速跟随厂商已经具有制程、原型设计，特别是模仿和细部设计能力，因而能够快速改变、调整和组合不同技术，来生产刚被领导厂商开发出来不久但市场高速成长的新产品。这样就形成了一个快速跟随网络。快速跟随的厂商因为已经学习、消化和累积了相当层级的技术，其技术能力领先那些以廉价劳动力为主的后进国家追赶型厂商，但又落后于技术先进的领导厂商。因此，快速跟随的厂商一方面需要持续技术升级来缩短与先进厂商的差距；另一方面需要依赖整个研发和产业网络的相互支持，以生产出品质更好、价格更便宜的产品。由此可知，快速跟随的技术创新与产业网络之间互为因果，中国台湾的产业升级和创新就是基于这种快速跟随网络的。② 本书第二章对中国台湾半导体 IC 制造、PC 制造及工具机产业的描述，就充分体现出了不同模式的快速跟随网络。在 IC 和 PC 产业中，其快速跟随网络体现为虚拟垂直整合的网络。在工具机产业中，则体现为通过中卫体系来创建快速跟随网络。

---

① 林幸君．台湾育成中心与育成加速器可提供之资源差异化探讨［J］．（台湾）台湾经济研究月刊，2015（11）．

② 王振寰．追赶的极限：台湾的经济转型与创新［M］．台北：巨流图书公司，2010：3-4.

（三）社会资本、产业集群与中国台湾企业的技术创新

从上述中国台湾企业快速跟随网络的不同模式来看，以新竹科技园区和台中工具机生产网络为代表的产业集群及其所产生的社会资本，是中国台湾企业快速跟随网络能够持续产生和维持技术创新和竞争优势的重要原因。

1. 社会资本、产业集群与技术创新

社会资本的概念最早由法国学者布尔迪厄（Pierre Bourdieu）提出，他通过系统研究指出，社会资本是个人或群体通过占有一个稳定持久的关系网络而增加了的实际或潜在的资源的总和。这一定义很清楚地将社会资本分为两个组成部分：第一，这种社会关系本身允许个人获得其同伴所拥有的资源；第二，社会资本的高低取决于拥有这些资源的数量和质量。不同类型的资本是可以转换的，通过社会资本，各行为主体可以直接获得社会网络中他人拥有的经济资源，如补助贷款、投资补贴和受保护的市场；通过与有关专家或具有优秀才能的个人之间的频繁接触而增加他们的文化和知识资本（这一点对隐性知识的转移尤其重要）；通过与各种协会、学术团体之间的交往来获得有价值的证书和知识以提高其智力资本，等等。① 继布尔迪厄之后，西方学术界不少学者陆续提出对社会资本的定义和研究，如科尔曼（James Coleman）1988 年在《美国社会学学刊》发表的"作为人力资本发展条件的社会资本"一文，在美国社会学界第一次明确使用了社会资本这一概念，他将社会资本与财务资本、人力资本并列为组织拥有的三种资本，认为社会资本代表了与其他组织和个人的关系，是寓于人际关系之中的，反映了一个组织或个人的社会关系。② Putnam（1993）指出，社会资本是一种组织特点，如信任、规范和网络等，它是生产性的，能够通过促进合作而提高社会效率。③ 由此，发源于社会学的社会资本逐渐成为一个包括社会学、政治学、经济学和各学科广泛使用的、跨学科的重要概念，在经济学领域，迈克尔·伍考克等（1999）从创新、制度经济学、经济发展和国家政策等方面研究了社会资本，认为当各方都以一种信任、合作与承诺的精神来把其特有的技能和财力结合起来时，就能得到更多的报酬，也

---

① ［法］布尔迪厄. 文化资本与社会炼金术：布尔迪厄访谈录［M］. 上海：上海人民出版社，1997：202-207.

② 科尔曼. 人力资本创造中的社会资本［M］//［美］达斯古普特，萨拉格尔丁. 社会资本：一个多角度的观点. 北京：中国人民大学出版社，2005：22-24.

③ Putnam R. The Prosperous Community：Social Capital and Public life［J］. The American Prospect，1993（13）：35-42.

第四章　两岸产业创新发展的特点及其比较分析 ___ 207

能提高生产率。① 彼得·埃文斯（1996）从发展经济学的意义上指出：通过把规范和网络称为社会资本，普特南等当代理论家把基本关系具体化为具有潜在价值的经济资产。他认为，作为推动市场交易制度的社会资本，在发展理论中一直具有十分重要的作用。② 简·弗泰恩和罗伯特·阿特金森认为，在新经济中，社会资本已经成为科技创新的一个关键因子。社会资本表示的是在一个组织网络能够进行团结协作、相互促进生产收益的情况下形成的"库存"。③ 福山也从经济发展和社会繁荣的角度指出，经济学家除了应该考虑传统的资本和资源之外，还需要考虑相对的社会资本实力。社会团体中人们之间的彼此信任，蕴含着比物质资本和人力资本更大而且更明显的价值，在高信任度的社会中，组织创新的可能性更大。④ Peter Maskell 认为："置身于激烈的国际竞争中的企业要形成竞争力，必须输入有价值的，稀缺的，难以模仿、复制或取代的社会资本。"⑤

综观所有对社会资本的阐述可以看出，社会资本已被公认为是促进企业创新发展从而促进经济发展的一个重要因素。广义来说，社会资本是行动主体与社会的联系以及通过这种联系摄取稀缺资源的能力，这里的稀缺资源包括权力、地位、财富、资金、学识、机会、信息等。就企业而言，企业是经济活动的主体，是经济行为者，但同时，企业也是在各种各样的联系中运行，企业不是孤立的行动个体，而是与经济领域的各个方面发生种种联系的网络上的节点，能够通过这些联系而摄取稀缺资源是企业的一种能力，这种能力就是企业的社会资本。企业的社会资本由内部和外部两部分组成，其中企业的内部社会资本是指企业内部各个部门之间关系的总和；企业的外部社会资本是指一个企业与相关企业之间的横向联系，与其供应链上各个环节之间的纵向联系，与企业外部的相关实体、群体之间的社会联系等社会关系的综合，以及该企业获取并利用这些关系来摄取外部信息和其他资源的能力的总和。

目前，有关社会资本与技术创新关系的研究是一个新的研究领域。创新是

① Michael Woolcock, Deepa Narayan. Social Capital：Implications for Development Theory. Research, and Policy [J]. World Bank Research Observer, 1999 (10)：35-40.

② Evans Peter. Introduction：Development Strategies Across the Public - private Divide [J]. World Development, Elsevier, 1996, 24 (6)：1.

③ ［美］简·弗泰恩，罗伯特·阿特金森. 创新、社会资本与新经济 [M] //李惠斌，杨雪东等. 社会资本与社会发展. 北京：社会科学文献出版社，2000：212.

④ ［美］福山. 信任——社会道德与繁荣的创造 [M]. 呼和浩特：远方出版社，1998：41.

⑤ Peter Maskell. Social Capital and Regional Development, Danish Research Unit for Industrial Dynamics (DRUID), Copenhagen Business School.

经济发展乃至社会发展的原动力。在旧经济条件下，创新通常是在研究、开发与生产方面采取一系列分散的步骤实现的。在现代经济中，创新更多是通过借助一种动态的生产关系或合作创造价值的网络来实现的。当然，任何合作都是建立在彼此互相信任的基础之上的。科学技术日新月异，大多数企业都会受到这种变革的影响。如今，由于知识创新和知识管理已成为技术创新最重要的源泉，为适应技术变革的要求，企业与外部环境的联系已经变成了一种具有建设意义的活动。企业通过与外部环境的广泛合作不仅可以获得企业所需的资金、技术、人才和信息等，更主要的是新知识（包括显性知识和隐性知识）的获取、知识的创造和获取。管理创新是企业提高技术创新能力的关键。例如，美国社会经济的发展就是得益于公司之间联盟组织的快速发展和各种组织网络的不断涌现。要提高企业和地区的技术创新能力，知识的创造、隐性知识的获得、智力资本的形成和企业之间的技术合作都是不可缺少的。而在这一过程中，社会资本的作用不可低估。

帕特南通过研究意大利最富经济活力的中部地区发现，该地区形成了具有较强国际竞争力的纺织品和服装、家具、农业机械、制鞋设备、优质陶瓷和瓷砖等产业的集群，这些网络组织使得小企业在专业化的基础上既能获得规模经济又不需要建立大型集团公司，充分发挥出灵活专精的特点，而南方地区的家族企业由于相互间普遍存在的不信任，从而导致了无论在创新性、企业活力还是企业竞争力方面都无法与中部的企业相提并论的局面。正是基于这一研究，帕特南将社会资本定义为一种组织特点，如信任、规范和网络等，像其他资本一样，社会资本是生产性的，它通过合作的促进而提高了社会的效率。"在拥有大量社会资本的社区里，在一起工作是非常容易的"，社会资本是通过人们之间的"互惠"行动而产生的，它的建立需要一个长期的过程。他还指出，由于通过各种社会网络会使人们更方便地获取信息并建立各种社会联系，而这些社会联系在将来会给他们带来很多帮助，如获得就业的机会、得到社会支持等，因而社会资本能显著地增加物质资本和人力资本的投资回报率，社会资本对经济组织的活力和规模有着重大影响。①

除了意大利的例子，美国的经济发展也证明了社会资本的重要性。"二战"后，美国高科技产业在创新发展过程中，以合伙制与联营企业形式出现的组织网络不断涌现，促进了美国经济的复苏，这种方兴未艾的创新网络模式创造了丰厚的利润。日本制造商采用的著名的"准时制"战略，是基于和转

---

① ［美］帕特南. 使民主运转起来［M］. 北京：中国人民大学出版社，2017：197-207.

包商之间形成的紧密的长期关系。① 事实证明，一个运行良好的网络具有的创新能力将超过网络中个人乃至机构各自具有的能力的总和。组织间网络不仅有助于提高生产力和便于引进新的生产方式，还能产生一种更具灵活性与创造性的新型价值创造模式。另外，网络具有的创新能力还会吸引相关企业，进而发展成为由相关企业组成的"集群"。正如迈克尔·波特指出的那样，这种企业间的"集群"融合了网络合作所具有的全部长处，与整个国家的竞争优势密切相连。欧洲与日本的企业技术联合现象在过去 10 年中显著减少，但这一现象在美国正在蓬勃兴起，尤其是在信息技术领域，社会资本已经成为技术创新的一个关键因子。②

可见，一国或地区的经济发展，不仅依赖于企业或社会的物质资本和人力资本，而且在很大程度上还依赖于一种以规范、信任和网络化为核心内容的"社会资本"，从某种意义上说，社会资本的影响甚至超过了前两种资本。一些国家或地区之所以在客观上拥有相同的物质资本水平、人力资源水平和相关的国家资源，但在创新速度、创新能力以及产业竞争力的形成上却表现出截然不同的水平和绩效，其中的一个关键因素就在于它们所拥有的社会资本水平不同。

当然，社会资本的形成与产业集群密切相关。如本书前文所述，产业集群是指在某个特定领域中，一群在地理上邻近、交互关联的企业和相关的法人机构，以其共通性和互补性而构成的群体。产业集群可以由单一城市或地区、整个省或州、一个国家甚至一些邻国构成。无论是中国台湾以新竹—台北科技走廊为代表的产业集群，还是中国大陆以珠三角、长三角地区为代表的产业集群，都证明了产业集群是产业创新升级的一个必不可少的要件。根据波特的理论，产业集群影响竞争的方式主要有三种：一是增加了内部企业或行业的生产力；二是增加了创新的能力，并由此提升了生产力；三是促进新企业的产生，由此提高创新并扩大了整个产业集群。这三种影响方式，在某种程度上取决于其中成员的人际交往、面对面沟通，以及个人与法人机构在网络中的互动。正式与非正式的组织机制和文化规范，通常会影响产业集群的发展与运作。在产业集群发展方面，除了需要了解产业集群与经济地理的关系，还需要密切关注产业集群的社会网络问题。在一个地理区域中，每个产业集群都是一种网络形

---

① 杜尔，沃尔特，鲍威尔. 网络与经济生活 [M] // [美] 斯梅尔瑟，[瑞典] 斯维德伯格. 经济社会学手册. 北京：华夏出版社，2014：440-441.

② [美] 迈克尔·波特. 竞争论 [M]. 北京：中信出版社，2003：226-227.

式，经济活动被视为埋藏在持续的社会关系之中。邻近的企业和机构会保持特定的共同性，并增加互动的频率与影响力。运作良好的产业集群会超越科层型网络，让其中的个人、企业和法人机构流畅地联结。产业集群内的这种关系形态，与生产力和创新方向有着重大的因果关系。同时，波特还认为，产业集群成员的"公民参与"意识，促成了企业的自我认同和社区意识，而这种认同和社区意识将会直接创造经济价值，并带来生产力、弹性和创新能力提高的好处。① 波特关于产业集群的这些论述，充分说明了产业集群与社会资本、社会网络的相互作用已经成为战略管理研究中的重大问题。实际上，非正式联系的社会资本在很大程度上也依赖于地理的接近性，各种企业因为地理接近而集中在一定的区域，有利于创新知识的分享、扩散与传播，它同正式联系的社会资本相比更难以被复制和模仿。非正式联系的社会资本主要体现在企业的技术人员或经理们的交流以及他们的私人关系。

从知识经济时代的宏观背景来看，当代技术创新是一个知识流动与碰撞的动态过程，是通过知识的激活、碰撞和整合而产生新观念、新思维和新方法以实现价值增值的过程，是由创新主体之间以及与用户在交流编码化知识和隐含经验类知识的过程中的交互作用所推动的集体交互学习的过程。创新的关键就在于不同的知识源及相关知识的流动与碰撞、知识的整合与学习，不同属性的知识及其流动与扩散的方式会引致知识交流效果的重大差别，进而影响企业的创新活动和创新绩效。从一定意义上说，知识的流动与配置甚至比知识的生产更重要，系统知识的配置力是创新系统效率的重要衡量指标，同时也是集群或产业经济增长和竞争优势的决定性因素。因此，解决了知识的流动与配置问题也就为创新奠定了坚实的基础。集群所具有的文化根植性，使集群逐渐形成一种趋于一致的产业文化，这种由于根植性所形成的文化认同，使人员在流动时对集群内企业具有一定的亲和感，从而加速了集群内知识和信息的流动，大大地提高了集群内集体学习的效率。企业在竞争中互相学习，通过非正式的交流和正式的合作，及时了解变化的市场和技术。同一产业或相关产业的企业与机构的集聚和持续往来，使内容广泛的各类市场、技术、竞争信息在集群内积聚，形成了较充分的信息环境。而且，这种根植于当地社会关系中的产业文化还会强化成员间的信任，减低行为人的机会主义倾向，从而保证了信息的真实性。

此外，在产业集群中，分工的专业化导致企业生产的专业化。企业之间不

---

① ［美］迈克尔·波特. 竞争论［M］. 北京：中信出版社，2003：240-241，273-274.

仅在价值创造上形成了一条分工严密的价值链，而且由于高度的专业化和知识的互补性，企业之间的知识形成了一条知识链。知识链中的成员之间可以理解的编码、符号等，可使隐性知识简单化，并降低转移的障碍，进而成功地溢出。正是由于技术和知识的溢出，产业集群中的企业通过相互合作对来自各方的知识进行共享，促进了集体学习机制的形成。知识链上不同的企业通过不断地吸收其他企业的创新性资源并转移自己的知识，从而相互依赖性加深，更有动机去参与集体创新，增加创新的机会，提高创新的效率，并降低创新的成本和风险。

各国高科技产业的发展都体现了上述原理。在高技术群中，网络资本（经由结成网络而形成的社会资本）就是通过地理邻近和组织相邻的交互作用而产生，并促成集体学习过程。网络资本是企业发展最重要的资源。以硅谷为例，硅谷是由高科技的中小企业网络形成的，硅谷的成功不仅源于企业集中所产生的聚集优势，更是源于企业和行业之间广泛的联系，尤其是网络群中以大公司为骨干、以中小企业为网络节点的柔性构成。硅谷是典型的水平群网络系统，密集的产业网络构成成为网络资本的源泉。特别是当产业网络嵌入硅谷群的支持性环境时，它们促进了集体学习的分散化过程，并且培育连续的创新。[①]

2. 产业集群、社会资本对中国台湾企业技术创新的促进

中国台湾的产业升级过程也典型地体现出经由产业集群形成社会资本从而促进技术创新的过程。从本书第二章的描述可以看出，中国台湾产业创新升级主要体现在以下几个方面：

第一，社会资本增加了技术创新过程中的相互资金支持。例如，在中国台湾 ICT 领域中，由大型系统厂商带领合作的中小企业厂商群形成了虚拟垂直整合网络，鸿海、广达、仁宝等系统厂商与周边零组件厂之间产生了紧密的结合与合作，为了确保准时出货，系统厂商甚至会以投资入股的方式来保证合作关系。在中国台湾工具机业的中卫体系中，作为卫星厂的协力厂在技术的开发和跟进上具有先天的弱势，中心厂为了确保协力厂商准时出货并技术达标，也会通过向卫星厂注资来协助其研发和生产。反过来，通过入股和其他方式的注资来共同研发和生产，又进一步加强了厂商之间的紧密关系和网络资本。这种源于产业集群而形成的社会资本所带来的共同研发和生产的资金投入，体现了技

① 张伟峰，万威武，白靖宇. 网络资本：硅谷群发展的核心能力 [J]. 科学学研究，2002（12）：631-634.

术创新的特质与组织特性是互为因果的。

第二，社会资本有利于知识的共享和扩散，从而降低了创新的不确定性。社会资本尤其是非正式联系的社会资本有利于区域内企业间以及企业与机构间的信息交流与知识共享。如前文所述，与创新有关的知识分为可编码的显性知识和难以编码化的隐性知识。显性知识可以用文字和数字表达，它与某一确定的符号系统有关，某些信息可以被编码，如语言系统、数字系统或视觉系统，可以容易地以硬性数据、科学公式、编码程序等形式进行传播和共享；而隐性知识具有默会性，难以进行规范，只能通过面对面的接触才能得到传播。[①] 非正式联系的社会资本意味着较多的面对面的接触机会和渠道，从而促进隐性知识的传播。区域内企业利用社会资本获取和分享与创新有关的知识，从客户、竞争者或供应商那里了解各种生产、经营方面的信息，从而减少了创新的不确定性。如本书第二章所述，被誉为"中国台湾硅谷"的新竹科技园区和美国硅谷一样，不同公司的工程师经常聚集在酒吧或借由项目合作交流，相互交换有关半导体工业的思想、意见，传播有关的知识和信息，讨论各种创新设计的现实可行性，这种交流既促进了新的技术思想的形成，又在很大程度上降低了创新的不确定性。可以说，社会资本使上下游的企业、企业与用户之间更容易形成价值增值的供应链，它们以团队的方式一起工作，以较少的成本获得有关产品创新、工艺创新以及市场经营等方面的知识，减少创新的风险。

技术创新的复杂性趋势、不确定性程度的提高以及市场的快速变化，往往带来技术创新活动的高风险。而中小企业普遍存在创新资源不足的问题，单个中小企业难以进行有效的技术创新。但借由产业集群形成的网络资本，企业可以利用地理位置上的接近和产业的关联，通过资源共享、优势互补、共同投入、风险共担方式进行合作创新，既可以克服创新资源不足的困难，又可以分散风险，提高创新能力和创新效率。特别是集群内企业之间面对面的共存（Co-existence）关系，有利于形成良好的合作氛围。这种良好的合作氛围可以使企业获得外部技术经济，即集群内企业通过产业中其他企业或相关研究机构的技术外溢，以及从企业间各种正式或非正式交流中的"干中学"获得知识和技术，以提高自己的创新能力和劳动生产力。共同的产业文化强化了组织间的信任，而信任的增强又促进了集群成员之间的合作，进而降低了创新风险。

第三，社会资本增强了产业集群整体的创新能力。技术创新从 R&D 到商

---

① ［美］美国信息研究所. 知识经济：21 世纪的信息本质［M］. 南昌：江西教育出版社，1999：23-26.

业化应用过程存在着很大的风险，这些风险包括各种系统性风险和非系统性风险等，单个企业的风险承受能力是有限的，这种情况为企业之间、企业与其他主体之间的创新合作带来了契机。人际、组织与文化等方面非技术因素对合作的成功有重要的影响。丰裕的社会资本可以有效减少创新合作中的协调成本，大大增进合作的可能性，从而使合作更易于进行。由此，企业的外部社会资本起着促进合作的"黏合剂"作用，它促使区域内形成有效的创新网络，并促进创新网络的顺利运行，让所有的参与公司和机构都可以分享创新的收益。由于社会资本的区域独特性，这种区域的创新网络一旦形成，则很难被其他区域模仿，从而极大地促进和维护区域的竞争优势；反过来，竞争优势又进一步强化各种网络化的联系，形成一种正反馈的效应。因此，社会资本有助于从整体上提升区域的创新能力。

中国台湾产业的升级正是体现了通过快速跟随网络使区域整体创新能力提升，中国台湾产业的升级除了主要领导厂商的升级，还包含了产业网络内其他厂商的技术升级。这一升级有些是来自技术上快速跟随先进国家厂商，弹性组合生产上市，如芯片设计；有些在技术层次上未必有所突破，而是渐进式的强化组织，甚至以网络内部学习的方式来跟随全球技术先进厂商。这样的创新可能没有技术的突破性，但是却能让整个网络更具竞争能力，如工具机业或是信息电子业的零组件创新。假如没有这些零组件商的升级，很难会有系统厂商的提升；同样地，没有系统厂商在全球生产网络中的地位升级，也很难造就搭配的零组件商的升级。因此，中国台湾产业升级是涵盖网络中的全面厂商而非只有少数厂商，这样的升级不只体现为规模化，还包括了整个网络的快速搭配，并能在全球市场上竞争。这已经体现出集群式创新的特点，所谓集群式创新，是指以专业化和分工为基础的同一产业或相关产业的企业，通过地理位置上的集中或靠近，形成长期稳定的创新协作关系而产生创新聚集，进而获得创新优势的一种平等开放的创新的网络组织形式。从构成来看，作为产业网络的一种形式，集群式创新包含一系列的企业和机构，这些企业和机构构成了创新网络的节点。在发展较成熟的产业集群中，这些企业或机构间已建立了持久的联系，形成了良性的互动结构。[①] 中国台湾的新竹科技园区和台中工具机业的聚集已经充分体现出了这些特点。

自熊彼特1912年首次提出创新理论以来，技术创新日益从单个企业模式向系统观的模式发展，单一的企业或公司拥有的有限资源已无法满足技术创新

①　魏旭. 集群式创新的社会资本激励效应分析［J］. 当代经济研究，2005（7）：58-60.

的需求，技术合作、技术联盟、网络组织和虚拟企业等创新的跨领域特征相继出现。社会资本对技术创新的理论提供了新的视角，我们由此进一步发现，要促进创新，仅仅依赖 R&D 的资金投入是不够的，创新需要物质、人才、资金、信息和知识等多项资源的共同配合。中国台湾产业快速跟随网络的经验表明，借由产业集群及其丰富的社会资本，企业较容易获得专业化的、经验丰富的雇员和供应商的支持，得到专业化的信息、技术的支持，以及享受政府或者私营部门联合提供的公共和准公共产品所带来的好处，从而提高创新的效率。同时，可以看出，在以知识和信息作为关键生产要素的知识经济中，创新更多是通过一种借助动态的生产关系或合作创造价值的网络实现的。德鲁克曾主张，在新经济中，一项重要的组织原则是网络、合伙与合作创业。① 这种有利于创新的合作的成功取决于知识链成员之间的相互信任、互惠规范和网络，即社会资本在知识链具有促进合作的"黏合剂"作用，确保知识链运行顺畅，使所有成员都从合作中受益。知识链所拥有的创新能力还能吸引新成员加入，扩大知识链规模，众多的知识链形成知识网络。因此，社会资本有助于知识尤其是隐性知识在知识链成员之间的传播与扩散，从而有助于知识链创新能力的提高。同时，拥有丰富社会资本的知识链整体的创新能力远大于单个组织的各自创新能力的总和。未来的竞争将不再是企业与企业之间的竞争，而是知识链与知识链之间的竞争。社会资本有利于知识链的核心成员企业通过与资源拥有者保持广泛的交往和联系，获得参与竞争所需的各种资源，企业资源是持久竞争优势的源泉和基础。② 因此，积累了大量社会资本的知识链具有显著的竞争优势。

二、中国大陆企业在产业创新升级中的主要特点

以 ICT 等高科技为代表的中国台湾产业虽然在起步之初得益于国外技术的转移和合作，但总体来看，随着"工研院"的稳步发展，中国台湾企业技术升级的路径主要是先借助"工研院"衍生孵化旗舰企业，然后再通过快速跟随网络使旗舰厂商的知识和技术得到扩散和应用，快速跟随网络中的各中小企业技术水平由此获得普遍提升。与此不同，中国大陆企业尤其是制造业企业在技术创新方面更多地体现出对外部技术、知识的积极利用，在组织制度和经营模式上普遍体现出"互联网+"的特色，个别企业在自主创新上更是独树一帜。

---

① ［美］德鲁克.创新与企业家精神［M］.北京：企业管理出版社，1989：56-59.

② ［美］罗伯特·阿特金森.创新、社会资本与新经济［M］//李惠斌，杨雪冬等.社会资本与社会发展.北京：社会科学文献出版社，2000：209.

（一）充分利用了 FDI 的知识外溢效应

不同于中国台湾在产业升级过程中很快从引进外资发展成以对外投资为主，中国大陆从改革开放至今仍然维持着大力吸收引进 FDI 的发展态势。FDI 已经成为中国大陆技术转让的重要来源，同时跨国企业也逐渐成为中国大陆重要的技术成员。FDI 对中国大陆的经济和产业发展产生了巨大的影响，也是推动中国大陆企业以开放式创新与外部知识获取为主的一个主要因素。随着外资企业大量进入中国东南沿海地区，学习和模仿外资企业的先进技术成为中国大陆企业实现技术升级的主要路径之一。

第一，外资企业的研发溢出成为内资企业一个重要的外部知识源。实践表明，内资企业处于成长期时，由于规模小、效率低、技术水平低，因而一开始面对强大的外资企业时，主要开展模仿学习，而且主要是对简单的、表面化的服务或产品进行模仿。然而，随着内资企业的制度和组织结构得到不断发展和完善，综合实力不断增强，内资企业则越来越多地通过人员交流、商品买卖、技术合作等形式，在与外资企业互动的过程中获得了更多的信息、物质及能量，尤其是隐性程度更高、复杂性更大的研发知识，同时，内资企业对外资企业研发活动创造的新产品、新技术等也能进行迅速的认知、获得、消化及应用，从而使内外资企业的竞争水平跃上一个新台阶。

第二，FDI 形成的产业集聚促进了整体行业技术水平的提高。外资企业尤其是高技术的跨国公司所带来的不仅仅是资金、设备、技术和人才，而且还通过在集中的区域投资并集聚，促进了产业网络的完善并推动了产业集群的形成，这对行业技术水平的整体提升产生了正面影响。Krugman 把产业集聚的外部性概括为三个方面，即专业化经济、劳动力市场经济以及知识外溢①，从这个意义上来说，产业集聚中的跨国公司会通过劳动力流动、关联、示范以及外溢效应带动本地企业的技术升级和素质提升，从而对集群的技术升级产生积极的促进作用。同时，跨国公司的进入也有助于确立集群在本行业中的领导地位，进而产生自我强化机制，吸引更多的 FDI 进入并使集群区域成为行业内的技术中心和创新中心。此外，在地方产业集群的发展中，处于核心地位的跨国公司不仅可以促进周边的中小企业共同发展，还可以作为一般参与者与其他跨国公司共同形成产业集群并促进本地企业的孵化与成长。在苏州工业园区的产业集聚以及北京中关村 IT 产业集群的发展过程中，英特尔、微软等跨国公司

---

① Krugman P. Increasing Returns and Economic Geography [J]. Journal of Political Economy, 1991 (99): 483-499.

的作用就是如此。

虽然在外资驱动下的地方产业集群技术升级也存在一系列的问题和风险，如过度依赖跨国公司导致创新性风险及外资转移后可能引发的产业空心化等①，但中国大陆近年来的实证研究表明，长三角、珠三角、闽东南、环渤海等区域产业集群密集的同时也是外资密集的地方，FDI 对内资企业的技术、管理水平的提高起到了积极的作用②，而产业集聚之所以与内资企业的技术水平存在类似的正相关关系，除了分工合作以及竞争因素，还在于在产业集聚程度较高的行业中，内资企业更容易获取 FDI 的技术外溢效应。处于跨国公司产业链上游或下游的国内企业可以通过产业集聚与跨国公司之间形成紧密的分工合作关系，并能直接在这种合作当中获得先进的技术和广阔的市场空间；而对于那些与跨国公司处于同一产业层面上的国内企业而言，产业集聚的形成无疑也为它们提供了一个近距离观察和模仿的机遇，因此，产业集聚的形成和强化很可能会导致跨国公司技术溢出和扩散程度的扩大。③ FDI 的溢出效应在电子信息业表现得非常明显，根据对中国大陆 224 个电子信息产业制造业 1999～2006 年的实证分析调查可知，FDI 对珠三角电子信息产业集群影响最大，其次是长三角地区，再次是环渤海地区，最后是国内其他地区；在其他要素投入（包括 FDI）相同的情况下，三大产业集群的工业生产总值也明显大于其他地区。④

（二）在自主创新的过程中充分运用了开放式创新

如前文所述，"开放式创新" 是 2003 年由美国学者切萨布鲁夫（Chesbrough）首次提出的，强调企业打破组织的边界，充分利用外部的创意、研发资源等推动组织内部创新活动，同时组织创新成果通过商业化途径转化为企业利润。传统的创新模式可以说是封闭式创新，即企业必须自己产生想法，然后自己去做开发、制造、营销、渠道和服务，这是由于企业坚持成功的创新需要控制的理念。与这种需要企业亲力亲为的封闭式创新相比，开放式创新则强调打破企业的边界，将一切可获取的创新资源 "为我所用"，也强调与其他企业

---

① 王雷 . 外资驱动下地方产业集群技术升级的风险与防范 ［J］. 云南民族大学学报，2008（3）：97-100.

② 赵蓓，等 . 外资与中国产业集群发展：从嵌入性角度的分析 ［J］. 福建论坛（人文社会科学版），2004（7）：29-32.

③ 张宇，蒋殿春 . FDI、产业集聚与产业技术进步——基于中国制造行业数据的实证检验 ［J］. 财经研究，2008（1）：72-82.

④ 付雯雯 . FDI 溢出效应对中国产业集群的影响——以电子信息产业为例的实证研究 ［J］. 中国科技论坛，2009（8）：59-62.

之间的技术共享。在知识经济时代到来以前，知识分散匮乏且缺乏流动性，企业主要依靠自身内部的研发并将之运用于自身的业务，IBM、通用电气、施乐等世界 500 强企业，最初都是依靠内部持续、高强度的技术研发而获得了强大的竞争优势。20 世纪 80 年代后期，美国企业纷纷建立自主研发实验室，如沃森实验室、萨尔诺夫实验室、帕洛阿尔托实验室，依靠自身技术创新带来的收益抵消由企业规模扩大造成的不稳定性，这些企业都主要处于封闭式创新状态。然而随着 20 世纪末期知识经济时代的到来，知识的飞速发展和广泛传播，知识型员工数量的增加和流动，使企业控制专有性想法和专长变得艰难；同时，产品更新换代日新月异，产品周期急速缩短，也使企业依靠自身研发保持竞争优势日益困难。另外，日益普遍的风险资本能帮助新企业融资并助推新技术商业化，这些都引发了开放式创新的兴起。①

实际上，开放式创新不仅是知识经济时代的必然，也是后发国家和地区进行追赶的必然。封闭式创新要求企业具备长期的知识积累和雄厚的技术基础，以美国、德国、日本为代表的技术强国拥有坚实的技术基础，因而其技术创新可以在原有技术的基础上继承和创造。但后发国家和地区的企业技术知识存量相对较少，技术水平偏低，由此，为了"技术追赶"与"技术跨越"，大量汲取并整合外部知识和信息资源就成为必然。

广义来说，两岸在产业创新升级的过程中，都采用了开放式创新，但就典型的高科技制造企业而言，20 世纪 70~90 年代，中国台湾通过"工研院"孵化衍生科技企业以及快速跟随网络中旗舰企业和中小企业共享资源和技术、共同提升的模式，主要体现出开放式创新的初级形式，即网络协同创新，它是政府、企业、科研机构和科技中介机构在技术信息、研发投入、基础设施等方面的资源共享，通过网络体系的构建和企业间部分信息的开放，来达成各主体的协调同步，并促成企业创新绩效的提升。与此相比，进入 21 世纪后，中国大陆企业的开放式创新除了具备网络协同创新，还体现出了其他更直接和更丰富的特点，其中最明显的就是在创新过程中采用了流动变化的和广泛的外部知识来源。

开放式创新意味着不仅仅依靠企业自身的研发资源，而是突破企业的边界、更多地从企业外部获取知识信息。但开放式创新与合作创新、战略联盟等创新方式又不完全相同，后者建立在一种更为正式的、有严格约束的关系中，

---

① ［美］切萨布鲁夫. 开放式创新：进行技术创新并从中赢利的新规则［M］. 北京：清华大学出版社，2005：9-12，51-68.

这种关系会在比较长的时期内保持稳定，灵活性不足。合作创新、战略联盟等方式虽然在内部合作双方或多方间共享开放了一定的资源，但是对外界仍然是封闭的。开放式创新则体现了企业研发活动的动态性和灵活性，企业可以不通过正式的协议关系与外界的机构组成合作伙伴，并能在更广泛的社会资源背景下组织创新资源。实际上，在开放式创新过程中，企业并不需要同时与所有外部知识源进行合作，也不需要局限于某类外部组织，而是根据创新进程的不同需要，不断调整和选择适当的开放对象。

例如，华为公司在起步之初依靠模仿先进产品和技术来掌握先进的通信技术，但在成长过程中，其先后与清华大学、北京大学、北京邮电大学、中国科学技术大学、电子科技大学等高校合作研发 CDMA 技术、SDH 光网络技术、智能网技术，然后又与美国德州仪器、摩托罗拉、英特尔、微软、3Com、IBM、高通、英飞凌等全球领先企业深度战略合作，成立联合研发实验室等。除了华为，中国大陆其他大型企业也是如此。例如，为实现中国自动控制领域的自主创新而努力的中控集团（SUPON）是 20 世纪 90 年代由浙江大学的一批青年教师在褚健的带领下建立的，当时借了 20 余万元，开始进行自动控制系统及其他相关产品的产业化应用。经过十几年的自主创新努力，1998 年，中控集团成为首个推出先进控制和优化软件系列产品的国内企业，打破了西屋、AspenTech 等国外企业的垄断；2000 年，把以太网应用到了工业控制领域；2003 年，首次制定出具有中国自主知识产权的工业通信国家标准，并于2007 年被 IEC 正式接受为国际标准。中控集团的分散控制系统（DCS）被广泛应用于各种国家重大工程项目（如青藏铁路）和各类大型化工、石化企业（如巨化、中石化武汉分公司），为相关产业的创新发展提供了极其重要的支撑。但中控集团的自主创新也并非传统的封闭式创新，以 EPA 项目为例，在基础研究和试验阶段，企业的开放对象侧重于大学以及相关的科研院所，因为后者拥有成熟的实验设施、完备的人才以及充足的研究经费。在应用开发和改进阶段，企业的开放对象转向了同行业的相关企业以及用户，因为同行业的相关企业拥有丰富的工程基础和经验，用户的应用和反馈对技术和标准改进大有裨益。在国际竞争阶段，特别是行业标准的制定和推广方面，企业更加需要政府的支持，因而其开放对象转向政府。① 可见，在全球化的时代，以华为和中控集团为代表的开放式创新充分体现了在坚持自主创新的同时，加强与其他科研机构和企业的合作，通过动态地选择和引入外部的高端创新资源，从而增加

---

① 陈劲，王鹏飞. 选择性开放式创新——以中控集团为例 [J]. 软科学，2011（2）：112-115.

了创新过程的多样性、互补性和前沿性。

此外，以小米为代表的高科技企业，则体现出另一种开放式创新。开放式创新强烈关注共同体共同生产，除了大学或研究组织以及其他产业的伙伴外，还包括客户、领先用户。Von Hipple 最先提出了对领先用户的突破性研究，指出制造商将客户整合进创新过程，可以理解潜在的客户要求并整合客户的隐性应用知识。① 此后，客户作为创新源的重要性被广泛认同，客户创新也成为开放式创新研究最多的一种，并深刻地影响了大规模定制的思想。小米的创新模式就是这样一种以互联网为基础的、将客户充分整合进创新过程的开放式产品创新。如本书第三章所述，在产品策划阶段，小米就充分考虑用户的价值和参与感，把发烧友当成"领先用户"作为一种创新资源和小米产品的共同创造者。在产品设计阶段和测试阶段，小米公司均大量卷入客户做全方向的参与和测试。小米在很短的时间里就建立了一个高质量的粉丝文化群，不断从中挖掘、集聚和利用其价值，让客户在产品创新的每个阶段都起到重要作用，并建立相应平台和组织构架以实现产品创新团队与客户的无缝合作。这种依靠粉丝热情、能力和时间碎片来帮助组织发展的做法，已经成为互联网时代公司的新竞争点，而小米是在这个方面最早成功的硬件公司。通过构建一套寻找、管理、激励发烧友成为领先用户的机制，包括搭建互联网平台、推动自我管理的用户组织，并形成一套让用户和员工互相激励的措施，小米使传统意义上的用户从"产品使用者和反馈者"转化为"产品创新的驱动者和过程的参与者"。因此，以互联网为基础的开放式产品创新，重新定义了硬件制造企业与用户的关系，这成为以小米为代表的商业模式和产品创新的特别之处。

（三）社会资本、集群式创新的普遍采用及其不足

20 世纪 90 年代以来，中国大陆在外资投入的带动下涌现出了一大批产业集群，这些集群包括：以外商投资为主的集群，如广东依靠地缘、政策和低成本的优势吸引外来企业直接投资，建立外向型加工制造基地而逐渐形成的以规模外资企业为主导的产业集群，这类集群一般称为外生型产业集群；依靠政府力量和当地的科研力量而创建形成的高科技产业集群，如北京的中关村产业集群、武汉的光电子产业集群、广州的软件产业集群、深圳的高技术产业集群等；凭借本地区独特的产业专业化条件和工商业传统，由民间中小企业自发聚集形成的产业集群，如柳州低压电器集群、晋江制鞋集群、佛山陶瓷集群、义

---

① Eric V H. Lead Users: A Source of Novel Product Concept［J］. Management Scicence, 1986, 32 (7): 791-805.

乌小商品集群、宁波服装产业集群等，这类集群一般被称为内生型产业集群。目前，中国大陆各类产业集群已达数千个，涵盖化纤纺织、丝绸纺织、制衣、制鞋、电子、信息、医药、塑料、汽摩配件、精细化工、五金制品等行业。产业集群已经成为各地区竞争的主要驱动力，其快速发展的势头也从南方的珠江三角洲、长江三角洲逐步北上扩展到环渤海地区。

集群的普遍发展，促使中国大陆企业普遍采用了集群式创新的模式。如前所述，集群式创新是指以专业化和分工为基础的同一产业或相关产业的企业，通过地理位置上的集中或靠近，形成长期稳定的创新协作关系而产生创新聚集，进而获得创新优势的一种平等开放的创新的网络组织形式。集群式创新在知识经济时代是一种必然的现象，一方面，正如 Bischi 等（2003）研究指出：知识溢出对创业企业的集聚具有重要影响，这是因为创新所需知识一般具有隐含性，不易获得，而且个人属性极强，需要合作、面对面地交流。当这类知识占有极其重要的地位时，企业与相关机构倾向于在空间上进行靠拢。[①] 另一方面，按照切 Chesbrough（2003）的解释，集群之所以又进一步推动了企业创新，是由于集群中企业与供应商、用户、大学及其他机构的广泛接触，及集群内各企业员工之间频繁地交流，使企业能够获得更多的外部知识，尤其是隐性知识，从而促进自身产品和工艺创新活动。[②]

如前文所述，知识分为两类：一类是可以比较容易地整理、编码，具有单一的含义和内容的显性知识；另一类是很难编码的隐性知识。这种隐性知识不能和个人、社会及地域背景轻易地分开。尽管信息、知识在全球范围内的移动日益加快，但一些重要的知识却具有明显的空间根植性。显性知识可以较低的边际成本在较大在区域内传播，隐性知识则难以用语言进行表述，其转移往往不在市场中发生，而是依赖于非市场化交流完成，多是由企业间人才流动私人交往来实现，需要面对面或经常性的、重复的联系传播。无疑，产业集群恰恰提供了知识（尤其是隐性知识）、技术创新和扩散的途径。大量实证研究已证实，接近著名大学的企业，由于更可能获取知识分享和科学发现的信息，因而比那些孤立的企业更具有创新性，其创新业绩比较明显。

如前所述，在以外企为主导的外生型产业集群中，充分利用 FDI 的知识外溢效应就是其他企业获得创新的一大动力。而在高科技产业集群，由于地理的

---

① Bischi G, Dawid H, Kope M. Spillover Effects and the Evolution of Firm Clusters［J］. Journal of Economic Behavior&Organization，2003（50）.

② Chesbrough H W. The Logic of Open Innovation：Managing Intellectual Property［J］. California Management Review，2003，45（3）.

邻近，企业、机构之间也形成了较强的社会网络关系，正是嵌入在这种社会网络关系中的社会资本成为知识流动的主要通道，尤其是促进了集群中隐性知识的流动与吸收，进而提高了企业的创新绩效。因此，与中国台湾快速跟随网络中社会资本扮演了重要角色一样，中国大陆产业的集群式创新得以实现在很大程度上也得益于社会资本的运用。根据对北京中关村科技园 20 世纪 90 年代后期以来快速发展的实证分析，发现快速的人员流动与企业衍生对高技术产业集群的知识溢出以及对区域创新产出均具有促进作用。中关村科技园大量中小型科技企业通常基于技术成果转化而衍生，高技术产业集群的创新产出并非主要依赖于企业人数，而是素质高、创新能力强的核心研发团队。[①] 社会资本促进了中关村人员流动与企业衍生机制下的知识溢出，使中关村高技术产业集群在发展的同时还对北京市的区域创新能力做出了显著的贡献。

应该指出的是，集群式创新对中小企业具有重要的意义。知识经济的到来以及全球化经济浪潮的席卷，使中小企业面临着越来越大的冲击和竞争的压力，而且脆弱的经济与技术基础使其难以承受巨大的研发费用和开发周期，技术创新能力弱已经成为中小企业发展的"软肋"。然而通过集群，处于集群中的中小企业就比较容易获得有关技术开发、人力资源、信息等方面的外溢效应。同时，集群内的企业既有竞争又有合作，既有分工又有协作，彼此间形成了一种互动性的关联，这种互动形成的潜在压力、竞争压力有利于构成集群内企业持续的创新动力，并由此带来一系列的产品创新，促进产业升级的加快。社会资本在中小企业集群中的作用更为明显。一方面，隐性知识是组织内个人的经验和技能，拥有共同隐性知识的人更容易彼此信任，因此隐性知识具有一种凝聚力，犹如一种"社会胶水"。在传统产业的企业集群中，隐性知识含量较高，对集群形成有重要作用。如晋江制鞋集群、佛山陶瓷集群等，都是具有共同隐性知识的企业和人员通过社会资本的作用自发形成的。另一方面，这种自发形成的集群具有较强的空间根植性，在形成集群后又进一步强化了社会资本，促进了知识经验等隐性知识的溢出和传播。中国大陆许多传统产业的中小企业集群，如浙江海宁的皮革、纺织企业集群，永康的五金企业集群，绍兴的轻纺企业集群等都表现出了强大的竞争力，正是与社会资本促进知识溢出和传播密切相关的。

然而，从中国大陆一些产业集群的发展来看，社会资本要对集群式创新发

---

① 傅利平等. 高技术产业集群知识溢出对区域创新产出的影响研究——以北京市中关村科技园为例 [J]. 天津大学学报（社会科学版），2014（7）：300-304.

挥积极作用，还依赖于集群的地域根植性、集群中的企业具有互利共生性等特征。在中国大陆高技术产业集群的发展过程中，除了北京中关村等成功案例以外，还有不少依靠政府政策扶持的高科技产业集群，尤其是在较落后的地区，这种集群的地域根植性较差，不易形成一种相互理解的氛围。例如，长春市高新区软件产业集群就是依靠政府政策"划地为营"而成立的，但由于地域根植性较差，缺乏有效的社会资本，并未对集群知识溢出产生显著影响。近年来，沿海发达地区也自发形成了一些高技术产业集群，但由于这些集群形成时间较短，未能深深根植于当地文化，缺乏社会资本的有效支撑，也不能对集群中知识溢出和潜在吸收能力产生促进作用。[①]

此外，社会资本能否被充分运用也依赖于集群内的企业能否产生互利共生关系。以上海的文化创意产业集群为例，通过对上海四行仓库、田子坊、8号桥、传媒文化园、时尚产业园、旅游纪念品产业发展中心、静安现代产业园、春明艺术产业园等18家创意产业园区进行实证研究发现，互利共生关系是创意产业集群形成的逻辑起点，互利共生关系越对称，共生关系质量越高，越能提高产业集群效应的水平。但目前上海创意园区的集群还只是比较浅层次的集群，大多从交通、成本等角度来考虑，而从技术和信息的交流和互动层面角度来考虑得还较少，集群内部企业之间以及企业与管理层之间的彼此依存度还不太高，关系还不太密切。[②] 这种情况意味着集群内的社会资本并未充分培育并发挥作用，因而在一定程度上影响了知识的溢出和扩散，产业集群效应和创新效果大为削弱。

除了社会资本不够充分而导致集群式创新的效果受影响，部分地区的集群式创新还伴随着难以持续、自主创新不足的特点。一般而言，在集群经济条件下，由企业网络形成的知识外溢与技术扩散效应降低了企业的搜寻成本和学习成本，使企业更容易通过学习和模仿获得先进的知识与技术，从而进一步扩大了创新投资的风险性与创新产品的外部性，本地企业进行自主创新的动机进一步减弱，而跟随与模仿的动机进一步增强，最终导致企业缺乏自主创新的能力，外生型产业集群在这方面表现得最为明显。跨国公司的进入，虽然为集群内中小企业的技术学习和模仿创造了良好的条件，使集群成员得以通过跟随和模仿实现技术进步与产业升级，但集群企业对跨国公司的过度依赖，往往会降低集群成员的自主创新能力，最终形成集群企业自主创新能力不足的路径依

① 朱秀梅. 高技术产业集群创新路径与机理实证研究 [J]. 中国工业经济, 2008 (2): 66-75.
② 陈秋玲, 吴艳. 基于共生关系的创意产业集群形成机制——上海18个创意产业集群实证 [J]. 经济地理, 2006 (12): 84-87.

赖。具体而言，跨国公司的进入通常会形成以跨国公司为核心，众多中小企业围绕核心企业进行配套生产和服务的基本组织结构。这种组织结构虽然为集群企业学习跨国公司的先进技术创造了良好的条件，但是这种协作关系以本地企业在技术、财务、产品等方面对跨国公司的依赖为特征，本地企业的灵活性和创新性不强，容易形成中小企业的过度专业化和僵化，一旦集群面临市场和技术变革压力，群内企业很难通过技术转型而存活下去。广东东莞地区的 PC 制造业的主要特征是高度分散化的生产体系和以外资大企业为核心的创新组织结构。处于这一生产体系顶端的核心企业主要从事核心技术的开发和产品的销售，其核心零部件由跨国公司母公司输入，只在本地从事外部零部件的生产和最后的加工装配。大量围绕核心企业进行生产的中小企业虽然通过对核心企业的跟随与模仿，实现了产品创新和技术变革，获得了暂时的竞争优势，但由于缺乏独立创新能力，核心企业一旦外移，整个集群便会因为缺乏"领头羊"而走向衰败。近年来，广东部分地区的跨国公司纷纷迁往长三角地区而引起本地经济的衰退已证明了这一点。[①]

此外，在技术水平较低的集群内，企业往往也选择"模仿式"发展，这就导致了行业结构上的趋同性，形成同类种群同向高速增长的拥挤效应以及低水平、平面式分散的数量扩张，从而导致恶性的过度竞争，削弱了企业的创新能力和竞争能力。

（四）动态联盟成为提升企业竞争力的一种新的组织方式

如本书第三章所述，"互联网+产业创新"使中国大陆电子商务得到了广泛的发展，如今，中国已经成为世界上最大的电子商务消费国。而电子商务的普遍发展和通信技术设施的广泛应用，使企业与企业之间可以在以顾客为中心的基础上通过视讯系统、电子商务、互联网络等技术手段结成一种新的联盟伙伴关系，这就是企业经营的虚拟化，也称为动态联盟。

1991 年，美国国防部、海军、里海大学及美国 13 个大型企业的相关机构和组织提出的《21 世纪制造企业战略》指出，面对日益国际化的竞争以及全球市场都在发生着的快速变化，企业自身的力量已经相当有限，不足以应对，这一问题正影响着世界各地企业的生存与发展。为此，创造性地提出了敏捷制造战略，即为了企业的产品能够快速开发和生产，应充分利用信息时代的各种通信工具和通信环境，建立动态联盟，加强联盟间的合作，共享信息、技术、

---

① 王雷. 外资驱动下地方产业集群技术升级的风险与防范［J］. 云南民族大学学报（哲学社会科学版），2008（3）：97-100.

知识等资源，将各自的优势和创造力充分发挥出来。敏捷制造战略是以动态联盟为基础的，动态联盟又称"虚拟企业"，美国里海大学的研究报告最早提出了这一概念，它是企业联盟的一种，但打破了传统意义上固定死板的联盟形式，而是随着市场的需求组建或者解散企业联盟，从而使联盟能够快速、及时地应对市场的变化。因此，敏捷制造是以动态结构为特征的公司，是以虚拟公司的组织形式出现的。①

从本质上来说，动态联盟是一种比较松散的组织形式，可以迅速形成，也可以迅速解体，当一定的市场机遇来临的时候，具有相同目标和不同优势的企业迅速地结合成为合作者，共享优势资源，共担联盟期间的风险，通过联盟的形式实现成员共赢，当市场机遇过去之后，各成员又成为独立的个体。

动态联盟是比较新型的管理组织方式，其动态灵活性在一定程度上提高了企业的敏捷性和反应能力，在竞争、合作、动态的市场环境中，动态联盟被认为是 21 世纪最有竞争力的企业运行模式之一。②

动态联盟可以说是新经济发展阶段的一种必然，所谓新经济，是指以信息技术和经济全球化为基础的经济，新经济的重要特征之一就是信息技术革命，知识之所以取代传统要素而成为首要资源，关键在于信息技术革命。信息社会更加注重的是参与、共享、合作、分散、柔性、信任和学习。计算机网络打破了传统的企业管理等级制结构，将过去以功能分工的组织形式改变为以流程、网络为导向的组织形式，构成一个非中心化的联合体网络。动态联盟就代表了这样一种全新的组织形态和管理模式，动态联盟在信息技术的支持下能够进行及时的、准确的信息处理和传输，减少大量不需要的中间组织，从而降低成本。他们以契约方式代替了传统的行政方式。从空间上来讲，动态联盟组织彻底打破了地理上的限制，借助于网络将整个企业流程有机联系起来，其明显优势是企业组织具有优势互补、资源共享、分散风险、合作开发、快速响应等。

中国大陆企业的动态联盟随着电子商务的展开也迅速发展并推广起来，这对一些民营中小企业提升竞争力来说尤其具有重要意义。以电商发展最快的服装领域为例，温州的民营集团企业美特斯邦威集团公司最具代表性。上海美特斯邦威股份有限公司于 1995 年创建于浙江温州，主要研发、生产、销售美特斯·邦威品牌休闲系列服饰。对于服装业来讲，附加值高的部分主要集中在品

---

① 罗振壁，周兆英．灵捷制造——21 世纪的生产和管理战略［M］．济南：山东教育出版社，1996：58-77．

② Soow C C. Miles R E. Managing 21st Century Network Organization ［J］. Organizational Dynamics，1992，20（3）：5-20．

牌和设计环节，为此，美特斯邦威公司就将其核心业务确定为品牌和设计，生产采取全部外包、销售采取特许连锁经营，总部只在以信息技术为纽带联结成的虚拟平台上进行设计、品牌营销和管理的运营模式。从 2001 年开始，在坚持"虚拟经营"的业务模式基础上，全面启动品质管理工程，从品牌形象、产品设计与生产采购、物流、市场拓展、销售服务和信息化管理等全过程提升管理品质。2004 年，经过两年多设计开发出来的新一代美特斯邦威 IT 平台实施完毕。这是一个由三套既独立又相互高度集成的系统支持的"虚拟经营"平台：一是制造商企业资源管理系统（MBFAC-ERP），即纯粹从工厂角度设计开发的专供工厂内进行独立管理的系统；二是企业资源管理系统（MB-ERP），即帮助企业做好品牌经营和整合社会资源的系统；三是代理商企业资源管理系统（MBAGT-ERP），即专给代理商内部进行独立管理的系统。这三套系统高度集成，形成了完整的供应链管理平台。这样的系统结构不仅高度集成了生产采购、物流配送、分销零售、财务等业务，还集成了分布在全国 200 多家上游供应商的各项业务，以及分布于全国 500 多个城市的下游 1000 多家代理商、专卖店的各项业务。现在，美特斯邦威处理一个完整订单的时间缩短到 2~3 分钟（实时），财务往来结算周期降至 2 分钟（实时），应收账款周转天数下降到 2 分钟（实时），存货周转次数上升到 7 次，订单交货周期减少到 2~4 天。[①] 实际上，正是借由这种虚拟化经营的动态联盟，美斯特邦威通过掌握核心环节变成了对协作群体起辐射作用的管理型企业，不仅通过生产业务外包，由其他厂家进行定牌生产，从而把握了生产的主动权，而且在销售上通过代理商加盟拓展出连锁专卖网络。正因如此，美斯特邦威公司使温州摆脱了"为别人加工服装"的"前店后厂"的传统模式，演变成年产系列休闲服近 1亿件（套）的生产基地和中国休闲服饰的知名品牌。

此外，中国大陆的其他领域也越来越多地出现了动态联盟。如在建筑行业中，港珠澳大桥的兴建也引入了动态联盟的项目组织管理方式。港珠澳大桥肩负着拉动港、珠、澳三地经济发展的重任，然而，施工和管理的难度却非常高，其在技术力量、资金投入、人员配备、施工风险等方面的要求都远远超过了单一企业所能承受的范围，采用传统的项目组织管理模式已很难满足该工程建设的要求。2010 年 12 月 21 日，港珠澳大桥管理局和中国交通建设股份有限公司联合体代表签署了港珠澳大桥岛隧工程设计施工总承包合同，该岛隧工程由中国交通建设股份有限公司牵头的联合体中标并承建，该联合体即是动态

---

① 董小英．中国行业信息化作用报告［J］．IT 经理世界，2006（7）．

联盟的项目组织管理模式，除了牵头的总承包商中国交通建设股份有限公司外，还包括中交公路规划设计院有限公司、艾奕康有限公司（AECOM）、上海市隧道工程轨道交通设计研究院、上海城建（集团）公司、丹麦科维国际咨询公司（COWI）和中交第四航务工程勘察设计院有限公司。根据工程项目建设的需要，各企业组成了联合体指挥部，在设计、施工、施工管理咨询等环节进行了分工，同时，负责港珠澳大桥岛隧工程施工建设的几个工区在组织结构上相当于项目总经理部的下属分包，在这个工程组织结构中，各参建单位既非同一身份，又非单纯的上下游关系，彼此间构成了一个在横向和纵向两个维度进一步集成的网络，类似于网络式的动态联盟模式。经由这一模式，各企业能力互补、优势互补、资源互补，将原本分散的技术资源、人力资源和管理资源快速有效地整合，共同完成了港珠澳大桥主体工程岛隧工程设计施工总承包合同的内容。同时，这一模式还将资金的投入进行了分散，避免了单个企业因资金投入过多影响企业周转，并分散了工程建设中的诸多风险。[①]

动态联盟不仅对民营企业有重要意义，对一些国有企业的改革也具有重要意义。以伴随着电子商务迅猛发展的物流业为例，面对外资和民营的第三方物流的高效率，国家物资储备系统因体制上的种种问题相形见绌。国家物资储备局作为国家发展和改革委员会的隶属单位，负责拟定国家战略物资的储备战略计划并承担其收储、动用、轮换、日常管理的一系列工作。在长期发展过程中，逐步形成了一套独立的仓储系统，具有较好的硬件基础，并在多个地区与铁路、地方政府建立了良好的合作关系。但在现代物流的飞速发展和第三方物流的竞争压力下，国家储备传统的"储备功能"受到冲击，出现了物资品种增加但物资数量急剧减少，从而导致大量仓储资源无法充分使用、闲置、浪费居多的现象。同时，由于体制问题以及长期受计划经济时代的影响，还存在物流设备技术比较落后、信息化水平低、经营管理理念落后、市场意识比较淡薄等问题。国家储备系统中的企业大多属于"小、弱、散"的中小型物流企业，经营业务较为单一，处于物流产业价值链低端，存在资源浪费高、经营成本高、服务质量低、市场竞争力弱等问题。近年来，国外物流企业纷纷抢滩中国物流市场，国内知名物流企业也飞速发展，面对国内外的双重竞争，国储物流企业明显处于劣势，为此，国储物流系统进行了一系列改革，先后尝试过兼并重组、战略联盟等方式，但鉴于制度障碍和实际情况，兼并重组难度较大，很

---

① 徐丽红. 动态联盟项目管理模式在港珠澳大桥岛隧工程中的应用［D］. 广州：华南理工大学，2016.

难实现；而战略联盟收效甚微，并且带有浓厚的行政色彩。最终，较灵活的企业动态联盟因不涉及产权问题，且主要基于物流业务，成为国储物流采用的最有效方法。动态联盟完全是基于"市场机会驱动型"组织，一旦出现有利的市场机遇，相关企业根据所拥有的能力技术与资源，利用信息技术手段，在最短的时间内将分布在不同地点的企业串联起来，并通过契约网络明确各成员分担的任务、享受的权益，共享资源，共担风险，从而形成了一个带有组织行为的物流联合体，共同完成动态联盟所设定的目标物流任务。该联盟随着物流机遇的产生而构建，物流目标达成后即解散，等待下次新一轮的结盟。国储物流动态联盟具有传统意义上的战略联盟所不具备的优势，各成员企业的目的性明确、自由度较大，行政干预少，并且改变了以往企业单独承担物流任务及风险的局面，各企业在各自的利益上也保持了兼容性与信任性。①

从上述例子可以看出，中国大陆企业动态联盟方式是新经济时代充分应用计算机网络技术而产生的一种新的组织创新，这种组织创新与产业集群、战略联盟以及中国台湾以中卫体系构成的快速跟随网络不同。动态联盟并不像产业集群那样局限于一个地域，也不像战略联盟那样涉及企业间的合资、股权投资或行政管理等形式，而是各成员保持充分的独立性。中国台湾由中卫体系构成的快速跟随网络主要是供应链上下游企业的联盟，且合作关系具有固定性和长期性，中心企业对卫星企业在研发方面具有主导性并可能持有卫星企业的股份，而中国大陆的动态联盟则更具灵活性、开放性和临时性，动态联盟是一个暂时的组织关系，也是一个虚拟的组织关系，它是为响应市场机遇借助网络技术而迅速建立的，动态联盟依靠各盟员的外部资源整合，迅速提升竞争实力，实现对市场机遇的敏捷响应和敏捷制造。

从产业创新的角度来说，动态联盟的积极作用主要体现在以下三个方面：

一是通过企业组织模式的变革，进一步适应并推动了柔性化制造的发展。20世纪80年代以来，竞争环境的变迁和生产技术的发展使制造方式发生了很大变化，精益生产、计算机集成制造、大规模定制、敏捷制造以及网络化制造等新的制造方式不断出现，这些现代生产方式都是以现代信息技术尤其是以网络技术为基础，强调企业内部和跨企业的资源整合，对企业内部各部门甚至跨企业间的协作要求很高，这就要求企业的生产组织形式具有灵活性、敏捷性和动态性。由此，传统工业时代的科层组织日益暴露出成本高、效率低下、官僚化等弊端，而互联网的普及更加速了企业的广泛改组，大量企业纷纷跨越企业

---

① 朱玉莉．基于资源整合的国储物流动态联盟模式研究［D］．北京：北京交通大学，2015.

边界进行资源整合，组织形式向柔性化、扁平化方向发展，出现了跨企业的网络化组织模式。继企业集群、战略联盟、中卫体系等企业联合组织方式之后，动态联盟正是各企业通过信息技术连接起来，快速响应市场机遇、进行敏捷制造、柔性化生产的一种新的组织变革。这种新的网络组织不仅仅局限于供应链，而是建立在信息技术基础上，由多个具有纵向或横向经济合作关系的企业构成的柔性组织，该组织跨越企业边界，企业间是平等合作关系，具有共同目标，借助现代网络技术，信息共享，实现多赢。

二是改变了企业之间竞争合作的生态环境，有利于中小企业进一步提升竞争力。如今，大企业的纵向一体化和多元化战略正在不断地挤压中小企业的生存空间。中小企业在资本规模、研发投入等方面具有先天的弱势，但大部分中小企业很难接受被大企业并购的命运。与以往的联合模式有可能要改变中小企业的所有权和独立性相比，动态联盟这种虚拟经营的模式在确保各成员独立性的前提下使各成员的资源互相整合、优势互补，无疑更有利于中小企业对外部资源放心大胆地利用。同时，联盟中的大企业更注重对中小企业竞争中的合作因素，因为网络中的各节点只有相互合作或互相协作，才能真正实现网络组织的增效性和协同效应，大企业和小企业在动态网络中合作能够快速响应不断变化的市场需求和优化配置资源，能够更很好地对付不确定性和风险。① 由此，动态联盟的上述特点使大企业与中小企业之间的关系由以往的"弱肉强食"逐渐演变为一种共生共赢的关系。借助这种新的竞争合作的生态环境转变，中小企业就可以凭借专业化分工，通过虚拟经营策略来借力造势、增强竞争力。

三是有利于技术知识的动态组合与扩散。动态联盟是将具有资源优势的各方联结在一起的虚拟企业，联盟方可以在保护知识产权的情况下，完成各自的任务，这样的合作结果是多个企业的保密技术集在一起共同为虚拟企业创造价值，极大地增强了企业的竞争力。同时，联盟中的企业不仅从自己的核心能力和知识积累中获益，而且从上游和下游合作者免费提供的信息中获益。由此，沿产业链分布的众多企业的网络组织得以在任何时候从事各种产品和服务创新，而这些创新又给整个网络提供了不断学习的机会，并有助于提高组织结构内部调整资产和资源以适应变化的环境的能力，形成持续创新、不断学习、适应调整的良性循环。

---

① ［澳］Mark Dondgson，Roy Rothwell. 创新集聚——产业创新手册 ［M］. 北京：清华大学出版社，2000：183.

第四节 两岸产业创新升级过程中的
财政与金融支持差异

金融对国家创新体系有着直接的影响，因为科学技术知识的生产、扩散及其应用都需要资金的支持，尤其是 ICT 产业既是知识密集型产业又是资本密集型产业，金融的支持更是至关重要。一个国家和地区的金融体制、金融服务、金融政策是促进还是阻碍这些产业创新活动，在很大程度上影响着国家创新体系的实绩。

一、中国台湾产业创新升级的财政与金融支持

中国台湾产业升级发展过程中主要的资金供给管道，除了自有资金和台湾当局奖励与协助，还来自银行贷款、股票发行市场、债券发行市场及创业投资公司。21 世纪以来，中国台湾多家电子信息公司还开始尝试在国际资本市场发行可转换公司债以筹措资金。本书拣选其中具有台湾特色的三个方面来加以阐述：产业政策中的租税奖励与资金协助，体现中国台湾金融改革与创新的银行民营化、多层次资本市场的建立，以及对创投资金的鼓励和引导。

（一）台湾当局通过产业政策给予租税奖励、资金协助

从 20 世纪 60 年代到 21 世纪以来，台湾当局前后推出了一系列扶植产业壮大发展的产业政策，其中以 1960 年的"奖励投资条例"、20 世纪 90 年代初的"促进产业升级条例"和 2010 年的"产业创新条例"为典型代表。在 1960年的"奖励投资条例"中，虽然当时中国台湾的主要目的是从进口替代转向出口替代，并以发展劳动密集型产业为主，但在产业政策中已经出现了奖励研发减免税收的规定。这一规定在很大程度上提升了硬件的研发层次及水平，同时大大降低了研发成本。"奖励投资条例"与同时代日本、韩国的奖励措施发展趋势接近，由于长期的免税很难产生激励投资的效应，中国台湾由税收直接支持方式向间接支持方式发展，即利用加速折旧以取代租税奖励，有利于增强企业设备更新，减少利润保障与免税依赖心理。[①]

20 世纪 90 年代正是中国台湾高科技产业快速发展和对外扩张的时期，当

---

① 马凯. 经济发展与政策 ［M］. 台北：中华经济研究院，1991：202-204.

时中国台湾推出的"促进产业升级条例"着重对资本和技术密集型产业给予了大幅度的租税减免。例如，购置研究与发展、实验或品质检验用仪器设备及节约能源或利用新能源及净洁能源的机器设备，得按 2 年加速折旧；对购买自动化设备或技术，购买资源回收、防治污染设备或技术等支出在 5%~20% 限度内，抵减应纳营利事业所得税额；对研发支出在 35% 的限度内，抵减应纳营利事业所得税额，公司当年度研发支出超过前 2 年度研发经费平均数者，超过部分得按 50% 抵减应纳营利事业所得税额；对人才培训支出金额在 5%~25% 的限度内，抵减应纳营利事业所得税额，公司当年度人才培训支出超过前 2 年度人才培训经费平均数者，超过部分按 50% 抵减应纳营利事业所得税额；营利事业承接当局委托研究发展计划，免纳营业税；等等。① 总体来看，"促进产业升级条例"旨在鼓励设备更新和技术现代化，鼓励环保投入、鼓励节约能源、鼓励研发和人才培训，使企业树立了产业升级的信心，愿意将更多的收入盈余投入企业发展中，从而使产业不断升级。该条例的实施，使中国台湾在 20 世纪 90 年代成功引导了高科技产业的蓬勃发展，也让一些科技企业成为业界巨擘。②

2010 年在"促进产业升级条例"到期后，中国台湾继续推出了"产业创新条例"，该条例吸收了中国台湾已有的"产业基本法""产业创新加值条例"以及"产业园区设置管理条例"的基本精神，在创新活动的补助和辅导、无形资产流通及应用、产业人才资源发展、资金协助等方面进行了具体措施的设置，并在租税优惠、所得税税率等方面进行了新的调整与安排。"产业创新条例"旨在促进产业创新，改善产业环境，提升产业竞争力，因此在租税奖励方面显示出新的特点和旨趣。第一，中小企业享受到了 17% 的营利事业所得税率，比原税率降低了 3 个百分点，降幅达到了 15%，受益极大。第二，采取了更加宽泛的奖励方式，保留了研发、人才培训、营运总部及国际物流配销中心四项租税优惠，受惠对象不再分高科技产业或传统产业，而且也不再限于工业区厂商，只要符合奖励条件的，如农业生技园区、媒体园区、物流园区等，都可以享受租税优惠，并以 10 年为限。因此台湾当局无须再具体规定获得奖励的产业类别，避免了将奖励多集中在高科技行业，从而为人诟病为"重高科、轻传统"。第三，对创新的奖励不再限于研发，而是涵盖了生产流程创新、组织模式或产品创新等范畴，连产学研合作模式的创新也可以获得相应奖

① 黄仁德，胡贝蒂. 台湾租税奖励与产业发展 [M]. 台北：联经出版社，2006：45-48.
② 马凯. 经济发展与政策 [M]. 台北：中华经济研究院，1991：234.

励，这就使得创新成为所有产业可以参与的活动。① 总体来看，"产业创新条例"体现了 21 世纪产业创新的新趋势，即所有产业（而不仅仅是高科技产业）都可以创新，因此，"鼓励所有产业投入创新"成为台湾当局产业政策的核心理念。同时，"产业创新条例"相比以往条例更大幅度地予以中小企业租税优惠，表明台湾当局旨在继续推动中小企业在产业创新过程发挥更重要的作用。总体而言，中国台湾在 2010 年制定的"产业创新条例"，取代了"促进产业升级条例"，想法与做法确实都大有进步，包括降税及奖励内容从早期的投资、生产到研发创新的运用；涵盖对象不再以制造业出口为主，扩及农业与服务业；政策重心也从工业区提升到符合各种需求之园区。"产业创新条例"很清楚地扬弃了"产业别"的奖励，转而注重"功能性"的产业环境。②

21 世纪以来，除了上述条例外，台湾当局为推动策略性产业发展，还提供了其他方式的资金协助，如行政事务主管部门开发基金提供资金协助、创投事业资金投入，对数码内容及文化创意产业提供优惠贷款，对主导性新产品的开发提供研发补助，等等。

（二）银行民营化及多层次资本市场对产业创新升级的积极作用

"二战"后，中国台湾创造的经济增长奇迹及其产业创新升级，与其金融创新及多层次资本市场的发展密切相关。1945 年，国民政府便开始接收日本在中国台湾的产业，其中，日本人经营的"株式会社台湾银行"被改组为"台湾银行"，成为中国台湾最早设立的公立银行，并在 1949 年开始发行区域性货币——"新台币"。由于人员编制紧缩，包括货币发行、收受各银行存款准备金等业务，均由台湾银行代为完成。除台湾银行外，台湾土地银行、第一商业银行、彰化商业银行等也是在这一时期改组或合并成立的。同时，台湾交通银行、台湾中国银行、台湾上海商业储蓄银行等先后在台湾复业，它们构成了中国台湾最初的银行体系。其中，台湾银行、台湾土地银行的资金由台湾地区金融主管机构直接划拨，其余银行虽然是股份制公司的形式，但台湾当局持有的股份均在 50% 以上，因而事实上都为台湾当局所控制，就是所谓的公营银行。战后初期的中国台湾金融呈现由公营银行垄断的"大一统"局面，台湾当局为稳定局势，对银行业准入、存贷款利率、分支机构设立等均做了严格限制。这种"大一统"的公营银行体系，虽然有助于稳定秩序、恢复生产，

---

① 刘启强，何静. 台湾地区产业转型升级中的产业政策演变及启示［J］. 科技管理研究，2013（15）：33-36.

② 洪财隆. 边缘战略：台湾和区域经济整合的虚与实［M］. 台北：允晨文化公司，2017：212-216.

但也造成了很多问题。一是银行体系效率低下，却享受了高额的垄断利润，如中国台湾前三大商业银行（华南银行、台湾第一商业银行和彰化银行）的利润率都超过了100%；二是公营银行体系因缺乏竞争导致作风保守，而当时中国台湾的农林牧渔、加工制造等产业十分发达，中小企业和家庭有旺盛的融资需求，银行却无法满足，存在"贷款难"问题。20世纪60~80年代，中国台湾经济的快速发展以及在科技导向政策下电子产业等高科技产业的起飞，更是大大增加了对金融服务的需求，中国台湾经济实体尤其是中小企业与金融机构的矛盾激增，但在公营银行垄断经营的局面下，由于没有适度竞争，造成服务质量低下，产品创新迟缓问题突出；同时，地下金融繁荣，有组织的正式金融体制与无组织的民间融资并存，严重干扰了正常的金融秩序，从而为民营金融机构提供了进入中国台湾金融体系的历史契机。[①]

20世纪70年代，世界各国和地区开始掀起金融自由化浪潮，金融管制逐步松绑，市场开始在金融行业资源分配中发挥决定作用，中国台湾为解决自身发展矛盾并顺应全球化的趋势，开始了一系列金融改革，并先后建立了中国台湾证券交易所（1961年建立）和中国台湾货币市场（1976年建立），形成了直接融资和间接融资相配合的金融体制。与此相应，中国台湾自1981年揭开利率自由化的序幕，到1990年利率已完全自由化，1991年汇率自由化宣告完成。本书从银行民营化、融资辅导体系、建立OTC场外交易市场等金融创新来简要阐述其对产业创新升级、提供资金支持的重要影响。

1. 银行民营化对中小企业发展创新的积极作用

如前所述，中国台湾经济特性是以中小企业为主体的民间经济，民营企业在所有企业中所占的比率最高时达到了98%。从民营企业的融资比重来看，在1975年以前，货币市场尚未建立起来，债券市场融资额度一直很小，平均仅占总融资量的0.65%。而银行体系由公营银行垄断，许多中小企业向银行融资十分困难，融资渠道不畅，因此，除了正规金融机构的贷款外，地下金融成为最重要的融资渠道。中国台湾地下金融的交易形式大体包括信用借贷、质押贷款、远期支票借款、存放厂商、合会、地下钱庄、融资性租赁和融资性分期付款，以及20世纪80年代兴起的地下投资公司等。中国台湾经济部门统计，1964~1982年，岛内企业总融资额中有40%是通过民间借贷方式实现的。[②] 总体来看，从"二战"后到80年代，中国台湾的高速经济发展产生了

---

① 林宝安. 金融与社会：战后台湾金融体系与信用的演变［M］. 台北：巨流图书公司，2012：25-35.

② 杨雅惠. 双元性金融体系下利率管制的经济效果［R］. 台北：中华经济研究院，1984.

数额巨大的游资，而正式金融体制又受到过度管制并由公营银行垄断，这就使中国台湾地下金融十分繁荣并经过了近40年的高速发展，其民间借贷的组织形式从以合会组织为主体到以地下钱庄为主要形式，再到以地下投资公司为主体，组织机构日益多元化。直到中国台湾金融自由化改革逐步取得成效，无组织的地下金融与有组织的正规金融体系并存的金融二元化局面才得以改变。

中国台湾银行业改革突破性的第一步就是曾经作为地下金融的民间合会重组改制成为中小企业银行。在20世纪50年代前，中国台湾就已经出现了区域性的民间合会储蓄公司，开展信用贷款、小额存款和信贷分期服务等业务。在公营银行垄断银行体系导致中小企业融资难的情况下，这些民间合会是中小企业融资的重要来源。1975年7月，中国台湾第一次修订了所谓"银行法"，增加了"中小企业银行"一条，规定"该类银行的主要任务是供给中小企业长期信用，协助其改善生产设备、财务结构及健全经营管理"。据此，中国台湾将当时规模较大的民间合会储蓄公司——"台湾合会储蓄公司"重组改制为"台湾中小企业银行"，同时，台湾银行和华南银行对台湾中小企业银行持股比例分别为17%和12%。"银行法"原先构想是把区域合会、民间合会、储蓄公司改成县银行，但业者希望扩大营业区域，所以不以县为基准单位。因此，1978年和1979年，台湾当局又按照地区分别批准成立了台北区、新竹区、台南区、台中区、高雄区、花莲区、台东区7家中小企业银行。

把合会改造为地区性民营银行是中国台湾金融制度上的成功改革。尽管其中还存在一些严格的业务和分支行设立的管制因素，而且中小企业银行也不能抵消金融主体对地下金融的需求[①]，但却为改变公营银行"大一统"的局面、促进银行民营化迈出了突破性的第一步。

1985年，中国台湾地区"经革会"提出公营事业（含公营银行）民营化的建议案，然而，未能推动。1989年7月11日，中国台湾所谓"银行法"的第二次修订为民营银行的设立提供了依据，1990年4月，中国台湾地区财政事务主管部门颁布了"商业银行设立标准"，并受理新银行的设立申请，中国台湾民营银行由此迅猛成长起来，到1992年已经发起设立了15家民营银行。另外，1990年之后，中国台湾公营银行的民营化采用出售公股的方式进行，如中国台湾前三大商业银行均将原来台湾当局所持有的股权以公开承销的方式逐步转让给了私人部门。

---

① 熊继洲，罗得志．民营银行：台湾的经验与教训［J］．金融研究，2003（2）：12-21.

新民营银行的开放设立，代表着中国台湾经济发展的成果，也显示了中国台湾的经济实力，对提升金融服务品质和加强金融业的竞争力有相当的贡献。[①]

2. 融资辅导体系对中小企业的积极作用

中国台湾非常重视中小企业的发展，除了银行民营化对中小企业融资创造了整体有利的环境，为了解决中小企业的融资问题，中国台湾还专门建立了中小企业融资辅导体系，使中小企业融资额占银行融资总额的35%以上。这一具有金融创新意义的中小企业融资辅导体系主要包括以下四方面内容：

一是中小企业银行，如前所述，中国台湾的各中小企业银行是按台湾当局颁布的"银行法"规定，于1976年由各地的合会储蓄公司改组而成，以中小企业为主要客户群。

二是中小企业信用保证基金，由于中小企业与较大企业相比有管理落后、规模小、业务经营能力弱等缺点，银行对其贷款风险高，即使予以贷款，一般也是抵押贷款。为了解决这一问题，1974年台湾当局指示下属的财政事务主管部门、金融事务主管部门、经济事务主管部门，由各级政府及金融机构共同拨款捐助集资4.5亿新台币，设立了中小企业信用保证基金。1983年3月底，其余额增长到22.5亿新台币。其任务是对业务经营良好、具有发展潜力但担保品不足的中小企业提供信用保证，帮助其获取银行贷款，完成业务经营计划，并分担金融风险，确保债权安全，鼓励其对中小企业放款。信用保证基金在促进中小企业融资方面绩效斐然，截至2014年4月底，信保基金累计已协助35万余家企业自金融机构取得5410960件融资，融资金额达117885亿新台币，累计承保金额为85841亿新台币，对于协助中小企业自立成长、创新发展颇具贡献。[②]

三是中小企业联合辅导中心，1982年中国台湾所属7家行库成立了"省属行库中小企业辅导中心"，筹措1亿新台币的辅导基金，选择融资困难但具有策略性及发展潜力的中小企业作为特定对象，对其进行综合辅导。台湾当局财政事务主管部门规定，"台湾行库"及省属行库都应办理中小企业贷款，其中台湾银行、台北市银行、交通银行、台湾合作金库还专门设立中小企业融资服务部门，优先为中小企业提供融资协助。

四是其他融资辅导机构，由中国台湾"经济建设委员会"、各信托投资公

---

① 于宗先. 民营银行：台湾案例 [M]. 北京：社会科学文献出版社，2005：241-242.

② 唐永红，陈宝熙. 台湾中小企业融资体系研究 [J]. 厦门大学学报，2014（4）：76-85.

司及中兴、国际、中华三家票券金融公司组成。"经济建设委员会"运用"中美基金"为中小企业提供长期贷款，各信托投资公司为中小企业办理融资业务，中兴、国际、中华三家票券金融公司为中小企业办理本票发行、承销、贴现业务。另外，其他非专业银行，各地区的信用合作社也对中小企业提供融资服务。许多租赁公司在中小企业资本不足的情况下为其办理机器设备租赁业务。①

3. 多层次的证券柜台买卖市场为新兴产业抿注资金

充裕的资金供给是一个产业发展壮大的必要条件。除了银行系统给予的资金，证券交易市场也是企业对外融资的一个重要渠道。证券交易市场除了有助于企业筹措资本，也可借由市场运作使资金的使用达到最高效率，辅助支持产业的发展。1961 年 10 月，中国台湾证券交易所采用股份有限公司组织形式，由 43 家企业及金融机构共同出资成立。② 中国台湾股票市场对于电子信息产业的兴起，就扮演了非常关键的角色，尤其是 1985 年以来，股票的投资与交易一度成为中国台湾民众的全民运动，热络的股票次级市场带动了股票发行市场，其中电子信息业者成为最大的受益者。在中国台湾电子信息产业高速发展的 1985~1996 年，电子信息产业的上市上柜公司由 22 家迅速成长至 213 家，累计总资产达 21000 亿新台币，也就是说，仅电子信息业的上市上柜两类公司，在成长期间就得到了社会资金支持 2 万多亿新台币。③ 可以说，中国台湾高科技企业的成长与壮大，与中国台湾创立了多层次的股票市场这一金融创新密切相关。

中国台湾股票市场经历了从柜台交易到集中市场再到多层次市场的发展过程。经过 60 多年的发展，中国台湾已形成了由中国台湾证券交易所、证券柜台买卖中心构成的上柜市场和兴柜市场三层市场体系。中国台湾证券交易所的准入门槛较高，一般类的中国台湾企业在证券交易所上市的最低资本额最初要求为 6 亿新台币，目前为 3 亿新台币，中小企业很难跨越如此高的门槛。因此，在中国台湾证券交易所上市的企业以传统行业比重较大，大多是资本密集型的水泥、食品、塑料、纺织、机械、电器电缆、玻璃陶瓷、造纸、钢铁、橡

---

① 梁国树，侯金英. 台湾金融制度与金融政策 ［M］//梁国树先生论文集. 台北：台大出版中心，2002：182-191.

② 李庸三，陈上程. 台湾金融政策对工业化之影响 ［M］//许嘉栋. 台湾货币与金融论文集. 台北：联经出版事业有限公司，1995：480-482.

③ 张俊彦，游伯龙. 活力：台湾如何创造半导体与个人电脑产业奇迹 ［M］. 台北：时报文化出版公司，2001：311.

胶、汽车、建材、航运、油电燃气、化工以及旅游观光、金融、贸易百货企业等。相比之下，新兴的高科技产业多从中小企业起步，风险较大，达不到证券交易所的资本准入门槛，也不为市场所熟悉。

为了配合实施"科技导向"的经济发展战略，扩大证券市场规模和便于中小高新科技企业融资，台湾当局在证券交易所外开辟了场外交易市场（OTC），场外交易市场又称柜台市场或店头市场，广义的场外交易市场泛指证券交易所市场之外所有非集中交易的资本市场。与交易所市场相比，OTC市场没有固定的场所、没有规定的成员资格、没有严格的规则制度、没有规定的交易产品和限制，主要是交易双方通过私下协商进行的一对一的交易。OTC市场作为多层次资本市场体系的基础市场，交易主体是投资者和做市商，其中由做市商设定买卖价格，投资者与做市商直接交易，做市商通过买卖价差获取收益；交易客体是非上市公众公司股票，这些股票的上市交易能够最大程度地满足中小企业的融资需求。1988年，中国台湾研究和借鉴了美国NASDAQ市场在促进和扶植高科技企业及新兴产业发展方面的成功经验，由台北市证券商同业公会发起成立了"柜台交易服务中心"，经营包括债券和股票在内的证券柜台买卖业务。柜台交易服务中心在设立初期基本上是模仿美国NASDAQ市场，证券交易模式采取做市商制度，由推荐证券商做市，但由于信息不透明、效率低下，该制度并未取得良好效果。因此，1994年9月26日，中国台湾地区证券管理机构发起成立独立的财团法人——"台湾证券柜台买卖中心"将竞价交易模式引入柜台交易市场，中国台湾证券柜台交易市场由此进入了新的发展时期，上柜股票交易大幅增加，未达到上柜标准的公司股票地下交易也日趋活跃。进入21世纪后，台湾当局加快了柜台买卖中心制度创新的步伐，积极推动场外交易市场内部结构的调整。2000年4月，在柜台买卖中心内部设立了"台湾创新成长类企业股票"市场，又称"第二类股"市场，以更宽松的条件支持新兴产业的中小企业到柜台买卖中心上柜。① 当时，台湾当局和拟上柜的中小企业对"第二类股"市场寄予了很高的期望，将其誉为"创业板中的创业板"。2001年，为了将中国台湾未上市（柜）的股权交易管理纳入统一的监管体系，台湾地区证券管理机构又在中国台湾证券柜台买卖中心设立了称为兴柜市场的独立板块，为未上市（柜）的公开发行公司提供合法的交易平台。兴柜市场的上柜门槛比柜台买卖中心低很多甚至几乎没有门槛，在成立后的头三年，即2002~2004年，就累计受理了705家公司的买卖申请。截至

---

① 过文俊. 台湾发展场外交易市场的经验及其对大陆的启示 [J]. 当代亚太，2005（12）：30-37.

2011 年 4 月底，兴柜市场挂牌公司 284 家，总市值达到了 8395.63 亿新台币。① 由此，中国台湾的场外交易市场形成了高低两个层次——柜台买卖中心和兴柜股票市场，从而形成了"上市""上柜"和"兴柜"三位一体的多层次资本市场体系，既为不同规模、不同类型的企业提供了"门当户对"的直接融资渠道，又为不同偏好的投资者提供了公正、透明的投资平台，并有助于通过市场机制把地下股票交易引入规范管理的轨道。

中国台湾证券柜台交易市场对促进中国台湾中小型高科技企业的快速成长发挥了不可替代的作用，在一定的监管措施配合下，中小企业向社会融资的门槛大幅降低，符合最低实收资本额在 5000 万新台币以上、连续经营满三年等条件的高科技企业，都可以进入上柜股票市场，而对于进入兴柜股票市场的公司，甚至没有营业利润、税前利润等获利能力的要求，也没有资本额、设立年限、股东人数、股权分散程度的限制，只需符合已经申报上市（柜）辅导及有两家以上证券商书面推荐等条件即可。

中国台湾证交所以传统行业的企业为主，以 2012 年为例，水泥、食品、塑料、纺织、机械、汽车、建材、航运、油电燃气、化工以及旅游观光、金融、贸易百货等传统行业的企业家数在中国台湾证券交易所合计占比为 45.3%，而上柜市场、兴柜市场中的传统行业合计占比分别仅为 22.4% 和 19.1%，在上柜和兴柜市场挂牌公司的行业主要分布在生物医疗、半导体、计算机及外设、光电、通信网络、电子零组件网络及信息等高科技产业，此类挂牌企业数量合计占比分别达到了 77.6% 和 80.3%。在上市企业资本规模结构上，台湾证券交易所、上柜市场、兴柜市场总股本在 5 亿新台币以下的企业比重分别为 2.4%、32.4% 和 54.3%，股本在 10 亿新台币以下的企业比重分别为 18.3%、74.3% 和 82.5%，而股本在 50 亿新台币以上的企业比重分别为 26.9%、1.6% 和 3.1%。由此可见，与台湾证券交易所上市公司多为传统行业的大中型企业相比，上柜市场和兴柜市场多为高科技中小型企业。同时，虽然台湾证券交易所、上柜市场和兴柜市场存在诸多差异，但三个市场并非相互独立，而是有着顺畅的转板机制。兴柜市场为前两个市场培育上市企业，上柜市场在接受兴柜市场转板的同时也输送孵化成熟的企业到交易所市场，三个市场形成了有机联系的市场体系。截至 2012 年 6 月，已有 500 多家兴柜市场挂牌企业转板上柜市场，150 多家企业转交易所上市，而上柜市场有 300 多家挂牌

---

① 楚义芳，姜晶晶. 台湾证券柜台买卖市场的发展及其对大陆建设全国性 OTC 市场的启示 [J]. 港口经济，2011（12）：47-50.

企业转交易所上市。①

毋庸置疑，中国台湾场外交易市场的分层以及交易制度的创新，使不同规模、不同类型的中小企业均比较容易获得直接融资的机会，对于化解中小企业融资难问题起到了积极的作用。而中国台湾的电子产业之所以能够在当今国际电子行业中占据重要地位，与中国台湾场外交易市场对该类产业的孵化与支持有很大的关系，同时，柜台买卖中心还为证券交易所输送了一大批优质的上柜转上市公司，不少科技型企业先通过中国台湾柜台买卖中心上柜，待其经营业绩提升后，转至中国台湾证券交易所上市。2000 年后，每年有数十家上柜公司完成了这种"跳高"。②

（三）积极鼓励和引导创投公司资金进入高科技产业

为了支持创业，台湾当局先后出台了一系列直接或间接鼓励创业投资产业发展的配套文件。1973 年，台湾当局设立了"开发基金管理委员会"。借鉴美国创业投资、风险资本（VC）的概念，1983 年台湾地区行政事务主管部门通过了"促进创业投资事业及创业投资管理规则"，1984 年第一家民间创业投资公司随即成立，"开发基金管理委员"成为台湾地区创业投资事务的主管部门。为了引入创业投资事业在中国台湾发展，台湾当局从"开发基金"中提列出 8 亿新台币，作为协助创业投资公司的种子资金。该措施得到了热烈的响应，8 亿新台币很快被申请殆尽，台湾当局紧接着拨付了 16 亿新台币作为第二期种子基金。台湾当局的示范作用激发了大众在中国台湾创业投资的兴趣，中国台湾创业投资的资金主要来自岛内的产业界、财团、上市公司、富有的个人以及国外的法人。在中国台湾电子信息产业呈现快速增长的十几年间，中国台湾创业投资公司的数量由 1984 年的 1 家成长至 1999 年的 153 家，所募集的资金由 1984 年的 2 亿新台币增长至 1999 年的 1030 亿新台币。③中国台湾创业投资公司是中国台湾部分电子信息公司取得资金的渠道。虽然这部分资金整体所占的分量并不如金融机构或股票市场提供的多，但是对于许多创新性较高的公司来说，创投业者所提供的资金仍有其重要性。

1983 年在"创业投资事业管理规则"正式实施的同时，还颁布了与之相配套的"奖励投资条例"，明确规定创业投资行业可以享受出资额 20% 的税收

---

① 张立. 台湾地区多层次股票市场及其效率［J］. 金融纵横，2012（12）：47-52.

② 许和钧，林苍祥. 日韩柜台买卖市场之比较研究与台湾的应用［J］. 证券柜台月刊，2003（7）.

③ 张俊彦，游伯龙. 活力：台湾如何创造半导体与个人电脑产业奇迹［M］. 台北：时报文化出版公司，2001：313-314.

抵减；1994年，开放了保险业资金投资创业投资（以其自身资本金的25%为上限）；1996年允许一般商业银行投资创业投资（以其自身资本金的10%为上限）；2000年开放证券公司资金进入行业（以其自身资本金的5%为上限）；等等。近年来，中国台湾的场外交易市场与创投行业形成了良好的互动效应。自1994年柜台买卖中心成立以来，中国台湾创业投资行业的发展速度明显加快，成功率也有所提高。1994年底，中国台湾的创业投资公司总数仅为28家，平均每年新设创业投资公司2.5家；1999年末，到柜台买卖中心挂牌的公司达264家。[①] 1995~2001年，平均每年新设创投公司24.4家。截至1994年末，中国台湾累计创业投资资金仅为146.98亿新台币；而1995~2001年，平均每年新增创业投资资金为172亿新台币。1990~1994年，中国台湾创业投资公司每股平均年盈利为0.226新台币；1995~1999年，公司每股年均盈利为1.64新台币。[②]

无疑，创业投资基金对中国台湾高科技产业起飞之所以产生了积极推动的作用，与台湾当局的刻意引导密切相关。一方面给参与创业投资公司的股东提供了20%投资抵减的优惠；另一方面规定只有当创业投资公司的资金至少70%投资于高科技产业时，才适用投资抵减优惠，同时又禁止创业投资的资金投入上市或上柜的股票，于是创业投资公司的资金被积极导向高科技产业。"创业投资事业范围与辅导办法"中第九条规定，高科技产业的投资范围主要包括：

（1）通信、信息、消费性电子、半导体、精密器械与自动化、航天、高级材料、特用化学品与制药、医疗保健、污染防治、生物科技、科技服务、高级感测、能源及资源开发等产业。

（2）符合"科学工业园区设置管理条例"第三条所称的科学工业。

（3）符合"促进产业升级条例"第八条所称的新兴重要策略性产业。

（4）其他经主管部门会同各该事业主管机关认定或公告的科技事业。

总体来说，中国台湾的创投业在发展的初期，基本上是辅助产业发展的角色，当产业进入扩充期至成熟期后，创投业逐渐成为高科技产业新企业创立的主要育成者之一。2008年金融危机后，为进一步带动就业与经济成长，中国台湾通过对银行体系的资金动员，2010年在"产业创新条例"有关资金投融资的规划中，提出了以创业投资与发展基金为主。[③] 近年来，台湾当局出台了

①　过文俊. 海峡两岸场外交易市场比较 [J]. 南方金融，2007（2）：45-48.
②　阙治东. 创业投资在台湾 [EB/OL]. http://www.tvca.org.tw.，2002-06-26.
③　吴荣义等. 台湾金融的未来 [M]. 台北：新台湾智库公司，2010：153-157.

一系列措施，旨在提升高科技产业和传统产业的创新能力。例如，2018 年 2 月，中国台湾地区行政事务主管部门推出的"优化新创事业投资环境行动方案"，就从充实资金、松绑法规及人才培育三个方面提供协助，支持新创产业发展。特别是在资金方面，发展基金除了编列 10 亿新台币的"创业天使投资方案"外，还成立了 1000 亿新台币的"产业创新转型基金"。此外，相关文件松绑的速度也逐渐加快，如放宽银行投资创投事业限制持股可达 100%、修订"产业创新条例"让新创企业及天使投资人享租税优惠、修正"公司法"协助公司股权设计更有弹性且更易取得资金，以及研拟修改"中小企业发展条例"鼓励新创，等等，显现出中国台湾在完善创新创业生态系上持续努力。[①]

二、中国大陆改革开放以来产业创新升级的财政与金融支持

21 世纪以来，中国大陆产业创新在财政和金融获得的鼓励和支持尤为显著，其发展特点及存在的相应问题也比较突出，本书分别从以下几个方面进行论述。

（一）税收优惠、创新补贴及其相应问题

随着知识经济的深入发展，进入 21 世纪后，创新是第一生产力已成为各界共识。如前文所述，国务院及党的十八大、十九大出台的多个文件均指出"更多地运用财政后补助、间接投入等方式，支持企业自主决策、先行投入""加大对中小企业金融服务力度"，等等。

中国大陆对产业创新给予的财政支持，主要体现在对科技型企业的研发支持上。目前，各国政府采用的研发激励方式多样，主要包括高新技术企业 15% 所得税优惠、研发费用加计扣除、加速折旧。据统计，OECD 中采取研发税收优惠政策助推本国企业研发的成员国已经超过了 60%。[②] 近年来，中国大陆也出台了多项税收措施扶持科技产业发展。2006 年，国务院发布了《关于实施〈国家中长期科学和技术发展规划（2006—2020 年）〉若干配套政策的通知》，补充并说明了科技方面的税收优惠政策，按目前企业开展研发活动的税收优惠方式分为直接优惠和间接优惠，其中直接优惠方式是指通过直接豁免部分税款，如税收豁免、税收抵免和优惠退税等形式来降低企业的税负，间接优惠方式是指企业和单位相当于在政府方获得一部分的无息融资，如采取延期纳税和加速固定资产折旧等形式来对企业进行税收鼓励。之后，科技部、财政

---

① 社论. 完善创新创业生态系不能缺少国外优质新创［J］.（台湾）台湾经济研究月刊, 2019（7）.

② Linlin Huang. A Review of Influence Mechanism of Political Connection on Enterprise R&D Activity［J］. Social Science and Humanity. 2016（3）：492-498.

部、国家税务总局表示，高新技术企业可以依照《中华人民共和国企业所得税法》及其实施条例、《中华人民共和国税收征收管理法》的有关规定，申请享受减至15%的税率征收企业所得税。此外，《财政部 国家税务总局 科技部关于完善研究开发费用税前加计扣除政策的通知》规定，高技术企业研发活动中实际发生的研发费用，未形成无形资产计入当期损益的，在按规定据实扣除的基础上，按照本年实际发生额的50%，从本年度应纳税所得额中扣除；形成无形资产的按无形资产成本的150%在税前摊销。而企业能否享受政府研发税收优惠政策，取决于是否通过了《国家重点支持的高新技术领域》的高新技术企业资格认定或者位于《当前优先发展的高新技术产业化重点领域指南》认定的八大行业之列。如今，15%的高新技术企业所得税税率、研发费用加计扣除等政策已经逐步从试点推广至全国实行，并正式列入了2017年修订的《中华人民共和国企业所得税法》[①]，研发企业所得税优惠政策已成为中国各地政府支持创新科技的主要手段。据统计，2015年，仅通过研发费用加计扣除和所得税优惠两大政策，便为高新技术企业节约了1150亿元、760亿元，有效缓和了企业研发的融资约束困境。[②] 2019年在规模（限额）以上企业中，企业研发费用加计扣除减免政策和高新技术企业减免税政策的惠及面分别达到了66%和56.2%，企业对这两项政策的认可度分别达到了87.1%和88.9%。[③]

　　创新补贴也是中国政府鼓励企业创新的一个重要手段。除了传统的事前就给予补助的国家科技创新计划外，2013年11月，财政部、科技部又印发了旨在进一步发挥财政科技资金的引导作用、加快建立以企业为主体的技术创新体系的《国家科技计划及专项资金后补助管理规定》，在中国大陆境内注册的、具有独立法人资格的企业、科研院所、高等院校等均可申请创新补助。此外，各省为了鼓励本地企事业单位积极承担国家重点科研项目，促进重大科技成果转化和产业化，也对省内实施的国家科技重大专项和国家重点研发计划项目的承担单位给予项目配套资助经费，资助办法和金额各地不一。实际上，除了中央政府层面的激励创新政策，地方政府都在支持本地中小企业积极开展自主创

---

　　① 《中华人民共和国企业所得税法》（2017年修订版）正式规定：符合条件的小型微利企业，减按20%的税率征收企业所得税。国家需要重点扶持的高新技术企业，减按15%的税率征收企业所得税；国家高新技术企业研发费用按150%加计扣除。企业为开发新技术、新产品、新工艺发生的研究开发费用，未形成无形资产计入当期损益的，在按照规定据实扣除的基础上，按照研究开发费用的50%加计扣除；形成无形资产的，按照无形资产成本的150%摊销。

　　② 郑策. 全国统计工作会议报告［R］. 2016.

　　③ 资料来源：《2019年全国科技经费投入统计公报》。

新，加大研发投入，加强技术标准研制创新；支持科技企业孵化器建设专业化技术服务平台、组建天使投资基金；支持企业承担国家科技计划项目、建设国家级科技创新平台；支持企业整合全球先进技术创新资源、集聚创新创业人才、与省内高校开展研发合作；支持民口企业与军工单位开展研发合作；支持重大装备研发企业与应用企业的创新与合作、高新技术产品出口退税等各种激励和补贴政策。

综观中国大陆的创新补贴政策，其在初期无疑经历了一个单一粗放的过程，导致有很多无效创新出现。2006年提出建设创新型国家后，各级政府和部门都纷纷加大了对创新活动的支持力度，相关创新扶持资金、政策和概念如雨后春笋般地出现。但是，由于这一时期人们对创新的概念与实质，对于政府、社会和企业在创新中各自扮演的角色以及如何激励企业创新，并没有深刻的、全面的认识。各级政府虽然知道创新的重要性，也理解政策带动的作用，但并不清楚如何落实科技创新，于是在创新战略的缺位下，相关的科技创新资金扶持机制一直采取单一粗放模式，创新项目遴选不科学，考核要求单一，将促进企业创新等同于发放创新科技补助，而没有建立良性创新生态圈。由此，各种粗放型的投入以及滞后的管理体制使创新科技补贴的激励绩效大打折扣。而2008年金融危机使许多企业发生了资金链危机，导致实质性创新活动一再停滞。于是2007~2012年，尤其是在"十二五"时期的后半程阶段，各地出现了许多无效创新。同时，与投资周期长、见效慢、有风险的创新补贴相比，生产性补贴具有短期经济效应并能直观地反映在当地的经济表现上。因此，在晋升激励的驱动下，有的地方政府产生了倾向于后者的创新补贴偏向。通过分析2008~2016年中国上市公司创新补贴数据发现，晋升压力较大地区的地方政府，其创新补贴偏向更严重，中央产业政策支持行业表现出较低的创新补贴偏向，而社会监督相对缺失地区的政府创新补贴偏向更加严重。这种创新补贴偏向正是由于地方官员追求短期经济绩效以及创新补贴高风险、缓见效的独特特点而产生的。[①]

进入"十三五"时期后，单一粗放型的政府投入有所改善，尤其是2015年底中央提出供给侧改革之后，创新驱动战略不仅是"十三五"时期中国经济发展的根本动力，而且成为全面深化供给侧改革的重要途径。中央与地方政府围绕着党的十八大后颁布的《国家创新驱动发展战略规划纲要》等系列文件，开始系统性地规范整理创新科技财政补助对象的资质认定、资金管理与发

---

① 寇恩惠，戴敏. 中国式分权与地方政府创新补贴偏向［J］. 当代经济科学，2019（10）：23-36.

放，收紧地方政府相关创新科技补助的发放权限。这些政策的出台与体制改革抑制了地方政府在早期粗放型投入中的无效创新补贴激励，也对企业 R&D 策略产生了深远的影响。在供给侧改革下，企业有意识地改变了 R&D 投入策略，减少了短平快 R&D 项目的数量，开始偏好持续性长期研发项目，在外观设计专利上的策略性创新也逐渐减少。此外，经由供给侧改革和国家创新战略的实施，国有企业创新补贴的额度也得到了提高，研发投入与项目整体数量呈上升趋势，且创新产出激励最突出，专利的申请数量大幅度增加。

总体来看，中国大陆的税收优惠和创新补贴等财政支持，使科技企业可以通过优惠政策享受政府控制的稀缺战略资源，增进研发活动投资。事实表明，这些激励政策和补贴也产生了相当好的效果。党的十八大以来，由于国家集中力量发展科技，2016 年中国建设创新型国家取得了突破性进展，研究经费达到 GDP 的 2.1%，其中企业研发规模达到 78%。① 2019 年，中国研发经费总额首次突破 2 万亿元，投入强度为 2.23%，这一强度与美国（2.83%）、日本（3.26%）等科技强国相比尚显不足，但与中国 2008 年（1.5%）相比已有了较大提升。总体看，2013 年以来，中国 R&D 经费总量稳居世界第二，且与美国的差距逐步缩小。R&D 经费投入强度稳步提升，已接近欧盟 15 国平均水平。②

同时，随着中国大陆近年来财政支持的推进，一些问题也显现出来，其中两个方面的问题最突出：一方面，由于税收优惠主要面向科技企业并且强调创新的产出成果，这在一定程度上导致了企业重产品成果、轻研发投入，重既定成果推广、轻创新成果转化，并导致部分企业在"新产品""新技术""高新企业"等创新名号上做文章。而在以税率式直接优惠为主，以税基式间接优惠为辅的格局下，企业所得税优惠必须以创新企业实现所得为前提，而企业在创新过程中高昂的研发投入、科技成果转化投入等成本支出却并不一定能得到补偿，由此，创新企业的亏损难以获得弥补，其效应同样引导企业重"果"轻"源"。③ 同时，研发税收优惠政策主要偏向大规模企业，政策目标瞄准的是已取得研发成果的企业，而中小企业由于受企业规模、产品种类以及可支配资金的限制，一般仍处于发展萌芽期或准备期，利润较少或很少处于可自由支

---

① 科技部.2016 年全社会研发支出占 GDP2.1%，创新型国家建设取得重要进展［EB/OL］. 中新网，2017-01-10.

② 资料来源：《2019 年全国科技经费投入统计公报》。

③ 王波，张念明.创新驱动导向下财政政策促进科技创新的路径探索［J］. 云南社会科学，2018（1）：57-63.

配状态，可用于研发费用加计扣除的所得税额微乎其微，导致可以享受的税收优惠范围窄、力度小，因而无法有效激发中小企业的研发活力。

另一方面，在政府给予的研发投入中，企业所得仍然相对较少。企业、政府属研究机构和高等院校是中国大陆研发活动的三大执行主体，其中，企业研发投入一直保持着高速增长，企业在研发投资中的核心作用越发突出。2006~2015年企业研发投入年均增长率达到了20.03%，明显高于同期高等院校与科研机构的研发投入的水平。2015年，企业研发投入总额达到了10881.3亿元，对全社会研发经费增长的贡献达71.1%，成为全社会研发投入的引领者。从支出来看，政府的研发投入中只有463.4亿元投入了企业当中，大部分资金分配到了政府属研究机构，达1802.7亿元，占政府研发投入的59.8%，高等学校获得的政府投入也高于企业，为637.3亿元。2019年，全国共投入研究与试验发展（R&D）经费22143.6亿元，研发经费投入强度为2.23%，其中，高等院校、政府属研究机构和企业的基础研究经费分别为722.2亿元、510.3亿元和50.8亿元。[①] 企业研发投入仍然大部分依靠内源融资，政府对企业创新的资金支持力度较小的问题仍然没有解决。

（二）中小微企业外部融资的渠道与创新

1. 中小微企业融资难、融资贵的突出问题

企业是全社会研发投入的主要来源，而中小微企业又占企业总数的绝大部分。据统计，中国中小企业（包括个体工商户）约占中国企业总数的94%，创造总价值达国民生产总额的60%以上。然而，中小微企业尤其是小微企业对外融资一直是个大难题。企业融资一般分为内部和外部两个渠道，内部渠道包括自有资金、留存收益，外部渠道包括股票、债券、银行贷款等方式，其中，中国大陆企业的外部融资又主要来源于银行贷款的间接融资渠道。中小企业融资难正与中国大陆特有的金融体制密切相关。改革开放以来，中国已逐步建立起以中国人民银行为领导、以银监会为监管部门、以商业银行为主体，包括政策性银行、信用合作社和非银行金融机构的功能互补的金融组织体系。截至2018年6月底，中国商业银行包括5家大型商业银行、12家股份制商业银行、134家城市商业银行、17家民营银行、1311家农村商业银行和1594家村镇银行。中国商业银行体系的发展不平衡十分突出，五大国有股份制银行掌握了大部分优质金融资源，其他金融组织形态所掌握的金融资源则偏少。中国人

[①] 参见《中国科技统计年鉴》（2016）、《全国科技经费投入统计公报》（2015）、《全国科技经费投入统计公报》（2019）相关数据。

民银行的数据显示，截至 2018 年 6 月底，5 家大型国有商业银行占银行业金融机构资产总额的 37%，而 1594 家村镇银行存款、贷款余额等关键性指标的总体规模抵不上 1 家小型股份制商业银行。而大型国有股份制商业银行往往倾向于为国有大型企业服务，同时又受到企业规模等传统观念的束缚，因而对中小微企业存在歧视。地方区域性银行本来是面向中小企业融资服务的主体，但因其掌握的金融资源较少，能够为中小企业提供的融资服务也非常有限。此外，中国资本市场、财政补贴的门槛较高，对中小企业倾斜力度不足，加上中小企业自身风险承受能力差、信用评估不完善等原因，导致很多中小微企业难以从传统的融资渠道获得金融资源的分配，其中，小微企业的融资尤其困难。截至 2017 年底，中国小微企业法人大概为 2800 万户，个体工商户 6200 万户，两者之和占全部市场主体的 90%，提供了 80% 以上就业岗位，贡献了 60% 以上 GDP 产值，获得了 70% 以上发明专利。但是，与大中型企业相比，小微企业对经济增长贡献度与小微企业融资占比极其不相匹配。小微企业的间接融资渠道主要有商业银行、专业性注册的小额信贷机构和民间自由借贷平台三大类。截至 2018 年 6 月底，五大国有商业银行占银行业金融机构贷款余额的 38%，但其小微企业贷款余额占商业银行全部小微贷款余额的比例仅为 29%。主要服务于中小企业的城市商业银行、农村商业银行小微贷款占各项贷款比例也不足 40%。2010 年小微企业贷款余额占比为 17.2%，2017 年小微企业贷款余额占比上升到 20.4%。专业性注册的小额信贷机构小微贷款占比超过了 80%，专业性注册的小额信贷机构从 2010 年的 2614 家增加到 2018 年的 8394 家，贷款余额从 2010 年的 1975 亿元上升到 2018 年的 9762 亿元，但专业性注册的小额信贷机构与贷款余额经历了 2010~2013 年快速增长期后，从 2014 年至今增长缓慢，贷款余额规模维持在 9000 亿元的水平，不足商业银行贷款余额的 0.8%。① 专门服务小微企业的专业性注册小额信贷机构在发展速度上、在业务规模上跟商业银行没有可比性。

对于多年来持续存在的中小企业尤其是小微企业的融资难问题，国家出台了不少政策措施加以改善。2013 年 8 月，国务院办公厅出台了《关于金融支持小微企业发展的实施意见》，从强化增信服务、创新服务方式、发展小型金融机构、拓展直接融资渠道、降低融资成本等八个方面提出了金融支持小微企业实施意见；2015 年 3 月，银监会从贷款增速、户数、申贷获得率三个维度

---

① 郑志来. 金融结构、普惠金融与小微企业融资体系构建 [J]. 当代经济管理，2019（8）：85-90.

提出了"三个不低于"考核要求；2017年10月，财政部、国家税务总局联合印发了《关于支持小微企业融资有关税收政策的通知》，对金融机构向小微企业发放小额贷款取得的利息收入免征增值税，对金融机构与小微型企业签订的借款合同免征印花税；2018年6月，中国人民银行、银保监会、证监会、国家发展改革委、财政部五部门联合印发了《关于进一步深化小微企业金融服务的意见》，从八个层面提出了23条金融服务小微企业措施意见。然而，虽然政策层面对小微企业融资支持力度很大，但小微企业融资难、融资贵问题依然没有得到有效解决。2017年，小微企业贷款余额为67738.95亿元，其中信用贷款比例为13.72%，同比增长9.79%；占人民币各项贷款余额的5.64%，较2016年低0.15%。2017年小微企业融资成本维持在15%左右，远高于大中型企业6%左右的融资成本。① 可见，中小微企业的融资需求与银行的资金供给之间出现了巨大的资金缺口，因此，本书着重从中小微企业的角度来考察其得到的金融支持与金融创新。

2. 中国大陆中小微企业融资模式的创新

中国大陆中小微企业创新发展有着巨大的融资需求，但却面临着现行金融体制严峻的融资约束，这就促使中国大陆一些地方的中小微企业创造和衍生出新的融资模式和融资渠道，这些新的融资模式和融资渠道既体现了中国大陆各地产业创新升级过程中的金融支持，其本身也是金融创新的一种重要体现。本书主要选取主要依靠产业集聚而形成的园区融资模式、集群融资与供应链融资模式，以及主要依靠社会资本形成的中小企业商业联盟等极具特色的三种模式来加以论述。

（1）地方政府主导的园区融资模式创新。如本书第三章所述，中国大陆各地的产业发展特色之一就是涌现出了许多产业园区和科技园区，这些园区使企业可以利用产业集聚的优势来提升其竞争力，同时也为企业融资提供了一种新的可能性。园区融资模式即产业园区作为一个整体向金融机构贷款的融资模式，产业园区整体融资模式的运作过程主要体现出了地方政府的主导作用。一般由政府为产业园区的统一融资以"招商引资会""项目资金对接会"等形式举办，为产业园区内中小企业和外部资金提供者构筑定期联系机制，为产业园区搭建投融资平台；然后，通过对金融机构税收优惠、与市政建设项目配比等优惠政策吸引金融机构对产业园区内企业提供优惠利率的资金支持；有时，政

---

① 郑志来. 金融结构、普惠金融与小微企业融资体系构建［J］. 当代经济管理，2019（8）：85-90.

府也会通过成立引导基金的形式，引导民间资金流入产业园区。建立产业园区是地方政府为中小企业创造共同合作平台的行为，同时也是一个促进中小企业间、中小企业与大企业间以及中小企业与地方政府间建立信任机制的过程。产业园区融资模式使园区内各企业在政府主导下建立了共生融资契约信用关系，政府则通过构建产业园区投融资平台、提供优惠税收政策等方式，或直接或间接地加入到了这个共生融资的关系网络中。

在政府的直接干预模式下，地方政府将资金直接注入园区，使产业园区的信用风险通过政府的直接资金支持部分转移到了地方政府身上，地方政府实际上是以自身信用为产业园区的发展做直接担保的。

在政府的间接干预模式下，地方政府通过优化区域金融环境、建立区域金融市场、完善担保体系以及提供中介服务等间接方式来支持产业园区的金融需求，政府实际上扮演了重要的中介角色，并且相当于是以自身信用为产业园区的发展做间接担保的。

由政府主导的园区融资模式，是在中国式分权、赋予各地方政府极大的经济建设自主权背景下独具特色的一种金融支持与金融创新，由于园区发展与各地经济发展密切相关，地方政府有动机也有能力通过提供直接或间接担保的方式，使园区内企业作为一个整体得到新的融资渠道，解决单个企业因信息不对称等难题而难以融资的问题。

（2）集群融资与供应链融资模式创新。如前所述，产业集群和集群式创新是中国大陆产业升级发展的一个重要特点，而产业集群对集群内企业融资渠道的拓展和创新也发挥了重要的作用。由于产业集群使集群内的企业形成了分工合作的共生关系，企业之间彼此的熟悉、了解不仅有助于克服信息不对称这一关键难题，而且也有助于形成社会资本，这就为打破融资约束提供了有利条件。总体来看，集群内企业主要是利用相互之间的了解、监督以及社会资本选择相应的合作伙伴，相互抱团形成信用增级，从而克服对内对外融资的信用不足、规模较小等障碍。

以基于供应链的信誉链融资为例，信誉链融资就是建立在企业共生和集群基础上的一种融资方式，信誉链融资机制充分利用企业之间的共生关系，并相互信任与互相监督，通过把中小企业的信誉与大企业的信誉或者将多家中小企业之间的信誉进行绑定，从而将中小企业集群的整体信誉提高到外部投资者可以接受的水平，最终中小企业集群的所有参与者可以看作一个整体信用水平较高的资金需求者。信誉链的制度安排，是中小企业通过共生模式提升其融资能力的关键。信誉链也形成了内源融资机制，也就是当集群内所有企业都处于分工充分的地位，每家企业的原材料都来自其上游企业的最终产成品，企业就可采用集群内源融资，即仅仅向其上游企业进行借贷（类似于赊销），然后当一个生产周期结束，就以产成品的收入来归还相应的借贷。此时，较强的产业相关性使产业集群内处于同一条产业链的所有企业因为赊欠货款的方式联合成为一条信誉链。这一信誉链很好地解决了中小企业资金流动不足、对外融资难的问题，但也存在较高的风险，当信誉链中有企业因自身经营状况较差或者其他财务风险导致在一个产品周期后无法足额按时归还上游企业的欠款时，就意味着上游企业不能按时收回信贷本金，因此也无法归还上游企业的欠款，这样就会因为一家企业的违约而迅速地在整个信誉链上传递，最后使整条信誉链断裂，其所处的产业集群也会受到整体信誉风险的影响而衰退。因此，为了维护整个产业集群的经营安全，信誉链融资模式中处于统一产业链上的企业必须非常审慎地选择加入者，并采取更为严苛的内生惩罚机制和内生监督机制，以避免因为一家企业的违约行为而造成整个信誉链条的断裂。

集群内的中小企业抱团增信还突出表现在互助担保融资模式中。集群内的中小企业可以以自愿和互利为原则，共同出资组建互助担保基金，为成员企业向银行贷款提供担保，以获得银行融资；也可通过建立中小企业互助担保机构来对外融资。中国大陆中小企业互助担保机构的基本形式主要有以下三种：一是由地方政府牵头并部分出资，吸收中小企业投资入股，组建担保有限公司，该互助担保公司只对股东企业提供担保服务。二是地方政府、协作银行和成员企业共同出资建立互助担保协会，为成员企业提供流动资金贷款担保，在一定条件下相关企业有权自愿进入或退出担保协会，担保对象既包括股东企业，又包括非股东企业。互助担保融资模式克服了中小企业自身资产不足、在向金融机构贷款时缺乏抵押品的缺陷，同时由于互助担保基金还可以改善与银行谈判时的弱势地位，为中小企业争取更有利的贷款条件。从担保过程来看，由于建立在集群内部企业间的信任与合作基础之上，担保审批人接近申请人，可以对申请做出确切的评价，减少交易成本。从贷款风险来看，由于风险在多个企业间分摊，使风险得以分散。三是基于供应链的大企业担保融资模式，即集群中实力相对一般但比中小企业较强的大企业为中小企业作信誉担保，这相当于将实力较强企业的信用向实力较弱的中小企业进行转移，以增强中小企业的信用融资能力。由于产业集群内企业间存在紧密的业务联系，中小企业与大企业在长期频繁的往来中建立了可靠的信任关系，大企业对与其有业务往来的中小企业都比较熟悉，在这种情况下，大企业愿意为其进行信誉担保。一般大企业多选择与自己的生产活动有密切联系的上下游企业出借信用，帮助同一条产业链上中小企业成长的目的就是能够满足大企业的发展需求，完善整条产业链功能的集体提升，长此以往，大企业通过信用出借也能获得较高的收益以匹配为中小企业信用外溢的风险。这种担保模式同样具有加强集群企业联系，并利用集群融资的信息机制、信任机制来互助增信的作用。因为有大企业作担保，银行可以以相对较优的利率给中小企业贷款，同时银行方面也可以放心贷款，减少信息搜集成本，贷款审批程序也可以相应减少，使中小企业融资更及时，并且通过引入银行的信贷资金，使整个产业集群的资金流也大为增进。

近年来，集群中小企业集体发债模式已成为一种突出的融资创新，这是集群内部中小企业基于产业链的联系，整合各自资源通过对外发行债券进行融资的一种直接融资模式。2006年，中关村高科技产业集群就进行了中小企业集体发债试点，通过发改委的审批，由中关村管委会牵头，北京市国有资产经营公司、中关村科技担保，信托投资公司共同参加，通过成立"发行中关村企业债券工作小组"，中关村高科技园内8家企业打包发行了3年期中短期债券达4亿元左右。2009年6月，中国大陆成功发行了三只中小企业集合债券产品，分别是中关村高新技术中小企业集合债券、深圳市中小企业集合债券和大连市中小企业集合债券。集合债券产品使中小企业克服先天融资障碍，开拓新的外部融资渠道，并且在外部广大投资者的共同监督下，其道德风险和逆向选择的可能性也大大降低。中小企业集合债券可以看作一种结构化金融产品的创新，主要信用关系主体包括中小企业群、金融中介机构、担保机构。由于这类产品的推出需要得到当地政府的制度保障，甚至是直接介入引导才能成功发行，所以政府往往也是中小企业集合债券的信用关系主体之一。就成功发行的三只中小企业集合债券产品来看，都是采取自上而下的推动方式，地方政府的引导作用非常重要。①

上述三种较突出的集群融资模式都显现出中小企业因为经营风险、市场风险、技术风险、融资风险要求，在集群内形成了互助合作机制，降低了企业内部和外部风险产生的概率，同时，利用互助担保、集合信用增级的金融创新途径，解决了单个中小企业的融资障碍。集群的分工合作关系和规模优势使集群融资具有减少信息不对称、降低融资交易成本、降低资金借贷风险和增加投资者资金收益等特征，赋予了集群内中小企业优于集群外中小企业的融资优势，无疑是中小企业融资模式的一种创新。

（3）中小企业商业联盟创新。在集群融资模式中，受益对象局限于产业

---

① 张琦．中小企业集群共生融资机制及创新研究［D］．长沙：中南大学，2009．

链集群成员或者地理位置相近、业务相同或相关的中小企业，且集群涵盖产业主体比较单一，融资红利不能有效地扩散到与集群业务不相关的其他行业，规模较小的企业、个体工商户等微型企业也往往被排除在集群融资和供应链融资体系之外。对此，衍生出了中小企业商业联盟，相对于企业集群，中小企业商业联盟的融资范围不受地域限制，而是根据参与主体的社会网络来加以构建，相互信任的经济主体即可结成商业联盟；相对于供应链上的企业，商业联盟中的中小企业经营业态覆盖种类较广，并不受供应链上下游企业的产销周期的影响。由于中小企业商业联盟系统的组建是由社会网络距离较近的中小企业组合而成的，因此中小企业的融资信息紧密地嵌套在社会交往网络中，既增加了信息传递的效率，也降低了融资交易成本。

中小企业通过自发性或在外力的作用下形成中小企业商业联盟后，通过联盟平台的"内源性或内源性+外生性"融资方式对中小企业进行融资。商业联盟并不以中小企业成员的融资作为盈利点，是一种具有非营利性质的社会事业组织。中小企业商业联盟的组建主体与受益者皆为中小企业成员，联盟内的成员之间由于长期社会交往和生产经营的根植性形成了一种紧密的社会交往关系网络。在这种关系网络中，中小企业商业联盟可以有效地辨识成员的信誉度、偿还能力，并能够及时对成员进行声誉监督等。商业联盟是一个介于企业和市场之间的市场组织，在联盟中成员间起贷款中介作用，但又与普通的银行性质不同，因为是由联盟会员发起的，其职能由整个联盟会员决定。考虑到中小企业生产经营及用款短、急、小的特点，且大多数中小企业缺少有效抵押物，商业联盟融资大多采用多企业联合信用担保（一个贷款企业需多家企业共同为其担保，才能获得贷款）为主、资产抵押为辅的方式。目前，已经出现了运作较成功的中小企业商业联盟，例如，2009 年，河南由 2300 多家中小企业和个体商户成立了商业联盟，中小企业通过商业联盟融资平台有效解决自身的融资难题，并且坏账损失率极低。2010 年，北京市中小企业服务与发展联盟成立，通过联盟经济处的运作，有效解决了成员的融资问题，且坏账损失率极低。2013 年，河南省商超联盟成立，通过联盟内的资金管理公司共解决了中小企业会员单位 80 多亿元的融资额度，且坏账事件极少。河南省的两个中小企业商业联盟都是建立自有资金池，并不向外部资金供给者融资；北京市中小企业服务与发展联盟则不建立自有资金池，仅从外部资金供给者借款，该联盟中的资金管理部门类似于中小企业与外部融资者的资金中介。

在上述三个案例中，中小企业均是自发或在外界因素的推动下，经联盟的筛选后加入中小企业商业联盟组织的，通过联盟内的融资平台完成资金的有效配置，解决了自身的融资难题，且融资效率很高。实际上，中小企业商业联盟模式是一种集金融产品、信息交互、中介服务为一体的共享共建型金融融资服务模式。中小企业商业联盟是中小企业利用自身长期交往形成的社会网络去筛选和甄别联盟成员，并且借助越来越发达的信息交流网络将处于不同地理区位的成员组合在一起，自发组建和形成的融资平台，联盟成员基于社会网络建成，因而其主体的业态、地域、规模等的多元异质性使联盟组织不再拘泥于传统企业的外部边界和地域边界。中小企业商业联盟会根据融资过程的具体运作方式来对组织进行调整，整合联盟成员资源，在短期内快速成长和发展新型融资业务，可以随时剔除或吸引新成员加入。不同于银企之间传统的信息传递路径，联盟内信息传递是依靠熟人圈子来进行"软信息"的传播，这些"软信息"主要包括企业家品质、企业家声誉、健康状况、家庭状况、交易信誉、企业生产状况、企业与政府关系、企业间关系等，具有隐性知识的特征，嵌入在社会关系网络中，不能靠标准化办法收集和处理，而是通过企业间社会资本网络交流和互动。"软信息"的有效传递是集群内中小企业控制融资风险的重要手段之一，在商业联盟内企业融资行为发生后，企业间的社会交往网络会对企业的融资风险信息起到共同监督作用，与融资风险相关的信息在社会交往网络中迅速传播，进而起到防范和降低联盟融资风险的作用。①

（三）多层次资本市场的金融支持及其问题

自 1991 年沪深交易所建立以来，经过 30 多年的建设，中国大陆已初步建立起层次分明的包含场内交易市场和场外交易市场两个部分的资本市场体系。场内交易市场由沪深两个交易所的四个板块构成，包括上证主板、深证主板、中小企业板和深证创业板（俗称二板市场）。场外交易市场（Over-The-Counter, OTC）由三板和四板市场构成，包括中国大陆中小企业股份转让系统（俗称新三板）和区域性股权交易市场（俗称四板市场）。随着 2019 年 6 月 13 日科创板正式开板、首批公司 7 月 22 日上市，中国大陆股票市场体系层次进一步丰富，由主板、中小企业板、创业板、科创板、新三板和区域股权市场构成。这些板块具有不同的市场定位和功能，板块之间有一定的市场区隔，不同行业类型、资产规模、盈利能力的企业在不同板块挂牌，并聚集成不同的种群。其中，主板市场定位于优质的大型企业，旨在培育行业龙头，创造中国民族品牌；中小企业板实际上是深交所的一个附属板块，是深证主板市场的延伸，并且 2021 年 2 月证监会已批准深交所主板和中小板合并；创业板的设立

---

① 徐荣. 基于融资视角的中小企业商业联盟研究 [D]. 北京：中国农业大学，2018.

是为了"促进自主创新企业及其他成长型创业企业的发展"，定位于高成长性的中小企业尤其是科技型企业。但是，在实际运行中，中国大陆场内股票市场各层次间的界限并不明显，实证研究发现，深证中小板与创业板两个板块所服务的对象较为同质，虽然两个板块有不同的制度安排，但现实运营情况与板块设立初衷发生了较大偏离，致使两板有较高的重叠风险和趋同趋势。[①] 此外，自1999年中国开放赴美国上市以来，百度、京东、新浪等多家国内企业纷纷选择到纳斯达克市场上市。不可否认，与中国资本市场相比，纳斯达克市场具有较高的优越性，其融资效果、交易活跃度、市场认可度以及估值都是吸引中国企业前去挂牌的因素。

中国大陆虽然建立起了多层次的资本市场，但是直接融资的比例远远低于世界平均水平。在世界主要经济体G20中，融资结构大体分为以美国、英国为代表的"市场主导型"和德、日为代表的"银行主导型"，两者直接融资规模都维持在60%~90%，其中美国直接融资规模在2017年达到了87%，"银行主导型"德、日等国家直接融资比重维持在70%左右。相比之下，2012~2016年，中国社会融资规模总量很大，但企业通过债券及股票融资比重却明显偏低，企业债权融资比重为10%~20%，非金融企业境内股票融资占整个社会融资规模不足10%。2014~2016年，中国金融机构境内贷款额分别为814780亿元、936387亿元、1061667亿元，其中非金融企业及机关团体贷款比重达到了70%左右，分别为583370亿元、657633亿元、718521亿元，显示中国企业的间接融资比例仍然庞大。[②] 总体来看，中国间接融资占比维持在85%左右，主要以商业银行贷款融资为主；以企业债券和企业IPO为主的直接融资占比从2010年的不到10%上升到2016年的15.2%，后来直接融资比重由于企业债券增速放缓有所下滑，2018年直接融资占比仅为14.0%。[③] 以2016年对山东省17个地市630家中小企业进行问卷调查为例，直接融资在中小企业融资中的占比仍然很低。在全部样本中，自有资金（61.4%）、银行贷款（35.5%）和亲朋好友筹资、内部职工入股或借款（3.1%）是中小企业主要的资金来源，直接融资占比很低，只有0.7%的企业将股权、私募债权、公司债权等作为第一资金来源，作为第二资金来源的占比也仅为1.7%。即便是上市（挂牌）企业，将股权、私募债权、公司债权等作为第一资金来源（10.3%）的比例也

① 李建勇等．我国多层次场内股票市场板块互动关系研究［J］．金融研究，2016（5）：82-96.
② 陈晨．税收优惠、融资约束与企业研发投入的实证分析［D］．济南：山东大学，2018.
③ 郑志来．金融结构、普惠金融与小微企业融资体系构建［J］．当代经济管理，2019（8）：85-90.

远低于内源融资（58.6%）和外源融资中的银行贷款（31.0%），这说明中国资本市场直接融资功能不足。①

究其原因：一是当前中国资本市场准入门槛较高，特别是股权和债券融资标准主要以统一制度为主，缺乏针对中小企业的差异化制度安排，导致中小企业难以达到上市（挂牌）标准，被拒于资本市场之外。二是资本市场交易工具单一，债券融资工具缺乏，债券发行带有明显的地方政府主导和垄断色彩，上市（挂牌）企业的融资需求难以得到满足。三是由于中国股票市场的建立及其结构形成的路径带有鲜明的政府选择而非市场选择特征，因而现有的场内股票市场存在层次性不清晰、市场职能分工与定位不明确的问题，从而在支持中小企业融资、提供横向风险分担功能方面存在先天不足，在市场结构和层次上，"重股市、轻债市""先场内、后场外"的特点显著。同时，主板、中小企业板、创业板、三板市场及四板市场之间目前尚未建立起有效互动的转板机制。上述问题使中国企业在创新升级的过程中，资本市场并未发挥主要的融资作用。

发展多层次资本市场，促进直接融资对中国大陆产业创新升级非常重要，因为在以间接融资为主的金融体系下，企业科技创新融资的主要来源只能主要依靠银行信贷，然而，商业银行稳健经营的原则与科技创新的高风险特征存在天然的矛盾，使银行业金融机构支持科技创新存在先天的制度性障碍。资本市场的充分有效发展对科技型中小企业尤其重要。科技型中小企业即中小型的高新技术企业是指在企业总就业人数中专业技术和研发人员比例较高、研发投入在企业总产出中比例也比较高、高技术在企业价值活动中发挥主导作用的中小企业。随着经济的发展，科技创新的重要性日益凸显，科技型中小企业是科技创新的重要组成部分。改革开放后，中国科技型中小企业贡献了76%的高新技术产品和64%的专利。科技型中小企业往往都是知识密集型企业，在技术研发上往往拥有核心的技术和具备较高的创新性，发展和成长速度一般也比较快，根据相关统计，目前中国大陆的专利申请中，有65%的发明专利以及80%的新产品都来自科技型中小企业。科技型中小企业轻资产、高成长、高风险、高收益的特点，使其比一般的中小企业更难以通过传统融资模式和融资渠道获得足够的资金支持。由于中国大陆的主板市场主要服务于优质大型企业，而中小企业板上市基本条件与主板市场完全一致，主要安排主板市场拟发行上

---

① 王媛. 资本市场支持中小企业融资的作用机制：直接融资抑或增进信贷 [J]. 南方金融，2016（6）：39-46.

市企业中具有较好成长性和较高科技含量的、流通股本规模相对较小的公司，实际上是深交所主板市场的延伸。因此，本书选择创业板、新三板、科创板和区域股权交易市场进行简要论述，探讨其对科技型中小企业创新升级所提供的金融支持及存在的问题。

1. 创业板的金融支持及其问题

2009年10月，中国大陆创业板正式上市。创业板市场又称二板市场，是主板市场的重要补充。创业板定位于具备较高成长性、成立时间较短、规模较小的公司。与主板市场相比，创业板市场的准入门槛偏低、包容性更强，对尚未符合主板上市条件的企业，创业板可提供平台、拓宽融资渠道，成为越来越多企业上市选择的方向之一。从现有创业板上市公司看，不少公司都从事与高科技相关的业务，成长空间、发展潜力均较可观。经过十年发展，创业板市场的总市值规模已突破5万亿元，在国内资本市场的影响力也逐渐增强。在上市公司数量方面，创业板市场实现几何式增长，融资总额达3800余亿元。从创业板企业的质量状况看，无论是营收规模还是盈利能力，均呈现出逐年攀升迹象。截至目前，创业板市场已诞生了5家市值千亿元上市公司，创业板上市公司的品牌影响力、知名度也在不断提升。

虽然多年来创业板市场的融资总额显著攀升，为更多具有行业竞争力但急需资本支持的创新型、成长型科技企业提供了融资空间，但创业板仍然存在一些较大的问题。

第一，未能有效地遏制"三高"发行现象，尤其是在创业板运行的头几年，创业板设计定义的上市企业是高成长、高科技、高风险的中小型"三高"企业，然而市场上却出现了另一种"三高"发行现象——高市盈率、高发行溢价和高超募资金。由于募集资金远远超出了企业发展所需的资金，造成资本市场资源配置功能严重扭曲，有限的资源被少数企业过度攫取，使资本市场加速失血，投融资功能遭到严重削弱，并且加剧了中小企业的融资难度。"三高"发行严重透支企业发展潜力，在使发行人、股东及高管、承销商、相关风险投资、证券服务机构获得巨额收益的同时，将全部风险转嫁给二级市场投资者，使其承受了难以承受之殇。

第二，创业板市场未能有效地杜绝恶炒投机现象，由于创业板公司多数盘子相对小，投机资金容易炒作，极易引发资本市场过度投机的顽疾。在创业板开板的头几年，创业板市场就出现了严重的恶炒，不断拉高股价，其中既伴随着内幕交易、操纵市场、利益输送等一系列违法违规行为，又诱使创业板股东及高管成功实现了高位套现，而创富套现潮催生了高管离职潮，在暴利驱使下，创业板公司很多高管选择离职。创富套现潮及高管离职潮给资本市场带来了巨大伤害，公司股东及高管巨量创富套现与投资者亏损累累形成了巨大反差，创业板股东及高管通过资本市场获得了创业投资难以企及的巨额财富，而投资者高价买来的是没有长期持有价值、变现能力弱，甚至随时面临暴跌的"有毒股权"，这就造成了广泛的社会心理失衡，甚至可能危及社会稳定。而当创业板高管离职成为一种风尚时，就说明创业板市场激励创业投资的初衷只是一厢情愿，反而鼓励了人们的投机，扼杀了创业投资的积极性。① 因此，现有创业板制度对股东及高管创富套现未能形成有效约束，创业板股东及高管肆意套现等只圈钱不创业、将资本市场作为"提款机"的行为，不仅给资本市场带来了严重损害，也不能确保投资真正导向企业的创新升级。

第三，创业板在退市机制上还不完善，创业板运行以来，部分企业因行业周期变化、经营管理跟不上、技术更新缓慢等原因，导致在市场竞争中处于劣势，持续发展遇到阻碍。有少数企业丧失了持续经营能力，甚至出现了严重的违法行为，但创业板真正退市的上市公司却寥寥无几。如果不能构建真正有效的淘汰机制，那么创业板促进高成长企业创新融资的作用也会大大削弱。

2. 新三板的运行问题与科创板的推出

三板市场诞生于 2001 年，承接两网及退市公司，当时的股权代办转让系统被称为旧三板。2006 年，北京中关村科技园区成为资本市场关注的焦点，该园区的非上市股份公司通过代办转让系统实现了股份的报价转让，此举标志着旧三板向新三板过渡，新三板由此设立。新三板市场的建立为企业发展提供了新的平台，也为投资者拓宽了投资渠道，在某种意义上进一步促进了多层次资本市场体系的完善和发展。2012 年 8 月，新三板首次扩容，园区试点范围不再局限于北京中关村，国务院批准上海张江、武汉东湖以及天津滨海三大新增高新技术园区。2013 年 12 月，国务院出台文件，决定将股份转让系统试点的范围扩充至全国，此后新三板挂牌企业出现井喷式增长。2014 年，新三板又引入做市商制度，以增强交易流动性。2014~2017 年，新三板市场呈现出快速扩容、行业覆盖面广的状态，挂牌企业数量在 2015 年、2016 年保持高速增长态势。截至 2018 年，新三板市场挂牌企业共 10691 家，总股本 6324.53 亿股，总市值 34487.26 亿元。从新三板挂牌企业行业分布来看（按证监会行业分类），以制造业及信息传输、软件和信息技术服务行业为主，行业分布表现出多元化的特点。在新三板市场挂牌的企业为高成长、创新型企业，尤以高科

---

① 李文华. 创业板"病理"解析及监管对策探析 [J]. 南方金融，2013（12）：78-83.

技企业为主。中小企业可依靠挂牌新三板的方式进入资本市场从而实现募资，新三板市场存在多种融资模式，以债务权与股票权为主要融资类型。中小企业通过挂牌新三板可以实现融资渠道的拓宽，融资方式已不再局限于股东自筹、政府补贴、银行贷款等形式，而是能够结合企业自身业务发展需要，采取定向增发、中小企业私募债、优先股、做市商制度、资产证券化等多种方式来获取融资，不断降低企业的综合融资成本。

然而，新三板由于对市场与经济的变化认识不够及时，制度体系并未得到及时、有效的更新，最终造成制度体系与市场规模并不匹配，市场活跃度低、流动性差、市值不断萎缩，许多新三板优质科技型企业纷纷选择退市，去港股或者美股寻找出路。近年来，新三板开始自我改革，但是受限于多重因素，改革步伐总不尽如人意，新三板市场开始进入危险期。[1]

2018 年 11 月 5 日，在首届中国国际进口博览会开幕式上，国家主席习近平正式宣布将在上交所设立科创板并试点注册制。2019 年 1 月 30 日，中国证监会公布科创板公开发行及持续监管的重大举措。2019 年 6 月 13 日，科创板正式开板，随后科创板公司陆续上市。科创板的定位是支持科技创新，支持新技术、新产业企业发展。科创板的推出，是在新三板改革陷入僵局的前提下，通过新的机制推动整个科技型企业加快资本化，从而通过新经济产业崛起，引领科技进步，推动经济发展。而此次上交所科创板的正式落地和注册制的正式实施，也是中国多层次资本市场建设的重大进展。

相比创业板、新三板的上市及管理规则，科创板在市场化、国际化方面有较大幅度的创新。在市场化方面，科创板对公司上市条件松绑，放松盈利要求，首次试点有一定核准的注册制，上市门槛采取 5 套标准，未盈利科技企业满足市值/收入等一定要求后即可上市；发行价不设限制，全面采用市场化的询价方式定价，取消了 23 倍市盈率的限制。同时加强监管，做到该管的管，不该管的不过度干预。在国际化方面，科创板交易制度开始与国际接轨，并对标美国纳斯达克，支持 VIE 同股不同权。同时，针对 A 股散户投资比例较高的现实，科创板适度匹配了 50 万元的投资者门槛，这是设立多梯队、分层式市场的重要一环，有助于引入长线资金，改善市场生态，对接国际标准。[2] 此外，科创板采取了更有针对性的信息披露要求和目前最严格的退市制度，体现了"宽进严出"和严惩造假的基本理念。

---

① 　王俊辚，田婕 . 中国新三板市场与国外资本市场之比较［J］. 财会月刊，2019（19）：156-161.
② 　沈建光 . 科创板开启中国资本市场改革新征程［N］. 证券日报，2019-02-02.

可以说，科创板出现后，国内将有两个独立的、允许新经济企业上市、模式类似于纳斯达克和港交所的市场同时出现，这使国内更多的生物医药企业、芯片企业、人工智能公司、大数据公司等，既可以选择新三板上市，也可以选择科创板上市。因此，科创板的推出有利于增强竞争，将有效提升资本市场金融服务的供给能力，促使新三板、科创板在相互竞争中不断得到完善，真正具备服务民营中小微企业的独特优势和价值，并引领资本市场和金融领域的改革不断推进。

3. 区域性股权市场的发展及问题

区域性股权交易市场也称四板市场，2008 年，国务院印发的《关于天津滨海新区综合配套改革试验总体方案的批复》，推进了中国第一家区域性股权市场——天津股权交易所成立，标志着中国大陆区域性股权市场正式起步。自2011 年开始，政府又出台了一系列政策，积极整顿和推进区域性股权市场建设，目的是通过企业在区域性股权市场的规范培育、挂牌展示、融资孵化等方式，建立中小微企业现代治理结构，解决中小微企业融资难、融资贵问题，促进多层次资本市场的规范健康发展。近年来，区域性股权市场在各省市陆续成立并运行。截至 2018 年底，中国大陆已设立了 34 家区域性股权市场，共有挂牌企业 24808 家，展示企业 98647 家，纯托管企业 6809 家，累计为企业融资9063 亿元。

区域性股权交易市场主要服务于中小微企业，2017 年 5 月 5 日，证监会发布的第一份框架性文件——《区域性股权市场监督管理试行办法》（以下简称《办法》）明确指出：区域性股权市场是为其所在省级行政区域内中小微企业证券非公开发行、转让及相关活动提供设施与服务的场所。《办法》还规定，省级人民政府对区域性股权市场进行监督管理，中国证券监督管理委员会及其派出机构对地方金融监管部门的区域性股权市场监督管理工作进行指导、协调和监督；各省、自治区、直辖市、计划单列市行政区域内设立的运营机构不得超过一家。

经过十多年的发展，中国区域性股权市场已初具规模，不同股交中心也有了各自的优势特点。北京股权交易中心在集团化运营管理、投资顾问业务、私募基金运营管理、工商系统对接、人才队伍建设等方面的表现较为突出；深圳前海股权交易中心在子公司及分支机构运营模式、私募基金管理及资源嫁接、企业估值等方面形成了优势；安徽省股权托管交易中心在金融、泛金融企业的股权托管和股权质押方面，则位于业内前列。在组建形式上，目前已形成了四种模式：一是产权交易机构主导模式，如天津股权交易所、北京股权交易中心由各自的产权交易所主导成立；二是地方政府主导的事业单位模式，如齐鲁股权交易托管中心；三是地方国有企业主导模式，如上海股权托管交易中心；四是证券公司主导模式，如前海股权交易中心。截至 2016 年底，共有 48 家证券公司分别参与了 28 个区域性股权市场的建设，其中 38 家证券公司分别入股了 27 个区域性股权市场。此外，沪深两个证券交易所在区域性股权市场发展初期也参股了 14 个区域性股权市场，其中深圳证券交易所参股 11 家，包括北京股权交易中心、湖北股权交易中心、齐鲁股权交易中心等；上海证券交易所参股 3 家，包括上海股权交易中心、浙江股权交易中心等。[①]

根据中央和各地政府推出的系列文件明确的区域性股权市场的主要功能定位，各省市区域性股权市场在实际运营中逐渐摸索创造出各自的特色服务和产品体系，成为中国多层次资本市场的重要组成部分，对中小微企业的发展、创新和融资发挥了初步作用。2018 年 12 月，李克强总理在国务院常务会议上提出，在先行先试的全部 8 个区域（京津冀、上海、广东（珠三角）、安徽（合芜蚌）、四川（成德绵）、湖北武汉、陕西西安、辽宁沈阳）的区域性股权市场设置科技创新专板。

总体来看，作为场外交易市场，区域性股权市场的挂牌制度、互通转板、交易机制等都处于探索阶段，还存在价格发现机制缺失、交易量少、缺乏法律监管等亟待解决的问题，因而对中小微企业的实际影响和帮助远未达到预期。

第一，挂牌成本高，部分地区的优惠政策附带股份制改造条件。对于小微企业来说，股份制改造需要大量成本，且其未来利润流入为不确定事项，因而未股份制改造的企业在股权交易中心挂牌无法获得充足奖励。目前，挂牌企业中完成股改的企业数量还不足挂牌总数的 1/4。

第二，融资效率低下，股权交易情况不活跃的问题十分突出。截至 2016 年 11 月底，挂牌企业数量最多的前海股权交易中心，2013 年成立，累计挂牌企业 13082 家，成功融资企业 431 家（股权融资和私募债），占挂牌企业总数的 3.29%；安徽省股权托管交易中心挂牌，2013 年成立，累计挂牌企业 1077 家，其中 104 家企业实现融资，占挂牌企业总数的 9.66%。齐鲁股权交易中心成立于 2010 年 12 月，累计挂牌企业 1382 家，根据《齐鲁股权》（第 19 ~ 20 期）公布数据，累计为 135 家成功实现融资（股权融资），占挂牌企业总数的 9.77%。融资成功率最高的区域市场是武汉股权托管交易中心，2011 年成立，

---

① 国元证券和合肥工业大学联合课题组. 我国区域性股权市场的发展、问题和改革研究［J］. 金融监管研究，2018（4）：55-71.

挂牌企业 1886 家，累计为 340 家企业成功融资（股权+股权质押），成功融资企业占比为 18.03%。①

从融资方式看，截至 2018 年 6 月，各省市区域股权市场股权质押融资 2743.40 亿元，占比为 33.45%；债券融资 1951.10 亿元，占比为 23.79%；股权融资 557.35 亿元，占比为 6.80%；其他方式融资 2949.38 亿元，占比为 36.96%。可见，企业通过区域性股权市场开展融资的主要方式依然是股权质押融资、发行债券（合计占比为 57.24%），利用融通股权方式进行融资仅占比 6.8%，远未达到利用区域性股权市场促进中小微企业股权流转、盘活的目的。②

当然，区域股权市场融资效率低下、股权交易不活跃跟交易方式也有关。国外成熟的多层次资本市场大多采用做市商或混合做市商的交易制度，中国台湾在发展 OTC 的后期也采取了做市商这种能够有效活跃市场的制度。而中国大陆由于在初期整顿和降低风险的需要，规定区域性股权市场禁止采用集中交易方式，因此当前主要采取协议交易方式，这就导致了交易市场参与度不高、交易规模较小、市场上买卖方数量不均衡，大部分股交中心都存在企业数量多、投资者数量少的问题，市场交易很不活跃。

第三，针对中小微企业融资的产品服务仍然没有全面发展，且覆盖面小。各区域市场虽然基本形成了比较完善的服务供给体系，但实际帮助和覆盖到的企业非常少。以前海股权交易中心为例，该区域市场自 2013 年成立以来，主要依托深圳 20 家子公司或参股公司，提供梦创空间、梧桐创客、梧桐小微、挂牌展示、融资服务、融智服务、上市服务 7 个大类、38 项子服务。然而，其官网数据显示，实现私募股权、债券融资的挂牌企业成功融资比重不足 4%；涉及价值报价服务、梧桐种子计划、上市筹划服务、梧桐上市计划、并购服务、专项服务等资本系列服务，企业签约数 280 家，签约率仅为 2.14%；涉及定制化课程、品牌全案咨询、VI 系统设计、股权激励咨询等系列融智服务，其中，梧桐聚会 17 次、总裁沙龙 10 次、梧桐私董会 6 次，服务企业家 1075 位，咨询服务项目 15 个，咨询服务挂牌企业覆盖率为 0.11%。③

---

① 陆晓佳，冉桂林. 论我国区域性股权交易市场服务创新形势和新发展 [J]. 经济研究导刊，2017 (33)：74-76.

② 王小鹏，许晓初，许亦红. 刍议我国区域性股权市场融资能力的提升 [J]. 金融与实践，2019 (5)：72-79.

③ 陆晓佳，冉桂林. 论我国区域性股权交易市场服务创新形势和新发展 [J]. 经济研究导刊，2017 (33)：74-76，103.

第四，监管体系尚未规范和成熟，导致欺诈和风险事件增多，近年来，区域性股权市场"私募债"违约等事件频繁发生，暴露出该市场依然存在诸多问题与风险。2017年1月，国务院办公厅印发的《关于规范发展区域性市场的通知》禁止区域性股权市场为省外企业提供服务，并暂停了区域性股权市场的"私募债"业务。这一举措虽然暂时控制了风险，但使原本融资方式就单一并且交易度不活跃的区域股权市场更加冷清。

第五，转板机制不畅。不同于新三板市场的企业可以直接转板，区域性股权交易市场的挂牌企业必须退市后才能在主板、中小板、创业板和新三板申请上市。企业转板走向公开募股（IPO）的意愿往往较高，但区域股权市场尚未建立起转板IPO的绿色通道，市场对接不通畅，这就大大降低了企业到区域性股权市场挂牌的积极性，从而限制了融资规模。

经济理论以及发达国家和地区的实践经验表明，资本市场对于技术创新的金融支持效率远高于信贷市场。多层次资本市场不仅能够为高新技术企业提供高效的融资渠道，而且可以为投资人提供风险补偿机制、为风险投资提供便捷的退出机制；此外，还有利于优化企业的产权结构，促进企业优化经营机制。正因如此，中国大陆近年来不断努力推进多层次资本市场的建设，并对多层次资本市场进行了完整的定位设计。中国大陆多层次资本市场虽已建立并取得了较快进展，但支持高技术产业化的效率并没有达到有效状态，尚不能满足不同发展阶段的高技术企业的融资需求以及不同风险偏好者的投资需求，为高技术产业化提供金融资源的成本也仍然较高。和发达国家及地区相比，中国大陆各层次资本市场仍不活跃，场外股权交易市场体系建设仍处于初级阶段，而且各层次资本市场间的流动不畅通，转板机制不完善，各层次资本市场间缺乏联系、流动性差。成熟的多层次资本市场是金字塔格局，位于底部的中小企业投融资最为活跃。但是，当前中国大陆多层次资本市场呈倒金字塔格局，中小企业融资难、融资贵的问题仍未得到根本性的突破。中小微企业不仅很难获得债券发行资格，也很难满足在主板、中小板和创业板市场上市的基本条件。新三板和区域性股权交易市场企业挂牌条件较低，截至2017年底，在新三板挂牌企业达到了11630家，在区域股权交易市场挂牌企业达到了74285家，总市值达到4.94万亿元，但相较于A股市场总市值56.7万亿元，不足其规模的1/10。新三板和区域性股权交易市场企业融资功能不健全，2017年参与定增企业数量、融资规模较2016年分别下降了7.9%、14.5%；由于新三板和区域性股权交易市场流动性匮乏，2017年成交金额为2271亿元，不足主板、中小板和创业板市场平均一天的成交金额。① 可见，中国大陆多层次资本市场体系虽然初步构建起来，但承担小微企业直接融资主体的新三板和区域股权交易市场在融资规模和市场流动性方面，与主板、中小板和创业板市场存在明显差距，新三板和区域股权交易市场融资功能远未有效发挥。

值得指出的是，中国大陆多层次资本市场建立和运营的效率较低及体系不完善，也在很大程度上影响了风险投资的发展。创业投资以资本为纽带，能够实现技术、人才等创新要素与企业创业的有机结合，是促进创新驱动发展的有力支撑。虽然历经二十多年的发展，中国大陆创投行业已取得了长足进步，但总体来看，中国大陆的风险投资目前仍处于起步阶段，尚未形成成熟规范的运作模式。其主要原因之一就在于中国大陆多层次资本市场不完善，导致风险投资的退出渠道不顺畅。公开上市、企业并购和股权回购是风投退出的主要渠道，但中国大陆多层次资本市场尚未建立起完善和高效的运营机制，风险投资的主要退出渠道不畅，影响了风险投资的收益，因而在很大程度上影响了风险投资的发展。

综上所述，中国大陆对产业创新升级的财政支持力度较大，但中小企业受惠面仍较小，而由于目前金融体制的特点，中国大陆对产业创新升级的金融支持效率相比发达国家和地区仍较低，中小企业尤其是科技型中小企业融资难、融资贵问题仍然亟待突破。

---

① 郑志来.金融结构、普惠金融与小微企业融资体系构建［J］.当代经济管理，2019（8）：85-90.

第五章　全球价值链及两岸产业合作升级

由前文可知，两岸产业升级创新的历程及其创新体系各有特色，也有很多相同点。更重要的是，伴随着 20 世纪 90 年代以来中国台湾的劳动密集型产业、电子信息产业陆续转移到了大陆，两岸产业具有了相当大的融合性和互补性，虽然近年来大陆相关产业和供应链蓬勃发展，与中国台湾形成了既合作又竞争的关系，但两岸产业之间的互补以及在此基础上的共同升级仍然显示出相当大的前景，因此，本章通过对全球价值链的考察来提出两岸产业合作的前景。

第一节　全球价值链及其治理

一、全球价值链的形成及其理论演变

全球价值链（Global Value Chain，GVC）理论是从国家层面、产业层面和企业层面来研究全球产业结构和动态性的理论。这一理论最初的形成是源于 20 世纪 80 年代国际商业研究者提出和发展起来的价值链理论，其中最早提出价值链这一概念的是波特。波特在《竞争优势》中提出，企业的竞争优势来源于企业在设计、生产、营销、交货等过程及辅助过程中所进行的许多相互分离的活动，这些活动中的每一种都对企业的相对成本地位有所贡献。企业是由一系列经营环节或经营活动组成的价值链，价值链将一个企业或产业分解为战略性相关的活动。在某一产业里，企业的价值链千差万别，企业要建立持续的竞争优势，就要不断地提升价值链上各种活动及其相互关系。波特认为，把企业看作一个整体不能很好地分析其竞争优势，只有把企业看作在设计、生产、

营销、交货等过程中所进行的许多相互分离的活动时才能抓住竞争优势的源头和本质。为了分析竞争优势，波特系统性地考察了企业生产过程中各环节间的彼此联系和相互制约关系，并就此提出了价值链的概念。① 虽然以价值链作为企业的竞争策略、竞争优势的分析手法并非波特首创，且其论述过于注重竞争而非合作，但波特的系列研究突破了企业的界限，将视角扩展到不同企业之间的经济交往，关注生产和消费产品所涉及的所有活动，而这一系列活动最终形成了一条涉及不同国家和地区的众多公司的价值链。

在波特之前，全球生产网络学说对全球价值链理论的形成也做出了不小的贡献。最早提出"全球生产网络"这一术语的是英国经济地理学家迪肯。迪肯在《全球性转变——重塑 21 世纪的全球经济地图》中认为，生产成本的全球差异是跨国投资区位选择的重要因素，同时，生产过程的技术创新使一些生产过程可以被分割成几个独立单元，并导致了一些制造过程的高水平标准化，因此，跨国公司可以在全球范围内进行生产布局以充分利用生产成本的空间差异优势，换言之，也使跨国垂直一体化变得可行，因为企业生产系统中的不同部分可以布局在世界的不同地方。原材料、半成品、零部件和成品可以以一种高度复杂的生产网络（生产体系）在空间分散的各单元间运输。跨国公司创造了一种由许多其他企业组成的外部官方关系网络，通过这种相互连接，一个国家或地区非常小的企业可以实现与全球生产网络链接，通过这种联系，组织之间以及全球经济不同单元之间的联系，将产品生产所包含的不同工序、不同零部件及组件分散到世界不同国家和地区进行的跨界生产网络。②

全球生产网络学说反映了"二战"后特别是 20 世纪 50~60 年代以来国际分工合作发展的新态势。经济全球化加速了要素资源在各国之间的流动，来自世界范围内日趋激烈的竞争压力，使各国生产者想方设法降低生产成本与实现利润最大化，这就促使他们在全球范围内进行资源优化配置。由此，"二战"后世界生产与贸易的微观主体，从单纯的跨国公司模式走向了日益增多的全球生产网络模式，这一局面的形成也与几个重要因素密切相关。首先，得益于制度方面的变化，即全球经济日益朝着自由化的方向发展，包括贸易自由化、资本流动自由化以及对外直接投资政策的自由化等方面。近年来，许多发展中国家和地区纷纷制定出各种有利于吸引外资的优惠政策，希望跨国公司将价值链向其延伸，从而使当地企业融入全球生产网络中，以促进本国或本地区的经济

---

① ［美］波特．竞争优势［M］．北京：华夏出版社，1998：33-52.
② ［英］迪肯．全球性转变——重塑 21 世纪的全球经济地图［M］．北京：商务印书馆，2009：168，179，211，215.

发展。不仅如此，"二战"后以世界贸易组织框架不断完善和区域经济集团日益形成，把发达国家产品的平均关税从40%左右降低到了当前的3%~4%，大大降低了产品内国际分工的跨境交易成本，使得生产流程被分散到全球。贸易与投资自由化进程的加快，也为全球生产网络的形成提供了制度上的保障。其次，运输、信息、通信技术的快速发展与扩散，为全球生产网络的形成提供了有利的技术条件，大大降低了在不同国家和地区组织生产与贸易活动的交易费用，使跨国公司可以把部分生产环节配置在成本较低的国家和地区。最后，许多国家和地区为鼓励对外贸易纷纷出台相关政策，这些旨在消除制度障碍与壁垒的政策助力制造业企业间的国际分工合作。[①]

可见，"二战"后全球投资自由化的发展使国际投资规模、范围以及质量得到了空前发展，从而进一步推动了产品内国际分工的发展。同时，各种区域经济一体化组织的活跃发展也为产品内国际分工的迅速发展提供了良好的条件。全球生产网络强调生产活动中的相互连接，通常被定义为生产和提供最终产品和服务的一系列企业关系，这种关系将分布于世界各地的价值链环节和增值活动连接起来，为此，杰里菲最先提出了全球商品链的概念，并将全球商品链拓展至全球价值链。全球商品链是指："通过一系列国际网络将围绕某一商品或产品而发生关系的诸多家庭作坊、企业和政府等紧密地联系到世界经济体系中；这些网络关系一般具有社会结构性、特殊适配性和地方集聚性等特性；任一商品链的具体加工流程或部件一般表现为通过网络关系连接在一起的节点或一些节点的集合；商品链中任何一个节点的集合都包括投入（原材料和半成品等）组织、劳动力供应、运输、市场营销和最终消费等内容。"到了20世纪80年代，全球商品链的各个环节已扩大到涵盖生产过程的研发与设计、制造、营销与服务等活动，且强调各个生产阶段所创造的附加价值，从而形成了全球价值链。[②]

20世纪80年代，Kougut在波特的基础上对价值链的含义做了进一步的阐述，他认为："价值链基本上就是技术与原料和劳动融合在一起形成各种投入环节的过程，然后通过组装把这些环节结合起来形成最终商品，最后通过市场交易、消费等最终完成价值循环过程""在这一价值不断增值的链条上，单个企业或许仅仅参与了某一环节，或者企业将整个价值增值过程都纳入了企业等级制的体系中。"Kougut（1985）认为，国际商业战略的设定形式实际上是国

① 刘德学. 全球生产网络与加工贸易升级［M］. 北京：经济科学出版社，2006：2-3.
② ［美］杰里菲，等. 全球价值链和国际发展：理论框架、研究发现和政策分析［M］. 上海：上海人民出版社，2018：136-159.

家的比较优势和企业的竞争能力之间相互作用的结果，当国家比较优势决定了整个价值链条各个环节在国家或地区之间如何空间配置的时候，企业的竞争能力就决定了企业应该在价值链条上的哪个环节和技术层面上倾其所有，以便确保竞争优势。① 与波特强调单个企业竞争优势的价值链观点相比，这一观点比波特提出的观点更能反映价值链的垂直分离和全球空间再配置之间的关系，因而对全球价值链理论的形成至关重要。

进入 21 世纪，学术界逐渐用全球价值链来取代全球商品链的概念，成为学界关注的热点。Sturgeon（2001）从组织规模、地理分布和生产性主体三个维度来界定全球价值链。从组织规模来看，全球价值链包括参与某种产品或服务的生产性活动的全部主体；从地理分布来看，全球价值链必须具有全球性；从参与的主体来看，有一体化企业零售领导厂商、交钥匙供应商和零部件供应商。② Sturgeon 还对价值链和生产网络的概念进行了区分：价值链主要描述某种商品或服务从生产到交货、消费和服务的一系列过程，而生产网络强调的是一些相关企业之间关系的本质和程度。英国萨塞克斯大学发展研究所对全球价值链理论进行了大量研究，把全球价值链定义为：在全球范围内，产品从设计、生产、营销、分销以及最终客户的支持服务等生命周期中所有创造价值的活动范围。价值链内各种活动可以在同一个企业进行，也可以是在不同规模的多个企业进行；可能在某一特定地区进行，也可能分散在全球各个角落。在全球化时代，当涉及生产什么、如何生产、谁来生产、生产多少以及生产收益如何分配等一系列问题时，只有通过全球化的深层机制及其微观基础才能解释生产活动的分散化是如何发生的、全球化过程中各个经济主体之间的协调机制是如何实现的。此时，价值链理论就为包括几乎所有国家和地区的全球体系提供了一种有效的分析工具。

联合国工业发展组织（UNIDO）在《2002～2003 年度产业发展报告》中指出："全球价值链是指在全球范围内为实现商品或服务价值而连接生产、销售、回收处理等过程的全球性跨企业网络组织，涉及从原料采集和运输、半成品和成品的生产和分销直至最终消费和回收处理的过程，它包括所有参与者和生产销售等活动的组织及其价值利润分配，并且通过自动化的业务流程和供应

---

① Kougut B. Designing Global Strategies: Comparative and Competitive Value-added Chains. Sloan Management Review, 1985, 26 (4): 15-28.

② Sturgeon T J. How Do We Define Value Chains and Production Networks [J]. IDS Bulletin, 2001, 32 (3).

商、合作伙伴以及客户的链接，以支持机构的能力和效率。"① 该定义强调了全球价值链不仅由大量互补的企业组成，而且是通过各种经济活动联结在一起的企业网络组织集，关注的焦点不只是企业，也关注契约关系和不断变化的联结方式。

无疑，全球生产网络学说很好地诠释了全球化时代国际分工与合作的新发展，凸显了企业之间的关系网络和由此形成的更大规模的经济群落，与价值链学说强调生产序列和垂直分离、整合相对应。在传统的跨国公司金字塔结构中，权力集中在跨国公司总部，而且有一个垂直的命令链，与此相反，现代的全球生产网络看起来更像一个由相互联系的独立企业构成的蜘蛛网，这其中既包含跨国公司原有的独资公司、合资公司，也包含外部的独立供应商、经销商和其他合作伙伴，存在着公司内部、公司之间两种交易协调机制。得益于全球生产网络组织模式的种种优势，近年来得以在全球范围内不断延伸，并直接导致了国际分工模式、经济组织方式、比较优势的表现形式、产业升级路径等一系列变化。同时，正是由于全球范围内生产网络的日益兴起，也为发展中国家融入世界生产与贸易、实现产业转型与升级提供了契机。然而，对于每个国家或地区而言，要想从世界生产和贸易的分工合作中受益，重点不仅在于是否参与全球生产网络，更在于如何从中获益，而全球价值链分析框架更能凸显一个产业内部从概念到生产最终使用的增值过程，其视角和方法更能有效跟踪全球生产模式的变化，将特定产业中分散在各地的活动与行为体关联起来，确定它们在发达国家或在发展中国家所发挥的作用，因此，以全球生产网络学说为基础进一步发展的全球价值链理论已成为解释当代全球经济重构的重要主线，全球价值链已构成了全球化的重要微观基础。

二、全球价值链与国际分工的升级演变

国际分工主要有三种基本形式：产业间分工、产业内分工和产品内分工（或称价值链分工）。产业间分工是"二战"前国际分工的基本形态和主导形式，突出表现在亚、非、拉国家专门生产农业原料、矿物原料及某些食品，而欧美等国家则专门生产工业制成品。产业内分工是指相同生产部门内部各分部门之间生产的国际专业化，主要是指同类产品的差异化分工，突出表现为发展水平、要素禀赋结构以及消费结构等相似的工业国之间所进行的差异化产品贸

---

① UNIDO. Competing through Innovation and Learning: Industrial Development Report 2002-2003. U. N. I. D. Organization, Vienna, 2002.

易，其贸易品主要以制造业行业内的制成品为主。20 世纪 80 年代以来，伴随科学技术的发展、市场经济体制在全球基本建立以及贸易投资壁垒的逐渐降低，国际分工和贸易的形式发生了巨大变化，突出表现为生产要素尤其是资本要素的跨国流动不断增强，以及全球中间产品贸易的迅猛发展，由此，国际分工的界限从产品转变为产品的生产环节和阶段，产品内分工亦即价值链分工成为国际分工的主要形式。

上述国际分工升级演变的过程是与全球价值链形成的过程密切结合的。20 世纪中叶之前，主流国际经济学关注的是各国在产业间或最终产品生产间的分工。"二战"后，国际分工完成了从福特时代以来传统的垂直型分工向混合型分工的转变，国际分工的深化趋势不再局限于产业间、产品间，而是越来越多地走向在同一产品内部、同一产品价值链不同环节上进行分工。60 年代以来，跨国公司国际生产体系的发展由简趋繁；80 年代以来，跨国公司越发扩大全球化经营及其引发的产品内国际分工已经引起越来越多的关注，不同学科背景的学者使用不同的概念与术语，如垂直专业化、外包、生产的碎片化、生产分离等，但实际观察和表达的都是将生产过程分解后安置在不同国家或不同地区的一种跨国界分环节生产分工方式。90 年代，受到知识经济的崛起与 ICT 革命的影响，将制造环节和功能性服务环节相分离的跨国经营模式飞快发展，令传统国际分工的外延大大扩展，新概念层出不穷。大前研一用"后工业化生产秩序"或"后工业化分工模式"的概念来描述全球化经贸无国界时代，越来越多的经营全球产品的公司放弃了自给自足的生产模式，越来越多发达国家和地区的企业甚至放弃本地的生产或将生产移至海外，而把精力集中于设计和销售之上。① 企业内部化分工边界的向外扩展形成了"外包"浪潮，同时也促进了制造业企业向服务化企业转型的趋势。制造业跨国公司为了向服务业转型，只经营知识密集的产品设计、研究开发、管理服务、营销和品牌管理等增值环节，而将更多的生产性环节外包给世界各地的合同制造商。一些跨国公司为提升核心竞争力，甚至把价值链上属于非核心的制造和服务环节全部外包给更富有专业技能的企业。于是，外包的地理范围不断扩大，外包的环节和项目不断增加，已经形成了生产外包、技术外包、人力资源外包和后台服务外包等多元发展的格局。两岸 ICT 产业升级过程正是体现出承接外包的这种局面。目前，在美国的 2600 多万家企业中，采用项目外包方式的企业大约占 2/3，涉及的领域除传统的制造业、加工业、建筑业外，已经涵盖了现代管理的诸多领

---

① ［日］大前研一. 无国界的世界［M］. 北京：中信出版社，2007：23-43.

域，如信息技术、人力资源、金融保险、软件开发、不动产和资本资产管理等。

由此，随着全球生产网络的形成与发展，价值链环节和增值活动在全球范围内实现了分解与重新配置，国际分工格局经历着深刻的调整与变革，网络内的分工及产业内不同价值链环节或增值活动的分工逐渐代替产业间分工，成为国际分工的主导，产业内贸易也随之代替产业间贸易成为国际贸易增长的主体。在新的国际分工格局下，跨国公司掌握价值链上的资本、技术密集型环节，而劳动密集型、技术含量不高的环节则由发展中国家的企业来完成。由此，加工贸易成为发展中国家和地区参与国际分工和交换的重要途径，进口中间产品加工再出口，或者海外加工直接转口，成为各企业生产和对外贸易中普遍采用的方式。可以说，OEM、ODM、OBM 的快速发展都是这种全球价值链形成和不断延伸的结果。

三、全球价值链的结构与治理

从全球生产网络、全球商品链到全球价值链，这些概念的共同之处在于突出了世界经济正在变成一个由公司间和公司内关系所驱动的复杂和动态的经济系统。当代世界生产体系中的全球价值链一般被分为三大环节：一是技术环节，包括研究与开发、创意设计、生产及加工技术的提高和技术培训等分环节；二是生产环节，包括后勤采购、母板生产、系统生产、终端加工、测试、质量控制、包装和库存管理等分环节；三是营销环节，包括销售后勤、批发及零售、广告及售后服务等分环节。尽管全球价值链是这些不同的价值环节组成的，然而，并不是每一环节都能创造等量的价值，某些环节创造的价值较低，而那些能创造高附加值的环节就是战略性环节。掌握战略性环节的就是领导厂商，全球生产网络强调领导厂商与其他厂商（合作伙伴）之间以互补性分工为基础，是以一定的正式契约联系在一起的组织治理模式。实际上，领导厂商与其他厂商在地位和功能上有巨大的差异。

杰里菲最早通过商品链概念来分析治理模式，他认为全球经济不是被自由市场的联盟和政府间组织所制定的标准、规则所约束，而是由产业全球价值链中的领先公司所制定的规则、标准所左右，并在此基础上提出了全球价值链治理的概念。全球价值链的治理就是价值链的组织结构以及权力分配，是对生产流程各阶段产品、工艺、参与资格以及利益分配的限定，这些限定可以影响价值链活动的参与者以及其地位、功能。价值链的治理可以保证价值链活动的组织性、系统性，保证全球参与者扮演好自己的角色并发挥应有的作用。为此，杰里菲把主导企业（或称领导厂商）及其对全球化的影响作为研究重点，认为主导企业在选择供应链伙伴（吸纳和排挤商品链参与者）、确定生产活动的地理位置以及附加值创造的环节和多少等众多方面起着决定性作用，这种决定性作用在商品链治理中构成了驱动力。按照领导厂商角色的不同，杰里菲将全球生产网络分为两种基本类型，即购买者驱动型与生产者驱动型。购买者驱动型以服装、制鞋和玩具等劳动密集型产业为代表，以大型零售商、品牌拥有者和市场批发商为领导厂商，在设计能力、专利、品牌和市场资源等方面拥有独特优势，因而能掌握网络治理权，在全球建立生产网络；生产者驱动型以计算机、半导体、汽车、飞机和生物医药等资本和技术密集型产业为代表，以大型跨国制造商为领导厂商，在关键技术和研发能力方面处于领先地位，有权制定参数、执行和监督规则，通过标准的实施来协调和组织分散于各地的价值创造活动，并控制价值在不同经济主体间的分配，在网络中占支配地位。[①]

Henderson（1998）对全球价值链的双重驱动力研究进行了完善，形成了全球价值链的二元动力机制理论。二元动力机制理论认为，全球价值链的驱动力主要来自生产者和购买者两个方面，也就是说，全球价值链的各个环节在空间上的分离、重组与正常运行等都是在生产者或者购买者的推动下完成的。生产者驱动即生产者处于主导地位，推动市场需求，从而形成本地生产供应链的垂直分工体系。生产者或者是拥有产品或技术优势的跨国公司，或者是为推动地方经济发展、优化本国工业体系的政府。在这种驱动模式下，跨国公司通过海外投资等形式控制其他环节，构建全球市场网络来组织产品或服务的生产、销售、售后服务、投资等产业链活动，从而形成以生产者为主导的全球生产网络体系。生产者向前控制原料和配件的采购，向后控制产品的销售，计算机、汽车、飞机、大型机械设备等资本密集型行业多属于这种驱动模式。购买者驱动即购买者处于主导地位，购买者通常拥有强大的品牌优势及产品销售网络。这些购买企业通过全球采购和 OEM 等组织起来的跨国商品流通网络形成强大的全球市场需求，从而带动以出口导向战略为主的发展中国家和地区的工业化。处于核心地位的购买者多数是位于发达国家的大型零售商、品牌商或代理商，他们将生产制造等环节分包给发展中国家的合约商，服装、农产品、玩具等传统劳动密集型产业多属于这种驱动模式。[②]

---

① 杰里菲 . 全球生产体系和第三世界的发展［M］//思多林斯 . 论全球化的区域效益 . 重庆：重庆出版社，2002：116-120.

② Henderson J. Danger and Opportunity in the Asia-Pacific［M］//Thompson G（eds）. Economic dynamism in the Asia-Pacific. London：Routledge，1998：356-384.

然而，随着经济全球化和全球价值链研究的深入，全球价值链的二元动力机制显示出了其局限。例如，彼得·吉本研究发现，在初级产品所形成的商品链中，国际中间商才是最终的"驱动"者，生产者驱动或购买者驱动都无法准确地解释该商品链的治理模式。同时，随着国际分工和国际贸易的深化，特别是 20 世纪以来模块化生产和标准化生产的介入，以往生产者驱动的主导企业通过国内生产来维持技术壁垒和生产秘密的做法发生了很大的变化，发达国家的技术密集型企业开始将大量的制造环节外包。生产者驱动商品链和购买者驱动商品链呈现出"你中有我，我中有你"的发展态势，说明治理的类型仍然需要细化。① 虽然对全球价值链及其治理的研究目前仍处于探索阶段，尚未形成统一而清晰的理论框架，但关于全球价值链治理已成为全球价值链研究的核心领域之一。当前，关于全球价值链治理的理论研究主要集中在治理模式方面，根据全球价值链中行为主体之间协调能力的高低，将全球价值链治理模式分为五种，即市场型、关系型、领导型、模块型、等级制。② 在五种治理模式中，市场型和等级制分别处于价值链中行为体之间协调能力的最低端和最高端。五种治理模式阐明了权力在全球价值链中的运作模式，例如：在领导型全球价值链中，主导公司直接对供应商行使权力，这种直接控制表明了一种高度的外在协调和权力不对称关系；在关系型全球价值链中，公司间的权力平衡更加对称，并存在大量的外在协调；在模块型以及市场型全球价值链中，客户和供应商的转换相对比较容易，权力的不对称性相对较低。③

在当今的全球价值链治理结构中，担任领导厂商的往往是跨国公司。以往的理论证明了跨国公司的垄断或竞争优势存在于价值链上的任何一个环节，全球价值链及其治理理论则证明了实际上优势可能集中在其中某一个环节上。与

① 秦升. 全球价值链治理理论：回顾与展望 [J]. 国外经济学动态，2014（12）：14-21.

② 汉弗莱（Humphrey）和施密茨（Schmitz）将价值链的治理定义为：通过价值链中公司之间的关系安排和制度机制，实现价值链内不同经济活动和不同环节间的非市场化协调，根据领导公司对价值链控制的程度，全球价值链的治理模式可分为市场型、模块型、关系型、领导型和等级制五种。在市场型治理模式下，各个经济行为主体通过货币买卖各种商品和服务，其运行的核心机制就是价格机制。等级制则以企业制为典型，其运行的核心就是管理控制。在模块型治理模式下，厂商不但会根据客户的不同要求来提供产品和服务，而且厂商还可以依托自身的加工技术和限制投资专用性的非特殊设备来为客户提供关键性产品和服务。关系型治理模式中，厂商一般都是通过声誉而相互集聚在一起，其一般会表现出很强的社会同构性、空间临近性、家族和种族性等特性。领导型治理模式的特征在于众多中小厂商需要依附几个大型厂商。该种模式中大型厂商一般会对中小型厂商具有很强的监督和控制力。

③ 池仁勇，等. 全球价值链治理、驱动力和创新理论探析 [J]. 外国经济与管理，2006（3）：24-30.

以往的跨国公司保持所有职能（价值链环节）垂直一体化的结构不同，全球化经营企业将价值链分解，将生产分工深入到价值增值的各个链接点上，从而形成了职能专业化的普遍趋势。① 职能专业化不仅打破了多国分散经营的传统格局，而且赋予了跨国公司对更广泛的生产体系的治理权力。在跨国公司看来，遍布世界的各个分支机构的国别归属已不再重要，重要的是各个分支机构在跨国公司全球价值链中的确切位置。正是由于这种一体化的生产体系，令国际分工超越了产业和国家的边界，而转向企业内部、产品内部。产品内国际分工的出现，使以往年代盛行于国家与国家之间或国家与地区之间的整体产业的分工或转移关系，日益被产品价值链在国际间的分段设置和有效组合所取代，使得控制高增值核心环节或者称"战略性环节"成为提升产业竞争力的重要手段，造就了由跨国公司主导的发达国家日益集中在知识密集的设计、研发、管理和营销等高增值服务环节，而将生产性环节和低附加值制造部分转移到发展中国家的当代国际化生产分工体系。② 全球价值链治理意味着国家和企业寻求竞争优势以及产业升级面临着新的格局。由于不同类型的产业，其价值链构成的具体环节各不相同，在价值网络中的价值分布差异也较大，因而在跨国公司国际生产体系下，国家的竞争优势不再主要体现在产品上，而是体现在价值链的某些特定环节上，因此，处于全球生产网络中的企业要想了解自身的竞争优势，就必须结合所处产业的具体特征，对特定产业的生产网络进行价值分析，了解其价值创造体系，如企业目前价值获取的现状、特点以及价值来源的路径，认识其价值构成和价值分布，这样才能正确地认识本企业在价值链中的定位和在产业网络中的地位。在结合自身优势的前提下，通过分析各个环节的进入壁垒，提升企业核心竞争力，找到嵌入全球价值链中具有高附加值的"战略性环节"的路径，实现产业升级。③

当然，上述文献在采用"治理"和"升级"时，大多未对"权力"展开深入的讨论，仅仅以效率为标榜将权力理解为集体协作的优势，而全球价值链中的"权力"实质上意味着跨国公司的利益获取和对低端环节的控制。④ 事实上，全球价值链治理与链中的力量分布密切相关。由于供应关系从根本上就产

---

① Kogut B. Designing Global Strategies：Comparative and Competitive Value-added Chains ［J］. Sloan Management Review, 1985, 26 (4)：15-28.

② 张辉. 全球价值链理论与我国产业发展研究 ［J］. 中国工业经济, 2004 (5)：38-46.

③ 曹琼. 产业发展与核心竞争力——以台湾笔记本电脑产业为例 ［M］. 北京：经济管理出版社, 2011：24-25.

④ Victor Ramiro FernAndez. Global Value Chains in Global Political Networks：Tool for Development or Neoliberal Device? ［J］. Review of Radical Political Economics, 2015, 47 (2)：209-230.

生了不对称性，所以全球价值链是典型的方向网络，领导企业（主要是发达国家的跨国公司）掌握战略控制权，是全球价值链形成和进化的驱动者，拥有对全球价值链的协调和管理力量，而供应者（多为发展中国家和地区）则处于被领导的地位，整个价值链呈现出金字塔型的力量和治理结构。全球价值链治理与链中的利润分配密切相关。当今全球化的深刻现实是，发达国家占据了全球价值链的高附加值环节和价值份额（往往是以占据链条两端的企业附加值来表现的），而许多发展中国家和地区则被锁定在全球价值链的中低端。全球价值链导致了全球化利益被极其不平等地分配。[1] 也正因如此，全球价值链的治理问题被大多数学者认为是全球价值链理论的核心问题。

第二节　两岸在全球价值链的地位与产业升级

一、全球价值链与东亚生产网络

如前所述，"二战"后，随着理论、思想、技术、制度和运输条件的变化导致交易成本大幅度降低，国际直接投资和跨国公司取得了很大的发展，形成了新的国际生产体系。进入 21 世纪后，全球经济尤其是制造业的一个显著特征是生产过程沿全球价值链分割，目前，全球价值链在世界范围内已形成了三个主要中心区域，分别是北美、欧洲和东亚。其中，东亚见证了最显著的全球价值链发展，由此产生了"亚洲工厂"的概念，亚洲也成为全球价值链参与程度最高的地区。Ernst 和 Linsu（2002）等指出："近四十年来，东亚区域已经成为世界范围内最重要的加工制造基地，国际加工生产最初只起源于东亚的个别国家，之后其重心很快转移到东盟区域，随之转移到中国，并由此形成了一个完整的区域生产网络。"[2] 事实上，随着经济全球化和区域化的不断发展，国际分工模式从产业间、产业内分工深化至产品内分工，逐渐形成了一个以跨国公司为主导、众多厂商以垂直型分工方式"嵌入"的国际生产网络。由于东亚各国和地区间的经济发展存在着梯度差异性与互补性，并且普遍重视实

---

① ［美］尼尔·斯梅尔瑟，［瑞典］理查德·斯威德伯格. 经济社会学手册［M］. 北京：华夏出版社，2014：201.

② Ernst D, Linsu Kim. Global Production Networks, Knowledge Diffusion, and Local Capability Formation ［J］. Research Policy, 2002, 31（8-9）：1417-1429.

行出口导向型的发展战略与多层次的区域经济合作，使国际生产网络的组织效果在东亚区域体现得更为突出。而以垂直专业化分工为主导的东亚生产网络，对参与者的资本与技术禀赋要求较低，只要拥有产品某一生产环节的制造条件即可参与其中，这为发展中国家和地区参与国际生产体系提供了良好的契机。

东亚生产网络的形成肇始于"二战"以后美国跨国公司的投资。20 世纪 50 年代，美国的跨国公司开始系统地向西欧、日本等发达国家和地区投资，60 年代以后，美国的跨国公司开始向第三世界发展。① 随后，日本和西欧的等发达国家和地区的跨国公司也通过大量投资在亚洲、拉美等地区加工组装，建立起了"世界工厂"或"制造飞地"。在"二战"后相当长的一段时期内，由于资本主义的市场力量并未能在全球获得普遍的控制权，跨国公司仍限于采用各个击破的多国经营战略，不存在全球范围扩张的手段和机会。然而，伴随着中国改革开放、柏林围墙瓦解，及 90 年代诸多社会主义国家转型等一系列重大历史事件，跨国公司获得了充分发展和大规模扩张的动力与空间。此后，跨国公司在绝对数量、相对增幅和对外投资覆盖空间等多个方面经历了前所未有的扩张。可以说，全球价值链下的东亚分工模式是由 FDI 推动的，跨国公司供应链的全球布局也通常由 FDI 来实现，FDI 是跨国公司外包战略的核心部分。从 60 年代中期开始，东亚各个国家和地区纷纷实施了与 FDI 政策相关的重要改革，包括降低外资份额限制、外资进入限制以鼓励 FDI 进入本国，同时采用多种贸易、投资便利化措施，促使跨国公司到本国组建全球生产网络并形成产业集群。② 在关税方面，进口原料配件和出口成品的免税、退税措施起着关键作用，这比单纯鼓励进口替代的减免关税措施更利于全球生产网络的形成。

在发达国家跨国公司建立的全球生产体系中，东亚已成为重要的组成部分，而在"二战"后初期的发展中，以日本最早成为东亚生产网络的领头者。东亚区域生产网络的最初形式由"雁行模式"演变发展而来，日本学者赤松要在 20 世纪 30 年代晚期就提出了"雁行模式"的雏形。小岛清在比较优势的基础上，将对外直接投资引入"雁行模式"理论，强调一国实施对外投资，进行产业转移，对本国以及周边国家的产业升级具有明显的带动作用。事实上，"雁行模式"是建立在动态比较优势基础上的追赶型经济发展模式，侧重

---

① ［日］中村哲．近代东亚经济的发展和世界市场［M］．北京：商务印书馆，1994：27-28.

② ［日］小岛清．对外贸易论［M］．天津：南开大学出版社，1987：442-450.

于描述一定经济发展阶段的产业生命周期，即一国某产业从兴起到衰落的发展过程，可以是某一产业从较发达国家向实行赶超国家的动态转移，进而引发国际性的产业结构和产业发展战略连锁变化。借由雁行理论，日本跨国公司FDI创新的生产技术与产品在进入成长期与成熟期时，被依次传递到第二梯次（中国台湾、韩国、中国香港、新加坡）与第三梯次（马来西亚、泰国、菲律宾、印度尼西亚），促进了东亚区域生产网络的发展。① 本书第二章论述的中国台湾"二战"后的产业升级历程也符合雁行模式的发展过程，"二战"后中国台湾受美国和日本的影响颇大，不仅技术来源于美国和日本，而且产业的拣择及产业升级的战略制定也都体现出对美国和日本的追赶以及与美国和日本在全球产业布局的衔接。Bernard和Ravenhill（1995）在研究"雁行模式"时提出，作为东亚区域的领导厂商，日本生产能力的扩散和研发技术的外溢，导致了层级制生产网络的出现，该效应向前关联到对美国市场的出口，向后关联到日本的技术创新，从而造成了东亚地区其他经济体对日本技术和资金的依赖。② 值得注意的是，尽管"雁行模式"中的国家和地区在地理上更靠近日本，但在经济上，它们与美国的融合程度要比日本深得多。

到了20世纪末，国际分工进一步深化，跨国集团在东亚地区内的投资、生产战略进一步调整，东亚各国和地区对外经贸发展的政策逐渐转变，尤其是日本经济的长期低迷与亚洲金融危机的爆发，使原有的"雁行模式"日渐式微。"雁行模式"的崩溃并不意味着东亚地区经济发展模式的终结，却更为东亚区域生产网络的形成和发展创造了有利条件。此时的生产、分工形式明显突破了"雁行模式"下的垂直产业间分工格局，地区内分工形式大多遵循价值链上的不同生产环节展开，并向着更深层次的网络生产、分工模式发展。有部分学者将此变化称为"后雁行模式"，"后雁行模式"主要体现在两个方面：其一，东亚区域内的分工与生产仍未完全跳脱传统的"雁行模式"，这是由于当前各国及地区之间存在的经济差异和技术差异所决定的。其二，东亚区域内的分工体系逐步深化，已经开始向新的水平型网络化分工体系过渡。这一新的分工体系的特征表现在以日本、"亚洲四小龙"的企业为领导厂商，在东亚地区构建跨国生产网络，将产品的设计、研发、生产、销售等环节按照各自的优

---

① 蔡宏正. 变动中的东亚区域主义［J］.（台湾）全球政治评论，2008（23）.

② Bernard M, Ravenhill J. Beyond Product Cycles nd Flying Geese: Regionalization, Hierarchy, and the Industrialization of East Asia［J］. World Politics, 1995（47）: 171-209.

势进行区位上的有效配置。①

随着全球化进程的不断深化，特别是中国加入世界贸易组织之后，这种"后雁行模式"继续演化。进入 21 世纪后，中国成为国际产业转移浪潮的巨大承接地，加快了融入东亚生产网络的步伐。中国的积极参与，不仅为东亚生产网络提供了丰富的生产要素与巨大的市场，推动了东亚生产网络的发展与深化，同时也为自身的经济发展和产业升级创造了机会。而中国经济迅速崛起，不但重新构建了东亚区域的国际分工体系，也使区域产业结构的演进模式发生了本质的变化，如今，中国已处在东亚生产网络的核心位置。

东亚各经济体在全球价值链和生产网络中如何分工合作，可以从中间投入品的贸易来衡量。国际生产网络的一个重要特征就是中间投入品贸易。近十多年来，东亚中间投入品的国际流动增长迅速，反映了产业内贸易发展、离岸活动的影响和跨国企业网络在区域贸易中的突出作用。通过追踪东亚出口最多的中间投入品——机械和电子零部件的贸易路径，可看出东亚各国和地区在生产网络中所扮演的角色，即中国台湾、日本进行具有较高技术含量的设计、加工，东盟进行简单加工，韩国两者兼而有之，最后都将产品出口至中国大陆，经过中国大陆组装再出口到欧美市场。

进一步地，从中间投入品进口与出口之间对比更加能看出一国和地区如何参与国际分工。美国和欧盟中间投入品出口明显高于中间投入品进口，且进出口之间的差距在十多年间基本保持不变，同时中间投入品进出口占贸易总值比重出现了缓慢下降的趋势。与美国和欧盟情况类似的就是东亚唯一的发达国家日本，中间投入品出口与进口之间差距在逐渐扩大。与欧美国家的消费型经济不同，一直以来日本实行的是出口导向型贸易战略，虽然"雁行模式"日渐式微，但日本在东亚生产体系中仍然扮演着出口核心零部件的角色。韩国和中国台湾在"二战"后十多年时间里完成了角色转换，由原来的进口中间投入品加工后出口制成品，转变为以出口中间投入品为主。需要特别指出的是，中国台湾中间投入品出口比重在东亚各国和地区中最高。韩国和中国台湾在东亚生产网络中不仅负责加工，还承担部分设计任务。中国大陆的中间投入品出口与进口则相差很大，不仅在东亚中间产品进口量最大，同时在世界进口量也最大。尽管中国大陆在东亚生产网络中处于进口零部件、组装后出口制成品地位，但在最近的十多年间，中国大陆中间投入品进出口之间的差距在逐渐缩

---

① 郑京淑，李佳．"后雁行模式"与东亚贸易结构的变化［J］．世界经济与政治论坛，2007（2）：6-11.

小，反映出中国大陆的产业结构正在发生改变，出现了沿产业链向上的移动趋势。[①] 值得指出的是，对实行追赶策略的后进国家和地区来说，除代工组装之外，中间投入品的生产和运作也可成为重要的利润来源之一。尤其是一些掌握了高品质和高技术的上游企业，还可以跨越供应链的上下游线型架构，直接与最终的成品品牌商协商合作，在自身获得更高附加值的同时也保障了中游材料制造及成品制造的价值与利润，形成了一种不仅重视最终顾客价值，也兼顾体系中伙伴价值的营运模式。[②]

无疑，东亚生产网络的发展，增强了区域内各经济体贸易投资的相互联系，使东亚区域分工的专业化程度不断提高，并带动了各经济体的出口与经济增长，而东亚区域生产网络的日渐成熟和完善，也促使东亚成为世界经济发展的新引擎。东亚成为全球价值链参与程度最高的地区，反映了其作为最重要的出口导向型制造业和加工活动地区的首要地位。[③] 但是，从全球价值链的角度来看，东亚生产网络仍然存在以下的"短板"和问题：

一是东亚生产网络并不是东亚各经济体主导建立的，而是在美国等发达国家的大型跨国公司基于全球价值链的布局下推动的，东亚生产网络只是其全球价值链中的某些环节，所以东亚各经济体对东亚生产网络的控制力很弱。

二是东亚生产网络对外部市场的需求依赖性较大。东亚生产网络所生产出来的产品的最终需求主要来自欧美等区域外市场，而非自身区域内市场，这就导致东亚生产网络具有外部主导性与内部脆弱性特质。外部主导性表现在：东亚生产网络虽然以外商直接投资和中间投入品贸易为纽带，在东亚地区创造了多样性和充满活力的产业链群，但是却体现出"两头在外"的形态，即创新研发核心零部件等价值链上游在北美、日本或者西欧，同时制成品的营销与消费等价值链下游也在北美或者欧盟，东亚生产网络真正产生增值的部分主要是价值链中游的生产与组装。内部脆弱性体现在：东亚区域内能够创造完整的全球价值链条并具有管控能力的领导企业较少，造成东亚各经济体只能接单生产组装、再出口的被动局面。在东亚各经济体中，日本还有一定的自主品牌，中国台湾与韩国也可以进行接单设计，中国大陆与东盟则比较被动，领导企业的数量与生产能力严重不匹配。

---

① 郑学党，华晓红．全球价值链、东亚生产网络与区域经济一体化［J］．兰州学刊，2017（6）：168-179.

② 刘仁杰，陈国民．世界工厂大移转［M］．台北：大雁文化发行公司，2014：215-217.

③ 联合国贸易和发展组织．世界投资报告2013：全球价值链：促进发展的投资与贸易［M］．北京：经济管理出版社，2013：135-136.

三是东亚区域内缺乏有效的最终消费市场，使东亚生产处于被动局面。2008 年世界金融危机使发达经济体长期处于缓慢脆弱阶段甚至衰退，需求减少甚至停滞，严重影响了东亚生产网络的持续运转，使东亚经济的增长迟缓，这就充分暴露了东亚生产网络对区域外依赖的严重性及其脆弱性。而东亚内部虽然人口众多，但平均收入水平不高，还没有哪个经济体能有足够大的市场来消化东亚的生产能力。①

二、两岸在全球价值链中的产业升级

本书前述的两岸产业升级，都是在全球价值链与东亚生产网络的形成过程中实现的。传统产业结构理论认为，产业升级是一国或地区主导产业遵循从劳动密集型向资本密集型和技术密集型路径转换、更替的过程。然而，在新型国际分工模式下，产业升级被赋予了新的含义和内容，被更广泛地认为是经济主体——国家或地区、公司和员工在全球生产网络中从低价值生产向相对高价值生产转移的过程。众多学者从不同角度重新诠释产业升级的内涵与路径，杰里菲（2002）认为，在全球价值链理论框架下，产业升级是指一国或地区产业及其内部企业的资本盈利能力和技术密集型领域的经营能力，通过参与国际分工而获得提高的过程，这一过程能够使其在价值链分工中从低附加值向高附加值转换，实现竞争力及价值链地位的提升。以亚洲服装业为例，随着生产成本的增加和市场准入门槛的提高，"亚洲四小龙"不断将生产环节国际化，通过建立区域内的"三角制造"与贸易网络，实现了由最初来料组装到创建自有品牌的产业升级。② Humphrey 和 Schmitz（2010）认为，产业升级的另一个表现是对价值链控制能力的提升，即从价值链的低端环节向高端环节的迈进，或是从低端价值链向高端价值链的转变，并且在此过程中，伴随着企业利润率的明显上升。③ Enrst 和 Cuerreri（1998）将产业升级分为产业间升级和产业内升级，产业间升级是指不同产业间从低附加值产业向高附加值产业的转换，是产业的转型升级；产业内升级是指产业素质与效率的提高，是产业内生产效率、产出水平及获利能力的提高，表现为产业内部由低技术向高技术、由低加工度

---

① 华晓红，等. 全球价值链与东亚生产网络 [J]. 国际贸易，2013（7）：12-17.
② 杰里菲. 全球生产体系和第三世界的发展 [M] // [美] 思多林斯. 论全球化的区域效益. 重庆：重庆出版社，2002：120-122.
③ Humphrey John, Hubert Schmitz. How does Insertion in Global Value Chains Affect Upgrading in Industrial Clusters [J]. Regional Studies, 2010（36）.

向高加工度、由低附加值向高附加值的转变。①

　　无论从哪种角度来说，全球价值链视角下的产业升级都意味着产品附加价值的提升，而这正是当今由技术创新推动产业升级的必然趋势。"二战"以来的历史已证明，跨国公司加入国际生产体系后会产生技术扩散、资金供给、出口示范与竞争、产业关联等一系列的效应，发展中国家和地区通过承接国际分工和产业转移、吸收更多的技术与资本投资、提升地区的运输能力等，都可以对自身的技术进步和产业升级产生正面促进作用。

　　具体而言，从知识经济时代产业创新升级的角度来看，贸易自由化与全球生产网络的形成有利于后发国家和地区学习和研发知识技术。

　　一方面，贸易自由化的不断深入发展，尤其是进口中间投入品关税水平的不断下降，会产生两个有利影响：一是进口国家或地区的企业能够获取的进口中间投入品的种类会随之增多，其中不乏更高品质的中间投入品，而更高品质的中间投入品的使用不仅对企业生产率的提高具有直接的促进作用，还会因为更高品质的中间投入品内含更高端的技术、知识、信息等而产生更显著的技术外溢和学习效应，从而有利于企业的技术进步以及生产效率的提高；二是贸易自由化发展促使中间投入品的进口壁垒不断下降，从而促使进口成本不断下降，这种成本节约效应会促使企业将更多的资源用于技术创新等活动，从而有利于企业生产效率的提高。

　　另一方面，20世纪60年代以来形成的全球生产网络十分有助于知识的扩散，从而促使发展中国家和地区融入世界贸易，实现产业转型与升级。全球生产网络中上游企业为了保证产品质量和生产提高产品竞争力，向下游企业主动或非主动地传播显性和隐性知识，从而实现国际分工网络内部的技术扩散。正如本书第二章、第三章对两岸产业升级的论述所展示的，在经由外包所促成的委托—加工生产体系中，委托企业为了帮助加工企业，不仅通过传送产品和服务标准、生产质量手册、产品与工艺设计图纸等文献资料来传播显性知识，而且通过安排实地考察、系统培训、当面指导等活动，向加工企业传播并共享其创造出来的隐性知识。同时，委托企业和加工企业的员工在生产和交流中相互积累知识，通过总结、学习等完善管理制度、建立操作流程，把隐性知识转换为显性知识。而加工企业通过干中学不断总结经验，使之成为本企业的隐性知识，从而完善自身知识体系并为自主创新提供基础。当然，知识的扩散规模和

---

① Ernst D, Guerrieri P. International Production Networks and Changing Trade Patterns in East Asia: The Case of Electronic Industry [J]. Oxford Development Studies, 1998, 26 (2).

速度取决于加工企业自身的吸收学习能力，这种能力主要来源于加工企业的原有知识基础，以及吸收、学习、努力程度。在全球生产网络中，知识的扩散除了企业因素外，还与当地经济环境、政策环境、受教育水平等因素相关。

　　纵观两岸产业加入全球价值链的发展过程，两岸均在不同程度上实现了产业升级。中国台湾地区作为后起的制造业基地，主要是利用代工的方式引入发达国家的技术，在消化吸收的基础上不断提升自身的水平，最终提升了半导体关键元器件、芯片以及电脑等制造技术，形成了自己的配套技术链条。长期以来，中国台湾产业在芯片制造和 PC 时代独领风骚，但迈入智能手机、平板时代，以及物联网、云端、大数据等领域快速崛起并重整产业版图后，中国台湾产业的转型则相对迟缓。而中国大陆的表现则更为显著，成为后进国家和地区的成功范例。首先，产业结构的高度化，由 FDI 驱动的全球价值链对中国大陆的产业结构变迁产生了显著的影响。外商对中国大陆直接投资主要集中在工业部门，特别是加工业，并且具有周期性变动的特点，外商直接投资不仅加大了中国大陆三大产业的结构偏差，同时也扩大了三大产业的发展水平与国际竞争力。其次，在东亚生产网络下，中国大陆制造业产业间升级与产业内升级都有明显效果。就产业间升级角度而言，劳动密集型制造业比重大幅度下降，资本密集型制造业与资本技术密集型制造业比重明显上升，反映出融入东亚生产网络后，中国大陆制造业产业结构已经由低技术层次向高技术层次转变，但这一过程还比较缓慢，中国制造业仍处于中等技术状态。从产业内升级角度而言，产业内升级是产业由低附加值能力向高附加值能力的转变，在国际或区域生产网络下，一国进口的中间产品在经过循环加工后创造的附加值被定义为净附加值，其占出口额的比重即为净附加值比率。净附加值比率能够反映一国融入国际或区域生产网络后的产业内升级效果，该比率越大，说明融入后的获利能力越强，产业内部升级效果越好。2002~2012 年，来自东亚的中间产品在中国大陆制造业创造的净附加值比率，除了纺织业、服装皮革羽绒及其制品业、木材加工及家具制造业、非金属矿物制品业和工艺品及其他制造业下降外，其他 12 个产业均呈上升趋势，说明融入东亚生产网络后，中国大陆大部分行业呈上升趋势，而且这些行业多集中在资本密集型和技术密集型制造业，中高端制造业的获利能力和产业效率得以加速，并实现了产业内由低附加值能力向高附加值能力的跃升。①

　　值得指出的是，从中国大陆的产业升级可以看出，全球化竞争使高技术产

---

① 唐乐. 中国制造业融入东亚生产网络的产业升级效应 [J]. 当代经济研究，2016（11）：73-81.

业的全球价值链发展具有非均质、非线性特征，其升级轨迹具有反复性与循环性，这就为发展中国家和地区的产业升级开辟了新的路径。与产业转型与升级由劳动密集型产业向资本、技术密集型产业递进不同，随着全球生产网络的形成，发展中国家可以在不掌握整个产业技能和产品技术的条件下，依托劳动力成本方面的优势，直接切入资本、技术密集型产业的低端环节，然后从加工组装环节起步，通过产业内的参与学习机制，逐步向产业链的高端环节攀升。也就是在产品工序上，由下游生产（加工组装）逐步向上游生产（关键零部件的制造）过渡；在产业环节上，适时地由生产加工环节向研发设计环节递进，并逐步向产品营销服务环节渗透，从而迈向"加工组装、重要零部件制造、自有核心技术的产品生产、自有品牌产品生产"的新型产业成长路径。[①] 本书第二章、第三章论述的中国台湾和中国大陆各产业的创新升级，都印证了这一路径。同时，要实现往全球价值链的高端攀升，除了自主创新、产生有自主知识产权的核心技术和关键技术以外，商业模式的创新也很重要。[②] 本书第三章所展现的中国小米等手机制造企业以及"互联网+企业"的商业模式创新就说明了这一点。

然而，除了产业结构的高度化以及产业别的升级变迁外，在全球价值链和生产网络的视角下，产业链条的升级更为重要。事实上，全球化经营使生产链条成为全球性而不是区域性、国别性，全球竞争日益发展成为生产链对生产链的竞争，这种链条是在资本与生产资源自由流动的基础上建立的，是以竞争性生产资源的全球性分配为特色的全球产业链条。Humphrey 和 Schmitz（2010）就提出了四种不同层次的升级：工艺流程升级、产品升级、产业功能升级和链条升级。工艺流程升级是通过对生产体系进行重组或采用新技术来提高投入产出率，使自己的生产比竞争对手更有竞争力。产品升级是提高产品的档次和品种，不断推出新功能和新款式，以更好的质量、更低的价格与对手进行竞争。产业功能升级是通过重新组合价值链中的环节来获取竞争优势的一种升级方式。价值链条升级是从一产业链条转换到另外一条产业链条的升级方式。[③] 在这方面，中国台湾电子信息产业的创新升级就是成功的范例。如本书第二章所展示，中国台湾电子产品生产商利用最初所获得的电视机生产技术，跨越到利

① 赵文丁. 国际生产网络的形成及意义 [J]. 商业研究，2006（9）：108-110.

② 洪银兴. 参与全球经济治理：攀升全球价值链中高端 [J]. 南京大学学报（哲学·人文科学·社会科学版），2017（4）：13-23.

③ Humphrey John, Hubert Schmitz. How does Insertion in Global Value Chains Affect Upgrading in Industrial Clusters [J]. Regional Studies, 2010（36）.

润更高的价值链中，如 HP、IBM 等跨国公司生产计算机监视器、笔记本电脑、移动电话等产品。当然，这种转换一般都来源于突破性创新。如本书第三章所展示，中国大陆部分制造业（如手机制造业）也已成功完成了工艺流程升级、产品升级、产业功能升级，通过在全球价值链上的地位攀升已从一个全球组装中心逐渐变成一个全球制造中心，中国制造业产业结构已经由低技术层次向高技术层次升级，只是这一升级过程还比较缓慢，资本密集型制造业产值所占比重仍很大，资本技术密集型制造业产值所占比重上升还不够快，说明中国制造业还处于中等技术状态，还谈不上有突破性的价值链条升级，但本书第三章所描述的中国大陆以"互联网+"为特点的电子商务及其倒逼出来的新生产业态，可以算是在价值链条升级方面初具雏形。必须指出的是，产业链条的升级只能经过产业集群来实现，美国硅谷、以色列、中国台湾新竹、印度班加多尔等高增长区域背后都有一批产业集群做支撑。产业集群已超越低成本优势，成为吸引跨国资本的主导力量。也正因如此，产业集群政策才逐渐替代传统的产业政策，成为东道国经济政策的新焦点。①

无疑，全球价值链理论为研究发展中国家地方产业集群如何参与经济全球化并在其中实现产业升级，提供了重要的分析工具和方法。全球价值链中各个环节在形式上虽然可以看作一个连续的过程，不过在全球化过程中，这一完整连续的价值链条实际上是被一段段分开的（片段化），在空间上一般离散性地分布各地。虽然全球价值链的片段化导致各个价值环节在全球空间上呈现离散分布格局，但是分离出去的各个价值片段一般都具有高度的地理集聚特征，换句话说，全球价值链的地理分布特征就是"大区域离散，小地域集聚"，正是各个价值环节的地理集聚特性使得很多地方产业集群成了全球价值链条中的一个从属部分。② 事实上，地方产业集群一般是全球价值链片段化的结果。首先，大量产业联系密切的企业及相关支撑机构在空间上集聚并形成强劲、持续的竞争优势集群，就产生了集群内的领先公司逐渐关注于全球价值链的某个或某几个优势环节，而放弃或弱化非核心经济活动。而由此带来的领先公司竞争力进一步提升，吸引了集群内其他企业纷纷跟进和模仿，出现了集群整体产业活动基于全球价值链的垂直分离。嵌入全球价值链而大量的集群间、集群与区域外经济行为主体的生产、贸易、技术、信息、文化交流把基于同一产业的不

① ［美］萨珀斯坦，罗斯. 区域财富：世界九大高科技园区的经验［M］. 北京：清华大学出版社，2003.

② 张辉. 全球价值链理论与中国产业发展研究［J］. 中国工业经济，2004（5）：38-46.

同区域集群联系起来，实现了全球价值链下的产业整合。①

从本书第二章、第三章对中国台湾的新竹科学园区和对大陆的北京中关村、苏州高新技术开发区等集群创新升级的探讨可以看出，在某一地区、某一产业的相关产业配套成熟、基础设施和地理位置条件优越，并已形成产业集聚的情况下，就会吸引国际生产网络中的领导厂商及其他高层级主体来此设置网络内的某些生产环节、建立生产基地、寻找供应商，使当地厂商获得参与生产网络的机会。另外，相关产业在技术开发、制造、分销、营销和服务上与本产业形成合理分工，可以促进本产业创新，带动本产业的成功。由此，全球价值链下的产业升级往往表现为地方产业集群升级，地方经济加入全球生产体系，往往会依据自身竞争优势形成一些专业化的产业群，依靠特定商品的出口竞争力赢得地区在国际劳动分工体系中的位置。特定产业的空间集聚有助于加强产业的本地化联系，帮助企业从低成本竞争的陷阱中走出来，进入以创新、质量和市场应变能力等"高级优势"为基础的良性竞争轨道中去。

当然，与此同时，产业集群中的生产厂商的功能可能会被锁定在单一的生产环节，一方面，设计、产品开发、品牌等集群原有的功能会逐步消失；另一方面，集群要想从低附加值的生产环节向高附加值的设计和营销等环节升级会面临各种障碍。这种锁定效应使集群的竞争力变得非常脆弱。随着竞争的不断加剧，发展中国家地方产业集群的商品竞争会更多地集中在价格上，其所生产的产品的单位价格在持续下降，形成恶性循环，使集群陷入了不可持续的发展轨迹当中。因此，要想改变在全球价值链中的被动局面，发展中国家和地区的产业集群必须不断谋求突破性创新和升级。

实际上，还有不少学者认为全球产业价值链未必有益于发展中国家和地区的产业升级。例如，从负向的抑制效应来看，Kaplinsky 和 Morris（2001）指出，只有通过"高端路径"嵌入全球价值链才可能提升企业的盈利能力，促进产业升级，而以"低端路径"嵌入则容易使经济陷入贫困式增长的困境。②Lall（2005）等研究指出，在制造业全球生产网络中，一些发展中国家长期被锁定在低端制造环节，陷入比较优势的分工陷阱，无法改变。③ 刘志彪、张杰

---

① 刘柄镰，韩晶. 全球价值链下的地方产业集群升级研究——以天津电子信息产业集群为例［J］. 产业经济评论，2005（12）：134-142.

② Kaplinsky Raphael, Morris Mike. A Handbook for Value Chain Research［J］. Prepared for the International Development Research Centre, 2001（5）.

③ Lall S, Weiss J, L K Zhang. Regional and Country Sophistication Performance［R］. Asian Development Bank Institute Discussion Paper, 2005.

（2007）对全球价值链分工体系分析发现，发达国家的跨国公司与发展中国家的代工者之间形成了基于俘获型网络治理的国际生产格局，造成发展中国家及其代工企业无法实现向高端价值链的攀升，并指出发展中国家若想摆脱被俘获的关系应从国内价值链的培育着手，寻找由俘获型网络向均衡型网络转化的有效路径。[①]

上述探讨显示出两岸在全球价值链和全球生产网络形成的过程中，均能实现一定程度的产业创新和升级，这一点十分难能可贵，因为并非所有发展中国家和地区都能做到这一点。但是，与此同时，两岸产业在全球价值链中如果要继续攀升，仍然面临挑战和瓶颈。

三、两岸在全球价值链中的地位

制造业是全球价值链的领先行业，与其他行业相比，制造业的全球价值链参与度较高。目前主要用增加值，即将全球价值链贸易分解为后向关联（国内生产者出口中的外国增加值）和前向关联（他国出口中隐含的国内增加值）。近期的趋势是将这些关联视为生产组成部分，而不是贸易概念，以便将全球价值链中的增加值准确地分配到产生增加值的经济体中。[②]

随着增加值测算方法的逐渐成熟，关于增加值、全球价值链参与度和地位指数的影响因素的实证研究越来越多，并且从国际贸易层面，逐渐深入到制造业、服务业层面。Koopman 等（2010）就基于 OECD 和世界银行数据库，对附加值做出解释，定义了全球价值链地位指数和参与指数，研究发现西欧、美国、日本等国家和地区处于全球价值链最上游，中国、新加坡、印度尼西亚、泰国等国家处于全球价值链最低端。[③] 而对于两岸分别在全球价值链中的分工地位，以及两岸之间的贸易互动，两岸学者都有大量的研究。

在大陆学者的研究中，周升起等（2014）基于 TIVA 数据库，测算出 1995~2009 年，中国制造业及内部各部门在全球价值链中的国际分工地位处于较低水平，中国劳动密集型制造业部门在全球价值链中的国际分工地位明显高

---

① 刘志彪，张杰. 全球代工体系下发展中国家俘获型网络的形成、突破与对策——基于 GVC 与 NVC 的比较视角［J］. 中国工业经济，2007（5）：39-47.

② 对外经济贸易大学，联合国工业发展组织. 全球价值链与工业发展——来自中国、东南亚和南亚的经验［M］. 北京：社会科学文献出版社，2019：16.

③ Robert Koopman, William Powers, Zhi Wang and Shang-Jin Wei. Give Credit Where Credit Is Due: Tracing Value Added In Global Production Chains［R］. NBER Working Paper, 2010.

于资本、技术密集型和资源密集型制造业部门。[1] 刘琳（2015）利用 WIOD 数据库测度了中国整体及三类技术制造业行业参与全球价值链的程度及其在国际分工中的地位，研究发现中国参与全球价值链的程度逐年增强，加入世界贸易组织（WTO）加速了中国融入全球价值链的进程，中国整体处于全球价值链的下游位置，在国际分工中的地位较低，中技术及高技术制造业的国际分工地位在波动中下降，而低技术制造业的国际分工地位却稳步提升并向上游位置靠近。[2] 段小梅（2016）利用 TIVA 数据，测算了大陆和中国台湾在全球价值链中的地位和依赖关系，研究表明，两岸以附加值角度统计的出口额均大大缩水，中国台湾更甚；两岸在全球价值链中的参与指数均很高，但地位指数均较低；从上游依赖度和最终需求贡献率来看，两岸目前虽对世界主要发达国家的依赖度都较高，但正在逐步减弱，而对新兴发展中国家的依赖度呈上升趋势。[3] 吴子文利用世界投入产出表，也发现两岸全球价值链地位均不高，中国台湾在全球价值链中的参与率较高，居东亚首位。[4]

不少中国大陆学者还进一步对影响中国在全球价值链中的地位的因素做出了研究，例如，迟歌（2018）运用灰色关联理论从行业和国家两个层面对对外直接投资和全球价值链之间的内在联系进行了深入分析，发现对外直接投资在一定程度上促进了全球价值链地位的提升，区位上，新兴经济体关联度最大，行业上，技术密集型行业关联度最大。[5] 胡晓燕和蒋冠（2019）基于世界投入产出表分析，发现对外直接投资显著促进了中国全球价值链生产规模的扩张，不利于全球价值链生产结构的深化；短期内不利于中国全球价值链生产产业结构的内涵式优化，但有利于后期优化；短期内有利于中国全球价值链生产产业结构的外延式优化，但长期来看该效用趋于弱化。[6]

在中国台湾学者的研究中，张博钦（2014）基于 OECD 的全球产业关联表资料库研究发现，2000~2011 年中国台湾电子与光学设备制造业出口创造附

① 周升起，等. 中国制造业在全球价值链国际分工地位再考察——基于 Koopman 等的"GVC 地位指数"[J]. 国际贸易问题，2014（2）：3-12.

② 刘琳. 中国参与全球价值链的测度与分析——基于附加值贸易的考察 [J]. 世界经济研究，2015（6）：71-83.

③ 段小梅. 两岸在全球价值链中的分工地位和依赖关系——基于 TiVA 数据的实证分析 [J]. 世界经济研究，2016（12）：93-106.

④ 吴子文. 东亚生产网络中的两岸产业合作空间 [D]. 厦门：厦门大学，2017.

⑤ 迟歌. 中国对外直接投资对全球价值链升级的影响研究——基于灰色关联理论的实证分析 [J]. 工业技术经济，2018（5）：88-96.

⑥ 胡晓燕，蒋冠. 对外直接投资对中国全球价值链生产规模和结构的影响 [J]. 西部论坛，2019，29（2）：73-82.

加值逐渐下滑，中国大陆该产业附加值连年上升，中国台湾该产业和欧美日联系减弱，与中国大陆联系加深，且与韩国竞争激烈。[①] 同时，他还发现2000～2014年，中国台湾在全球价值链中处于上游的分工地位从未改变，出口中间品的比重越来越高，代表中国台湾产业分工地位向上游调整。[②]

上述研究均表明，中国大陆和中国台湾在全球价值链中的参与指数都很高，但地位指数都较低，中国台湾在全球价值链中的参与率和地位目前略高于中国大陆。同时，从对上游依赖度和最终需求市场贡献率来看，两岸都存在较高的对外依赖度，这一方面表现为两岸对美国、日本、西欧等发达经济体存在较高的依赖；另一方面表现为对美国、日本、欧盟的依赖度正在逐渐降低，转而增加了对新兴经济体的依赖度。这也印证了 Koopman 等的研究，即美国、日本、西欧等发达经济体处于全球价值链的最上游，后发国家和地区仍处于中下游。

第三节　两岸产业合作前景与展望

20 世纪 90 年代以来，在全球化与两岸投资环境与政策变迁的推动下，台商陆续赴大陆投资，据官方统计，1991 年到 2019 年第一季度，台商赴大陆投资数为 43442 件，累计投资金额达 1835.7 亿美元。而根据台商和市场人士评估，30 年来台商在大陆的实际投资金额至少高达 5000 亿美元以上。[③] 这其中的差距是由于很多台商经过中国香港及英属维尔京群岛等第三地对中国大陆进行投资。

台商投资大陆深刻地改变了两岸的产业结构、供应链及两岸分别在全球价值链中的地位，如今两岸产业发展又到了一个关键的十字路口，本书从以下几个方面来探讨和展望。

① 张博钦. 从全球价值链检视台湾与中国大陆电子光学产业出口之透视分析 [J]. (台湾) 台湾经济研究月刊, 2014 (10).
② 张博钦. 从全球价值链观点探讨台湾与 APEC 主要国家和地区之产业贸易战略 [J]. (台湾) 台湾经济研究月刊, 2018 (5).
③ 陈德升. 两岸产业竞合与建构两岸共同市场 [J]. (台湾) 两岸共同市场基金会通讯, 2019 (6).

一、两岸产业合作的升级与模式转换

从 20 世纪 80 年代末期开始，台商就开始陆续到大陆投资。台商投资大陆最初主要是看重大陆低廉的土地、劳动力等生产要素，因此普遍采取了母公司留在中国台湾，到中国大陆设立生产基地和子公司，对主要客户的管理与订单的承接以及根据订单进行研发设计等都由母公司掌握，设在中国大陆的子公司则负责生产，最后产品再经由中国大陆出口到全世界。这种传统的"台湾接单，大陆生产，出口海外"的"三角贸易"模式促成了两岸之间第一阶段的产业合作。

总体来看，台商在大陆投资的产业，主要是制造业，其次是服务业（包括批发与零售业、信息与传播业等），农业较少。制造业之中主要包括电子电器业、基本金属及其制品、食品及饮料、塑胶制品、化学品制造等产业。值得注意的是，20 世纪 90 年代后期以来，相比于初期大量的劳动密集型产业投资，台商投资中国大陆的制造业中高科技产业的分量越来越重，尤其是电子零组件制造与电脑、电子产品及光学制品制造业等在两岸投资生产占据着重要地位，已成为台商投资大陆的第一大产业。2005~2018 年，中国台湾对中国大陆制造业投资占比最高前三行业依次为计算机、电子和光学产品，化工产品，电气设备，投资金额分别为 472.69 亿美元、83 亿美元与 75.1 亿美元，仅计算机、电子和光学产品一项便占据制造业总投资的 46.44%。[1]

台商投资大陆深刻地影响了两岸贸易结构与产业链的形成。台商投资大陆并不仅仅是在大陆开设工厂，而是中国台湾上、下游产业生产活动的整体扩张。原来的由两岸垂直分工导致的三角贸易模式，随着台商投资大陆，在中国大陆设立的新公司会利用既有的产业网络，继续向中国台湾采购所需的机器设备和原材料、半成品等，使得中国台湾的资本及其零配件、工业原料等也逐渐被带动出口至中国大陆，而在中国大陆生产的半成品或制成品则销往海外或回销中国台湾。这就一方面促使两岸垂直分工更加紧密，另一方面也直接促进了两岸的双边贸易。

然而，随着产业分工和贸易的发展，在中国台湾的原材料或半成品的供应厂商，会因为产业网络的关系，主动或被动地随着下游加工制造业者前往中国大陆投资，从而造成两岸产业在制造业方面的分工日渐不明确。台商投资带动了两岸贸易与产业升级和分工的变迁，以高科技的电子信息业的发展最典型。

---

[1] 数据来源：中国台湾"投审会"。

中华经济研究院对两岸产业分工发现：电子信息业在两岸的产业分工格局，目前既存在垂直分工，也存在水平分工。这种特殊的产业分工格局并非人为主观设计或干预形成的，而是在市场力量的主导下，台商外移带动整个上下游生产活动外移的结果，在中国大陆投资的工厂或公司为了提高经营效益，也会逐渐实现自立自主并扩大经营范围，由此，投资初期所形成的产业分工格局不断被打破并重建，形成一种动态的结构状态。①

因此，从 20 世纪 80 年代末开始，两岸逐步形成了或垂直分工或水平分工的产业合作，即产业链关系。在 90 年代，两岸基本以产业间贸易为主，进入21 世纪后，尤其是电子产业的许多大型核心企业到中国大陆投资并带动了相关卫星协力厂商前往投资，从而逐渐形成了新的供应链体系。之后，海峡两岸的贸易格局显著改变，产业内贸易日益增强，对 2004～2012 年两岸相关贸易数据的实证分析表明：② 截至 2012 年，在两岸贸易涉及的 816 个 HS（Harmonized System）四位码行业中，有 299 个行业形成了两岸产业链关系，行业数量和贸易额所占比例分别为 36.64% 和 41.28%。在 299 个形成产业链的行业中，中国台湾占优势的垂直分工行业占 68.56%，中国大陆占优势的垂直分工行业占 12.04%，两岸水平分工的行业占 19.40%；如果用贸易额来衡量，则三个比例分别为 78.11%、6.24% 和 15.65%。2012 年，在两岸重点贸易行业中，电机电子行业和机械行业呈现中国台湾占优势的垂直分工，而钢铁及其制品行业则呈现两岸水平分工。研究结果也显示，两岸产业链形成的行业正是中国台湾投资中国大陆的重点行业。从中国台湾财政事务主管部门数据库提供的2001～2019 年两岸之间进出口贸易 HS 分类法下数据来看，事实也是如此。2001～2019 年，两岸之间 22 类贸易商品总体趋势都是由产业间贸易向产业内贸易转变，产业内贸易指数不断上升，目前两岸产业内贸易种类有 15 类，超过产业间贸易种类的两倍，其中占比较高的产业内贸易又以工业制成品为主。

值得关注的是，随着中国大陆产业结构向资本密集型和技术密集型产业升级，越来越多的劳动密集型产业转向了东南亚等地区，2008 年金融危机之后，中国大陆开始从出口导向型经济调整转换为拓展内需型经济，同时，2008 年底两岸成功实现了通邮、通航和通商，并于 2010 年签署实施了包括贸易与投资、经济合作、早期收获、争端解决等的《海峡两岸经济合作框架协议》（Economic Cooperation Framework Agreement, ECFA），以利于两岸经贸正常化与

① 高长. 科技产业全球分工与 IT 产业两岸分工策略 ［J］.（台湾）远景季刊，2002（2）.

② 李保明，周小柯. 海峡两岸产业链的形成与发展——基于 HS 四位码产业的实证分析 ［J］. 台湾研究，2015（2）.

制度化。后 ECFA 时代促使两岸企业有更大的空间来发挥两岸的比较利益,两岸产业形成了更紧密的结合,水平分工与垂直分工都会出现新的变化。① 一方面,两岸产业逐渐由垂直分工为主的模式更多地转变为垂直分工与水平分工相结合的模式,产业内贸易的重要性也日益凸显。另一方面,两岸传统的"三角贸易"模式也逐渐转变,2008 年后扩大内需的经济转型促使中国大陆消费市场日渐兴盛,内销日益取代了外销,台商在中国大陆的工厂也越来越多地转为采用当地人力进行自主研发,以生产符合中国大陆市场偏好的产品,由此,原本"台湾接单,大陆生产,出口海外"的"三角贸易"模式,近年来重新演变成三种主要的产业分工模式:台商海外接单—台湾进口—大陆加工生产—大陆内部销售;台商海外接单—台湾研发—大陆加工生产—销售海外、大陆与台湾;台商海外接单—大陆研发—东南亚加工生产—出口海外。②

二、中国大陆供应链的成长及其对中国台湾产业的影响

两岸产业分工格局和模式的变迁除了台商投资所带来的影响外,中国大陆供应链的形成和成长也是一个重大因素。由于以电子信息业为代表的高科技产业已成为台商投资中国大陆的重点产业,所以本书着重分析该产业中国大陆供应链的成长及其对两岸产业合作的影响。

中国大陆供应链的形成和发展得益于诸多因素:一是台商投资中国大陆刺激了本土供应厂商的兴起。二是改革开放以来 FDI 对中国大陆制造业的带动及技术外溢效应。如前所述,外商投资企业特别是大型跨国公司的进入,加快了中国大陆制造业技术进步和制造能力提升。中国大陆制造业技术进步和升级较大的电子、家用电器、通信设备、办公用品、仪器仪表、化工原料和制品等,大多是外商投资企业进入比较密集、外资研发机构设立较多的行业,技术进步和外资进入两者之间存在明显的正相关性。三是政府产业政策从资金、土地、税收优惠等方面的大力扶植,尤其是重点发展战略性新兴产业等有益于高科技产业成长的举措。值得提出的是,鼓励提升本土零组件采用率也是中国大陆产业政策的一个重要作为,如规定中国品牌系统厂商要采用本土零部件等。以半导体为例,2014 年国务院印发的《国家集成电路产业发展推进纲要》提出,除了继续设立国家产业投资资金支援产业发展、加强引进优秀人才外,也特别鼓励企业扩大国际合作,通过市场换技术等策略,促使国际大厂加强与中国大

---

① 林祖嘉. 前进东亚经贸全球——ECFA 与台湾产业前景 [M]. 台北:天下远见出版股份有限公司,2013:213.

② 王建民. 两岸产业分工关系与产业链的新变化 [J]. 开放导报,2018 (4):39-42.

陆厂商的技术合作，并鼓励中国大陆厂商尤其是龙头企业通过海外并购提升技术和制造能力，这些都大大促进了本土供应链的成长。

在上述背景下，以电子信息业为代表的中国大陆本土供应链日渐形成并壮大，不仅是 PC 制造领域在机壳、电源供应器等环节有本土厂商日益崛起，而且在笔记本电脑、智能手机领域，中国大陆本土厂商的相关技术实力也日渐加强，包括面板、电池、机壳、连接器在内的零组件都开始自主生产、大量供应。以联想为例，2004 年并购 IBM 的 PC 部门后，运用其基础持续发展，到2012 年联想已成为全球第二大 PC 供应商，2013 年取代惠普（HP）成为全球笔记本电脑出货龙头，且自有供应链代工比例从 2011 年的 5% 提高至 2014 年的 42%，零组件都是向中国大陆供应商采购。① 除了中国大陆品牌大量采用本土厂商零组件以外，不少国际品牌也继续与中国大陆供应链合作。中国大陆本土供应链中也崛起了不少优秀企业，例如，专注于连接器研发、制造和销售的得润电子、生产并销售连接器的立讯精密（富士康也大量采用了立讯精密的产品）、生产高阶线路板的佳根、生产电子组件及超声电子仪器（包括印刷电路板、液晶显示器组件、触控组件等）。在平板电脑方面，生产面板、电池的中国大陆厂商众多，应用处理器方面有全志、瑞芯微、晶晨、盈方微等中国大陆厂商生产的白牌平板市场占有率超过了 25%。② 在半导体封装测试方面，中国大陆日益接近世界一流水平，其中长电科技、华天科技、晶方科技、通富微电等企业的技术能力、客户资源、资金实力不断增强。如今，中国大陆已形成了环渤海、长三角、珠三角三大集成电路产业区域，销售收入占整个中国大陆集成电路产业规模的九成以上。

在较高端的生产技术领域，中国大陆厂商也开始崭露头角。如在 DRAM领域，紫光集团力图通过海外并购掌握技术。在芯片研发设计领域，海思、展讯、锐迪科等设计巨头也逐步在国际市场崭露锋芒，格科微、汇顶科技、全志科、兆易创新等行业新秀也正在崛起。华为更是打造出了世界级的规模和品牌，2020 年 5 月 6 日，权威半导体第三方调研机构发布了全球十大半导体销售排名，华为海思创造了历史，首次挤进榜单，排名第 10。在芯片制造领域，中芯国际已成长为世界领先的"集成电路芯片"代工企业之一，是目前中国大陆规模最大、技术最先进的集成电路芯片制造企业，其主要业务与台积电、联发科等中国台湾半导体企业相同，即根据客户或第三者的集成电路设计为客

---

① 吴碧娥. Intel 扶植陆系电脑系统供应链，台厂全球出货比重持续衰退 ［N］. 北美智权报，2014-10-09.

② 詹文男. 红色供应链崛起成因暨因应 ［J］. （台湾）经济前瞻，2015（9）.

户生产集成电路芯片。2020年，中芯国际已具备量产14nm FinFET芯片的技术，使国产14nm制程工艺的芯片不再需要寻求其他代工厂。在光电产业领域，京东方经过十多年的发展已迅速崛起，成为中国大陆面板产业中的旗舰型企业，超越了中国台湾的友达与群创两大面板产生商。

总体来看，中国大陆供应链在ICT产业中的中低端和高端都迅速发展，并在生产规模、技术制程上逐渐拉近了与中国台湾的距离。2013年9月29日，英国《金融时报》的一篇报道指出，中国大陆电子信息产业快速发展，在全球的地位不再只是提供劳动力密集型的末端组装工作，而是正逐渐打进苹果精密零组件供应链，成为iPhone、iPad等产品供应链的正式成员。

中国大陆供应链无疑对中国台湾产生了相当大的影响，这种影响首先体现为竞争和替代效应。中国大陆供应链给中国台湾传统加工制造业无疑带来了有力竞争，包括PC、液晶面板、触控面板、印刷电路板等电子信息产业，中国台湾机械、基本金属及塑橡胶制品等行业也受到了一定的冲击。这种替代和竞争效应不仅体现在苹果等国际品牌的供应链采购中，即使是台商自身的采购变化也非常明显。2000年以后，台商企业自中国大陆采购机械与零组件、半成品的比例逐渐增加；2010年以后，台商从中国台湾采购的比例已降到28%，在中国大陆采购则上升至62%，但对于机械与零组件、半成品的比例仍有增加，特别是关键零组件——半导体与TFT-LCD面板等仍是由中国台湾作为中国大陆产业价值链的主要供应商。中国台湾投资审议主管部门2016年对海外投资事业营运状况调查显示，在中国大陆投资台商的原材料与零组件采购来源于中国大陆的最多（71.7%），中国台湾次之（20.1%），而从其他国家和地区进口的比例更是大幅减少，只占8.2%。台商采购除了当地的采购金额增加以外，其供应链的合作对象由协同赴中国大陆的中国台湾网络伙伴，逐渐替代为中国大陆本土供应商，网络关系由原来的关系型网络转变成交易型网络。①实际上，国际化的理论已经揭示：企业随着国际化进程的深化及其当地化程度的提高，必然会在当地市场寻找新的供应伙伴。而上述台商采购的变化正是印证了这一理论，同时也是促成两岸产业内贸易日益增长的重要原因。

此外，中国大陆供应链的崛起也引发了高薪挖掘中国台湾相关技术人才的激烈竞争，例如，2014年隶属于清华紫光集团的展讯通信有限公司在联发科合并晨星初期，一口气挖走了晨星300名工程师；2015年中国大陆集成电路

---

① 吴明泽，等. 大陆供应链下台商网络的解构与重组——以电子厂商的访谈为例［J］.（台湾）"国家"发展研究，2018（12）.

设计公司更是跨海到中国台湾招揽台湾 LCD 驱动 IC 设计人才，目标锁定中、高阶主管或资深研发工程师；等等。总体来看，中国台湾半导体产业近年来逐渐面临人才流失的危机。①

毋庸置疑，中国大陆经济的崛起不可避免地对全世界都产生了资金和人才的磁吸效应，世界的制造重心也由此移向中国大陆。然而，对于中国台湾而言，中国大陆本土供应链的崛起既是挑战也是机会。不可否认，由于台商全程参与了中国大陆改革开放以来的产业发展，并且近年来也有越来越多的台商和中国大陆企业直接建立了产业链关系，例如在华为、小米等快速发展的背后，都有台商供应链体系所提供的支撑，② 因此，在这一过程中两岸产业分工与合作所创造的规模经济效益，不只使个别中国台湾企业到中国大陆拓展了事业的第二春，而且成果也回馈到中国台湾经济。最具代表性的电子信息产业就是如此，随着低阶、量产的品项逐步移到中国大陆生产，复制了中国台湾的产业群聚，而中国台湾由此更加着重研发、创新、生产高阶产品，其产业群聚不断升级，致使中国台湾电子信息产业在国际市场上的影响力更加扩大。

三、新历史机遇下两岸产业合作的前景与展望

经过三十多年的发展，两岸产业链得以形成和发展，并在全世界尤其是在 ICT 产业的供应链中占据着举足轻重的地位，现在两岸产业链的整合到了一个新的历史时期，面临新的历史机遇，有必要在全球价值链和全球变局的视野下重新审视两岸产业的优势互补、潜在问题与发展机遇。

（一）两岸产业的优势与根本问题

综合来看，中国大陆改革开放并确立市场经济体制虽然比较晚，但近年来尤其是加入世界贸易组织以后却高速增长、全面开花，形成高中低端不同的产业结构与产业体系，产业体系完善，工业部门齐全，尤其是中低技术产业已发展成为世界不可替代的制造基地，同时也逐步由中低端向中高端为主的产业方向转型与发展。中国台湾在"二战"后就进入国际产业分工链，紧跟着世界潮流的变化，以欧美—日本—中国台湾国际产业分工模式发展，加上地理位置优越，迅速向高科技产业升级后，连续多年的高速经济增长使之成为亚洲四小龙之一，但20世纪90年代以来，中国台湾产业转型明显缓慢，优势产业仍集中在电子信息、工具机、机械、石化等少数行业，中低技术产业由于受自然资

---

① 刘佩真. 红色供应链对台湾半导体产业的影响评估［J］.（台湾）台湾经济研究月刊，2015（10）.

② 周小柯，李保明. 两岸产业融合发展的理论基础与实践探讨［J］. 现代管理科学，2020（1）：71-73.

源和劳动力成本的限制无法壮大发展。① 同时，中国台湾产业过去在全球的价值链分工虽然成功，但是近年来全球产业价值链的移动相当快速，中国台湾产业的商业模式却未及时进行调整，总体上仍然无法跳脱旧有的代工与被动模式。②

相对而言，中国大陆的互联网与电子商务、人工智能、5G、新能源、新材料与军工和航天工业具有优势，与世界水平并驾齐驱，领先中国台湾。中国台湾的半导体、光电、终端组装与电子零组件等产业领先中国大陆，尽管领先优势在弱化，但目前两岸在这些领域仍然是以垂直产业分工体系为主、水平分工居次的格局。尤其是中国台湾的半导体产业，无论是制程技术的掌握还是产能规模，均已达到世界水准，而且中国台湾整个半导体产业链构筑了完整的专业分工体系，已建立起世界级的竞争优势与自己的特色，不容易被后来者模仿。同时，中国台湾由于制造业发展较早，有更长时间的经营和满足世界市场需求的经验，其工匠精神与零组件专业能力也是中国大陆先进产业制造可借鉴的部分。中国台湾部分产业对中国大陆的领先优势也体现在两岸贸易中，近年来，中国大陆对台贸易逆差不断扩大，其中中国大陆从中国台湾进口的机器及机械设备、包括电子零组件在内的机电产品等带来的逆差最大，中国台湾财政事务主管部门的数据显示，2019 年达到了 682.90 亿美元。此外，在服务业方面，中国大陆服务业主要集中在零售、餐饮、仓储等传统服务业，金融保险、信息传播、文化创意、教育、医疗、观光休闲等现代服务业则相对不足。经过长期发展，中国台湾服务业在服务创意、创新技术、管理制度及人才培育上具有领先优势，尤其是金融、文创、医疗与消费服务比较突出。此外，中国大陆拥有庞大的人口规模，不仅提供了丰富的劳动力资源，也创造了一个巨大的国内市场，这种环境为打造世界级企业提供了天然的优势，企业可以借由在国内市场快速成长，然后开拓国际市场。中国台湾企业则缺乏这样的条件来发展品牌、开拓国际通路。因此，唯有通过两岸产业合作，才能克服这一天然劣势。

可见，两岸产业优势仍有较大的互补空间。然而，从全球价值链的角度来看，两岸产业均存在根本性的问题。就中国大陆产业而言，高技术产业的发展仍是最大的"短板"。虽然在国际产业链中，以电子产业为例，在过去多年产业政策的支持下，中国大陆已逐渐从加工组装环节向附加价值较高的产业链提

---

① 曾铭深，刘大和. 知识经济：引领知识新潮，推动台湾进步 ［M］. 台北：台湾经济研究院，2001：415-416.
② 林建甫. 产业高质化的推动思维 ［J］.（台湾）台湾经济研究月刊，2016（3）.

升，中国大陆电子产业在全球制造当中占有重要的地位，但整体而言，中国大陆自有的核心技术仍然缺乏，组装加工仍是价值的主要来源。也就是说，中国大陆制造业仍处在全球产业链中低端和非核心地位，比较优势主要还集中在一般的劳动密集型产业或产品上，或是高技术产业中对劳动成本比较敏感的生产范畴，技术创新能力有限。价值链中高附加值的上游部分，如研发、关键零组件之生产，以及下游部分如销售和服务等，大多仍被先进国家控制，芯片及OLED 显示面板等就是典型的例子。对于中国大陆而言，继续通过引进 FDI、对外投资或其他途径取得先进国家的技术以促进高科技产业升级与发展的策略，将面临更多的困难。此外，为应对中国大陆制造业之崛起，近年来欧美国家和日本反思"去工业化"的弊端，纷纷推出了"再工业化"和"再平衡"策略，试图从数字化、智能化和低碳化中寻找技术升级的出路，提振实体经济，强调发展高科技、知识导向型的高端先进制造业，以扩大产业技术方面的领先优势，确保产业价值链上的全球主导地位。中美贸易纷扰促使多国企业重新思考其在全球的布局，制造业跨国企业回流欧美国家、日本，对中国大陆争取跨国企业 FDI 及技术引进，也将造成排挤作用。台商在中国大陆的经营同样也受到了中美贸易战的冲击，由于美国对中国采取加征关税与技术防堵等措施，制造业台商的经营布局不得不随之转变，主要因应之策包含两岸产能调配、转移生产基地、改变原料或零配件进口来源等。当然，就台商整体的全球布局来看，中国台湾大都被作为短期产能调配的应急角色。台商虽会自中国大陆移转出部分产能，但仍会持续深耕中国大陆市场，调整产能布局仅针对非在中国大陆地区销售之产品，并非要放弃中国大陆庞大的内需市场商机。①

近年来，中国台湾产业升级转型缓慢，优势产业始终集中在电子信息、石化、机械等产业，中国台湾制造业贸易也极度依赖电子信息、半导体等产业。中国台湾财政事务主管部门统计资料显示，21 世纪以来，中国台湾仅电子零组件一个制造业部门的贸易额便占中国台湾对外贸易总额的 25.8%，2001～2018 年，电子零组件贸易额增长率平均为 10.9%，远高于同期中国台湾对外贸易总额 6.65%的平均年增长率。② 虽然中国台湾已成为全球半导体的产出重地，但以台积电为代表的中国台湾半导体厂商主要负责代工设计和制造，其他所有的关键技术、人才、材料和零组件都掌握在美国、日本的跨国大厂手中。以半导体建厂为例，在产业链中，半导体的制造设备是半导体建厂的最大支

---

① 苏筑瑄. 中美贸易战对台商在中国大陆经营之影响及因应 ［J］. （台湾）台湾经济研究月刊，2019（1）.

② 数据来源：台湾财政事务主管部门统计资料库。

出，不仅如此，这些制造设备还主导产业的技术发展趋势，而在这些制作设备领域，即使经过多年的产、官、学、研的努力，中国台湾还是没有一家厂商可以取得一席之地。[①] 此外，随着产业升级及知识经济的潮流，业者普遍面临专业技术人才及高阶管理人才不足的问题，尤其在系统整合、设计及半导体相关专利等高附加价值的部分，被美国、日本等先进国家把持，这就导致中国台湾在生产出口品的同时也需要大量进口，并且在使用制造设备时必须支付巨额的权利金，促使半导体生产成本提高。因此，中国台湾制造业贸易总额虽然不断增加，但并不能反映产业的发展水平，而缺乏自主核心技术的代工生产方式也使中国台湾存在全球价值链"低端锁定"的隐患。半导体产业在中国台湾是策略性主导产业之一，在没有自主技术支撑的条件下，就只能靠扩大投资，这在世界经济景气好的时候还可以，但遇到景气衰退时期就会位于下风。实际上，电子信息业、半导体等产业作为中国台湾的主导产业，其以代工为特点的发展模式决定了其高度依赖国际市场，因而国际市场和经济景气的循环波动使中国台湾产业的这种外向型发展具有先天的脆弱性。例如，受全球性经济危机的影响，2009 年中国台湾制造业贸易增长率为−22.19%，随后由于中国大陆带动的全球景气复苏，在 2010 年贸易增长率迅速恢复至 39.68%[②]，这就充分体现出代工模式下中国台湾制造业贸易总额波动幅度较大、易受全球经济环境影响的特点。

因此，一方面，两岸产业尤其是先进制造业具有较强的互补性与合作空间，这从两岸的产业内贸易方面可以体现出来。中国台湾经济事务主管部门统计数据显示，从两岸贸易商品类别的角度来看，机械及电机设备类产品占据了主导地位。2001~2019 年，中国台湾对中国大陆出口的机械及电机设备类产品总额超过了 10000 亿美元，占对中国大陆出口总额的 53.41%。此类商品在同期中国台湾自中国大陆进口中同样拥有最大份额，达到了 53.63%，总进口金额为 3558.92 亿美元。两岸间进出口产品类别重合度很高，在机械制造、化工材料等重要制造业领域均有很高的互补性，使两岸产业内贸易比较繁荣。

另一方面，尽管中国台湾在电子信息、半导体的制造方面领先中国大陆，但两岸在很多高端制造领域都缺乏核心技术，只能通过全球价值链的中下游环节参与国际分工，加工贸易所占比例较高，生产环节所需原材料与设备等都大量依靠进口，导致出口生产过程创造的区内增加值比重偏低，大量增加值流

---

① 尹启铭. 断链：前瞻台湾经济新未来［M］. 台北：天下远见公司，2006：190.
② OECD 数据库统计数据。

出，两岸实际获利程度较低。而附加值较高的设计、研发与营销服务等高端环节依然由发达国家牢牢掌控。这种现象若长期持续下去，两岸制造业将在国际生产分工体系中逐渐被边缘化，失去价值链利益分配中的话语权，最终出现全球价值链的"低端锁定"。

（二）强化国家创新体系、两岸产业合作的新历史机遇

经过多年以来的生产技术和管理经验积累，中国大陆制造业整体以及大部分行业在全球价值链中取得了明显的攀升，不仅中低技术和中技术类型产业具有国际竞争优势，在高技术领域也有相当大的进步和继续提升的空间。同时，经过多年实施自主创新政策，中国大陆已经建立了一批国际竞争企业。近年来，中国大陆先后推出了七大战略性新兴产业等战略规划，并通过供给侧结构性改革与创新驱动发展战略推动产业继续向全球价值链上游攀升。国际金融危机后，由于中国大陆几乎倾全国之力投入资金和人才培育，试图突破瓶颈，从制造大国迈向制造强国，以美国为首的西方国家加强了对中国大陆的技术封锁和遏制。在美国对中国大陆发动经贸制裁中，2018 年依"301 调查"提出的惩罚性关税课征货品清单，都聚焦在高科技产品，同时，美国也严格管制中国大陆企业收购与投资美国特定战略性产业，甚至通过长臂管辖干涉中国企业在欧洲的海外并购，显示美国已无法包容中国大陆高科技产业的快速发展及经济崛起，频频通过各种制裁手段，遏制中国大陆高科技产业发展。为因应中美贸易战的影响，中国大陆相继采取了降低成本、扩大开放、加强投资权益保障等措施。[①]

然而，西方发达国家对中国产业发展的遏制和封锁，反而更加强烈地激发了中国打造独立自主完整价值链的决心。以最核心的半导体为例，中国大陆于2014 年 6 月公布了《国家集成电路产业推进纲要》，并且成立了规模近 6000亿新台币的产业投资基金，积极发展并扶植本土的晶圆代工、封装测试以及芯片设计产业。2020 年 5 月 15 日，美国商务部宣布全面限制华为购买采用美国软件和技术生产的半导体。当天，国家集成电路基金及上海集成电路基金即宣布向中芯国际注资 160 亿元，加上此前承诺投资的 215 亿元，中芯国际获得两大国家级基金资金量已达到了 400 亿元。此外，国家集成电路基金二期和上海集成电路基金二期将分别向中芯控股旗下的中芯南方注资 15 亿美元和 7.5 亿美元，以获取 23.08%和 11.54%的股份。目前，中芯国际 14nm 工艺已经实现量产，并给华为代工了麒麟 710A 芯片，良品率达到了 95%以上。同时，中芯

①　吴福成. 中美贸易战下中国大陆的回应政策［J］.（台湾）经济前瞻，2019（5）.

国际在"N+1""N+2"技术上取得了突破，性能大致等于台积电 7nm 芯片的性能。目前，中芯国际迅速成为全球仅有的六家能生产 14nm 芯片企业之一，自 2019 年 12nm 制程进入客户导入阶段后，中芯 7nm 芯片也于 2021 年进入小批量风险试产。① 显然，两大国家级基金同时注资，表明中芯国际未来将承载起国产芯片崛起的重要使命，国内半导体行业将迎来重要发展机遇，而华为+中芯的市场格局，将成为中国力量一个重要标志。值得指出的是，"中国式创新"已不再单纯地抄袭美国硅谷经验，而是按照中国特殊环境和条件赋予新的创新模式及内涵，并形成了独具一格的自主创新模式，尤其是中国从创新生态体系建设转到创新创业生态体系建设的思路和实践，更获得了国际机构的肯定。②

可见，美国对中国的遏制，在很大程度上会让中国迸发出更强的独立自主能力和打造全产业链的决心，更会使中国中高端性能的芯片生产技术加速突破欧美封锁，在高端芯片制造领域获得一席之地。而中国大陆不仅有基础、有实力这么做，而且还由此进一步强化国家创新体系，并催生出两岸产业合作的新的历史机遇。

按照本书第一章论及的波特的观点，要通过产业创新来提升国家竞争力，每个国家都应该有自己的创新体系，而决定国家竞争优势的四个因素包括：①生产要素条件，影响资本市场和教育的政策等，这些都可能受到补贴的影响；②需求状况，这些可能因为产品和工艺标准变化而改变；③相关的支持性产业因为无数措施而受到影响；④企业的战略和竞争结构，这也是可能受到不同政策影响的重要决定因素。根据本书第一章论及的弗里曼的观点，国家创新体系主要分为内圈因素和外圈因素。内圈因素包括：①作为科学技术知识供应者的科研机构与研究型高校；②作为技术创新主体的企业；③作为科学技术知识转移和扩散机构的教育培训和中介组织。外圈因素包括：①作为国家创新体系协调机构的政府；②金融体系；③历史文化因素。

综上所述，一方面，本书所论及的中国大陆产业政策的不断升级调整、金融市场的改革创新，由出口导向转向扩大内需市场的经济转型，中国大陆本土供应链的成长和打造，中国大陆企业近年来的创新竞争等，都分别使国家创新体系各个要素产生了质的飞跃，而以华为+中芯为代表的全产业链的培育和打造，将进一步促使这些要素得到强化，为形成国家竞争优势提供更大的助力。

---

① 李清宇. 从制造到智造：见证中国奇迹［N］. 21 世纪经济报道, 2021-07-01.
② 吴福成. 中国创新生态体系政策之观察［J］.（台湾）台湾经济研究月刊, 2017（8）.

实际上，中国的兴起不再只是作为发展中国家形式的工业生产基地，而是超越了亚洲四小龙，可与美国、日本、欧盟抗衡的经济大国。① 另一方面，国家产业发展战略以及当前中国大陆对进一步打造全产业链、向全球价值链更高阶攀升的坚定意志和决心，也为两岸产业合作共赢、共同打造更强大的国家创新体系提供了新历史机遇。可预见的是，未来两岸制造竞争力所包含的因素不仅限于技术，而是涉及整个生产供应链的各个阶段的综合优势。例如，在两岸产业优势互补中，中国台湾目前领先中国大陆的电子信息、半导体制造方面若能突破障碍与中国大陆整合，将迅速补齐中国大陆高科技产业的"短板"，而中国台湾更富有经验的金融业和其他服务业也有助于中国大陆内需市场的扩大，内需市场的开发需要服务业尤其是生产性服务业的配合，如此才能提供大量的就业机会，台商在中国大陆的发展经验再加上中国台湾在人才与服务品质的优势，必有助于中国大陆内需市场的稳定发展。反过来，融入中国大陆的产业链、在日益扩大的中国大陆内需市场占有一席之地，也有利于中国台湾产业的升级与扩展。

同时，从历史和发展的眼光来看，世界产业格局从来不是一成不变的，中国打造更完整供应链和更高端价值链也是对世界产业格局的一种革新和创新。正如熊彼特所言，创新就是"把一种从来没有过的关于生产要素的'新组合'引入生产体系"。无论是引进新产品、采用新技术，还是开辟新的市场、控制原材料的新来源、实现一种工业的新组织，都会打破原来的经济发展轨道，进而打破传统经济增长模式中要素报酬递减的趋势，或者突破要素和资源的"瓶颈"。按照熊彼特的思想，人类历史上的任何经济发展阶段都离不开创新所起的作用，将创新理解为经济发展的本质，这正是其经济思想体系的精髓。结合本书第三章对中国大陆产业创新的分析，可以看出，中国完全有能力、有潜力在向从"中国制造"迈向"中国创造"的过程中，为世界引进新产品、新技术，开辟新市场，实现一种工业的新组织。

2019 年 1 月 2 日，习近平主席在《告台湾同胞书》发表 40 周年纪念会上的讲话中，倡议"积极推进两岸经济合作制度化，打造两岸共同市场，为发展增动力，为合作添活力，壮大中华民族经济。两岸要应通尽通，提升经贸合作畅通、基础设施联通、能源资源互通、行业标准共通"等，这实际上就已经明确揭示了两岸产业在未来有望进入更高的战略合作层次并大有可为。

---

① 陈文鸿. 中国兴起与东亚产业分工格局变化趋势 ［J］. 开放导报，2014（1）：22-25.

（三）两岸产业合作的前景与展望

两岸关系发展需要更宏大的战略思维，前述新历史机遇正是建构了两岸产业发展的愿景，也是两岸合作千载难逢的机会。因此，两岸产业合作现在及未来应该主要着力于以下五个方面：

第一，合力建构完整的产品供应链与价值链，重塑产业竞争优势。如前文所述，国家与地区之间的产业竞争最终凭借的是竞争优势而非比较优势，而竞争优势首先体现为整个产业链的竞争力，任何企业的创新升级不再是单打独斗能完成的，而是必须在依托产业链以及整个国家创新体系塑造产业竞争优势的前提下才具有可能。因此，两岸的产业合作必须体认一个事实：厂商无法再以独立个体进行经营，两岸企业的合作，从原料供应到顾客手中的最终产品直至售后服务都必须兼顾，由同产业的竞争合作，到跨产业的垂直整合，经由策略联盟等多种形式，打造出完整的产业供应链。传统上的两岸产业合作主要是资本和劳动力的组合，技术层面的合作十分有限。而借由百年未有之大变局下的新历史机遇，两岸产业合作范围可扩展到研发设计、生产制造、行销通路技术等层面，结合制造业与服务业的跨产业合作，以中国大陆的内需市场作为发展腹地，经过多元化产业供应链的整合，形成一个全面性的产业网络。中国大陆供应链未来的发展，尽管可能受到美国掀起贸易战和科技战的掣肘，但其能量势不可当，以半导体为例，中国大陆目前产官学齐心投入半导体产业的诸多环节进一步强化构建，加上内需市场吸引众多国际业者加速进入，将改变全球半导体产业版图。在经济全球化和国际生产分工的大背景下，通过参与全球价值链分工实现的产业合作，重要的是各个经济体自身的核心竞争力和创新能力，而非价值链上某些经济体的实力变化。① 中国台湾企业过去依靠降低成本的量产代工模式经营成功的优势显然已不复存在，只有整合融入中国大陆相关产业供应链，才能与中国大陆产业崛起共享繁荣。而中国台湾的强势业者一旦进入中国大陆市场，也势必对中国大陆现有的半导体等产业生态产生结构性影响。在具有高度相似性和重叠性的新兴产业领域，如果两岸各自发展，难免会出现重复投资、恶性竞争的局面。应发挥各自优势、有效整合，推动形成良性竞合关系，促进彼此产业健康发展，有效提升两岸产业合作水平和国际竞争力。两岸产业通过整合，不仅可以共同升级摆脱低附加价值的代工模式，重塑产业竞争优势，还可以避免在出口价格上恶性竞争、两败俱伤。

---

① 曹小衡，朱磊，等. 海峡两岸经济关系 30 年回顾与展望［M］. 北京：九州出版社，2017：178-179.

第二，推动两岸科技交流，加强两岸产业技术合作的深度和广度。为打造从原料、设计、制造、销售到售后服务的完整的产业供应链，两岸的产业技术合作可分别从研发设计、生产制造与行销通路三个不同的方面进行，而产业技术合作的演进必须以科技交流合作为基础。正如本书第一章所述，技术创新已越来越多地成为科技创新，技术进步的源泉更多来源于科学的发明，科学上的重大发现转化为现实生产力的时间也越来越缩短，如新材料的发现、信息技术和生物技术的突破都迅速转化为相应的新技术。这种建立在科技创新基础上、以科学发现为源头的科技进步模式，体现了知识创新（科学发现）和技术创新的密切衔接和融合，它是技术进步路径的革命性变化。正如任正非经常引用的美国著名科学家、著名科学工作管理者、"二战"后美国科技创新体系的奠基人范纳维尔·布什的一段话："一切新产品和新工艺都不是突如其来、自我发育和自我生长起来的。它们皆源自新的科学原理和科学概念。新科学原理和科学概念则必须来自最纯粹科学领域持续不懈的艰难探索。如果一个国家最基础的前沿科学知识依赖他人，其产业进步必然异常缓慢，其产业和世界贸易竞争力必然极其孱弱。"

因此，科学发明来源于基础科研，就此而言，中国大陆具有较完整的基础科研背景，基础科研力量雄厚，人才丰富，产品化、商业化的经验不足。中国台湾在半导体制造等方面虽然技术较中国大陆领先，但基础科研能力薄弱，但产品化、商业化的经验丰富，同时，台商对产业治理与污染处理中如何善尽企业社会责任，如中国台湾半导体企业台积电和日月光在节约水资源与污染处理方面的先进经验等，也值得中国大陆借鉴。① 可见，中国台湾应用研究与产业化的能力较强，中国大陆则在基础科技和某些尖端科技方面领先，两岸产业合作有明显的互补效果，有利于把中国大陆较雄厚的基础科研力量转化为技术创新，并结合中国台湾的经验加速其产品化、商业化。为此，两岸可以借由更多合作途径，如创立各种策略联盟、增进台商与具有潜力的中国大陆科技企业或科研机构合作开发技术与专利、发挥台商的科技商品化与管理能力优势，等等，从而更有力地促进两岸产业在研发设计、生产制造与行销通路方面获得更深、更广的技术合作。②

毋庸置疑，在当前影响全球价值链重构的诸多动力要素中，最具决定性意义的是科学技术，两岸产业界能否在科技层面取得合作的突破，既是影响两岸

① 林静宜，谢锦芳. 台积电的绿色力量：21个关键行动打造永续竞争力［M］. 台北：天下远见公司，2013：128-137.

② 李月. 两岸产业政策比较研究［M］. 天津：南开大学出版社，2019：222-223.

产业深度融合的关键，也是提升两岸产业链在全球价值链重构中实现价值攀升的关键。鉴于此，有必要整合两岸创新资源，共同探索打造两岸创新链，以创新链带动产业链融合的升级，支撑两岸产业深度融合发展。①

第三，打造两岸共同市场。两岸产业合作应关注市场需求性、创新性与产业关联性，内需市场尤注重市场的准入、通路与渠道建设，共创品牌的策略才能成功。中国台湾具有国际化、服务业品质与科技水平较高的优势，中国台湾金融业也有较丰富的实务经验，这些因素既有助于深化中国大陆内需市场，优化两岸的空间布局，也有利于中国台湾企业通过参与率先分享到中国大陆的现代化成果，实现经济利益共享。同时，台商的国际竞争力与市场开拓能力，也是两岸产业优势互补的范例。因此，两岸共同市场不仅包括建设内需市场，还包括两岸共同开拓国际市场、获取商业利益，例如可通过两岸合作，共同在国际市场获利与规避风险。实际上，响应习近平主席在《告台湾同胞书》发表40周年纪念会上提出的倡议，台湾业界所期待的两岸共同市场基本理念与主张也包括以下内涵：②

（1）产业分工、优势互补、共创双赢。

（2）同等待遇、公平竞争与法治保障。

（3）参与大陆经济建设，共同经略海外市场。

（4）优先共享大陆商机，分享台湾产业治理经验。

（5）排除投资障碍与阻力，建立经贸合作制度规范。

（6）落实"应通尽通"（经贸合作畅通、基础设施联通、能源资源互通、行业标准共通），建设两岸共同市场。

第四，发展产品相互认证机制，加速两岸产业标准合作，并努力推动其成为国际标准。在研发设计方面，无论是进军中国大陆内需市场，还是拓展国际市场，建立自有品牌与产品共同标准，并发展产品的相互认证机制，将是两岸在研发设计上相互合作的共同目标，目前两岸已针对LED照明、太阳能光电与平面显示签署了三项推动共同标准合作备忘录，经由两岸通信、半导体与光电业者合作推动两岸主导的三网融合规格成为国际标准，即是一个明显的例子。因此，未来两岸更应该就具有发展潜力的新兴产业积极推动相关的产业标准合作。

必须强调的是，产业标准在打造价值链中与技术研发同等重要。在后危机

---

① 周小柯，李保明．两岸产业融合发展的理论基础与实践探讨［J］．现代管理研究，2020（1）．

② 陈德升．两岸产业竞合与建构两岸共同市场［J］．（台湾）两岸共同市场基金会通讯，2019（6）．

时代及贸易保护主义兴起的背景下，产业标准作为新型贸易壁垒被各国频繁使用。标准对全球价值链的影响主要体现在它能将复杂的信息形式进行编码，从而减少价值链行动者的交易成本。特别是当全球价值链越来越趋向于"购买者驱动"时，主导企业可以通过被广泛接受的标准及相关认证程序，向其直接供应商传递复杂的产品质量要求。通过执行标准，可以提高信息的编码性，并使企业间的治理从相对的层级型转向更为模块型或市场型的关系，从而减少主导企业的协调。发展中国家只有积极参与全球标准的制定，培育主导企业，才能在未来的竞争中处于有利地位。① 在电子信息产业中，通信标准就是一个技术共识，植入在芯片之内，让不同品牌手机之间的互联互通成为可能。而标准的制定者，可以向所有使用者收取高额专利费，正因如此，产品标准的制定和普及是全球价值链治理中企业能否处于有利地位的一个决定性条件，以至于"一流企业定标准、二流企业做品牌、三流企业做产品"成为高科技行业的真谛。两岸通过寻求共同利益，通过共同标准的制定，例如在电信、平板显示、LED、太阳能光电与风力机等产业取得的初步成果，不仅有利于共同开拓国际市场，而且也有利于塑造具有民族特色的共同品牌，使之有机会成为世界品牌，提升产品附加价值。显然，中国大陆充足的人力资源、广阔的市场及低廉的原材料，提供了发展品牌的利基，而符合两岸共同标准的共同品牌若能在14亿人口即全世界1/5人口中站稳，势必能在全球性品牌地位和影响力方面占有一席之地。

第五，在多种产业领域以更为灵活多元的方式展开两岸合作。如前所述，两岸在高技术产业方面有巨大的合作空间。中国台湾在高科技技术产业化、售后服务、市场创新以及国际经验方面的相对优势，与中国大陆在科技基础、内需市场成长及规模方面的相对优势结合起来，必将产生"1+1>2"的效果。而除了半导体这样的高科技产业，其他产业也大有合作前景。例如，对于以知识密集及研发为主的生物技术产业而言，中国大陆在基础研发方面具有优势，这是生物技术产业发展的基础。以研发为主的生物技术产业，本质上需要一个规模足够大的市场，来支应研发的庞大支出。中国台湾生物技术目前多停留在学术研发阶段，经济规模较小，又无坚强的制药周边产业支撑，而中国台湾生物技术产业要长远发展势必要考虑市场规模，这就需要中国大陆市场。因此，两岸生物技术产业合作可以弥补彼此的不足，其合作大于竞争的态势相当明显。

---

① 黄锦华，谭力文. 标准掌控与全球价值链治理研究［J］. 技术经济与管理研究，2012（6）：3-6.

在架构两岸产业分工时，中国台湾应该发挥产业周边服务网络及行销方面的比较优势。此外，在农业生物技术方面，中国台湾在过去半个多世纪培育了无数的农业实务、栽培管理、育种及采后处理及产销等方面的世界级专才，使中国台湾的农业技术在全球享有盛名。但受限于土地、劳力成本、环保压力、自由贸易等因素，中国台湾在农业生物技术领域越来越难有发挥的空间。而中国大陆的农业生技产业才刚起步，商机无限，今后十年内是两岸生物技术产业发展的关键期，若能经由合作研发、技术转移、策略联盟、吸引资金等方式提升产业竞争力，两岸生物技术产业将大有可为。

加强两岸服务业的发展合作也成为两岸经贸合作的新重点。中国大陆市场经济的发展，有赖于服务业总量与品质的提升，中国大陆作为世界第二大经济体，在未来的持续增长中也将提供相当广阔的市场和商机。而中国台湾在服务业发展的专业经验、管理与服务品质方面仍具优势，在文创、医疗、教育和老年安养皆具经验与品质，有利于开拓市场。此外，先进制造业的发展有赖于众多生产性服务业的支撑，中国台湾在研发设计、金融服务等生产性服务业方面累积的多年经验，也可与中国大陆潜在的庞大市场和宽阔的发展空间等优势结合。以金融为例，金融系统是现代经济体系中的神经，金融体制、金融服务、金融政策对于国家创新体系的顺利运转有直接影响，中国台湾金融业历经多年的改革、竞争和发展，服务经验丰富，这一点如果与中国大陆近年来与电子商务相结合的电子支付、大数据征信、电子货币、股权众筹等金融科技创新结合起来，两岸紧密的关系势必改变双方的金融合作，将使两岸金融市场及其服务更加完善、先进和便利，从而为两岸产业的创新升级提供更有力的重要支撑，进而间接地改变两岸的经济发展模式。①

在传统产业的升级上，两岸合作也大有可为。如前所述，传统产业也可依靠技术和文化创意得到创新升级，而中国台湾传统产业在这方面已取得了初步成就。而且对于台商而言，扩大内需方案是进一步在中国大陆建立传统产业品牌的好机会。中国台湾传统产业可以考虑与中国大陆传统产业进行策略联盟，通过中国台湾已成熟的设计、研究与管理人才，提升传统产品的附加价值，并增强设计研发和品牌营销能力，建立起传统产品的品牌形象。再加上中国台湾的电子信息业发达，具有以信息化带动传统产业升级的优势，这些都有利于两岸传统产业的合作。

---

① 林佳庆. 再次驱动经济的新活力金融科技生态的建立［J］.（台湾）台湾经济研究月刊，2017（8）.

总之，两岸产业合作有广阔的发展空间，尤其是精密机械与半导体最具效果，金融、文化创意、汽车电子与低温物流等也都具备潜在利基。实际上，中国大陆规划的战略性新兴产业和现代化服务业，与中国台湾规划的六大新兴产业、四大智慧产业和十大战略性服务业之间有许多重合之处，乃至在绿色能源、电动车、云端、物流服务等方面，两岸都可以进行互补性合作。而从可持续发展的角度，两岸还可合作发展低碳经济及其相关产业及技术领域。

　　在两岸产业合作策略上，两岸可采取灵活多元的各种方式，如联合研发，加强资金、技术、信息及技术人员交流，共同制定产业标准，设立共同研发中心以加速产业技术生根，等等。然而，必须指出的是，两岸未来产业合作还需要更多制度化的平台。从 20 世纪 90 年代到 21 世纪初，两岸产业合作主要是由非官方主导的民间企业自发进行的，其模式包括两岸合资（如中国台湾国泰人寿和中国东方航空集团合资创建的国泰人寿保险有限责任公司、中国台湾裕隆企业集团所属的台湾中华汽车公司与福建省汽车工业集团合资组建东南汽车有限公司，以及中国台湾中华航空入股海南航空集团旗下的扬子江快运航空有限公司等），两岸策略联盟（如中国台湾声宝集团与海尔集团的策略联盟，共同开发适合华人市场的家电机种，减低双方在相同优势领域可能产生的冲突）等。这些依赖民间企业自主性的技术合作交流模式，由于缺乏全面规划，不可避免地产生了资源运用效率低及资源浪费等问题，同时也主要是限于两岸大企业之间的合作，中小企业层面的合作难以展开。目前两岸业界仍然保持着密切的交流合作，例如 2019 年 10 月 17 日，由中国台湾 Micro LED 产业联谊会、光电科技工业协进会主办，第三代半导体产业技术创新战略联盟、深圳第三代半导体研究院协办的"两岸 Micro/Mini LED 产业技术合作论坛"就成功在台北市南港展览馆召开，此次会议以晶粒、封装、应用、垂直趋势商机与量产为主题，共同探讨未来发展趋势。可见，两岸产业合作是不可避免的大势所趋，不是任何政治因素可以阻挡的。两岸产业未来要得到更有效率的合作，就应该建立起官方和民间各个层面的制度化合作平台，这些平台作为一种中介机构或组织，不仅有利于大企业的联盟，也有利于中小企业的合作发展。中介机构和组织是国家创新体系中的一个重要因素，中介机构是沟通知识流动尤其是科研部门与中小企业间知识流动的另一个重要环节。各国都把这种中介机构的建设看作是政府推动知识和技术扩散的重要渠道，如欧盟的创新接力中心、美国国家科学基金会与中国的生产力促进中心等。两岸未来也必须建立起类似的技术扩散、信息交流的平台，推动两岸大中小企业展开更为全面、广泛、深入的合作。

过去30多年来两岸经贸往来从无到有，产业合作规模逐年扩大，通过不断扩大经贸往来，两岸不再是独立发展的两个系统，而是形成既互补又竞争且互相学习的产业生态。两岸产业若能形成优势互补，结合彼此的硬、软实力，推动产业合作共同打造国际品牌，便能实现两岸双赢、提升国际竞争力，为两岸经济发展创造新亮点。① 两岸产业合作不能只是简单的一种投资项目与利益争取，而是要在海峡两岸及国际市场进行战略布局，争取让两岸产业合作与产业发展水平迈向新的阶段。未来两岸的产业合作应充分利用中国经济发展方式转变与扩大内需的机遇，逐步改变过去以台商为主、以"台湾接单—大陆生产—海外销售"为主的产业交流方式，向"两岸合作、共同创造、全球销售"的新方式转变。② 总之，两岸重新结合各自制造业与服务业的优势，一方面通过创新提高产业升级速度，创造高附加价值的产品，建立自有品牌，拓展行销中国大陆内需市场，再从中国大陆市场推广到亚洲市场乃至世界市场；另一方面通过产业整合共同打造从生产、设计、制造、销售到售后服务的完整产业供应链，共同向全球价值链高端升级，这样才有机会跳脱低利润、低附加价值的代工生产模式对双方的束缚，实现两岸产业的合作互利双赢。

---

① 孙林. 两岸产业合作之进展与成效［J］.（台湾）. 台湾经济研究月刊，2015（1）.
② 盛九元，吴中书."一带一路"框架下两岸经济合作的方式与路径研究［M］. 北京：九州出版社，2017：191–192.

参考文献

一　中文著作及译著

[1] 中国工程科技发展战略研究院 . 2021 中国战略新兴产业发展报告 [M] . 北京：科学出版社，2020.

[2] 中国工程科技发展战略研究院 . 2019 中国战略新兴产业发展报告 [M] . 北京：科学出版社，2018.

[3] 中国工程科技发展战略研究院 . 2017 中国战略新兴产业发展报告 [M] . 北京：科学出版社，2016.

[4] 中国工程科技发展战略研究院 . 2016 中国战略新兴产业发展报告 [M] . 北京：科学出版社，2015.

[5] 巫永平 . 谁创造的经济奇迹？ [M] . 北京：生活·读书·新知三联书店，2017.

[6] 王睦钧，林欣吾 . 为台湾大未来活化创新能耐 [M] . 台北：台湾经济研究院，2015.

[7] 詹文男，苏孟宗等 . 2025 台湾大未来——从世界趋势看见台湾机会 [M] . 台北：大立文创公司，2015.

[8] 吴荣义 . 台湾产业发展策略 [M] . 台北：新台湾智库公司，2011.

[9] 王振寰，温肇东 . 百年企业·产业百年——台湾企业发展史 [M] . 台北：巨流图书公司，2011.

[10] 财团法人金属工业研究发展中心 . 发现台湾隐形生命力：转动台湾传统产业大未来 [M] . 新北：财团法人金属工业研究发展中心，2013.

[11] 王有柱，吴金希 . 李保明 . 聚变产业转型升级的 C3 模式：中卫体系经验与大陆实践 [M] . 北京：清华大学出版社，2018.

〔12〕陈锦谡．台湾新经济模式倡议〔M〕．台北：新境界文教基金会，2016.

〔13〕陈介玄．协力网络与生活结构——台湾中小企业的社会经济分析〔M〕．台北：联经出版事业有限公司，1994.

〔14〕瞿宛文．超越后进发展：台湾的产业升级策略〔M〕．台北：联经公司，2003.

〔15〕瞿宛文．全球化下的台湾经济〔M〕．台北：唐山出版社，2003.

〔16〕台湾产业与科技整合小组．2015年台湾产业发展愿景与策略〔M〕．台北：工业技术研究院，2009.

〔17〕台湾经济研究院．中坚实力：台湾中小企业的成长之路〔M〕．台北：商周出版公司，2013.

〔18〕台湾经济研究院．中坚实力2：台湾中小企业的峰回路转开拓之道〔M〕．台北：商周出版公司，2017.

〔19〕"台湾科学委员会"．台湾高科技产业惊叹号：从兰花王国到高科技岛，8大明星科技产业的萌芽、转变与突破〔M〕．台北：远流出版社，2010.

〔20〕中国经济时报制造业调查组．中国制造业大调查：迈向中高端〔M〕．北京：中信出版集团，2016.

〔21〕吴敬琏．制度重于技术〔M〕．北京：中国发展出版社，2003.

〔22〕徐作圣．科技政策与企业策略——台湾十大产业发展策略〔M〕．台北：全华出版公司，2003.

〔23〕雷昊，刘林青，谭力文．全球价值链治理〔M〕．北京：中国人民大学出版社，2012.

〔24〕傅家骥．技术创新学〔M〕．北京：清华大学出版社，2005.

〔25〕郑秉文，等．知识经济与国家创新体系〔M〕．北京：经济管理出版社，1998.

〔26〕周友兵．中国电子信息产业简史〔M〕．北京：知识产权出版社，2017.

〔27〕俞忠钰．亲历中国半导体产业的发展〔M〕．北京：电子工业出版社，2013.

〔28〕朱贻玮．中国集成电路产业发展论述文集〔M〕．北京：新时代出版社，2006.

〔29〕朱贻玮．集成电路产业50年回眸〔M〕．北京：电子工业出版社，

2016.

[30] 陈芳，董瑞丰．芯想事成：中国芯片产业的博弈与突围［M］．北京：人民邮电出版社，2018.

[31] 刘仁杰，巫茂炙．工具机产业的精实变革［M］．台北：中卫发展中心，2012.

[32] 蔡敦浩．管理资本在台湾［M］．台北：远流出版社，1999.

[33] 洪懿妍．创新引擎"工研院"：台湾产业成功的推手［M］．台北：天下杂志公司，2003.

[34] 王振寰．追赶的极限：台湾的经济转型与创新［M］．台北：巨流图书公司，2010.

[35] 黄钦勇．电脑王国 R. O. C.——Republic of Computer 的传奇［M］．台北：天下文化公司，1995.

[36] 张云伟．跨界产业集群之间合作网络研究——以上海张江与台湾新竹 IC 产业为例［M］．北京：经济科学出版社，2016.

[37] 周正贤．施振荣的电脑传奇［M］．台北：联经出版事业有限公司，1996.

[38] 林宗弘，等．未竟的奇迹：转型中的台湾经济与社会［M］．台北："中央研究院"社会学研究所，2017.

[39] 林慧玲，陈添枝．台湾产业的转型与创新［M］．台北：台湾大学出版中心，2016.

[40] 陈东升．积体网络：台湾高科技产业的社会学分析［M］．台北：群学出版公司，2003.

[41] 张俊彦，游伯龙．活力：台湾如何创造半导体与个人电脑产业奇迹［M］．台北：时报文化公司，2001.

[42] 李诚，林祖嘉．两岸经验 20 年：1986 年以来两岸的经贸合作与发展［M］．台北：天下远见公司，2006.

[43] 董小英，吴梦灵，胡燕妮．华为启示录：从追赶到领先［M］．北京：北京大学出版社，2018.

[44] 李祖鹏．手机改变未来［M］．北京：人民邮电出版社，2012.

[45] 阿甘．山寨革命［M］．北京：中信出版社，2009.

[46] 陈厚铭．逐鹿全球：新世纪台商战略 4.0［M］．新北：前程文化公司，2016.

[47] 周锡冰．华为国际化：20 年来风雨历程［M］．北京：中信出版公

司，2020.

［48］陈泳丞．台湾惊叹号——台日韩 TFT 世纪之争［M］．台北：时报文化公司，2005.

［49］刘仁杰．重建台湾产业竞争力［M］．台北：远流出版事业股份有限公司，1997.

［50］徐作圣，邱奕嘉．高科技创新与竞争［M］．台北：远流出版事业股份有限公司，2000.

［51］李保明，等．两岸电子信息产业比较研究［M］．天津：南开大学出版社，2015.

［52］李月．两岸产业政策比较研究［M］．天津：南开大学出版社，2019.

［53］曹琼．产业发展与核心竞争力——以台湾地区笔记本电脑产业为例［M］．北京：经济管理出版社，2011.

［54］王铁军．全球生产网络与东南亚区域一体化［M］．上海：人民出版社，2011.

［55］戴翔．中国攀升全球价值链：实现机制与战略调整［M］．北京：人民出版社，2016.

［56］白嘉．模块化产业组织、技术创新与产业升级［M］．北京：中国经济出版社，2013.

［57］尹启铭．布局：迎接黄金年代［M］．台北：天下文化公司，2011.

［58］尹启铭．断链：前瞻台湾经济新未来［M］．台北：天下文化公司，2006.

［59］吴建国，冀勇庆．华为的世界［M］．北京：中信出版公司，2016.

［60］陈鹏全．小米，不是苹果——用互联网思维创造销售神话［M］．广州：广东经济出版社，2015.

［61］刘润．互联网＋小米案例版［M］．北京：北京联合出版公司，2015.

［62］冷湖．小米制胜之道［M］．北京：中国纺织出版社，2015.

［63］范周，卜希霞．海峡两岸文化创意产业研究报告［M］．北京：知识产权出版社，2017.

［64］施振荣．iQ 联网组织——知识经济的经营之道［M］．台北：天下文化公司，2000.

［65］经济合作与发展组织．以知识为基础的经济［M］．北京：机械出

版社，1997.

［66］曾航．iPhone 苦·闷·台湾［M］．新北：人类智库数位科技公司，2012.

［67］施振荣．再造宏碁［M］．台北：天下文化出版公司，1996.

［68］朱博涌．开创蓝海［M］．北京：人民出版社，2006.

［69］詹文男，陈信宏，林欣吾，等．2025 台湾大未来：从世界趋势看见台湾机会［M］．台北：大立文创公司，2015.

［70］阿里研究院．互联网+：从 IT 到 DT［M］．北京：机械工业出版社，2015.

［71］王喜文．中国制造 2025 思维：从两化融合到互联网+工业［M］．北京：机械工业出版社，2016.

［72］江蓝生，谢绳武．中国文化产业发展报告［M］．北京：社会科学文献出版社，2007.

［73］天下杂志编辑团队．Envision 2020 台湾十年产业发展愿景［M］．台北：经济事务主管部门技术处，2009.

［74］吴晓松．国家创新体系与企业创新研究［M］．北京：社会科学文献出版社，2013.

［75］陆民仁，等．台湾经济发展总论［M］．台北：联经出版事业有限公司，1975.

［76］金周英．全球性技术转变——从硬技术到软技术［M］．北京：北京大学出版社，2010.

［77］吴敬琏．制度重于技术［M］．北京：中国发展出版社，2003.

［78］王春法．国家创新体系与东亚经济增长前景［M］．北京：中国社会科学出版社，2002.

［79］王成军．官产学三重螺旋研究——知识与选择［M］．北京：社会科学文献出版社，2005.

［80］吴荣义．台湾产业发展策略［M］．台北：新台湾智库，2011.

［81］吴敬琏，俞可平．中国未来 30 年［M］．北京：中央编译出版社，2012.

［82］胡昭玲，等．中国在跨国公司国际生产体系中的地位及发展趋势研究［M］．天津：南开大学出版社，2016.

［83］郭辉勤．创意经济学［M］．台北：我识出版社，2008.

［84］夏学理．文化创意产业概论［M］．台北：五南图书公司，2008.

［85］高雅群.基于高技术产业集群的知识溢出对区域创新系统的影响研究［M］.北京：中国经济出版社，2014.

［86］姚德文.模块化对产业升级的影响机制研究［M］.北京：经济管理出版社，2012.

［87］杜紫宸，詹文男.2015年台湾产业发展愿景与策略［M］.台北："工研院"产经中心，2009.

［88］创新之路主创团队.创新之路［M］.北京：东方出版社，2016.

［89］施振荣.全球品牌大战略［M］.台北：天下杂志公司，2005.

［90］梁国树，等.台湾经济发展论文集：纪念华严教授论文集［M］.台北：时报文化公司，1994.

［91］徐作圣，邱奕嘉.高科技创新与竞争［M］.台北：远流出版事业股份有限公司，2000.

［92］张苙云.网络台湾：企业的人情关系与经济理性［M］.台北：远流出版社，1999.

［93］黄楹进.黑手大革命：传奇的黑鹰［M］.台北：联经出版事业有限公司，2001.

［94］洪振宇.资讯梦工场——资策会：数位台湾推手［M］.台北：天下杂志公司，2004.

［95］吴荣义.台湾金融的未来［M］.台北：新台湾智库公司，2011.

［96］天下编辑.曹兴诚——联电的霸业传奇［M］.台北：天下杂志公司，1999.

［97］吕绍炜.核心竞争力：台湾企业迈向成功的典范［M］.台北：时报国际公司，2004.

［98］张建一.从游牧产业锐变为创新天堂——为台湾产业再加值［M］.台北：台湾经济研究院，2008.

［99］蔡盈珠，等.台湾科技产业惊叹号［M］.台北：远流出版事业股份有限公司，2010.

［100］金芳.全球化经营与当代国际分工［M］.上海：上海人民出版社，2006.

［101］陈介玄.台湾产业的社会学研究——转型中的中小企业［M］.台北：联经出版事业有限公司，1998.

［102］刘仁杰.让竞争者学不像：透视台湾标杆产业经营结构［M］.台北：远流出版事业股份有限公司，2005.

[103] 黄恒学. 市场创新 [M]. 北京：清华大学出版社，1998.

[104] 刘德学. 全球生产网络与加工贸易升级 [M]. 北京：经济科学出版社，2006.

[105] 刘大和，曾铭深. 知识经济：引领知识新潮，推动台湾进步 [M]. 台北：台湾经济研究院，2000.

[106] 蔡敦浩，等. 管理资本在台湾 [M]. 台北：远流出版社，1999.

[107] 张维安，等. 台湾的企业组织结构与竞争力 [M]. 台北：联经出版事业有限公司，2001.

[108] 庄素玉，张玉文. 张忠谋与台积电知识管理 [M]. 台北：天下远见出版公司，2000.

[109] 彭宗平，李知昂，IC 之音. 台湾的明天：能源、环境与科技产业的思考 [M]. 台北：天下远见公司，2015.

[110] 徐作圣. 国家创新系统与竞争力 [M]. 台北：联经出版事业有限公司，1999.

[111] 钟宪瑞. 产业分析精论：多元观点与策略思维 [M]. 台北：前程文化公司，2008.

[112] 刘仁杰，巫茂炙. 工具机产业的精实变革 [M]. 台北：中卫发展中心，2012.

[113] 台湾工业总会. 台湾工业发展 50 年 [M]. 台北：经济事务主管部门工业局，2000.

[114] 陈泳丞，等. 跨产业谈创新：从变局到新局 [M]. 台北：商讯文化公司，2013.

[115] 郭辉勤. 创意经济学 [M]. 台北：我识出版社，2008.

[116] 苏明如. 老产业玩出新文创 [M]. 台北：晨星出版公司，2015.

[117] 苏明如. 文创与城市：论台湾文化创意产业与城市文创观光 [M]. 台北：五南出版公司，2016.

[118] 徐小波. 台湾软实力：开放、稳定、国际化、创新的经济新蓝图 [M]. 台北：财信出版社，2008.

[119] 汉宝德. 文化与文创 [M]. 台北：联经出版事业有限公司，2014.

[120] 创新台湾 [M]. 台北："中央通讯社"，2014.

[121] 李怡君. 台湾的特色博物馆 [M]. 新北：远足文化公司，2006.

[122] 周佑宇. 观光工厂·思慕台湾 [M]. 台北：台商资源国际公司，

2013.

[123] 洪泉湖，等．台湾的多元化［M］．台北：五南图书公司，2011.

[124] 陈郁秀，林会承，方琼瑶．文创大观1：台湾文创的第一堂课［M］．台北：先觉出版公司，2013.

[125] 郑健雄，郭焕成，陈田．休闲农业与乡村旅游发展［M］．徐州：中国矿业大学出版社，2005.

[126] 马群杰．文化创意产业与文化公民参与［M］．台北：巨流图书公司，2013.

[127] 夏学理．文化创意产业概论［M］．台北：五南图书公司，2008.

[128] 李惠斌，杨雪东，等．社会资本与社会发展［M］．北京：社会科学文献出版社，2000.

[129] 张克中．社会资本：中国经济转型与发展的新视角［M］．北京：人民出版社，2009.

[130] 张其仔．社会资本论：社会资本与经济增长［M］．北京：社会科学文献出版社，1997.

[131] 林静宜，谢锦芳．台积电的绿色力量：21个关键行动打造永续竞争力［M］．台北：天下远见公司，2013.

[132] 李月．两岸产业政策比较研究［M］．天津：南开大学出版社，2019.

[133] 曹小衡，朱磊，等．海峡两岸经济关系30年回顾与展望［M］．北京：九州出版社，2017.

[134] 陈添枝，盐谷隆英．迎向东亚经济整合［M］．台北：中华经济研究院，2005.

[135] 林祖嘉．前进东亚经贸全球——ECFA与台湾产业前景［M］．台北：天下远见出版公司，2013.

[136] 刘仁杰，陈国民．世界工厂大移转［M］．台北：大雁文化发行公司，2014.

[137] 施建生，等．1980年代以来台湾经济发展经验［M］．台北：中华经济研究院，1999.

[138] 陈添枝，杜巧霞，谢宗林，等．国际贸易［M］．台北：中华经济研究院，1991.

[139] 杨雅惠．货币与金融制度［M］．台北：中华经济研究院，1991.

[140] 许嘉栋．台湾货币与金融论文集［M］．台北：联经出版事业有限

公司，1995.

[141] 欧阳勋，黄仁德．台湾经济发展总论［M］．台北：联经出版事业有限公司，1994.

[142] ［美］施马兰西．产业组织经济学手册（二卷本）［M］．北京：经济科学出版社，2009.

[143] ［美］霍尔，罗森伯格．创新经济学手册（二卷本）［M］．上海：上海交通大学出版社，2017.

[144] ［美］约翰逊．通产省与日本奇迹——产业政策的成长（1925—1975）［M］．北京：吉林出版集团公司，2010.

[145] ［美］斯泰尔，维克托，尔森．技术创新与经济绩效［M］．上海：上海人民出版社，2006.

[146] ［美］尼尔森，温特．经济变迁的演化理论［M］．北京：商务印书馆，1997.

[147] ［美］帕特南．使民主运转起来［M］．北京：中国人民大学出版社，2017.

[148] ［美］尼尔森．国家（地区）创新体系：比较研究［M］．北京：知识产权出版社，2012.

[149] ［美］格罗斯曼，赫尔普曼．全球经济中的创新与增长［M］．北京：中国人民大学出版社，2003.

[150] ［美］克里斯坦森．创新的两难［M］．台北：商周出版公司，2007.

[151] ［美］克里斯坦森．颠覆性创新［M］．北京：中国人民大学出版社，2019.

[152] ［美］杰里菲等．全球价值链和国际发展：理论框架、研究发现和政策分析［M］．上海：人民出版社，2018.

[153] ［美］杰里菲，怀曼等．制造奇迹：拉美与东南亚工业化道路［M］．上海：远东出版集团，1996.

[154] ［美］崔德克，格鲁曼．亚洲电脑争霸战［M］．台北：时报文化公司，2000.

[155] ［美］卡斯特．网络社会的崛起［M］．北京：社会科学文献出版社，2003.

[156] ［美］托夫勒．第三次浪潮［M］．北京：生活·读书·新知三联书店，1980.

［157］［美］德鲁克．创新与企业家精神［M］．海口：海南出版社，2000.

［158］［美］德鲁克．已经发生的未来［M］．北京：东方出版社，2009.

［159］［美］达斯古普特，萨拉格尔丁．社会资本：一个多角度的观点［M］．北京：中国人民大学出版社，2005.

［160］［美］禹贞恩．发展型国家［M］．长春：吉林出版集团，2008.

［161］［美］罗森伯格．探索黑箱：技术、经济学和历史［M］．北京：商务印书馆，2004.

［162］［美］斯蒂格利茨，尤素福．东亚奇迹的反思［M］．北京：中国人民大学出版社，2003.

［163］［美］尼夫．知识经济［M］．珠海：珠海出版社，1998.

［164］［美］福山．信任［M］．台北：立绪出版社，2005.

［165］［美］思多林斯．论全球化的区域效益［M］．重庆：重庆出版社，2002.

［166］［美］杜佛勒．未来的冲击［M］．台北：志文出版社，1972.

［167］［美］贝尔．后工业化社会的来临——对社会预测的一项探索［M］．北京：商务印书馆，1984.

［168］［美］埃兹科维茨．国家创新模式——大学、产业、政府"三螺旋"创新战略［M］．北京：东方出版社，2005.

［169］［美］萨珀斯坦，罗斯．区域财富：世界九大高科技园区的经验［M］．北京：清华大学出版社，2003.

［170］［美］叶恩华，等．创新驱动中国——中国经济转型升级的新引擎［M］．北京：中信出版社，2016.

［171］［美］尤素福，等．全球变革与东亚政策倡议［M］．北京：中国财政经济出版社，2005.

［172］［美］尤素福，等．东亚创新 未来增长［M］．北京：中国财政经济出版社，2005.

［173］［美］尤素福，等．全球生产网络与东亚技术变革［M］．北京：中国财政经济出版社，2005.

［174］［美］波特．竞争优势［M］．北京：中信出版社，1997.

［175］［美］波特．国家竞争优势［M］．北京：华夏出版社，2002.

［176］［美］波特．竞争论［M］．北京：中信出版社，2003.

［177］［美］亨利·埃兹科维茨，［荷］劳埃特·雷德斯多夫．大学与全

球知识经济［M］．南昌：江西教育出版社，1999.

［178］［美］巴顿．知识与创新［M］．北京：新华出版社，2000.

［179］［美］美国信息研究所．知识经济：21世纪的信息本质［M］．南昌：江西教育出版社，1999.

［180］［美］马克卢普．美国的知识生产和分配［M］．北京：中国人民大学出版社，2007.

［181］［美］切萨布鲁夫．开放式创新：进行技术创新并从中赢利的新规则［M］．北京：清华大学出版社，2005.

［182］［美］夏蓝．大移转：全球经济板块改变，企业如何转变［M］．台北：天下远见公司，2014.

［183］［美］普可仁．创新经济地理［M］．北京：高等教育出版社，2009.

［184］［美］弗罗里达．创意经济［M］．北京：人民大学出版社，2006.

［185］［美］霍金斯．创意经济［M］．上海：三联书店，2007.

［186］［美］韦德．驾驭市场——经济理论和政府在东亚工业化进程里的角色［M］．北京：企业管理出版社，1994.

［187］［美］里夫金．第三次工业革命——新经济模式如何改变世界［M］．北京：中信出版社，2012.

［188］［美］托夫勒．大未来［M］．台北：时报文化公司，2007.

［189］［美］欧曼．战后发展理论［M］．北京：中国发展出版社，2000.

［190］［美］乔根森，福劳梅尼．生产率与美国经济增长［M］．北京：经济科学出版社，1987.

［191］［英］弗里曼．技术政策与经济绩效：日本国家创新系统的经验［M］．南京：东南大学出版社，2008.

［192］［英］迪肯．全球性转变——重塑21世纪的全球经济地图［M］．北京：商务印书馆，2009.

［193］［英］弗里曼，苏特．工业创新经济学［M］．北京：北京大学，2004.

［194］［英］汀格林哈尔，罗格．创新、知识产权与经济增长［M］．北京：知识产权出版社，2017.

［195］［英］迈尔舍，恩伯格，库耶克．大数据时代［M］．杭州：浙江人民出版社，2013.

［196］［英］李德彼特．知识经济大趋势［M］．台北：时报文化公

司，2001.

［197］［日］刘进庆，涂照彦，隅谷三喜男．台湾之经济——典型 NIES 之成就与问题［M］．台北：人间出版社，2005.

［198］［日］野中郁次郎，胜见明．创新的本质［M］．台北：高宝国际出版公司，2006.

［199］［日］刘进庆．台湾战后经济分析［M］．台北：人间出版社，1995.

［200］［日］青木昌彦，安藤晴彦．模块时代：新产业的本质［M］．上海：远东出版社，2003.

［201］［日］谷蒲孝雄．台湾工业化：国际加工基地的形成［M］．台北：人间出版社，1992.

［202］［日］高田公理．游戏化社会［M］．台北：远流出版事业股份有限公司，1990.

［203］［日］博报堂研究所．分众的诞生：大众社会解体后的分裂现象［M］．上海：人民出版社，1989.

［204］［奥］熊彼特．经济发展理论［M］．北京：商务印书馆，1997.

［205］［法］佛芮：知识经济学［M］．台北：天下文化公司，2007.

［206］［法］波尔弗，埃德文森．国家、地区和城市的知识资本［M］．北京：北京大学出版社，2007.

［207］［瑞典］埃德奎斯特，赫曼．全球化、创新变迁与创新政策：以欧洲和亚洲 10 个国家（地区）为例［M］．北京：科学出版社，2012.

［208］［瑞典］伦德瓦尔．转型中的亚洲创新系统［M］．北京：科学出版社，2013.

［209］［瑞典］查米纳德，［丹麦］伦德瓦尔，［丹麦］哈尼夫．国家创新体系概论［M］．上海：上海交通大学出版社，2019.

［210］［澳］道格森，罗思韦尔．创新集聚：产业创新手册［M］．北京：清华大学出版社，2000.

［211］［美］斯梅尔瑟，［瑞典］斯威德伯格．经济社会学手册［M］．北京：华夏出版社，2014.

［212］［比］金斯伯格，［澳］思罗斯比．艺术与文化经济学手册（上下卷）［M］．大连：东北财经大学出版社，2018.

二 中文论文

［1］胡明铭，徐姝．产业创新研究综述［J］．科技管理研究，2009（7）．

［2］周青，刘志高，朱华友，尹贻梅．创新系统理论演进及其理论体系关系研究［J］．科学学与科学技术管理，2012（2）．

［3］施筱勇．创新驱动经济体的三大特征及其政策启示［J］．中国软科学，2015（2）．

［4］陈博志．微笑曲线更精细的思考［J］．（台湾）台湾经济研究月刊，2013（1）．

［5］胡明铭，徐姝．产业创新研究综述［J］．科技管理研究，2009（7）．

［6］林可凡，胡太山，费鸿，贾秉敬．地方产业群集聚之变化——以新竹地区为例［J］．（台湾）建筑与规划学报，2012（1）．

［7］赖逸芳．结合软硬整合契机的 ICT 产业［J］．（台湾）台湾经济研究月刊，2007（12）．

［8］杨友仁，苏一志．模块化台湾信息电子业 ODM 制造商的地理学研究［J］．（台湾）台湾社会研究季刊，2010（9）．

［9］林慧玲，詹立宇，谢玉玫．产业聚集与厂商研发活动之研究——台湾电子业厂商之验证［J］．（台湾）人文及社会学刊，2009（12）．

［10］张珺，刘德学．全球生产网络下外资对中国电脑及外设产业发展的促进作用［J］．世界经济研究，2005（10）．

［11］张战仁，占正云．全球研发网络等级分工的形成［J］．科学学研究，2016（4）．

［12］胡新华，张旭梅．集群迁移，驱动因素与产业影响——笔记本电脑产业例证［J］．改革，2015（2）．

［13］汤明哲．台湾IT 产业发展的两大教训［J］．中国企业家，2005（24）．

［14］赖逸芳．寻找供应伙伴与并肩战友［J］．（台湾）台湾经济研究月刊，2006（5）．

［15］曹琼．台湾笔记本电脑产业的成长路径与升级策略［J］．台湾研究，2009（2）．

［16］吴子文．东亚生产网络中的两岸产业合作空间［D］．厦门大学，2017.

［17］于珊，李旭佳，闫桂兰．台湾电脑产业如何转型［J］．海峡科技与

产业，2013（2）.

［18］陈博志．做好品质特色才易发展品牌［J］.（台湾）台湾经济研究
月刊，2018（7）.

［19］吴慈佩．探勘新世代品牌政策推动思维［J］.（台湾）台湾经济研
究月刊，2015（11）.

［20］陈良治．国家与公共研究机构在产业技术升级过程中的角色及演
化——台湾工具机业［J］.（台湾）人文及社会科学集刊，2012（3）.

［21］庄滢芯．台湾工具机产业竞争力分析［J］.（台湾）机械工业杂
志，2017（1）.

［22］林怡君．产学握手，创新零缺口［J］.（台湾）台湾经济研究月
刊，2006（5）.

［23］林世渊．台湾精密仪器与自动化产业的发展及其动因［J］.海峡科
技与产业，2003（6）.

［24］林建甫．产业转型打破经济困局［J］.（台湾）台湾经济研究月
刊，2017（7）.

［25］刘韦琪．全球工业4.0趋势台湾工具机发展前景［J］.（台湾）台
湾经济研究月刊，2016（3）.

［26］杨书菲．两岸智慧机械产业竞合情势及台湾的机会与挑战［J］.
（台湾）经济前瞻，2020（3）.

［27］文卫民等．中国台湾地区文化创意产业发展类型分析及经验启示
［J］.南京艺术学院学报，2018（1）.

［28］赖炳树，白仁德．发展文化创意产业作为都市再生政策之研究
［J］.（台湾）建筑与规划学报，2009（10）.

［29］廖嘉展．从桃米青蛙村埔里蝴蝶镇的愿景建构——兼谈生态城镇生
态、生计、生活与生命的揉转效应［J］.生态城市与绿色建筑，2014（2）.

［30］林欣吾，戴慧纹．科技X文创：启动文创新动能［J］.（台湾）台
湾经济研究月刊，2014（4）.

［31］迎九．2017中国半导体市场回顾及2018展望［J］.电子产品世界，
2018（6）.

［32］林建甫．产业高质化的推动思维［J］.（台湾）台湾经济研究月
刊，2016（3）.

［33］2019年半导体产业十大热点事件［J］.半导体信息，2020（2）.

［34］谢泽锋．千亿大基金投资路线图［J］.英才，2018（3）.

［35］中芯国际取得欧洲晶圆代工厂商 LFoundry 七成股权［J］．中国集成电路，2016（8）．

［36］孙林．两岸产业合作之进展与成效［J］．（台湾）台湾经济研究月刊，2015（1）．

［37］费晓蕾．"疫"形势，"芯"拓展［J］．华东科技，2020（4）．

［38］曹希敬，胡维佳．中国山寨手机的演进及启示［J］．科技和产业，2014（3）．

［39］文嫣，金雪琴．价值链环节的衍生与再整合影响因素研究——以国产手机产业价值链为例［J］．中国工业经济，2008（6）．

［40］张永凯．企业技术创新模式演化分析：以苹果、三星和华为为例［J］．广东财经大学学报，2018（2）．

［41］董洁林，陈娟．无缝开放式创新：基于小米案例探讨互联网生态中的产品创新模式［J］．科研管理，2014（12）．

［42］董洁林，陈娟．互联网时代制造商如何重塑与用户的关系——基于小米商业模式的案例研究［J］．中国软科学，2015（8）．

［43］曹希敬，胡维佳．中国山寨手机的演进及启示［J］．科技和产业，2014（3）．

［44］吴福成．中美贸易战下中国大陆的回应政策［J］．（台湾）经济前瞻，2019（5）．

［45］林秀琴．1980 年代以来台湾文化政策的演变［J］．福建论坛·人文社会科学版，2011（8）．

［46］王倩．淘宝村的演变路径及其动力机制：多案例研究［D］．南京大学，2015.

［47］葛平平，高远秀，吴洪侠．基于"互联网+农业"构建中国农村电子商务发展的路径探索［J］．产业与科技论坛，2018（11）．

［48］杨吉华．中国文化产业园发展现状、存在问题及对策［J］．经济管理研究，2006（9）．

［49］陈少峰．互联网文化产业商业模式创新［J］．商业文化，2017（2）．

［50］刘佩真．红色供应链对台湾半导体产业的影响评估［J］．（台湾）台湾经济研究月刊，2015（10）．

［51］苏卉．基于集群导向的文化创意产业园区建设研究［J］．长沙大学学报，2011（11）．

［52］庄朝荣．中国文创产业发展模式之探讨［J］．（台湾）台湾经济研

究月刊, 2011 (2).

[53] 徐细勇, 肖步云, 陆庆祥. 文化产业发展及其融资问题研究 [J].
中国国际财经, 2016 (12).

[54] 李建林. 国外文化创意产业金融支持的经验模式与启示 [J]. 未来
与发展, 2012 (12).

[55] 黄信瑜, 李寅瑞. 文化创意产业演化升级的政策范式——台湾地区
的经验及其启示 [J]. 江海学刊, 2017 (4).

[56] 张淑芬. 运用学界能量支援产业创新 [J]. (台湾) 台湾经济研究
月刊, 2007 (2).

[57] 邸晓燕, 张赤东. 产业技术创新战略联盟的性质、分类与政府支持 [J].
科技进步与对策, 2011 (5).

[58] 贾晓涛, 等. 台湾 "工研院" 建设模式分析及对产业智库建设的启
示 [J]. 智库理论与实践, 2017 (4).

[59] 胡曙虹. 中国企业 R&D 国际化: 区位选择与空间组织 [D]. 华东
师范大学, 2018.

[60] 刘翰璋. 德国联邦产业研究协会对于台湾中小企业研发合作模式之
启示 [J]. (台湾) 台湾经济研究月刊, 2014 (1).

[61] 付雯雯. FDI 溢出效应对中国产业集群的影响——以电子信息产业
为例的实证研究 [J]. 中国科技论坛, 2009 (8).

[62] 李永正. 公部门研发机构如何兼顾基础研究与产业应用 [J]. 以德国
Fraunhofer 技术研究协会为例 [J]. (台湾) 台湾经济研究月刊, 2016 (7).

[63] 封凯栋, 姜子莹. 产学研组织方式变革: 路径依赖与改革前瞻 [J].
学术研究, 2020 (10).

[64] 李梁坚, 陈美先. 中小企业选择育成中心之关键因素及未来推动策
略之研究 [J]. (台湾) 中小企业发展季刊, 2009 (11).

[65] 林幸君. 台湾育成中心与育成加速器可提供之资源差异化探讨 [J].
(台湾) 台湾经济研究月刊, 2015 (11).

[66] 张伟峰, 等. 网络资本: 硅谷群发展的核心能力 [J]. 科学学研
究, 2002 (12).

[67] 苏筑瑄. 中美贸易战对台商在中国大陆经营之影响及因应 [J].
(台湾) 台湾经济研究月刊, 2019 (1).

[68] 魏旭. 集群式创新的社会资本激励效应分析 [J]. 当代经济研究,
2005 (7).

［69］赵蓓，等．外资与中国产业集群发展：从嵌入性角度的分析［J］．福建论坛（人文社会科学版），2004（7）．

［70］张宇，蒋殿春．FDI，产业集聚与产业技术进步——基于中国制造行业数据的实证检验［J］．财经研究，2008（1）．

［71］余强生，简志成，陈怡如．如何以价值链模式来适当地安排或调整价值链上的活动藉以有效地达成企业竞争策略的目标［J］．（台湾）东海管理评论，2003（7）．

［72］陈劲，王鹏飞．选择性开放式创新——以中控集团为例［J］．软科学，2011（2）．

［73］朱秀梅．高技术产业集群创新路径与机理实证研究［J］．中国工业经济，2008（2）．

［74］陈秋玲，吴艳．基于共生关系的创意产业集群形成机制——上海18个创意产业集群实证［J］．经济地理，2006（12）．

［75］傅利平，等．高技术产业集群知识溢出对区域创新产出的影响研究——以北京市中关村科技园为例［J］．天津大学学报（社会科学版），2014（7）．

［76］王雷．外资驱动下地方产业集群技术升级的风险与防范［J］．云南民族大学学报（哲学社会科学版），2008（3）．

［77］徐丽红．动态联盟项目管理模式在港珠澳大桥岛隧工程中的应用［D］．广州：华南理工大学，2016．

［78］朱玉莉．基于资源整合的国储物流动态联盟模式研究［D］．北京：北京交通大学，2015．

［79］陈雅美．产业合作网络形成原因的探讨——以台湾半导体产业为例［J］．（台湾）运筹研究集刊，2002（6）．

［80］刘启强，何静．台湾地区产业转型升级中的产业政策演变及启示［J］．科技管理研究，2013（15）．

［81］熊继洲，罗得志．民营银行：台湾的经验与教训［J］．金融研究，2003（2）．

［82］唐永红，陈宝熙．台湾中小企业融资体系研究［J］．厦门大学学报，2014（4）．

［83］张立．台湾地区多层次股票市场及其效率［J］．金融纵横，2012（12）．

［84］社论．完善创新创业生态系不能缺少国外优质新创［J］．（台湾）台湾经济研究月刊，2019（7）．

［85］林佳庆．再次驱动经济的新活力金融科技生态的建立［J］．（台

湾）台湾经济研究月刊，2017（8）．

[86] 寇恩惠，戴敏．中国式分权与地方政府创新补贴偏向 [J]．当代经济科学，2019（10）．

[87] 王波，张念明．创新驱动导向下财政政策促进科技创新的路径探索 [J]．云南社会科学，2018（1）．

[88] 郑志来．金融结构，普惠金融与小微企业融资体系构建 [J]．当代经济管理，2019（8）．

[89] 张琦．中小企业集群共生融资机制及创新研究 [D]．长沙：中南大学，2009．

[90] 黄锦华，谭力文．标准掌控与全球价值链治理研究 [J]．技术经济与管理研究，2012（6）．

[91] 徐荣．基于融资视角的中小企业商业联盟研究 [D]．北京：中国农业大学，2018．

[92] 李建勇，等．中国多层次场内股票市场板块互动关系研究 [J]．金融研究，2016（5）．

[93] 陈晨．税收优惠、融资约束与企业研发投入的实证分析 [D]．济南：山东大学，2018．

[94] 王媛．资本市场支持中小企业融资的作用机制：直接融资抑或增进信贷 [J]．南方金融，2016（6）．

[95] 文华．创业板"病理"解析及监管对策探析 [J]．南方金融，2013（12）．

[96] 杨友仁．产业网络之领域化与组织治理的对话：以 PC 产业台商跨界生产网络为例 [J]．（台湾）建筑与城乡学报，2007（8）．

[97] 王俊韡，田婕．中国新三板市场与国外资本市场之比较 [J]．财会月刊，2019（19）．

[98] 国元证券和合肥工业大学联合课题组．中国区域性股权市场的发展、问题和改革研究 [J]．金融监管研究，2018（4）．

[99] 陆晓佳，冉桂林．论中国区域性股权交易市场服务创新形势和新发展 [J]．经济研究导刊，2017（33）．

[100] 王小鹏，等．刍议中国区域性股权市场融资能力的提升 [J]．金融与实践，2019（5）．

[101] 陆晓佳，冉桂林．论中国区域性股权交易市场服务创新形势和新发展 [J]．经济研究导刊，2017（33）．

［102］钟富国．十九大后中国大陆的科技创新政策发展方向——以 5G 为例［J］．（台湾）经济前瞻，2019（1）．

［103］秦升．全球价值链治理理论：回顾与展望［J］．国外经济学动态，2014（12）．

［104］池仁勇，等．全球价值链治理、驱动力和创新理论探析［J］．外国经济与管理，2006（3）．

［105］张辉．全球价值链理论与我国产业发展研究［J］．中国工业经济，2004（5）．

［106］蔡宏正．变动中的东亚区域主义［J］．（台湾）全球政治评论，2008（23）．

［107］郑京淑，李佳．"后雁行模式"与东亚贸易结构的变化［J］．市场论坛，2007（9）．

［108］郑学党，华晓红．全球价值链、东亚生产网络与区域经济一体化［J］．兰州学刊，2017（6）．

［109］赵文丁．国际生产网络的形成及意义［J］．商业研究，2006（9）．

［110］唐乐．中国制造业融入东亚生产网络的产业升级效应［J］．当代经济研究，2016（11）．

［111］洪银兴．参与全球经济治理：攀升全球价值链中高端［J］．南京大学学报（哲学·人文科学·社会科学版），2017（4）．

［112］张辉．全球价值链理论与中国产业发展研究［J］．中国工业经济，2004（5）．

［113］刘秉镰，韩晶．全球价值链下的地方产业集群升级研究——以天津电子信息产业集群为例［J］．产业经济评论，2005（12）．

［114］杨海岚，林子渝．出口型高成长中小企业面对国际经济情势聚变之经营哲学［J］．（台湾）台湾经济研究月刊，2016（8）．

［115］周升起，等．中国制造业在全球价值链国际分工地位再考察——基于 Koopman 等的"GVC 地位指数"［J］．国际贸易问题，2014（2）．

［116］李清宇．从制造到智造：见证中国奇迹［J］．21 世纪经济报道，2021（7）．

［117］刘琳．中国参与全球价值链的测度与分析——基于附加值贸易的考察［J］．世界经济研究，2015（6）．

［118］刘志彪，张杰．全球代工体系下发展中国家俘获型网络的形成、突破与对策——基于 GVC 与 NVC 的比较视角［J］．中国工业经济，2007（5）．

［119］段小梅．两岸在全球价值链中的分工地位和依赖关系——基于 Ti-VA 数据的实证分析［J］．世界经济研究，2016（12）．

［120］王振，朱荣林．台湾新竹科学工业园创新网络剖析［J］．世界经济，2003（6）．

［121］迟歌．中国对外直接投资对全球价值链升级的影响研究——基于灰色关联理论的实证分析［J］．工业技术经济，2018（5）．

［122］吴福成．中国创新生态体系政策之观察［J］．（台湾）台湾经济研究月刊，2017（8）．

［123］胡晓燕，蒋冠．对外直接投资对中国全球价值链生产规模和结构的影响［J］．西部论坛，2019（2）．

［124］张博钦．从全球价值链检视台湾与中国大陆电子光学产业出口之透视分析［J］．（台湾）台湾经济研究月刊，2014（10）．

［125］徐挺耀．网络时代产业的效率与创新［J］．（台湾）经济前瞻，2016（11）．

［126］连科雄．台日韩之全球价值链定位变迁与竞合表现［J］．（台湾）台湾经济研究月刊，2015（7）．

［127］卢俊伟．工业 4.0 趋势下制造业与文创产业合作［J］．（台湾）台湾经济研究月刊，2016（9）．

［128］李保明，周小柯．海峡两岸产业链的形成与发展——基于 HS 四位码产业的实证分析［J］．台湾研究，2015（2）．

［129］王建全．策略性产业发展条例的规划与展望［J］．（台湾）经济前瞻，2016（5）．

［130］王建民．两岸产业分工关系与产业链的新变化［J］．开放导报，2018（4）．

［131］吴碧娥．Intel 扶植陆系电脑系统供应链，台厂全球出货比重持续衰退［N］．北美智权报，2014-10-09．

［132］詹文男．红色供应链崛起成因暨因应［J］．（台湾）经济前瞻，2015（9）．

［133］吴明泽，等．红色供应链下台商网络的解构与重组——以电子厂商的访谈为例［J］．（台湾）国家发展研究，2018（12）．

［134］周小柯，李保明．两岸产业融合发展的理论基础与实践探讨［J］．现代管理科学，2020（2）．

［135］董科．模块化生产方式下中国制造业产业集群升级研究［D］．武

汉：华中科技大学，2011.

三、英文文献

［1］Bernard M and Ravenhill J. Beyond Product Cycles nd Flying Geese：Regionalization，Hierarchy，and the Industrialization of East Asia ［J］. World Politics，1995（47）：171-209.

［2］Lundvall B A. National System of Innovation：Towards a Theory of Innovation and Inner active Learning ［J］. Printer Publishers，1992（5）：39-44.

［3］Breschi S，Malerba F. Sectoral Innovation Systems：Technological Regimes and Schumpeterian Dynamaics and Spatial Boundaries ［M］. In：Edquist C.（ed.），Systems of Innovation：Technologises，Institution and Organization. London Publishers，1997.

［4］Bischi G，Dawid H，Kope M，Spillover Effects and the Evolution of Firm Clusters ［J］. Journal of Economic Behavior&Organization，2003（50）.

［5］Chesbrough H W. The Logic of Open Innovation：Managing Intellectual Property ［J］. California Management Review，2003，45（3）.

［6］Daniele Archibugi，Jonathan Michie. Technological Globalization of National Systems of Innovation？［J］. Futures，1997，29（2）：123-145.

［7］Ernst D，Linsu Kim. Global Production Networks，Knowledge Diffusion，and Local Capability Formation ［J］. Research Policy，2002，31（8-9）：1417-1429.

［8］Ernst D，Guerrieri P. International Production Networks and Changing Trade Patterns in East Asia：The Case of Electronic Industry ［D］. Oxford Development Studies，1998.

［9］Hierarchy，and the Industrialization of East Asia'，World Politics，1995（47）：171-209.

［10］Henderson J. Danger and Opportunity in the Asia-Pacific ［M］// Thompson G. Economic dynamism in the Asia-Pacific. London：Routledge，1998：356-384.

［11］Hobday M. Innovation in East Asia：TheChallenge to Japan，Cheltenham：Edw ard Elgar，1995：6.

［12］Hobday M. East Versus Southeast Asian Innovation Sys Tems：Comparing OEM-and TNC-led Growth in Electronics ［M］. In L Kim，R R. Nelson. Technology, Learning and Innovation: Experiences of Newly Industrializing Economies, Cambridge Cambridge University Press, 2000.

[13] Henderson R M, K B Clark. Architectural Innovation: The Reconfiguration of Existing Product Technologies and the Failure of Established Firms [J]. Administrative Science Quarterly, 1990, 35 (1): 9–30.

[14] Humphrey John, Hubert Schmitz. How does Insertion in Global Value Chains Affect Upgrading in Industrial Clusters [J]. Regional Studies, 2010 (36).

[15] Krugman P. Increasing Returns and Economic Geography [J]. Journal of Political Economy, 1991 (99): 483–499.

[16] Kaplinsky Raphael, Morris Mike. A Handbook for Value Chain Research [R]. Prepared for the International Development Research Centre, 2001.

[17] Kougut B. Designing Global Strategies: Comparative and Competitive Value–added Chains [J]. Sloan Management Review, 1985, 26 (4): 15–28.

[18] Linlin Huang. A Review of Influence Mechanism of Political Connection on Enterprise R&D Activity [J]. Social Science and Humanity, 2016 (3): 492–498.

[19] Sturgeon T J. How Do We Define Value Chains and Production Networks [J]. IDS Bulletin, 2001, 32 (3).

[20] Lall S, Weiss J, L K Zhang. Regional and Country Sophistication Performance [R]. Asian Development Bank Institute Discussion Paper, No. 23. 2005.

[21] OECD. National Innovation Systems [R]. Paris, 1997: 36–39.

[22] Saxenian A, Hsu J Y. The Silicon Valley–Hsinchu Connection: Technical Communities and Industrial Upgrading [J]. Industrial and Corporate Change, 2001, 10 (4): 893–920.

[23] Soow C C. Miles R E. Managing 21st Century Network Organization [J]. Organizational Dynamics, 1992, 20 (3): 5–20.

[24] UNIDO. Competing through Innovation and Learning: Industrial Development Report 2002–2003 [C]. UNID Organization, Vienna, 2002.

[25] Victor Ramiro FernAndez. Global Value Chains in Global Political Networks: Tool for Development or Neoliberal Device? [J]. Review of Radical Political Economics, 2015, 47 (2): 209–230.

[26] Zheng Zhou K. Innovation, Imitation, and New Product Performance: The Case of China [J]. Industrial Marketing Management, 2006 (35): 394–402.